消費社会の変容と健康志向

―脱物質主義と曖昧さ耐性―

藤岡真之=著

ハーベスト社

消費社会の変容と健康志向＊目次

はじめに……………………………………………………………………… *I*
  1 問題としての消費社会 ………………………………………… *I*
  2 健康志向を通して何を問うのか ……………………………… *5*
  3 方法について …………………………………………………… *8*
  4 本論の構成 ……………………………………………………… *9*

第1部　消費社会と身体

第1章　消費社会についての問題 …………………………… *15*
  1.1 経済的豊かさと幸福 …………………………………………… *15*
    1.1.1 産業化と幸福 ………………………………………… *16*
    1.1.2 経済発展と幸福についての実証研究 ……………… *19*
    1.1.3 経済発展の否定的側面についての議論 …………… *26*
  1.2 消費社会研究における行為主体と社会構造の関係 ………… *28*
    1.2.1 ガルブレイスの依存効果論 ………………………… *29*
    1.2.2 資本主義システムによる記号消費の強制と暴力 … *33*
        ——ボードリヤールの消費社会論
    1.2.3 消費者の能動性——カルチュラル・スタディーズにおける議論… *39*
    1.2.4 消費者と生産者の共同性 …………………………… *44*
    1.2.5 消費者／生産者から行為主体／社会構造へ ……… *47*

1.3　欲求の高度化論が消費社会研究に対して持つ意義 …………… 50
　1.3.1　個人の欲求の高度化――マズローの欲求階層理論 ………… 51
　1.3.2　欲求の高度化がもたらす社会の変化 ………………………… 53
　　　　――イングルハートの脱物質主義論
　1.3.3　欲求の高度化論の意義と問題 ………………………………… 54
1.4　本章のまとめ ………………………………………………………… 64

第2章　消費社会と身体の関係 ………………………………… **73**

2.1　社会学は身体をどのように扱いうるか――身体の二重性 ……… 73
　2.1.1　身体とは何を指すのか …………………………………………… 73
　2.1.2　〈身体像〉と社会学 ……………………………………………… 75
　2.1.3　〈身体〉と社会学 ………………………………………………… 78
2.2　消費社会と身体の関係についての問題 …………………………… 81
　2.2.1　リスクと不安に関する問題 …………………………………… 82
　2.2.2　他者性に関する問題 …………………………………………… 88
　2.2.3　脱物質主義化の肯定的側面 …………………………………… 98
2.3　本論で検討する問題 ………………………………………………… 99

第2部　健康志向の趨勢

第3章　健康志向の高まりに関する2つの立場 ……………… **107**

3.1　健康志向の高まりが存在すると主張する立場 …………………… 107
　3.1.1　消費化とマス・メディアの問題に力点を置く議論 ………… 108
　3.1.2　意識の高まりと行動の増加に力点を置く議論 ……………… 110
　3.1.3　健康志向の高まりという定説 ………………………………… 113

3.2 健康志向の高まりが存在しないと主張する立場 ……………… *114*
 3.2.1 黒田浩一郎らの研究の概要 ……………………………………… *115*
 3.2.2 既存の研究の批判的検討（A1,A2）……………………………… *117*
 3.2.3 既存調査の再分析と書籍ベストセラーの分析 (B1〜B4) ……… *122*
 3.2.4 雑誌における「健康ブーム」論の分析 (C1,C2) ……………… *132*
 3.2.5 健康食品に関する新聞・雑誌記事の分析と
    量的調査の分析 (D1〜D5)……………………………………… *135*
3.3 健康志向の存在について検討すべき問題 …………………………… *137*

第4章 消費行動における健康志向──家計調査を中心に ………… **145**
4.1 家計調査における保健医療費の変化 ………………………………… *145*
4.2 高齢化の影響 …………………………………………………………… *153*
4.3 不健康な消費 …………………………………………………………… *157*
4.4 保健医療費の支出弾力性 ……………………………………………… *165*
4.5 本章の結論 ……………………………………………………………… *170*

第5章 マス・メディアにおける健康──健康雑誌の場合 ………… **177**
5.1 問題 ……………………………………………………………………… *177*
 5.1.1 先行研究 …………………………………………………………… *177*
 5.1.2 問題と方法 ………………………………………………………… *180*
5.2 医学系雑誌の発行状況 ………………………………………………… *181*
5.3 健康雑誌の発行状況 …………………………………………………… *183*
 5.3.1 健康雑誌抽出の基準と方法 ……………………………………… *183*
 5.3.2 健康雑誌の創刊点数と発行点数 ………………………………… *185*
5.4 健康雑誌の内容分析 …………………………………………………… *189*
 5.4.1 内容分析の対象誌 ………………………………………………… *190*
 5.4.2 カラーページの割合 ……………………………………………… *194*

5.4.3　広告の割合 …………………………………………………… *196*

　　　5.4.4　読者の年齢と性別 ……………………………………………… *199*

　　　5.4.5　雑誌の性格 …………………………………………………… *201*

　　　5.4.6　商業主義の強まりと雑誌の変化 …………………………… *204*

　　　5.4.7　健康雑誌の内容の多様化 …………………………………… *213*

　　5.5　新聞記事における健康 ……………………………………………… *225*

　　5.6　本章の結論 …………………………………………………………… *227*

　第2部のまとめ ………………………………………………………………… *237*

第3部　健康ブームを支える要因とその意味

第6章　脱物質主義化と健康の消費化 …………………………………… **241**

　　6.1　問題 ……………………………………………………………………… *241*

　　　6.1.1　先行研究 ……………………………………………………… *241*

　　　6.1.2　本章の議論における理論的視座 …………………………… *245*

　　6.2　データと変数 ………………………………………………………… *246*

　　　6.2.1　データ ………………………………………………………… *246*

　　　6.2.2　変数 …………………………………………………………… *248*

　　6.3　分析 …………………………………………………………………… *261*

　　　6.3.1　脱物質主義と健康状態・健康意識の関係 ………………… *261*

　　　6.3.2　健康行動、健康消費行動の尺度化 ………………………… *263*

　　　6.3.3　脱物質主義と健康行動・健康消費の相関 ………………… *270*

　　　6.3.4　健康行動因子を従属変数とした重回帰分析
　　　　　　　（大学生調査、豊島区調査）………………………………… *272*

　　　　6.3.5　自然食品主成分、健康関連商品購入を従属変数とした
　　　　　　　回帰分析（首都圏調査）……………………………………… *274*
　　6.4　考察 …………………………………………………………………… *279*

第7章　マス・メディアの利用と健康の消費化 …………………… **285**
　　7.1　問題 ……………………………………………………………………… *285*
　　　　7.1.1　先行研究……………………………………………………………… *285*
　　　　　　　――健康の社会学におけるマス・メディアの位置づけ
　　　　7.1.2　本章の問題…………………………………………………………… *288*
　　7.2　健康メディアの利用についての分析
　　　　　　　（大学生調査、豊島区調査）……………………………… *289*
　　　　7.2.1　変数……………………………………………………………………… *289*
　　　　7.2.2　健康メディアの利用と健康意識・健康行動……………………… *292*
　　7.3　メディア利用一般の分析（首都圏調査）………………………… *306*
　　　　7.3.1　変数……………………………………………………………………… *306*
　　　　7.3.2　一般メディアの利用と健康意識・健康行動……………………… *307*
　　7.4　考察 ……………………………………………………………………… *316*

第8章　権威主義的伝統主義と健康の消費化 ……………………… **325**
　　8.1　問題 ……………………………………………………………………… *325*
　　　　8.1.1　先行研究……………………………………………………………… *325*
　　　　8.1.2　本章の問題…………………………………………………………… *333*
　　8.2　分析 ……………………………………………………………………… *334*
　　　　8.2.1　権威主義的伝統主義の尺度化……………………………………… *334*
　　　　8.2.2　健康不安および健康注意との関係………………………………… *338*
　　　　8.2.3　健康行動因子を従属変数とした重回帰分析
　　　　　　　（大学生調査、豊島区調査）……………………………………… *343*

         8.2.4　自然食品主成分、健康商品消費を従属変数とした回帰分析
              （首都圏調査） ………………………………………………… *347*
    8.3　考察 ……………………………………………………………………… *352*

第 9 章　曖昧さ耐性と健康の消費化 ……………………………… ***359***

    9.1　問題 ……………………………………………………………………… *359*
         9.1.1　先行研究 ………………………………………………………… *359*
         9.1.2　本章の問題 ……………………………………………………… *364*
    9.2　分析 ……………………………………………………………………… *365*
         9.2.1　曖昧さ耐性の尺度化 …………………………………………… *365*
         9.2.2　健康不安との関係 ……………………………………………… *368*
         9.2.3　健康注意との関係 ……………………………………………… *371*
         9.2.4　健康行動との関係 ……………………………………………… *372*
    9.3　考察 ……………………………………………………………………… *374*

第 10 章　社会の長期的変化と健康の消費化 ……………………… ***381***
            ──脱物質主義と権威主義

    10.1　問題 …………………………………………………………………… *381*
    10.2　分析 …………………………………………………………………… *382*
         10.2.1　脱物質主義と権威主義の関連 ………………………………… *382*
         10.2.2　脱物質主義の長期的変化と規定要因 ………………………… *385*
         10.2.3　権威主義的伝統主義の長期的変化と規定要因 ……………… *391*
         10.2.4　曖昧さ耐性の長期的変化と規定要因 ………………………… *396*
    10.3　考察 ……………………………………………………………… *401*

    第 3 部のまとめ ……………………………………………………………… *409*

終章　全体の考察……………………………………………… **413**
　11.1　問題と明らかになったこと ……………………………… *413*
　　11.1.1　健康志向は存在するのかという問題 ……………… *413*
　　11.1.2　リスクと不安の問題 ………………………… *414*
　　11.1.3　他者性の消去についての問題 ……………… *415*
　11.2　分析結果が意味すること ………………………… *416*
　　11.2.1　ギャップの顕在化と問題の争点化 ……………… *417*
　　11.2.2　問題の争点化のされ方 ………………………… *418*
　　11.2.3　ギャップの顕在化をもたらす要因の性質 ……………… *421*
　　11.2.4　本研究の位置づけと残された問題 ……………………… *423*

　文献リスト ………………………………………… *427*
　あとがき ……………………………………………… *459*

　索引 ……………………………………………………… *463*

はじめに

1　問題としての消費社会

　本論は、タイトルが示すとおり、消費社会と健康志向という２つの事柄の関係を問題にしている。このうち、本論にとってより重要であるのは消費社会の問題である。つまり本論は、健康志向という身体に関わる社会現象を通じて、消費社会について考察することを意図している。したがって、まず消費社会に関する問題に触れることから始めたい。

　産業化の進行によって人々の生活水準が上昇すると、豊かな消費生活を送ることが可能になり、個人にとっても、また社会にとっても消費の持つ重要性が増してくる。このような社会をわれわれは消費社会と呼んでいる。消費社会は経済的豊かさを背景として成立し、それ以前とは異なる意識や価値観、ライフスタイル、人間関係等をもたらしたとされてきた。より細かくいえば、一方でさまざまな楽しさ、快適さ、便利さ、個人の自由等の望ましい事柄をもたらし、他方で広告等によって煽り立てられるせわしなさ、主体性の喪失、目標の喪失による倦怠感、アノミー、労働規範の弛緩、自然環境問題などといった問題をもたらしたと指摘されてきた。これらのうち前者は消費社会の肯定的な側面であり、後者は否定的な側面である。これまでの消費社会研究では否定的側面が相対的に多く議論されてきたと思われるが、本論もそれと同様に、基本的には消費社会の否定的な側面を問題にしようとしている。

　本論がそのような視角から問題を扱うことに対しては、以下に述べる筆者の個人的な経験が影響している。まだバブル経済の余韻が消え去っ

はじめに

ていなかった1990年代の半ば、20歳代の初めだった頃に、タイやインドといったアジアの発展途上国を訪れたことがある。いずれの国でも、当時の日本社会では表立って目にすることのなかった貧しさがあからさまに存在しており、一般的な生活水準も日本とはまったく異なっていた。人々は日本企業が生産した製品を高級品としてもてはやし、日本人や日本社会の豊かさにあこがれや尊敬の眼差しを向けていた。日本が世界第2位のGDPを誇る経済大国であったことは当時の筆者も知っていたが、そのことが持つ意味を強く実感したのはこの時が初めてである[1]。

けれどもその時、同時に感じたのは、日本人と比べて途上国の人々の方が生命力や活気に溢れているということである。多くの人々は、生活に余裕があるわけではないのだろうが、たくましくかつ明るく生きているようにみえ、表情や言葉にも力があるように思えた。逆に言えば、全体として日本人には活気や明るさが欠けているようにみえたということであり、あるいは日本人はそれほど幸せそうにみえなかったということである。このような感覚は、日本に帰国して久しぶりに東京の電車に乗り、街を歩き、人々の表情や街の雰囲気を見る中で強く意識させられた。このような感じ方には、無知であるがゆえの錯覚や、旅行者であるがゆえの錯覚も含まれていただろう。しかし現在でもその感覚のすべてが、まったくの勘違いだったとは思えない。

このような、途上国の人々のありようを目にすることで生じてきた日本社会に対する違和感は、筆者の中に、日本社会は経済発展に成功したにもかかわらず人々がそれほど幸せそうにみえないのはなぜかという問いを形づくっていった。つまり経済発展は何か否定的な側面を生み出しているのではないかと考えるようになった。筆者を消費社会の研究に向かわせるようになったきっかけの1つは、このような問いの存在であり、本論の底流にもこれが存在している。

先に触れたように、消費社会が持つ否定的な側面を問題にした議論は

これまでに多くある。たとえば、代表的なものとしてはJ.K.ガルブレイスの依存効果論や、J.ボードリヤールの消費の記号化に関する議論がある。雑駁にいえば、これらの議論は、企業や広告あるいは資本主義というシステムが消費者の欲求を操っていることに対する批判を行っている。この種の議論は、たしかに重要な問題提起をしており、首肯させられる部分がある。しかし、それらは消費者の力を過小に評価しており、そのことが消費社会に対する見方を限定してしまっているように思える。つまり、上記のもはや古典といっていい消費社会についての議論のみによっては、消費社会の現実を十分に捉えることができないと思われるのである。

　消費社会に関係する議論のうち、上記の議論とは種類が異なるものに脱物質主義論がある。これは、生活水準が上昇していくにしたがって、人々が物質主義的な欲求や価値意識から脱していくことを論じたもので、内閣府の国民生活に関する世論調査におけるモノの豊かさよりもこころの豊かさを重視したいとする回答の増加は、それを分かりやすく示している。

　このタイプの議論では、脱物質主義化という欲求や価値意識の変化は、経済発展という条件を満たすことで、個人あるいは社会に普遍的にみられるようになると考えられている。つまり脱物質主義論は、欲求の変化の仕方が普遍的であるとする、ある種の本質主義的な考えによって支えられている。このような欲求のあり方の普遍性を出発点に社会の変化を理解しようとする見方は、消費者の持つ内在的な力を重視するもので、企業や資本主義システムによって消費者の欲求が操られるという立場をとる古典的な消費社会研究とは対立的な要素を持っている。

　脱物質主義論的な観点から消費社会を理解しようとする議論は、2000年前後から増加しており、古典的な消費社会研究が捉えようとしなかった、人々の価値意識やライフスタイルの変化、他者との関係性等

の変化を捉えようとしている[2]。実際の社会的な変化に目を向けてみても、2000年代に入ってからスローライフ、LOHASなどといった言葉が聞かれるようになったことが示すように、脱物質主義的な現象はますます顕在化しているように思われる。脱物質主義論は、このような現在進行している消費社会の変化に対する理解に貢献すると考えられ、さらなる研究の蓄積が期待される。

　だが、筆者はこのタイプの議論に対してもひっかかりを感じるところがある。たとえば脱物質主義という概念を広めたR. イングルハートの議論は、脱物質主義化の進行に伴って社会はより安定的で穏やかになり、人々はより幸福になっていくというニュアンスを持っている。しかしこのようなニュアンスは、先に述べた、経済発展のわりには人々がそれほど幸せそうにはみえないという筆者の実感とぴったり重なるものではない。たしかに脱物質主義化の進行によって、社会がより安定的で穏やかになっている面は存在するだろう。しかし同時に、そのような見方とは異なる何かもまた存在していると思えるのである。つまり脱物質主義化の過程には、何らかの否定的な側面も含まれているように思えるのである。そして本論が問題にしようとしているのは、それが何かということである。

　ところで、本論は健康志向を分析の対象にするのであるから、健康志向という言葉を用いてこの問題を言い直そう。本論は古典的な消費社会研究がとってきた見方は不十分さをもっているという考えに立つので、健康志向の高まりが存在するとしても、それが消費者自身の意志とは無関係に、企業や資本主義システムによって作り出されたものであるとする見方には慎重な立場をとる。本論でより重視するのは、このような立場とは対立的な要素を含む、脱物質主義論の見方である。これは人々の欲求のあり方に普遍性を見出す見方であり、人々の内在的な力をより多く見積もる見方である。したがって、健康志向の高まりが存在するので

あれば、それは企業や資本主義システムによる一方的な力によってではなく、消費者自身の欲求の変化が大きく影響していると考える。そして本論が問題にするのは、この消費者の欲求の変化を土台にして顕在化してきた健康志向の高まりの中に、人々の不安感や不全感といった否定的な事柄が存在しているのではないかということである。

2　健康志向を通して何を問うのか

　脱物質主義化の過程が含む否定的な側面が何かという問題を明らかにするために健康志向を分析対象にするのは、それが脱物質主義的な消費の一種だからである。

　脱物質主義的であるということのひとつの意味は、物質的な消費ではないということである。健康食品、健康器具、健康情報などといった健康志向と関係する消費は、まったく物質を伴わないというわけではないが、高度経済成長期以降に大きな意味を持っていた電気製品、自動車、住宅といった耐久消費財と比較すると、使用される物質やエネルギーの量は圧倒的に少ない。

　ただし脱物質主義的であるということは、このように単に消費が物質的ではないということのみを意味するのではない。脱物質主義という概念は、欲求の質的な変化と関係しており、物質主義的な欲求が充足されることで、それとは異なる高次の欲求が現れることが想定されている。それは心の豊かさやゆとり、他者との関係性といったものを含み、モノを所有することで得られる利便性や楽しさとは異なるものと考えられている。そして健康に対する関心には、物質主義的な欲求が満たされた後に現れる、高次の欲求が含まれていると思われる。

　健康に対する関心が物質主義的な段階における欲求と異なるということは、そこから受ける印象の違いにも表れているように思える。たとえ

ば、われわれは消費社会という言葉からしばしば享楽的、華やか、利那的といったイメージを連想するが、健康に関する消費は禁欲的で、地味で、未来志向的である[3]。つまり健康に関する事柄や消費は、消費社会という言葉がもつ従来のイメージと一致しない部分を多く含んでいる。このようなイメージの違いは、従来的な消費が楽しさや利便性といった肯定的な価値の享受を目的にしているのに対し、健康に関する消費が、病気という否定的な性質を伴ったリスクの回避を目的にしているということも関係しているのかもしれない。

　ところで本論は、このような脱物質主義的欲求の現れとしての健康に対する関心の高まりが、不安感や不全感といった否定的な側面を含んでいるのではないかということを問題にするのであった。本論では、この問題に関して、以下の2つの問題を取り上げる。

　1つは上に触れたリスクに関する問題である。一般的にいって、リスクの回避を目的とする行為は不安や恐れといった否定的な感情と結びついていることが多い。健康に関していえば、バランスのとれた食事をする、サプリメントを摂取する、運動をするといった行為は、高血圧や糖尿病といった生活習慣病に罹患することに対する不安が原因である場合がある。もう少し具体的にいえば、テレビで健康によいと言われることで納豆が品薄になるとか、ポリフェノールがよいと言われることで赤ワインの売り上げが伸びるといった現象は、病気に対する不安によって引き起こされている部分があるだろう。さらには、BSE、鳥インフルエンザ、原発事故後の放射性物質などといった、社会全体に大きな動揺を与えた事柄についても同様であろう。

　しかしこのような事柄の中には、これまでリスクとは認識されず、したがって不安もそれほどもたらしていなかったものがある。たとえば、かつて喫煙や肥満は現在ほど問題視されていなかったため、それがもたらす不安も現在ほど大きなものではなかったであろう。このような違い

は、喫煙や肥満に対する見方が変わり、それに対する不安が増大したことでもたらされたものと考えられる。つまりリスクであることの基準が下がることで、リスクの範囲が拡大し、それが不安を増大させていると考えられる。

そして、このような健康に対する見方の変化、すなわち健康基準の上昇は、低次の欲求が充足されることでもたらされた側面があるように思われる。つまり、健康基準の上昇は、欲求が高度化することによってもたらされた面があるように思われる。このような考えに立つと、欲求の高度化あるいは脱物質主義化は、健康基準を上昇させることで健康不安を増大させるという否定的な働きをしているといえるだろう。

本論で取り上げるもう1つの問題は、身体の他者性に関する問題である。これは、たとえば清潔志向においてみられる。

解剖学者の養老孟司と哲学者の鷲田清一による対談では、キタナイものや異物との接触を過剰に回避しようとする現代日本人の身体感覚のバランスの悪さが問題にされ、その典型が清潔志向であるとされている（鷲田・養老 1999）。ここで養老は、このような変化が近代的な都市化によって生み出されたとし、日本の大都市とは違って、バンコクのような東南アジアの大都市には、スラム街があるので好ましいということを述べている（鷲田・養老 1999: 17）。つまり過剰に異物を排除せずに、適度にそれが存在している方が好ましいということを述べている。

このような問題は感覚的な要素を含んでいるため、どのような場合に清潔がいきすぎているのかという客観的な基準を定めることには困難さが伴う。しかし、たとえば手を何度洗っても汚れが気になるとか、素手で電車のつり革に触ることができないなどといったことが、医学的には強迫神経症の一種として理解されていることが示すように、正常であるとする範囲を想定することはなされていることである。

本論で問題にする健康志向は、清潔志向と同一だとはいえないが、身

体にとっての異物を回避しようとする志向を持つという点において共通性をもっていると考えられる。つまり、清潔志向において汚れを回避することと、健康志向において病気を回避することは、身体にとっての他者的な存在である異物を回避しようとすることであるという意味において共通性があると考えられる。そして、その志向が過剰である場合には、身体感覚のアンバランスを意味していると考えることができるのではないだろうか。もし過度の健康志向がこのような問題を含んでいるといえるのであれば、脱物質主義化は身体感覚のアンバランスを生み出していると考えることもできそうである。

3　方法について

　これまでの消費社会に関する研究では、量的データを用いた分析は主流とはいえず、質的データを用いた分析や、理論的な分析が多かったが、本論では量的データの分析が大きな比重を占めている。3部から構成される全体のうち、第2部と第3部では、家計調査の消費に関するデータの2次分析、健康雑誌の内容分析、筆者が関わった健康に関係する3回分の調査データの統計的分析などを行っているが、その多くは量的データの分析である。

　これまで量的データを用いた消費社会研究が多くなかった理由としては、ボードリヤールの影響の強さが考えられる。改めて述べるまでもなく、ボードリヤールの分析は記号論をベースにして消費の意味を分析したもので、質的か量的かと問われれば、質的な分析であるといえよう。ボードリヤール以前にも消費社会についての研究は存在したが、ボードリヤールの議論があったからこそ、消費社会研究が活発になされるようになった面があり、少なくとも日本においては、その影響の大きさに疑問の余地はない。そしてそれがゆえに、量的な分析よりも、質的あるい

は理論的な分析が多くなされたという面があるだろう[4]。

　質的分析と量的分析のどちらが優れているかということを、一般論として問題にすることは不毛である。しかし特性の違いは存在する。ボードリヤールの分析、およびそれに強い影響を受けた質的な分析は、消費社会のミクロな問題や意味の問題に対しては大きな力を発揮する[5]。しかし、それらの分析をそのままマクロの問題に適用することには慎重であるべきだ。ミクロの問題を消費社会全体の問題として一般化することには不確実性が伴うからである。質的な分析は、消費社会が研究対象として不明確である段階においては、問題を発見するという観点からみて重要度が高いだろう。しかしボードリヤールが日本に紹介されてから30年以上が経過し、議論が蓄積された現在にあっては、代表性のある量的データを用いた分析を行うことが、消費社会についての理解をさらに進めるものであると考えられる。つまり消費社会研究のこれまでの文脈を考慮するならば、量的データを用いた分析には大きな意義があると考えられるのである[6][7]。

4　本論の構成

　最後に本論の構成について述べておく。本論は3部から構成されている。第1部では問題設定を行い、それを受けて第2部ではマクロ・データを用いた時系列分析を、第3部では標本調査のデータを用いたクロス・セクション分析を行い、最後にそれらの分析結果を総括するという流れになっている。各部の概略は以下のとおりである。

　第1部「消費社会と身体」では、本論で重要な位置を占める、消費社会と身体という2つの概念に関する先行研究を検討し、問題の設定を行っている。

　第1章では、ガルブレイスやボードリヤールといった既存の消費社会

はじめに

研究の問題枠組に対して、それとは異なる消費社会研究の枠組の提示を試みている。その際に参照している重要な議論は、脱物質主義論あるいは欲求の高度化論である。ここでの目的は、第3部で検討することになる問題を直接に提示することではなく、それを枠づけている、消費社会に対する見方を検討することである。別の言い方をすれば、本論の問題を消費社会研究の文脈にどのように位置づけるかということの検討である。

第2章では、身体に関する問題を検討することで、本論全体の問題である、健康志向が含みうる否定的な側面についての問題を提示している。より具体的には、先にも触れた、リスクと不安に関する問題と他者性の消去に関する問題である。この章に続く第2部と第3部では、ここで提示した問題を踏まえて、分析を行っている。

第2部「健康志向の趨勢」では、健康志向の高まりが存在するのか、あるいは存在するとすればどのような意味において存在し、また長期的にはどのように変化しているのかということを、データを用いて検討している。すなわち、第2章で提示した問題の前提である、「健康志向の高まり」についてのデータ分析を行うことで、本論の問題意識の妥当性を確認するとともに、第3部で用いる変数をどのように特定化するかということについての示唆を得ることを目指している。

まず第3章では、健康志向の高まりが存在するか否かという問題についての対立的な2つの立場、すなわち健康志向の高まりが存在するという立場と、それが存在しないとする立場の議論を検討することで、健康志向の変化に関して問うべき問題の明確化を行っている。

第3章で明らかになった問題は、第4章と第5章で検討している。第4章では家計調査等のデータの2次分析を行うことで、戦後の日本社会における健康に関する消費行動の変化を検討し、第5章では健康雑誌の内容分析を行うことで、健康をめぐる言説の変化を検討している。

第3部「健康ブームを支える要因とその意味」では、第2章で設定した問題の分析を行っている。分析にあたっては、筆者が関わった3回の量的調査のデータを使用している。この分析では、主要な独立変数として脱物質主義、マス・メディアの利用、権威主義的伝統主義、曖昧さ耐性の4つを使用しており、第6～9章のそれぞれで、これらが健康に関する意識や行動にどのような影響を与えているかということを検討している。これに続く第10章では、4つの変数のうち、価値意識やパーソナリティに関する変数である脱物質主義、権威主義的伝統主義、曖昧さ耐性を取り上げ、これらの相互の関係、および長期的な変化を分析し、健康に関する意識や行動の長期的変化を考察している。

　注
(1)　ちなみに労働白書によれば、その当時の日本の1日の最低賃金は最も低い地域でも4400円台であるが（労働省 1995）、1995年に発行されたタイ版の『地球の歩き方』には、バンコクの労働者の1日の最低賃金は135バーツ（日本円ではおよそ500～700円程度）で、同年に発行されたインド版の『地球の歩き方』には、庶民の平均的な1日の収入が30ルピー（日本円でおよそ105円）であると記されている。
(2)　たとえば、飽戸（1999）、間々田（2000, 2005, 2007）、三重野（1998, 2000, 2004）など。
(3)　健康志向と関連を持つものに、ダイエットやフィットネスといった美容やファッションに関するものがあり、これらは華やかなイメージも持っている。しかし本論ではこれらを健康志向に含めない。本論では、病気の対概念としての、医療的な意味での健康に限定する。
(4)　ここで問題にしているのは、あくまでも分析の方法である。ボードリヤールの消費社会論は資本主義批判という側面を持つが、ここではそのような思想的立場は問題にしていない。思想的な立場と分析方法は別物であり、両者の間に必然的な結びつきは存在しない。このことは、ボー

はじめに

ドリヤールの記号論的な方法に影響を受けた議論の中に、資本主義批判とは無関係なものが多くあることからも明らかである。

(5) とはいえ、量的データが意味の問題を扱えないということではない。

(6) 質的な分析の有用性は、もちろん問題の発見にとどまるわけではない。質的な分析は、量的な分析によって明らかになった結果を掘り下げるために威力を発揮することがある。本論に関していえば、もっと多くの質的データで補完すれば、より厚みのある分析になるはずである。結局のところ、よく言われるように、量的データと質的データは補完的な関係にあり、両者を使用することが内容を豊かにするのである。ちなみに、量的データと質的データの両方を使用した優れた消費社会研究の1つは、P. ブルデューの『ディスタンクシオン』(Bourdieu 1979=1990) である。

(7) 研究領域という点では、本論は社会意識論といえる部分を含んでいる。社会意識を計量的に分析することの意義については、吉川徹の議論（吉川徹 1998）に示唆を受けた。

第1部　消費社会と身体

　第1部では、本論にとって重要な概念である消費社会および身体に関する問題を検討し、第2部、第3部で検討する問題の明確化を行う。

　第1章では、消費社会に関係する既存の議論を検討し、本論が消費社会をどのような観点から問題化するかということを述べる。まず最初に、経済的豊かさと幸福の関係についての議論を取り上げ、消費社会化がもたらす否定的側面がどのように問題化されてきたかということを明らかにする（第1節）。つづいてJ.K. ガルブレイス、J. ボードリヤール、J. フィスクらの消費社会研究が孕んでいる、行為主体と社会構造との関係の捉え方についての問題を指摘し（第2節）、これらとは異なる見方を提供しうる、A. マズロー、R. イングルハートによる欲求の高度化についての議論の重要性を述べる（第3節）。

　第2章では、社会学的な分析対象としての身体を検討した上で、消費社会と健康志向の関係をどのように問題化できるかということを論じる。より具体的には、橋爪大三郎の議論を参照することで分析対象としての身体の持つ2つの側面を指摘し（第1節）、つづいて消費社会と健康志向の関係についての問題として、リスクと不安に関する問題と、身体の他者性に関する問題の2つを提示する（第2節）。

第1章　消費社会についての問題

　先にも触れたように、本論で直接的に検討する問題は、本章においてではなく、第2章で取り上げる。本章では、本論にとって最も重要な対象である消費社会をどのようなものとして捉えるかということについての議論を行う。これは、次章以降で検討していく本論の直接的な問題を、消費社会研究の文脈にどう位置づけるかということについての議論である。このような議論をすることは、遠回りすることを意味するのだが、従来の古典的な消費社会研究とは異なる消費社会の見方をしようとしている本論にとっては、必要な作業である。

　以下では、経済的豊かさと幸福という問題から始め（→1.1）、消費者と社会構造の関係についての議論（→1.2）、欲求の高度化論についての議論（→1.3）を行っていく。

1.1　経済的豊かさと幸福

　「はじめに」でも触れたように、本論の底流にある問題意識は、経済成長による消費社会化は、人々に多くの満足をもたらしたはずであるのに、同時に人々に対して単純に幸福をもたらしたといいきれないように思われるのはなぜかということである。日本社会は、明治期以降の産業化という経済システムの変動、そしてその枠内で起こった戦後の高度経済成長により、大衆的な規模での消費社会を形成するに至った。そしてその過程で、多くの日本人は満足感や幸福感を増大させていったと考え

られる。つまりこれは、産業化・消費社会化がもたらした肯定的な側面であるといえる。しかし同時に産業化・消費社会化は、貧困、犯罪、疎外、公害、環境問題などの原因にもなっており、これらは産業化・消費社会化がもたらした否定的な側面であるといえる。多くの社会現象がそうであるように、産業化・消費社会化がもたらしてきたものも両義的である。この点を踏まえて、本節では、経済的豊かさと幸福に関する議論をみていくことにする。

1.1.1　産業化と幸福

　多くの消費社会研究では、必ずしも明示的にではないが、「経済的豊かさは人々を幸せにしているのか」ということが問われてきた。このような視点は、ガルブレイスの『ゆたかな社会』やボードリヤールの消費社会論にも含まれているし、D. リースマンの論文集『何のための豊かさ』(原題は Abundance for What?) であれば、タイトル自体が問題の存在を暗示している[1]。このような豊かさに対する反省的な問いの存在は、所得の増加、生活水準の向上にもかかわらず、それが単純には幸福の増大に結びついていないという感覚、あるいは何か混乱を引き起こしているのではないかという感覚の存在を示しているといえる。

　このような問題は、消費社会研究の文脈では、1950年代以降に多く論じられるようになったが、同種の問いは、既に19世紀後半に E. デュルケムによって立てられている。デュルケムが問題にした当時の西欧社会は、大衆的な広がりをもつ本格的な消費社会が成立していないという意味で、現在の先進国の社会とは大きく異なっているが、上記の問題が近代化という長期的な変動に伴う古いものであることを確認しておくことは意義のあることであろう。以下で、デュルケムの経済的豊かさに関する議論を、簡単にみておくことにしたい[2][3]。

　よく知られているように、デュルケムは『自殺論』において、経済発

展に伴う欲望の昂進が人々の存在あるいは精神を不安定化させ、それが原因になって起こる自殺の類型をアノミー的自殺としていた。これは経済発展と欲望の問題を扱っている点で、消費社会研究にとって重要な議論である。しかし、ここでは問題をより直接的に理解するために、アノミー論ではなく、その議論の背景にあったと思われる、同種の問題に直接言及している箇所、すなわち経済と幸福の関係を直接的に論じている箇所を『社会分業論』の中から取り上げたい。

1893年に刊行されたデュルケムの処女作『社会分業論』は、産業化に伴う社会的紐帯の形式の変化と、それの個人に対する影響を主題としている。近代社会の変動を考える上で重要なこの書では、議論の本筋からはやや逸れるのだが、「分業の進歩と幸福の進歩」と題する章で幸福の問題が扱われている。ここで問われているのは、章題が示すとおり、分業の進歩が人々に幸福をもたらすのか否かということである[4]。

この問題に対してデュルケムは、分業（＝産業化）がもたらすのは、刺激とそれに伴う快であって、それらの単純な増大は必ずしも幸福をもたらすわけではないという見方を示している。この見方には、快と幸福が異なるという前提があり、これについてデュルケムは次のように述べている。

> 百歩ゆずってみたところで、幸福とは、さまざまな快の総計とは別のものであるということだけは、いえそうである。幸福とは、われわれのあらゆる有機的・心理的機能の規則正しい活動を伴うところの一般的かつ恒常的な状態である。(Durkheim 1893=1971: 235)

ここでデュルケムは、幸福を、人間の生理的状態、心理的状態が安定した、恒常的状態であるとしている。したがって、快が増大するのだとしても、それが人間の恒常的な状態を損なうのであれば、幸福はもたら

されないということになるだろう。つまり、快は強すぎてもわれわれを幸福から遠ざけることになるのである。このことについて、デュルケムは以下のように述べている。

> 快適な刺激が多くなり強くなるにつれて幸福が増大するとすれば、人間がさらに多くを共有しようとして生産におおいに拍車をかけるようになることは、ごく自然であろう。けれども、現実には、われわれの幸福の能力というものは、きわめて限られたものである。じっさい、快感というものは、それに伴う意識の状態があまりに強すぎても、またあまりに弱すぎてもいけないということは、いまでは一般にとおっている真理である。(Durkheim 1893=1971: 227-8)

> 知的、道徳的欲求はむろんのこと肉体的欲求にいたるまで、すべての欲求には、のりこえがたい正常な強度があるわけである。歴史の各期において、科学、芸術、福祉にたいするわれわれの渇望は、食欲と同じように限定されたものであって、この限度をすぎるものはすべて、われわれの興味を失わせ、あるいは苦痛をさえ感じさせる。(Durkheim 1893=1971: 232)

以上のように、分業（＝産業化）によってもたらされる刺激や快が幸福と結びつくには、人間にとっての適切な快の範囲が存在し、快は弱すぎても、逆に強すぎても、幸福から遠ざけてしまうというのがデュルケムの見方である。ここから導き出される、この議論本来の問いに対する結論、すなわち分業（＝産業化）は幸福をもたらすのかという問いに対する結論は、分業（＝産業化）による社会の進歩は、必ずしも人々の幸福をもたらすとは限らないというものである。

ここに取り上げたデュルケムの議論のうち、消費社会研究にとって重

要な点は何であろうか。デュルケムの議論は、伝統的な社会関係の解体を伴って形成されていく近代社会が、まだ若かった時代におけるもので、20世紀終わり以降の先進国の社会状況とは異なる点が多い。また議論の内容も、実証性という点からの説得力には不十分さが残るし、取り上げた箇所では、『自殺論』でのアノミー論のようには紐帯の問題が論じられていないという点でも問題が萌芽的な段階にとどまっているといえよう。だが、これらの不十分な点があるにしても、なお重要だと思われる点がある。それは、肯定的な事柄の中に否定的な働きを見いだすという問題の構成である。

産業化が必ずしも人々に幸福をもたらすわけではないという見方は、素朴な功利主義的な見方、すなわち富が増大すればそれに比例するようにして人々の幸福も増大するという見方とは明らかに異なっている。しかし、かといって、分業（＝産業化）が常に人々に否定的に働くとされているわけでもない。また、産業化の負の側面である貧富の差の拡大を問題視する議論とも異なっている。デュルケムの議論はもう少し複雑で、分業（＝産業化）は一定程度人々の幸福に資するが、それには条件があり、分業（＝産業化）に伴う快、刺激は、少なすぎても多すぎても人々の幸福にとって望ましくない影響をもたらすというものである。このように、快の増大という、単純に考えれば肯定的に働くと思われるものの中に否定的な働きの混在を見出している点に、この時代におけるデュルケムの議論の独自性があると思われる。そしてまた、これが、一定程度の豊かさを達成した社会を分析の対象とする消費社会研究にとっての重要なポイントであると考えられる[5]。

1.1.2 経済発展と幸福についての実証研究

では実際には、経済発展と幸福はどのような関係にあるのだろうか。本節では、この問題を取り上げた2つの実証的な研究をみておこう。

まず1つ目にみるのは、戦後の経済成長が人々に満足や幸福感をもたらしたかという問題を検討した、間々田孝夫による研究である（間々田1993）。

間々田はこの問題を明らかにするために、内閣府による「国民生活に関する世論調査」のデータ（1964年から1990年までの毎年）、経済企画庁による「国民生活選好度調査」のデータ（1975年から3年おきに1990年まで6回）、「SSM調査」のデータ（1975年と1985年）の3種類を使用し、生活満足度に関連する項目の時系列変化を分析している。より具体的には、3調査それぞれの生活満足度の時系列変化、および「国民生活に関する世論調査」の生活満足度に関連する3つの項目（「去年と比べた生活の向上感」「今後の生活の見通し」「生活程度についての意識」）の時系列変化を分析している。それぞれの単純な変化は、以下のようになっている。

①「国民生活に関する世論調査」の生活満足度に関連する3つの項目
　(1)「去年と比べた生活の向上感」
　　　石油ショック以前は「向上している」が20数％で、「低下している」を上回っていたが、石油ショック後は「向上している」が10％程度であるのに対し、「低下している」が20％前後となり、逆転している。つまり、石油ショック後は、生活向上感が低下傾向にある。

　(2)「今後の生活の見通し」
　　　石油ショック以前は「良くなっていく」が30％台、「悪くなっていく」が10％前後だったが、石油ショック後は「良くなっていく」が20％台前半にとどまることが多くなり、「悪くなっていく」は10％代後半を示すことが多くなった。つまり、石油ショックを境にして、今後の生活についての悲観的なムードが強まっている。

(3)「生活程度についての意識」

　　石油ショック以前は、「中の下」と「下」の減少傾向がみられる一方で、「中の中」の増加傾向がみられた。しかし、石油ショック後は反対に、「中の下」、「下」の微増傾向と、「中の中」の漸減がみられる。つまり、<u>石油ショックを境にして、生活程度についての意識の低下傾向がみられる。</u>

　以上のように、生活満足度と関連する3項目は、いずれも石油ショックを境にネガティブな変化を示すようになっている。これに対し、生活満足度の変化は以下のようになっている。

②「国民生活に関する世論調査」の生活満足度

　　「十分満足している」と「一応満足している」を合わせた回答割合は、石油ショック以前にはほとんど高まりが認められないが、石油ショック以後にはゆっくりとした高まりが認められる。つまり、①の3項目とは異なり、<u>石油ショック以後にポジティブな変化が起こっている。</u>

③「SSM調査」の生活満足度

　　「満足」と「まあ満足」を合わせた回答割合は、1975年の58.4％に対し、1985年は60.3％で、<u>あまり変化がない。</u>

④「国民生活選好度調査」の生活満足度

　　「満足」と「まあ満足」を合わせた回答割合は、64.1％（1975年）→56.7％（1978年）→55.7％（1981年）→64.2％（1984年）→49.9％（1987年）→53.5％（1990年）と変化しており、<u>低下傾向が認められる。</u>

以上の①〜④には2つの矛盾点がある。1つは、「国民生活に関する世論調査」のデータに関して、①の3項目は、石油ショックを境にポジティブな傾向からネガティブな傾向へ変化しているのに対し、②の生活満足度は、石油ショック以前は横ばいだが、石油ショック以降はポジティブな変化を示しているということである。つまり石油ショックを境にして、①と②は変化の仕方が反対になっている。もう1つの矛盾点は、②③④の生活満足度の変化の仕方が異なっていることである。すなわち、②の「国民生活に関する世論調査」は石油ショック以降ポジティブな変化を示しているが、③の「SSM調査」、④の「国民生活選好度調査」は、停滞ないしはネガティブな変化を示している。つまり、①〜④をみると、②は、①③④と異なる変化を示している。

　間々田はこの原因を探るために、①②の項目を従属変数とする回帰分析を行っている。その結果明らかになったのは、②の生活満足度に対しては物価水準の影響が大きいが、①の3項目に対してはその影響がほとんどないということである。つまり、②については、石油ショック以前は物価が上昇し続けたために生活満足度が低下したが、石油ショック以降は物価が安定したために生活満足度が緩やかに上昇したと考えられるのである。

　この結果を受けて、間々田は、物価上昇率の影響を大きく受けている②ではなく、①③④の変化を重視することとし、次のような解釈を示している。すなわち、石油ショック以前は、どちらかといえば豊かさが実現されていったように思われるが、石油ショック以後は、豊かさの実現が停滞している、という解釈である。この見方は、石油ショック以後にあっては、経済的豊かさと生活に対する満足とが単純には結びついていないことを意味しており、経済成長の否定的側面の可能性を示唆しうるものだといえるだろう[6]。

続いて2つ目に取り上げる実証研究は、国際調査のデータを分析したイングルハートの議論である。

イングルハートは、各国の経済水準と生活に関する指標との関係から、経済発展が進むと、それがもたらす限界効用が逓減することを論じている (Inglehart 1997: 59-66)。これは、貧しい社会では経済発展が進むにつれて各種の指標が急激に改善されていくが、ある閾値に達するとその変化が鈍化するというデータに基づいている。

例えば、客観的な指標としては、平均寿命がこれに当てはまる。平均寿命は、発展途上国においては、経済成長が進むにつれて急激に伸びていくが、一定の経済水準に達すると、経済成長が続いてもそれほど伸びなくなるのである。ほかにも、識字率、カロリー摂取、医師の数なども、これと同様の変化をする。

同種の変化は主観的な指標にもみられ、イングルハートは主観的幸福指標 (Subjective Well-being Index) を取り上げている[7]。

図1-1は、1人あたりのGNPと主観的幸福指標の数値を国別にプロットしたものである。これをみると、1人あたりのGNPが小さい水準にある国々の間では、主観的幸福指標のばらつきが大きいが（＝上下へのばらつきが大きい）、GNPが一定の水準を超えると、主観的幸福指標の伸びが緩やかになっていることが分かる（＝上下へのばらつきが小さくなる）。これについてイングルハートは、1人あたりGNPが6000ドルを超えると、経済的豊かさと主観的幸福指標との関係が事実上なくなると述べている。たとえば、アイルランドと西ドイツを比較すると、西ドイツの1人あたりGNPはアイルランドのおよそ2倍であるが、主観的幸福指標はアイルランドの方が高い。あるいは、韓国と日本を比較すると、1人あたりGNPは日本の方が遙かに大きいが、主観的幸福指標はあまり変わらない。

先に述べたように、イングルハートはこのような変化を、経済成長が

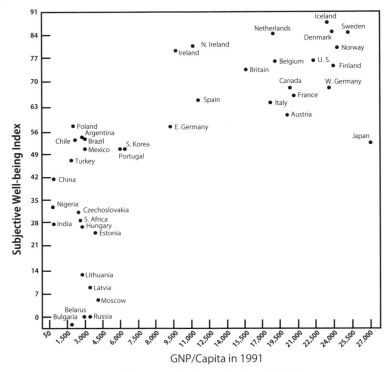

図1-1　1人あたりGNPと主観的幸福指標
Inglehart(1997: 62)より（主観的幸福指標のデータは、1990-1991年世界価値観調査から。1人あたりGNPのデータは、世界銀行の『世界開発報告』から）

もたらす限界効用の逓減によって説明している。すなわち、経済水準が低い段階では、経済成長が主観的幸福指標の増大に大きく寄与するが、一定の経済水準に達すると、その寄与が減少すると説明している。これについてイングルハートは、一定の経済水準に達した社会、すなわち生存が当たり前のこととされる社会では、図1-2に示すように、主観的幸福指標の増大に大きな影響を及ぼすのは、経済的利益ではなく、生活の質といった非経済的な事柄であるとしている[8]。

　西ヨーロッパでは1970年代から主観的幸福についての調査が行われ

第1章 消費社会についての問題

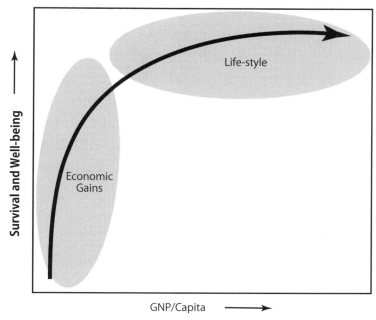

図1-2　主観的幸福指標に影響をもたらす要因
Inglehart(1997:65) より

てきたが、それ以外の豊かではない国々をも対象にした調査は1990年の世界価値観調査が初めてであり、主観的幸福についての国際比較データは量的にまだ十分ではない。そのため、イングルハートは、限界効用逓減メカニズムの正しさは証明することも反証することもできないとしている。ただし、1973年以降に西ヨーロッパで毎年行われてきたユーロ・バロメーター調査の主観的幸福についての回答結果を時系列でみると、大まかには一定で、はっきりした全般的なトレンドは存在していない。イングルハートは、この結果について、限界効用逓減という解釈を支持するものであると述べている (Inglehart 1997: 63-4, 185)。イングルハートの限界効用逓減メカニズムによる説明は、仮説的な段階を完全には抜けきっていないものの、妥当性はそれなりに高いと考えられよう[9]。

さて、イングルハートの議論は、経済成長の否定的側面という問題に対してどのような示唆を与えるだろうか。イングルハートの議論では、一定の経済水準を達成した後に主観的幸福に影響をもたらす主たる要因として、生活の質、ライフスタイルが挙げられていた。したがって、一定の経済水準に達した社会では、経済成長の否定的側面は、主として生活の質、ライフスタイルに関連した問題に表れると考えられることになる。本論の主題に即していうと、消費社会化が否定的な問題を発生させる場合、それは主として生活の質、ライフスタイルに関わる問題を発生させるはずだということになる。

1.1.3 経済発展の否定的側面についての議論

では経済発展の否定的側面、あるいは消費社会化の否定的側面はどのように問題化されてきたのだろうか。以下では、高度成長期以降の日本社会を対象にこの問題を取り上げた議論をみておこう。

富永健一は「豊かな社会と新しい社会問題」と題する論考で、豊かさがもたらす社会問題について論じている（富永 1972）。富永は、先進国に共通する豊かさに起因する問題は多様であるとしながらも、2つのタイプがあるとしている。1つは、企業の活動量の増大の結果起こる河川や空気の汚染、人口の都市集中による公共施設や公共サービスの水準の低下、自動車の増加による交通混雑や光化学スモッグなどである。これらは物理的な生活環境の悪化に関わる問題である。もう1つは、欲望に対する刺激が、欲求充足感の低下や心理的不安定感の増加をもたらし、それが犯罪や非行を引き起こすといった問題である。簡潔にいうと、これは、欲求不満がもたらす逸脱行為だといえる。この問題は欲望の肥大化が原因となっているという意味で、デュルケムのアノミー論と通じる。これら2つの問題のうち、前者の公害、都市に関わる問題は、物理的な人間の生活環境に関わる客観性の高い問題であり、後者の欲望の問

題は、人間の心理や精神に関わる、より主観的な問題であるといえる。

　富永は、これら2つの問題は、「貧しさに起因するものでなく、したがって経済成長によって解決されうる性質のものでな」く、「それどころか、豊かさの産物として、つまり豊かな社会になっていくにつれてますます、そのような社会問題が表面化してくる可能性が強い」(富永 1972: 121) としている。この、豊かさが原因であるために、経済成長によっては解決できない問題であるという指摘は、豊かさに関する問題を考える上で重要であろう。

　富永のこの論考は、高度経済成長期の終わりごろである1972年に発表されている。この頃には、日本でも大衆消費社会化が進行し、多くの国民が経済的豊かさを実感するようになっていたと考えられるが、消費社会についての議論はまだ活発化していない時期である。それに対して、次にみる内田隆三の議論は、日本の消費社会の成熟化が進んだバブル経済期以後のものである。

　内田は消費社会の問題を次のように述べている。

> 　人がある反省をもって「消費社会」に対峙するとき、ある種の居心地の悪さや、批判や警戒、あるいは肯定やあきらめなど、多様な反応が現れてくる。なぜなら、われわれの国内だけで見ても、公害や交通事故、労働災害、組織による人間の疎外といった数多くの代償によって「消費社会」が購われていることも事実だからである。だが本当の問題は、そうした負の側面にあるのではない。問題は、そうして購われた「消費社会」の肯定的側面そのもののうちに何か得体の知れないものが潜んでおり、その何かに対する異和やためらいを誰も否定できないことにあるのだ (内田 1996: 11-2)。

　ここで内田は、消費社会がもたらす問題を2つ挙げている。1つは「公

害や交通事故、労働災害、組織による人間の阻害」といった「数多くの代償」で、もう1つは、本当の問題としての、「肯定的側面そのもののうちに」潜む、「何か得体の知れないもの」である。この箇所では、その「何か得体の知れないもの」が何であるかが述べられていないが、それに対して「異和やためらい」という曖昧な言葉が使用されていることや、あるいはこの引用箇所の後に続く議論をみると、それは、主観性の高い問題だと考えられる[10]。

このように、豊かな社会の問題を、公害などのような客観性の高い問題と、主観性が高く相対的に捉えがたい問題に分ける仕方は、大枠において富永の場合と同様であろう。したがって、高度経済成長期直後でも、バブル経済期以降でも、消費社会に関する問題の所在あるいは認識は大きな枠組においては変わっていないと考えられる。

以上の2つの議論には、豊かな社会に関する問題として次の3つの共通点が存在する。1つ目は公害等の客観性の高い問題が存在するということ、2つ目は欲望と関係する主観的な問題が存在するということ、そして3つ目はこれらの問題が貧しさによってではなく豊かさという肯定的なものによってもたらされているということである。このうち2つ目と3つ目の特徴は、デュルケムの議論でも述べられていたのであるから、公害等の問題を除くと、経済的豊かさに関する問題の基本的な構図は、デュルケムによって既に提起されていたということになる。これは、豊かさについての問題が、基本的には近代化という文脈で捉えうるものであることを示している。

1.2 消費社会研究における行為主体と社会構造の関係

前節で述べたように、消費社会研究の多くには、「経済的豊かさは人々を幸せにしているのか」という問いが潜在している。本節では、第

1に、既存の消費社会研究がこの問いをどのように問題化してきたかということを、ガルブレイス、ボードリヤール、フィスクの議論を参照することでみていく。そしてその上で、第2に、社会経済学、経済社会学、社会学理論の知見を参照しながら、消費社会の問題に対する異なる見方を検討していく。

1.2.1　ガルブレイスの依存効果論

　ガルブレイスは、1958年に初版が刊行された『ゆたかな社会』で、一定の経済的豊かさがもたらす新しい問題について述べている。ガルブレイスによれば、かつての資本主義社会で問題にされていた貧困、不平等、恐慌は、経済成長によって一定程度解決され、社会全体にとっては既に大きな問題ではない[11]。そしてこれらに代わって新たに出現しているのが、依存効果、インフレーション、社会的バランスという3つの問題である。この中で本論にとって最も重要であるのは依存効果であるが、これは社会的バランスと結びついた問題であるので、この問題にも触れながら依存効果の問題をみていこう。

　消費社会研究においてたびたび取り上げられてきた依存効果は、個人の中に存在していなかった欲望が、生産者によって新たに生み出されることを問題にしている。ガルブレイスは、生産者が宣伝や販売術を通して欲望をつくり出すことについて次のように述べている。

> 　宣伝と販売術の目的は欲望をつくり出すこと、すなわちそれまで存在しなかった欲望を生じさせることであるから、自立的に決定された欲望という観念とは全然相容れない。これをおこなうのは、直接または間接に財貨の生産者である。(Galbraith [1958]1998=2006: 203)

　ここでは、欲望が生産者によって作り出されることが簡潔に述べられ

ているが、これをもう少し詳しく、かつ包括的に述べているのが以下の箇所である。

> 社会がゆたかになるにつれて、欲望を満足させる過程が同時に欲望をつくり出していく程度が次第に大きくなる。これが受動的におこなわれることもある。すなわち、生産の増大に対応する消費の増大は、示唆や見栄を通じて欲望をつくり出すように作用する。高い水準が達成されるとともに期待も大きくなる。あるいはまた、生産者が積極的に、宣伝や販売術によって欲望をつくり出そうとすることもある。このようにして欲望は生産に依存するようになる。……欲望は欲望を満足させる過程に依存するということについて今後もふれる機会があると思うので、それを依存効果 (Dependence Effect) と呼ぶのが便利であろう。(Galbraith [1958]1998=2006: 206-7)

　この箇所では、生産者が積極的に欲望をつくり出す場合のほかに、「受動的におこなわれる」場合についても言及されている。これは、消費者が何らかの消費を行った後に、見栄などがさらなる高い水準の欲望を生み出す場合を意味している。この場合も、欲望は、個人の中に自立的に存在しているのではなく、欲望を満足させるという行為に依存 (Depend) して生み出されるために、依存効果 (Dependence Effect) とされるのであろう。ただし、見栄等によって生み出される場合についての言及は少なく、生産者が広告等を通じて積極的に欲望を生み出す場合がより重視されている。

　ではなぜ、自立的な欲望に加えて、新たな欲望がつくり出される必要があるのか。ガルブレイスは、その原因を2つ述べている。1つは、必要な衣食住が行き渡ったにもかかわらず依然として生産することが重要視されていることで、もう1つは、公共的な生産ではなく民間の生産が

重要視されていることである。
　前者については、次のように述べられている。

　　今では物資は豊富である。世界に栄養不良は多いけれど、アメリカでは食料不足のために死ぬ人よりも、過食のために死ぬ人の方が多い。……それにもかかわらず生産は依然としてわれわれの最大の関心事である。……生産に対するわれわれの関心は歴史的・心理的な強い力の結果であって、そうした力から逃れるには強い意志が必要である。(Galbraith [1958]1998=2006: 164)

　さらにガルブレイスは、このような生産に対する関心は、経済学の中にもみられるとして、次のように述べている。

　　生産の重要性は経済学者の経済計算の中心である。あらゆる既存の教授方法も、またほとんどすべての研究も、生産の重要性という基礎の上に立っている。与えられた資源からの生産を増加させる行為は善であり、重要とされている。生産を抑えたり減少させたりするものはどんなものでも、その程度に応じて悪であるとされている。(Galbraith [1958] 1998=2006: 184-5）

　このように、アメリカ社会では、生産が、一般においても経済学においても重要視されている。しかし、社会は一定の豊かさに達しており、衣食住といった必需品はすでに行き渡っている。そこで問題になるのが、何を生産するかということである。ガルブレイスは「われわれは全然くだらない物資の生産を誇りとしていて、その反面最も重要で文化的なサービスの生産を遺憾としている」(Galbraith [1958]1998=2006: 174）と述べ、一般に考えられていることを次のように次のように述べている。

民間の生産だけが重要であると一般に考えられている。民間の生産は国の福祉を増進する。その増加は国富の増加の尺度である。それに対して公共のサービスは重荷である。それは必要であり、またかなりの額が必要であるかもしれないが、実際は民間の生産の負担となる重荷である。この重荷が大きすぎれば、民間の生産は停滞し、減少する。……われわれは民間の富の増加を重要視するが、それを保護する警察力のための支出を増やすことを遺憾とする。家をきれいにする真空掃除機は尊重され、われわれの生活水準に必要なものとされているのに、道路をきれいにする道路清掃機は不幸な支出だと考えられている。(Galbraith [1958] 1998=2006: 174-5)

　つまり、公共サービスは必要性が高いが、民間の生産にとっては重荷になるので、結局、民間の生産の方が重視されることになる。
　とはいっても、必需品は既に満たされている。そこで、求められるのが、新たに欲望を作り出すことである。つまり、欲望を満たす過程によって欲望を生み出す依存効果が働くようになる[12]。
　このように依存効果によって人為的につくり出される欲望に対して、ガルブレイスは批判的である。

　　　個人の欲望が重要であるというのならば、その欲望はその個人自体から生まれるものでなければならない。個人のためにわざわざ作り上げられたような欲望は重要であるとはいえない。欲望を満足させるところの生産過程によって作り上げられるような欲望はもってのほかである。(Galbraith [1958]1998=2006: 200)

　　　このような財貨に対する需要は、あやつらなければ存在しないの

だから、それ自体の重要性または効用はゼロである。この生産を限界生産物と考えれば、現在の総生産の限界効用は、宣伝と販売術がなければ、ゼロである。(Galbraith [1958]1998=2006: 208-9)

つまりガルブレイスは、人為的につくられた欲望は空虚で無意味だと述べている。そして、この人為的で空虚な欲望を生産するシステムを批判するために、依存効果という概念を生み出したのである。

さて、以上の依存効果論の重要性はどのような点にあるだろうか。すぐに考えつくのは、空虚で無意味な欲望が外在的に生み出されることを指摘したという点である。だが、このような一種の道徳的非難はありふれたものではないだろうか。依存効果論の重要性は、単にこのような批判だけにあるのではなく、依存効果がどのように作動するのかということを社会的なメカニズムによって説明しようとしている点にあるのではないだろうか。

これまでみてきたように、依存効果は、一定程度の豊かさの達成というマクロ社会的な前提条件に、生産の優位と民間生産の重視という２つの条件が合わさることによって生みだされると考えられている。つまり、依存効果は、生産者の強欲というような単純な要因のみによって成立するのではなく、社会システム全体の中で、複数の要因が作用することによって成立すると考えられているのである。このような複合的な社会的要因による説明の仕方こそが、ガルブレイスが依存効果論によって切り開いた独自の問題領域ではないだろうか。

1.2.2　資本主義システムによる記号消費の強制と暴力—ボードリヤールの消費社会論

社会システムの働きによって空虚な消費が強制されるという依存効果論の枠組は、ボードリヤールの議論に引き継がれている[13]。だが、ボー

ドリヤールは、消費とは何か、欲望とは何か、強制力がどのようなメカニズムで働くのか、またこれらが社会に何をもたらすのかといった点で独特の見方を示している。以下では、『消費社会の神話と構造』を中心にボードリヤールの議論をみていこう。

ボードリヤールは、消費が強制される要因として、資本主義システムを重視し、このシステムについて興味深い見方を示している。資本主義社会においては、経済成長が不平等を生み出すということがしばしば議論されるが、ボードリヤールにとっては、これは問題の立て方そのものが誤りである。ボードリヤールによれば、資本主義システムにとって最も重要なことはシステムの存続であり、そのために必要とされるのが不平等、不均衡、ひずみなどである。この不均衡は、国際的なレベルでは発展途上国と先進国との間に存在し、一国内においては富裕層と貧困層との間に存在している。経済成長は、このような不均衡を維持するために、結果として必要とされるものであって、システムの維持にとっては2次的な問題である。つまり資本主義システムにとって一義的に重要なのは、不平等、不均衡の存在であり、経済成長ではないと、ボードリヤールは述べる。

> 「成長は豊かさを、それゆえ平等を生み出す」とはもういえないし、「成長は不平等をもたらす」という逆の極端な見解も採用できない。成長は平等なものか不平等なものかという誤った問題の設定を逆転して、成長自身が不平等の関数であるというべきなのだろう。「不平等な」社会秩序や特権階級を生み出す社会構造の自己維持の必要性が、戦略的要素として成長を生産・再生産するのである。
> （Baudrillard 1970=1979: 55-6）

しかし経済成長が進むと、消費財が均質的に行き渡るようになり、

システムの生き残りにとって必要な不均衡が減少していく。このような段階になると、記号のレベルにおける差異が、不均衡として利用されるようになる。つまり、一定の経済水準に達した社会においては、「あらゆる欲求は記号と差別の客観的社会的要求に従って再組織され」(Baudrillard 1970=1979: 88)、記号における不均衡（差異）が、システムの維持に利用されるようになる。このような記号における差異の消費は、より具体的には次のような事態を意味する。

> 洗濯機は道具として用いられると共に、幸福や威信等の要素としての役割を演じている。後者こそは消費の固有な領域である。ここでは、他のあらゆる種類のモノが、意味表示的要素としての洗濯機に取ってかわることができる。象徴の論理と同様に記号の論理においても、モノはもはやはっきり規定された機能や欲求にはまったく結びついていない。(Baudrillard 1970=1979: 93)

消費財の持つ記号的な側面を消費するということは、使用価値を消費することではなく、差異を消費することである。そしてその差異は無限に存在するのであるから、記号の消費もまた無限である。つまり、無限のバリエーションが存在する記号の消費において、完全な満足は存在しない。

> 欲求とはけっしてある特定のモノへの欲求ではなくて、差異への欲求（社会的な意味への欲望）であることを認めるなら、完全な満足などというものは存在しない。(Baudrillard 1970=1979: 95)

さらに、記号の消費における価値としての差異は、使用価値としての機能性や、贈与行為において達成される象徴的価値とは無関係であるた

め、本来的な意味での享受、満足をもたらすことがないと、ボードリヤールは述べる。

> 消費は享受を排除するものとして定義される。社会的論理としてのシステムは享受の否認という基盤の上に確立される。そこでは享受はもはや合目的性や合理的目的としてではまったくなく、その目的が別のところにあるプロセスの個人的レベルでの合理化として現われる。おそらく、享受とは自立的で合目的的な自己目的としての消費を定義するはずのものであろう。ところが、消費とはけっしてそんなものではないのだ。……人びとはコード化された価値の生産と交換の普遍的システムに入りこみ、すべての消費者は知らないうちにこのシステムのなかで互いに巻きこみあっているからである。
> (Baudrillard 1970=1979: 96-7)

以上のような、本来的な意味での享受とは結びつくことのない消費は、以下のように、消費者にとっては、義務的な行為として存在することになる。

> 消費の原則と目的が享受でないことの最良の証明のひとつは、享受が今日では権利や楽しみとしてではなく、市民の義務として強制され制度化されているという事実である。……消費人間は自分自身を享受を義務づけられた存在として、享受と満足の企てとして見なすのである。すなわち、何としてでも幸福であろうとし、熱中しやすく、おもねたりおもねられたり、誘惑したり誘惑されたり、分け前にあずかろうとしたり、幸福に充ちて力動的な、そうした存在とみなしているのだ。(Baudrillard 1970=1979: 99)

第1章　消費社会についての問題

　つまり、消費者は、本来的な享受をもたらさない無限の記号消費を、労働のように強制されるというのである。この気が重くなるような消費の強制は、人々や社会に何をもたらすのか。ボードリヤールは、無差別的暴力や逃避だと述べる。

　　豊かさそのものが新しい型の強制のシステムにすぎないという仮説を少しでも認めるなら、この新しい社会的強制には新しい型の解放の要求しか対応できないことがすぐにわかるはずである。今のところ、この要求は、無差別的暴力の形態（物質的・文化的財の「盲目的」破壊）または非暴力的で逃避的な形態（生産や消費への投資の拒否）をとった消費社会に対する拒否となっている。もし豊かさが自由を意味するなら、こうした暴力の発生は到底考えられないが、豊かさ（経済成長）が強制だとすれば、この暴力も自ずと理解できるし、豊かさの論理的帰結と見なすこともできる。（Baudrillard 1970=1979: 269-70）

　このような、無差別的暴力や逃避といったアノミックな状況の現出が、記号的な消費社会の論理的帰結だというのが、ボードリヤールの最終的な診断である[14]。
　だが問題は、このボードリヤールの議論をどう理解すべきかということである。ボードリヤールの議論は、現代社会の分析として一面の真実をついていると思われる。しかしその反面、極端に過ぎると思われるのもまた確かである。好意的に解釈すれば、ボードリヤールは、現代社会の問題を浮かび上がらせるために、あえて強引な議論を行ったのだとも考えられ、そのような手法に全く意味がないのだとも思われない。したがって、ボードリヤールの議論の難点を冷静に分析することは、議論本来のよさを消してしまう面があるだろう。だが、日本社会におけるボー

ドリヤール受容の文脈も考える必要がある。80年代以降の日本の消費社会研究では、ボードリヤールの議論が強い影響力を持ち、ボードリヤール流の分析、問題設定こそが消費社会研究のあるべき姿だと広く受け取られていたと思われる。しかしそれは、消費社会研究の幅を狭める結果をもたらしてしまったのではないだろうか。このような、日本における、ボードリヤール受容の歴史を振り返るならば、ボードリヤールの議論を冷静に分析し、問題点を指摘することこそが、現時点の消費社会研究にとって重要な意味を持つと思われる。

本論ではボードリヤールの議論の問題点を2つ指摘しておきたい。1つは消費概念を記号の消費のみに限定していることで、もう1つはシステムによる強制力に関する問題である。

まずは消費概念の限定性についてみておこう。ボードリヤールは先に引用した箇所で、洗濯機が示す幸福や威信こそが、消費の固有の領域であると述べていた。つまりボードリヤールのいう消費は、消費財の持つ記号的な側面に限定されている。このことは、『消費社会の神話と構造』に続いて刊行された『記号の経済学批判』でも明瞭に述べられている。同書では、消費に関連する事柄が、表1-1のように、意味作用の論理という観点から4つに分類されている（Baudrillard 1972=1982: 59）。

われわれは通常、ここに挙げられている4つのいずれもが消費を構成

表1-1 意味作用の論理と消費のあり方

	意味作用の論理	消費のあり方
①	使用価値の機能的論理＝効用の論理	道具
②	交換価値の経済的論理＝市場の論理	商品
③	象徴交換の論理＝贈与の論理	象徴
④	価値／記号の論理＝（社会的）地位の論理	記号

Baudrillard(1972=1982: 59) より作成

すると考えるが、ボードリヤールの議論においては、消費は④のみに限られている（Baudrillard 1972=1982: 59）。つまり、ボードリヤールの消費概念は、われわれが一般的に考えるのと異なって、意味の幅が狭いのである。

　ボードリヤールのように、消費を記号の側面に限定して分析するのも1つの方法ではある。だが記号の消費は、消費全体における部分にすぎず、このような方法によって消費社会の問題のすべてを扱うことは論理的に不可能である。われわれは、記号消費に着目した分析は、消費社会の分析全体を代表するわけではないということを認識しておかなければならない。

　次は2つ目の、システムによる強制の問題である。ボードリヤールの議論の大枠は、図式的に考えると、「資本主義システム」ー「記号の体系としての消費財」ー「消費者」の3者が存在し、資本主義システムが消費財を媒介にして消費者を操作するという関係になっている。この関係の中で消費者は、資本主義システムおよび記号の体系としての消費財に対して、受動的な存在であり、操作される存在であると考えられている。このような消費者に対する見方は、ガルブレイスの依存効果論と同様であるが、はたしてどの程度の妥当性を持っているのだろうか[15]。これは大きな問題であるので、後ほど改めて検討することにしよう（→1.2.4、1.2.5）。

1.2.3　消費者の能動性——カルチュラル・スタディーズにおける議論

　ガルブレイスやボードリヤールのように、消費者を受動的な存在としてとらえる議論は、消費社会研究の1つのタイプであるが、このような見方とは異なる議論もある。その1つが、消費者やオーディエンスの能動性に着目する、カルチュラル・スタディーズ（以下CSとする）の議論である。

CSの代表的な論者の一人であるフィスクは、『抵抗の快楽』において、消費行動において発揮される消費者の力を次のように述べている。

> ショッピングこそ弱者が技と策略を駆使して、強者の戦略的な意向に対してもっとも大きな打撃を与え、もっとも大きな力を発揮できる場面である。(Fiske 1991=1998: 27)

ここで示されている強者／弱者という対立は、強大な力を持つ消費主義的システムと、弱い立場にある消費者を指すのだが、フィスクが述べているのは、弱者である消費者がシステムに対抗する力を持つということである。同様の見方は、J. ウィリアムソンの議論 (Williamson 1986=1993) を引用した後で述べられた、以下の箇所にも示されている。

> 注目すべきなのは、商品を選ぶときには消費者が主導権を握っているという点である。資本主義社会においてお金が力であるなら、経済制度のなかで服従を強いられている者たちにとって、物を買うとき、とくに自分の意思で買うときだけが主導権を発揮できるときである。また、ものを買う行為どれ1つをとっても、そこには多くの拒絶が含まれている。というのは、1つのものを選ぶことは同時にそれ以外のすべてのものを拒絶することだからである。経済制度が売り物として出してきているものを拒絶することによって、経済制度に対する主導的な関係をつくりだすことができるのである。(Fiske 1991=1998: 45-6)

上の箇所では、フィスクは消費者の能動的側面を問題にしている。しかし、一方的にそれのみを強調しているわけでもない。フィスクは、再びウィリアムソンの議論を参照しながら、次のように留保を示してい

る。

> 消費は変革的な行為でもないし、反逆的な行為でもない。また資本主義＝消費主義の経済制度を変革することもできない。しかし同時に、経済制度へのたんなる服従であるというのも適切な説明とはいえない。ウィリアムソンのここでのキーポイントはこうだ。商品はたしかに資本主義市場によって供給されるものであり、それ自体としては変革的なものではない。しかし、商品の消費のされかた、あるいはそのもとにある消費者の欲求のなかには変革的な力の痕跡を見出すことができるという。(Fiske 1991=1998: 47-8)

ここでは、消費者の持つ力は個々の消費の場面において発揮されるのであり、それらの前提となる資本主義という経済制度そのものの変革にまでは及ばないことが述べられている。つまり、消費者が力を発揮できるのは、消費者の行為の前提となる条件の範囲内においてであって、消費者はその前提条件を変えるほどの力は持たないということである。したがって、フィスクの見方は消費者の力を一方的に称揚するものではない。とはいえ、やはり、以下にみるように、消費者の持つ力には重要性を認めている。

> 民衆の日常的実践は構造に対して補完的な面もないではないが、多くの場合は対抗的である。この日常的実践をとおして、弱者は構造とさまざまにかけひきを行い、構造に敵対したり、挑戦したり、構造による管理から逃げ出し、構造の弱点を発掘しては策略を弄して、構造をそれ自体に反抗するもの、制作者の意思に反するものにしてしまうのである。(Fiske 1991=1998: 56)

上記のフィスクの見方は、ガルブレイスやボードリヤールの議論に代表される、一方的に生産者やシステムの側に大きな力を認め、消費者の受動性を強調する議論に対して、新しい視点を提供している。しかし、このような議論に対しても批判的な見方が存在する。たとえば浅見克彦は、CS のテクスト論的な文化分析の問題を次のように述べている。

　　問題の焦点は、受け手の対抗的読解に関心を集中する「テクスト分析」の歪んだ肥大化と有効性の真偽である。……（再考すべき）ポイントは文化支配に抵抗する力の存在をもとめ強化したいという関心に引かれながら、支配的なコードを逸脱する受け手の「能動性」を強調し、「受け手の頑固さを声にし、それを賞賛する」ことに努力を集中しつつ、受け手による対抗的な読解の可能性と意義を、誇大に描き出すという点にある。（浅見 2002: 85）[16]

　ここで浅見は、CS の一部が主張する消費者の能動性は誇大だと述べている。浅見がこのように述べるのは、受け手の能動性はメッセージのヘゲモニー的コードに対抗するような形で発揮されることもあれば、逆にそれに添った形で発揮されることもあり、どちらになるかは一概には決められないからである。浅見は、S. ホールの議論を引き合いに出した後で、アングの議論を引きながら次のように述べている。

　　受け手の「解読」は、まさにメッセージの「コード化」に対して、コミュニケイションの局面として相対的に自律しているという意味で、能動的な意味生産なのであって、その能動性は、たとえメッセージのヘゲモニー的コードを共有しつつ読解をおこなう場合でも発揮されている。その場合受け手は、実に能動的にヘゲモニー的な意味構成をなしているのである。受け手の能動性とは、コードと文脈

設定を他律的に操作されることなく、自ら能動的に選択するということなのであって、その選択の内実、つまりヘゲモニー的意味構成に対抗するものかどうかには、それ自体としては関わりがない。この意味で、受け手について「『能動的』ということを、喜々として『力を発揮する』ことと等置するのは、まったく的外れである」(Ang 1990: 243)（浅見 2002: 86)。

　ここでは、アングの議論を引用しながら、消費者が能動的であることと、力を発揮することとが区別されている。この区別において、後者はヘゲモニー的コードを対抗的に読む場合に限定されるのに対し、前者は対抗的な読みと共に受容的な読みも含んでいる。ホールのエンコーディング／ディコーディングモデルにおいて、受け手の読みが、「全面的に受容する読み」、「部分的に受容する交渉的な読み」、「対抗的な読み」の3つに分類されることを踏まえて考えると (Hall 1980)、消費者が「力を発揮する」場合は、対抗的な読みに限られるが、消費者の能動性は3つのいずれの読みにおいても発揮されうるということになる。
　さらに浅見は、対抗的な読解が行われた場合においてさえも、「力を発揮する」ことにならない場合があるとしている。仮に消費者が対抗的な読解を行ったとしても、実際にはシステムに適合的である場合があるからである。浅見は、これを、マドンナのパフォーマンスの例を挙げて次のように説明している。「性的な関心を逆手にとって『媚態』を武器に男たちを翻弄するように見えるマドンナのパフォーマンスに、男に依存しない独立独歩の女のイメージを読みとることは、可愛く従順にという女のステロタイプを逸脱する意味生産にはちがいない」（浅見 2002: 87)。しかしそれは、「社会の全体的な支配構造との関係でいえば、性的な魅力において女を価値づける文化的な支配を、むしろ積極的に引きうけるものにほかならないのである」（浅見 2002: 87)。

以上でみてきたように、浅見は、CS の議論が強調する受け手、消費者の能動を批判的にみている。しかしだからといって、浅見は、ガルブレイスやボードリヤールが考えていたように消費者が無力な存在であると考えているわけではない。浅見が批判しているのは、フィスクの議論がそうであるように、消費者のもつ力を過大に評価することである。

このように、CS の議論にも問題点がないわけではないのだが、消費者を無力な存在とみるのではなく、能動性も持った存在とみる見方には意義が認められるだろう。

1.2.4　消費者と生産者の共同性

これまでみてきた、ガルブレイスの議論、ボードリヤールの議論、カルチュラル・スタディーズの議論はそれぞれ異なる。特に CS は、消費者の能動性を指摘する点において他の2つの議論と大きく異なる。しかし、それにもかかわらず、これらの議論には共通する点がある。それは、相対的に力の弱い消費者と、それを取り巻く相対的に力の強い生産者が存在し、両者が対立的な関係にあるという見方である。だが、このような図式は、生産者とシステムとの違いを曖昧にし、混同してしまいがちである。

ここで個人／社会という対立するカテゴリーを分析的に使用してみよう。この2つのカテゴリーを使用すると、一見したところ消費者は個人のカテゴリーに属し、生産者とシステムは社会のカテゴリーに属するように思われる。しかし生産者は、消費者と同じ水準に存在する社会的なアクターの1つであると理解することも可能である。つまり、両者は同じカテゴリーに属すると考えることができる。このように考えると、消費者／生産者という区別を、個人／社会という対立によって理解することは必ずしも適切ではない。

西部邁の議論を参照してこの問題を考えよう。西部は、すべての消費

第1章　消費社会についての問題

財が、物理的特性とイメージ的特性という2つの特性から構成されるとし、その上で、イメージ的特性の特徴が公共性にあると述べている。

> 重要なのは、イメージが本質的に公共的なものだという点である。イメージは、諸個人に共同的なるものとして共有されることによって、イメージでありうる。たとえば、自動車が現代的技術のシンボルであり、運転手がそのシンボルの意味を楽しめるのは、そのシンボルが社会的に共有されているからである。……諸個人の消費欲求は、イメージ特性をも対象としていることによって、純粋に個人的起源を持つようなものではなくなり、イメージを共有し合う場、すなわち文化の場によって拘束されていることになる。(西部 1975: 177)

このように、イメージ的特性が社会的に構成されるということ、すなわち消費が社会性を含んでいることを踏まえると、生産者と消費者の関係は、対立性においてだけでなく、共同性においても考えることができるようになる。

> （公共イメージは）過去から累積されてきたストックであり、ある時点をとってみれば、多くの人々にとって共通の歴史的所与である。その所与性は、基本的には、消費者にとっても生産者にとっても同じであろう。……消費者と生産者が共通のイメージの場に包みこまれているということを認めるならば、イメージの変化についても、両者の間に共通の領域が開かれると考えるのが自然であろう。(西部 1975: 178-9)

ここで述べられているのは、イメージ特性の持つ公共性は歴史的文脈

によって規定されており、生産者または消費者のいずれか一方がそれを作り出すことはできないということであり、したがって、いずれの者もあらかじめ存在している公共的なイメージとの関係においては同等の立場にあるということである。つまり、生産者と消費者の対立性ではなく、共同性が問題になっている。

西部の見方と通じる議論は、経済社会学にもある。経済社会学では、経済現象が社会に埋め込まれているという見方を重視するため、消費は個人の純粋に合理的な選択ではなく、文化的、社会的な要因の影響を受けると考えられる。渡辺深は、P. ディマジオの「土地と労働が商品であるという観念が新しく生まれても、それが伝播され普及しなければ、労働市場や不動産市場も可能とはならなかったであろう。」(DiMaggio 1990: 115)という議論を引きながら次のように述べている。

> 特定の財やサービスが商品として正当なものであるという観念が新しく生み出され、多くの人々に共有されるようになって初めてその商品の市場が可能になる。……企業家は今まで商品とみなされなかった財やサーヴィスを新しい商品として発見し開発するだけでなく、その商品の正当性を多くの人々に認識させ普及させる必要がある。(渡辺 2002: 60)

ここで述べられているのは、ある商品の市場が形成されるためには、まず第一に、ある事物が商品として適切であるという観念あるいは規範が生み出されなければならず、さらに、それが一定の拡がりをもって社会的に共有される必要があるということである。

では、このようなプロセスはどのように可能になるのだろうか。あるいは、生産者の力は、上のプロセスに対してどの程度影響を持つのだろうか。たしかに生産者は、自らが生産した（しようとする）商品の正当性

を主張し、それを広めようとするだろう。しかしそれが正当性を持つかどうかの判断は、生産者のみによって行えるものではない。つまり、生産者は商品の正当性観念を一方的に広めることはできない。逆の言い方をすれば、ある商品が社会的正当性を獲得するか否かは、当該社会の成員による判断が不可欠であり、それは当該社会の持つ歴史的文脈や社会構造などによって規定されているのである。要するに、生産者が一方的に優位な力を持っているとは考えられないのである。

　西部の議論と、ディマジオ、渡辺の議論は、消費者と生産者の間に対立がまったく存在しないと述べているわけではないが、消費者と生産者が同じ場に共在しているという重要な見方を示している。このような見方から導き出されるのは、消費者と生産者のいずれがより強い力を持つかということは必ずしも根本的な問題ではないという考えである。つまり、ガルブレイス、ボードリヤール、CSのそれぞれの議論においてみられた、消費者と生産者との明確な対立関係は、緩めて考える必要があると思われる。

1.2.5　消費者／生産者から行為主体／社会構造へ

　生産者と消費者が同じ場に共在しており、両者が鋭い対立関係にあるとは必ずしもいえないのだとすると、消費者はどのように位置づけられるだろうか。西部は、消費者とその環境の関係について次のように述べている。

> 諸個人の選好は、環境に依存する限りにおいて、新古典派のいうように自立的なものではありえないのである。しかしその反面では、選好の基盤となる能力は、環境に適応しようとする諸個人の合理性の結果なのであり、ガルブレイスのいうように生産者によって操作されたものではない、ということにもなる。（西部 1975: 184）

ここでは、消費者がまったくの自立的な存在ではないとされる一方、かといって生産者に一方的に操られる他律的な存在でもないということが述べられている。このような中庸的な消費者観は、G. カトーナが消費者について次のように述べたことに通じる。「経験的な証拠による研究によると、消費者のほとんどは理想的な『合理的人間』ではないにしても、慎重であり、分別のあるものである」(Katona 1964=1966: 83)。

ところで、消費者の捉え方には、大きく分けて2つの対立的な立場が考えられる。1つは消費者の合理的な力を強調する立場で、ここでは自律的消費者と呼ぶことにしよう。もう1つは、ガルブレイスが想定しているような、消費者が生産者の影響を強く受けることを強調する立場で、ここでは他律的消費者と呼ぶことにしよう。このように対立的な消費者像を設定した場合、西部やカトーナが示す中庸的な消費者像は、いずれかの立場に当てはまるものではない。それは、両極の間に存在する弱い自律的消費者とでもいえるものである。

この弱い自律的消費者とでもいえる主体像は、A. ギデンズや P. ブルデューが精錬させてきた、社会構造と行為主体の関係についての議論にみられる行為主体の捉え方に近い。以下では、この弱い自律的消費者を抽象的な水準でより明確に把握するために、ギデンズの議論を参照しておこう。

ギデンズは、社会構造と行為主体の間には相互規定的な関係が存在するとし、それを以下のように構造の二重性と呼んでいる。

> 社会の生産は、社会成員の能動的な構成的技によってもたらされるが、資源に頼り、条件に依存している。社会成員は、そうした資源や条件について自覚していなかったりかすかに知覚しているだけなのである。……構造は相互行為の生産の条件のみならず結果とも

とられるために、構造の二重性の理念がこの場合中心的な理念になる。(Giddens 1976=1987: 227)

《構造の二重性》ということで、社会構造は人間の行為作用によって構成されるだけでなく、同時にそうした構成をまさに《媒介するもの》でもあることを、私は意味する。(Giddens 1976=1987: 174)

　ここで述べられている構造の二重性は次のように言い直せる。行為主体にとって、社会構造はあらかじめ存在する条件であり、自らの実践を限定している。しかし、行為主体は、その条件の範囲内において、意識的または無意識的に、能動的な実践を行うことができ、その実践は社会構造を（再）生産している。これは、逆に社会構造の側からみると、社会構造は行為主体の実践を限定すると同時に、行為主体の実践によって（再）生産される存在だということになる。ギデンズは、行為主体と社会構造との間にあるこのような相互規定性を、構造の二重性と呼んでいる。
　このような見方は消費の問題にも適用することができる。すなわち、消費者のとりうる消費行動は社会構造によって条件づけられ、限定されているが、消費者はその限定の範囲内において、意識的、無意識的に能動的な消費行動を行う。そしてその消費行動が社会構造を（再）生産する。
　このように、ギデンズの見方を参照して消費者の行動を記述し直すと、西部やカトーナが述べていることがより明確になってくる。つまり、消費者は、社会構造に対して受動的な存在であると同時に能動的な存在であるとも考えられるのである。
　さらに行為主体の能動性という点に特に着目するならば、以上の見方は、消費者の行動が社会構造を（再）生産するという視点を提供すると

いう意味で重要性が大きい。構造の二重性という概念が持つ、行為主体の実践が社会構造を変化させうるという視点を、消費の問題に適用するならば、消費者の意識的、無意識的な能動的消費行動は、消費社会のあり方を変化させうるということになるだろう。

このような消費者の持つ力という視点は、これまでの消費社会研究でははっきりとは論じられてこなかった。たとえば、生産者やシステムの力を重視するガルブレイスやボードリヤールの議論からは、このような視点は生まれにくい。他方、フィスクに代表されるCSの場合は、消費者の能動性を重視するため、このような視点を生みだす可能性を持っているものの、フィスクの議論では、消費者の能動性は、主として消費者の主体性の回復・獲得という個人の問題と結びつけられている。つまり、社会構造の変化とはあまり関連づけられていない。また、西部やカトーナの場合は、このような問題を明確には述べていない[17]。つまり、ギデンズの構造の二重性という見方は、消費者の実践が消費社会のあり方を変化させうるという視点をもたらすという点でも重要なのである。

1.3　欲求の高度化論が消費社会研究に対して持つ意義

本節では前節の後半の議論、すなわち行為主体（消費者）の能動性についての議論、および行為主体（消費者）の行為が社会構造に影響を与えうるという議論の2つと関連する、欲求の高度化という問題を取り上げる。

ここでいう欲求の高度化は、さまざまな社会的経験の蓄積に伴って人々の欲求に質的変化が生じ、高次化していくということである。このことを問題にした研究には、A. マズローの欲求階層理論や、これに強い影響を受けたイングルハートの脱物質主義論があり、これらは消費社会を直接的に分析しているわけではないが、消費社会を理解する上での

重要な見方を提供する。特に近代社会からポスト近代社会へという社会変動を問題にするイングルハートの議論は、消費社会の構造的変化を考える上で重要である[18]。すなわち、一般的に「モノの豊かさから心の豊かさへ」という言葉で直感的に示されるような、経済発展に伴って起こる消費者の欲求の対象や価値意識の長期的な変化、およびそれがもたらす産業や社会制度等の変化を考える上での重要性を持っている。

1.3.1　個人の欲求の高度化──マズローの欲求階層理論

以下では欲求の高度化論として、マズローの議論とイングルハートの議論を取り上げよう。まず先にみるのは、マズローの欲求階層理論である。

マズローは心理学者であるので、議論の対象は基本的に個人の心理である。しかし、マズローの議論は、消費社会研究でも言及されることがあり、後述するイングルハートの社会変動論的分析にも強い影響を与えているので、内容は押さえる必要がある。

マズローの欲求階層理論は、人間の欲求を5つに分類し、それらの間に階層性が存在することを論じたものである。5つの欲求は、低次のものから順に、①生理的欲求（食欲など）、②安全欲求（安全、保護、恐怖からの自由など）、③所属と愛の欲求、④承認の欲求（自己尊敬、自尊心など）、⑤自己実現の欲求（芸術など）とされ、人間の欲求は低次のものに始まり、それが一定程度満たされるにしたがって、より高次のものへと段階的に移行していくとされている。

だが、この欲求階層理論に対しては批判もある。松井剛は、その批判を、実証に関する批判と理論的枠組みに関する批判の2つに分けて整理している（松井 2001）。実証に関する批判としては、(A) 被験者のサンプリングの偏り、恣意性に対する批判、(B) 欲求の階層性の経験的妥当性に対する批判の2つが挙げられ、理論枠組に関する批判としては、

(C) 生物学的偏向に対する批判、(D) 個人主義に価値をおく西洋的人間観のモデル化に対する批判、(E) 欲求の序列に対する批判の3つが挙げられている。ここでは、理論枠組みに関する批判の中から、本論にとって重要だと思われる (C) と (E) を簡単にみておこう。

松井によれば、(C) の生物学的偏向に対する批判は、低次の欲求のみならず、高次の欲求もまた生得的であるとすることに対する批判である。たとえばマズローは次のように述べている。「我々の主な仮説は、人間の衝動あるいは基本的欲求だけが少なくとも相当な部分を生得的に与えられているであろうということである」(Maslow 1970=1987: 122)。ここでいう「基本的欲求」は5つの欲求のすべてを含んでいるので、高次の欲求である承認の欲求や自己実現の欲求もまた相当な部分が生得的であるということになる。このような見方に対しては、文化的規範は不必要であるばかりでなく、生まれながらに個人が持つユニークさを発現させる上での阻害要因にもなりうるという批判がある (松井 2001: 500)。

だがマズローの議論は、上の引用箇所の後に次のように続く。「それと関連する行動、能力、認知、感情などは、同じく生得的であるわけではなく、(我々の仮説に従えば) 学習されたり、水路づけられたものかまたは表出的なものであろう」(Maslow 1970=1987: 122)。つまりマズローは、欲求そのものは生得的であるが、具体的な行動、能力等は後天的に学習されると述べている。

このように、マズローは、欲求のすべてを生得的とみなしているわけではなく、かといってすべてが後天的に学習されるしているわけでもない。マズローは、本能論者による見方と反本能論者による見方の2分法を避けるべきだとし、みずからの立場を説明するために「弱い本能」という言葉を使っている (Maslow 1970=1987: 123-4)。つまりマズローは、強い本能論者ではなく、中庸的な弱い本能論者なのである。このように

マズローの議論を確認すると、(C) の批判はありうるものではあるが、その妥当性は必ずしも確固としたものではないと思われる[19]。

(E) の欲求の序列に関しては、松井は次のような批判を紹介している。すなわち、自己実現欲求の段階に到達するには、より低次の欠乏欲求を満たす必要があるが、これは、欠乏欲求を満たす資力を持たない者にとっては自己実現を達成するのが困難であることを意味するというものである[20]。また、仮にそのような資力がある場合でも、現代の市場社会においては、そのような達成は構造的に困難であるとも批判される（松井 2001: 501）。だが上のいずれの見方も、自己実現の困難さの指摘をしているのであって、マズローの図式の妥当性に対する直接的な批判ではないだろう。ただし、マズローの議論を社会の分析に適用するのであれば、数が非常に限られる自己実現の達成者を分析の対象にすることは意義が薄いとはいえるかもしれない[21]。

以上でみてきたように、マズローの欲求階層理論に対する批判の中には検討すべきものもあるが、それが、マズロー図式の重要な部分をまったく無意味にするものだとは思われない。

1.3.2 欲求の高度化がもたらす社会の変化──イングルハートの脱物質主義論

マズローの欲求階層理論を下敷きにして、マクロ社会の変化を問題にしているのはイングルハートである（Inglehart 1977=1978, 1990=1993, 1997 など）。イングルハートは、産業化の進行というマクロ社会の変化が、個々人の意識や価値観にどのような変化をもたらし、さらにそれがマクロな政治システムにどのような影響をもたらしているかということを論じている（産業化の進行〔マクロ〕→価値観の変化〔ミクロ〕→政治システムの変化〔マクロ〕）。

このうち本論にとって重要なのは、産業化の進行が人々の価値観にど

のような変化をもたらしているかという問題で、この問題に対して大きな影響を与えているのが、先ほどのマズローの欲求階層理論である。

だがイングルハートはマズローの図式をそのまま使っているわけではなく、それを修正して、欲求を (A) 生存欲求、(B) 安全欲求、(C) 帰属および評価に対する欲求、(D) 美的欲求および知的欲求、の4つに分類しなおしている。またこれらのうち、(A) と (B) を、生理学的生存に直接関係する欲求であることから物質主義的欲求とし、より高次の欲求である (C) と (D) を脱物質主義的欲求としている (→表1-2) [22]。

イングルハートの議論では、物質主義的欲求は低次の欲求であり、これが一定程度満たされることによって、脱物質主義的欲求が求められるようになるという階層的な関係が述べられている。つまり、物質主義的欲求が十分に満たされない社会経済的環境にある者は物質主義的欲求が強く、それが満たされるにしたがって脱物質主義的欲求が強くなるとされている。したがって、物質主義的欲求を十分に満たす経済水準にある社会では脱物質主義者が多くなり、そうでない社会では物質主義者が多くなる[23]。

国際的に行われた大規模調査のデータを分析すると、基本的にはこれらのことが認められ、高度工業社会においては人々の価値観が脱物質主義的になっているという見方の正しさが確かめられている[24]。

1.3.3 欲求の高度化論の意義と問題

さて、これらの欲求の高度化論が本章にとって持つ意味を考えよう。本節の冒頭では、欲求の高度化論が含みうる分析視角として次の2つを挙げていた。すなわち、①行為主体（消費者）の能動性、②行為主体（消費者）が社会構造に影響を与えうること、である。これらは、ガルブレイスやボードリヤールの議論では論じられていない問題であり、前節ではその点の不十分さを西部、渡辺、ディマジオ、ギデンズらの議論を参

第1章　消費社会についての問題

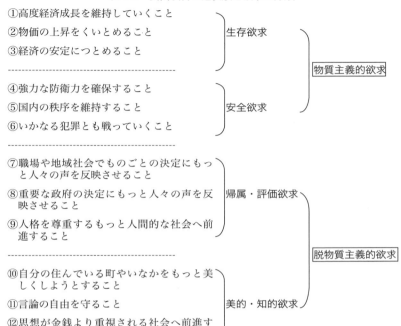

表1-2　質問項目の選択肢と欲求の分類

Inglehart(1990=1993: 124-6) より作成

照しながら述べた。では、マズローやイングルハートの議論がこれらの分析視角を含みうるとは、どのような意味においてであろうか。

　①は、マズロー、イングルハートらの議論の中心的な主張である欲求の階層性と関わっている。欲求の階層性は、低次の欲求が満たされるにしたがって高次の欲求が現れることを問題にしており、基本的に行為主体を中心にした議論である。つまり、欲求の変化が問題になる際に、社会構造のような行為主体にとっての外的環境が、いかに行為主体の欲求に影響を及ぼすかという観点ではなく、外的環境の変化を前提とした上で、いかに行為主体の欲求が内在的なメカニズムによって変化するかという観点が問題にされている。したがって、ガルブレイス、ボードリヤ

55

ールの議論は、欲求がいかに外的環境による影響を受けるかという欲求の他律性を問題にしているのに対し、マズロー、イングルハートの議論は、いかに欲求が内在的なメカニズムによって変化していくかという欲求の自律性を問題にしているのだといえる。別の言い方をすると、先にみたギデンズの構造の二重性という概念が示す行為主体と社会構造の循環的な関係において、ガルブレイス、ボードリヤールの議論は社会構造が行為主体にもたらす影響（社会構造→行為主体）という行為主体の受動性を主として問題にするのに対し、マズロー、イングルハートの議論は行為主体が社会構造にもたらす影響（行為主体→社会構造）という行為主体の能動性につながる可能性をもつ議論だといえる。

　以上が、欲求の高度化論が行為主体（消費者）の能動性という分析視角を含んでいることの意味であるが、誤解を避けるために、行為主体の能動性という概念が含む内容のうち、行為の無意識的部分に関する問題に触れておこう。すなわち、欲求が内在的なメカニズムによって変化していくとした場合、そこでは行為主体の意識的な働きよりも無意識的な働きが強調されていると考えることも可能だが、無意識的な働きは行為主体の能動性と考えてよいかどうかという問題である。

　前節の最後で取り上げたように、社会構造との関係において行為主体の能動性を問題にしているのはギデンズであった。ここでもギデンズによる行為主体についての議論をみていこう。

　ギデンズは、パーソナリティが無意識、実践的意識、言説的意識の３層から成るとし、これらが行為を駆動するとしている。まずは、これら３つの違いを理解するために、ギデンズに特有の概念である実践的意識を、言説的意識との違いからみておこう。

　ギデンズによれば言説的意識とは「意識できて意識にとどまることの可能な意識」(Giddens 1979=1989: 27) である。これは、行為主体が自ら意識できるところの意識を意味するから、大まかには、通常われわれが無

意識との対比において捉えている意識と考えてよいだろう。これに対して実践的意識は、「社会制度についての、非言説的ではあるが無意識ではない知識」(Giddens 1979=1989: 27) である。これは、非言説的とされるように、はっきりとは言語化されず、したがってはっきりとは意識に上らない意識である。しかしこれと無意識は異なる。実践的意識についてギデンズは、次のようにも説明している。「行為を実行するさいにくみに用いられるが、行為者が言説によって定式化できない暗黙知である」(Giddens 1979=1989: 61-2)。ここで暗黙知という言葉が使用されていることから分かるように、実践的意識は、行為者はそれが何であるかを身体的な水準では分かっているが、はっきりとは言説化できないものを指す。つまり、ギデンズは、無意識でもないが、はっきりと意識化されるわけでもない、中間的なレベルにある意識を実践的意識と呼んでいる。

　ギデンズは、以上の実践的意識を間に挟んだ3層の意識が行為を駆動するとしている。したがって、社会構造に対する行為主体の能動的な働きかけは、実践的意識、無意識といった言語化されない意識をも含み、言語化される意識的な行為のみには限定されないことになる。このことをギデンズは次のように述べている。

　　社会の生産と再生産は、たんに機械的に連続した過程としてではなく、社会の成員による巧みな行為遂行として論じられなければならないのである。しかしながら、この点の強調は、行為者が、これらの技とはどのようなものかについて、あるいは自分たちはいかにしてそうした技をうまく用いるかについて、<u>完全に自覚しているというのではまったくない。</u>(Giddens 1976=1987: 232)（下線は引用者による）

　行為主体の能動的な働きかけには無意識的な部分も含むとする、以上

のギデンズの議論を前提にするならば、無意識的な働きが強調されているようにも捉えられる欲求の高度化論は、それを理由に否定されるべきではないだろう[25]。

つづいて、欲求の高度化論が含みうる2つ目の分析視角、すなわち、行為主体（消費者）が社会構造に影響を与えうるという点についてはどうであろうか。ここでは、この分析視角を、1つ目の行為主体の能動性と区別しているが、実際には連続的なものと考えるべきであろう。行為主体が能動性を発揮するのであれば、それは社会構造に影響を与えうると考えられるからである（ただし同種の行為の一定程度の集積が必要である）。イングルハートの脱物質主義論が述べるように、行為主体の欲求に質的変化が存在するのであれば、それが行為主体の行為に変化をもたらし、さらに社会構造にも影響をもたらすと考えるのは自然であろう[26]。

さて、以上でみてきたように、欲求の高度化論が上述の2つの分析視角を含みうるのだとすると、欲求の高度化論は、消費社会の構造的な変化を説明する可能性を持っているということになる。だが、欲求の高度化論には検討すべき問題がまだ残っている。最後に2つの問題を取り上げておこう。

①1次的欲求と2次的欲求の区別

1つ目は、1次的欲求と2次的欲求の区別についての問題である。通常、1次的欲求と2次的欲求は、生存にとって最低限満たされなければならない欲求と、必ずしも満たされる必要がない欲求というように区別される。この区別は、欲求の高度化論における、低次の欲求と高次の欲求という区別と重なる。しかしこのような区別に対しては、批判的な見方がある。

たとえばボードリヤールは、1次的欲求と2次的欲求の区別が意味することを次のように述べている。

（1次的欲求が本質的で、2次的欲求が社会的、文化的であるとする）区別は、社会＝文化的なものを2次的欲求のなかに追い払って、欲求 - 延命の機能的アリバイを背景に、個人的本質の水準、自然に根拠をおく人間＝本質を回収することができる。(Baudrillard 1972=1982: 80)

　ここで問題になっているのは、1次的欲求／2次的欲求という区別の存在が、1次的欲求こそが人間の本質であり、2次的欲求は本質的ではないという見方をもたらしてしまうということであろう。これに続けて、ボードリヤールは、そもそも自然的で本質的な欲求の充足のみで営まれる社会などは存在しないと述べる。

　実は、《人類学的最低生活必要量》なるものは実在しない。どんな社会においても、過剰への根本的要求があり（神の部分、供儀の部分、贅沢な浪費、経済的利潤）、それが《最低必要量》なるものを残余として決定する。生きのびることの水準を否定的に決定するのは、この贅沢部分の控除であって、その逆ではない。(Baudrillard 1972=1982: 80-1)

　ここでは、現実には最低必要量によって営まれる社会などは存在せず、最低必要量がどのような水準であるかということは事後的に明らかになるにすぎないと述べられている。ボードリヤールが重視しているのは、以下にみるように、生きていくための最低必要量ではなく、社会的に決定される最低必要量である。

　義務的な消費の境界値は、つねに剰余価値の生産と相関して、最

低必要量をずっと上回るところに設定されうる。これがわれわれの社会の場合であって、ここでは誰もなまの木の根や新鮮な水で生きる自由はない。だから、《最低生活必要量》の概念を補足する《自由にできる収入》の概念はばかげているのだ。……私が自分の食糧を買う場合に比べて、衣装や車を買う場合の方がより自由であると、どうしていえるのだろうか。……今日の最低生活必要量は、スタンダード・パッケージ、つまり強制された消費最小限である。この標準値以下では、ひとは非社会的存在なのである。地位の低下とか社会的に無価値になることは、飢えよりも重大でないといえるだろうか。（Baudrillard 1972=1982: 82）

われわれが生きる社会には、最低生活必要量、すなわちスタンダード・パッケージが存在する。これは社会的に決定される基準であるから、生きるための最低必要量を常に上回っている。そして人々は、この基準を満たしていなければ、社会的に価値ある存在として認められない。つまり社会的に存在するためには、生きるための最低必要量を上回る一定水準の欲求を満たしている必要があるのである。

さて、本論にとって重要なことは、以上でみた議論が欲求の高度化論に修正を迫るかどうかである。1つ目と2つ目の引用箇所では、一見したところ、1次的欲求と2次的欲求を区別することに問題があることが述べられているようにも思える。しかしここで問題になっているのは、1次的欲求のみによって営まれている社会が存在しないということと、1次的欲求が人間の本質であるという見方には問題があるということで、欲求を区別それ自体が問題になっているのではない。つまり、これらは、欲求を区別し、それらに階層性を見出す欲求の高度化論の見方を批判しているのではない[27]。

3つ目の引用箇所では、社会的な最低必要量、すなわちスタンダー

ド・パッケージが問題になっている。ボードリヤールが述べるように、われわれの社会には他者から社会的存在として認められるために必要な、社会的な最低必要量が存在し、これが社会生活において重要な意味を持っている。つまり1次的欲求を超えたところに、それとは異なる社会的基準が存在するのであり、1次的欲求の水準を満たしたからといって人は自由に消費できるようになるわけではない。しかしこの議論も、1次的欲求と2次的欲求の区別が無意味であることを述べているのではない。ボードリヤールが述べているのは、そのような区別に劣らず、社会的最低必要量という基準も重要だということである。

　以上から分かるように、結局のところ、ボードリヤールは1次的欲求と2次的欲求の区別それ自体に問題があると述べているのではない。ボードリヤールが問題にしているのは、1次的欲求に人間の本質的な領域が存在するという見方や、1次的欲求を超える水準において人間は自由に振る舞えるのだという見方である。したがって、以上のボードリヤールの議論を前提にすることで、欲求の高度化論が設定している、低次の欲求／高次の欲求という区別それ自体に問題があるということはできない。

②欲求の内在性と外在性
　2つ目に検討するのは、欲求の内在性と外在性についての問題である。これは、マズローに対する批判の1つである生物学的偏向に対する批判、すなわち、すべての欲求が人間に内在的に備わっているとする見方に対する批判と同一の問題である。この問題は先ほど検討したが、ボードリヤールもまた共通性のある議論を行っているので、補足的にもう一度検討しておこう。

　ボードリヤールは欲求を次のように述べている。

第1部　消費社会と身体

　　欲求は、何であれ、もはや決して自然主義的／観念論的テーゼが言うような、生まれつきの天賦の力、自発的欲望、人間学的潜勢力ではなく、システムの内在的論理によって諸個人の内部に誘導された機能である。より正確にいえば、欲求は、豊かな社会によって《解放された》消費力ではなくて、システム自身の機能、システムの再生産と延命の過程が要求する生産力である。いいかえれば、欲求が存在するのは、システムがそれを必要とするというただそれだけの理由による。(Baudrillard 1972=1982: 83)

ここではまず、欲求は、「生まれつきの天賦の力、自発的欲望、人間学的潜勢力ではな」く、あらかじめ人間に内在するものではないとされる。そしてさらに、「システム自身の機能、システムの再生産と延命の過程が要求する生産力である」という箇所では、欲求がシステムの必要によって形成されることが述べられ、欲求は外在的なものとされている。つまり、ボードリヤールは、欲求を内在的なものとしてではなく、外在的なものとして捉えている。これと同様の見方は、以下の箇所にもみられる。

　　客観的な消費欲求——物に向う主体の目的指向——があるから《消費》がある、というわけではない。差異の用具、意味作用や地位の価値のコードなどの交換体系のなかで社会的生産が存在する。(Baudrillard 1972=1982: 73)

以上のような欲求の外在性を強調する見方は、マズローが欲求を生得的に捉えていることに対する先述の批判と共通性をもっている。

　だが、このボードリヤールの議論を理解する上では、欲求が何を指すかということに注意しなければならない。1つ目の引用にあるように、

欲求がシステムから外在的に要求されるのは、「豊かな社会」においてである。したがって、ここで問題になっているのは、1次的欲求ではなく2次的欲求であると考えるべきだろう。つまりここでは、2次的欲求の外在的な構成が述べられているのであり、1次的欲求の外在性は問題になっていない。

　欲求の高度化論における欲求の内在性／外在性の問題は、結局のところ、マズローが述べる「弱い本能」の理解がポイントになる。マズローの議論は、本能という言葉を用いているために、欲求を満たすための行動が機械的に決定されるというニュアンスを含んでいるが、先述のとおり、マズローは、欲求に関連する具体的な行動、能力等は後天的に学習されるもので、機械的には決まらないと述べている。つまり、マズローの議論における、所属と愛の欲求、承認の欲求、自己実現の欲求などの高次の欲求は、抽象的な水準では生得的とされるが、具体的な表れにおいてはあらかじめ決定されているわけではないのである。このようなマズローの議論は、2次的欲求が外在的に構成されるとするボードリヤールの議論と背反するものではない。

　以上でみてきたように、一見したところ、マズローやイングルハートの見方に批判的であるようにみえるボードリヤールの議論も、決定的な批判にはなっていないことが分かる。したがって、ボードリヤールの議論も含めて、マズローやイングルハートの見方に批判的な議論は、検討を要する論点も含んではいるが、欲求の高度化論を強く否定するものではないといえるだろう。このことを踏まえて、本節の最後に、欲求の高度化論が消費社会研究に対して持つ意義をもう1度確認しておこう。

　欲求の高度化論は、①行為主体の能動性、②行為主体が社会構造に影響を与えうること、という2つの分析視角を含みうる。これが意味するのは、欲求の高度化論は、行為主体の内在的変化を要因とした消費社会の長期的な構造的変化を説明しうる枠組みを持つということである[28]。

ただし、本論でこの見方を取り上げるのは、この見方が、行為主体の受動性に注目したガルブレイスやボードリヤールの議論よりも強い説明力を持っているからだというわけではない。そうではなく、ガルブレイスらの議論では捨象されていた反対方向の因果関係（行為主体→社会構造）についての議論を可能にし、分析の幅を広げると考えられるからである。

もし、欲求の高度化論が持っている行為主体の能動性という視点を含めずに消費社会を分析しようとするならば、「モノの豊かさから心の豊かさへ」という言葉における「心の豊かさ」への欲求や、本論が問題にする健康に対する人々の欲求は、資本主義システムによる依存効果や記号的差異の論理によって外在的にもたらされるという視点からしか論じられなくなってしまう（もちろん、このような側面がまったく無いということではない）。欲求の高度化論がもたらしうるのは、「心の豊かさ」などといった事柄への志向を、資本主義システムによる構成物という視点からのみ捉えるのではなく、生活水準の上昇に伴う欲求の質的変化という行為主体の内在的な変化によって、つまりは行為主体の能動的側面によってもたらされた長期的な変化だとみる視点である。このような視点は、行為主体と社会構造の関係において、ボードリヤールのような消費社会研究とは反対方向の見方を提供し、消費社会の分析をより厚みのあるものにすると考えられる。

1.4　本章のまとめ

本章では、次章以降で検討することになる、本論の直接的な問題を、より大きな問題枠組みの中に位置づけることを意図して議論を行った。

まず第1節では、経済的豊かさと幸福の関係を取り上げた。ここで明らかになったのは次の3つである。1つ目は、「経済的豊かさは人々を幸

せにするのか」という、消費社会研究にとっての大きな問題は、産業化が進行する過程でデュルケムが既に取り上げているということである。2つ目は、一定の生活水準に達すると、経済発展は生活満足度や幸福度の増大にそれほど寄与しないということであり、一定の段階に達した消費社会における否定的な問題は、生活の質やライフスタイルに関わるということである。3つ目は、経済発展や消費社会化の否定的側面には、公害などのように客観性の高い問題と、欲望に関係する主観的な問題の2つが存在し、これらは貧しさによってではなく、豊かさによってもたらされるということである。

　第2節では、既存の消費社会研究の問題点を指摘し、それとは異なる議論の枠組みを検討した。ガルブレイス、ボードリヤール、フィスクは、いずれも消費者と生産者の関係を対立的にみているが、西部の議論や経済社会学の見方を参照すると、その関係は共同性の観点から考えることができるようになる。そしてこの観点を踏まえ、さらにはギデンズの議論を参照して、行為主体による社会構造の（再）生産の可能性、すなわち消費者の能動性が消費社会に影響を及ぼしうることを論じた。

　第3節では、第2節の議論を受けて、マズローやイングルハートによる欲求の高度化論を検討した。ここで明らかになったのは、欲求の高度化論は、行為主体の能動性という分析視角、および行為主体が社会構造に影響を及ぼしうるという分析視角を含んでおり、消費社会の長期的な構造変化を説明しうる枠組みを持つということである。

　本論全体の問題意識は、消費社会化は、人々に多くの満足をもたらしたと考えられるにもかかわらず、それが人々に対して単純に幸福をもたらしているといいきれないように思われるのはなぜかということであった。この問題意識は、本章の議論を受けて、次のように言い換えることができる。すなわち、消費社会化の進展により、欲求が高度化し、脱物質主義化が進行する過程で起こっている否定的側面は何か、である。

注
(1) ボードリヤールの場合は、『消費社会の神話と構造』(Baudrillard 1970＝1979) の第1部第2章「経済成長の悪循環」で、経済成長が単純に真の豊かさをもたらすわけではないという主旨のことを述べている。
(2) デュルケムの初期の著作である『社会分業論』や『自殺論』は産業化や欲望の問題を扱っており、消費社会研究と親和性がある。消費社会研究に多大な影響を与えたボードリヤールの『消費社会の神話と構造』に寄せた序文で、J.P. メイヤーは次のようにデュルケムの名前を挙げている。「本書は疑いなく、デュルケムの『社会的分業論』、ヴェブレンの『有閑階級の理論』、デイビッド・リースマンの『孤独な群衆』といった著作の系列中に位置を占めている。」(Baudrillard 1970＝1979: 9)。また、同書の後半部にある「豊かな社会のアノミー」という章は、デュルケムの影響を感じさせる。
(3) 19世紀後半から20世紀にかけて活躍した、いわゆる第2世代の社会学者たちは、共通して経済と社会の関係について強い関心を寄せている。G. ジンメルの『貨幣の哲学』や流行論、E. デュルケムの『社会分業論』や『自殺論』、M. ウェーバーの「プロテスタンティズムの倫理と資本主義の精神」を含む『経済と社会』がそうである。さらに、社会学的要素の強いT. ヴェブレンの『有閑階級の理論』を加えてもよいだろう（ヴェブレンは、ジンメル、デュルケムより1つ年長で、同世代である）。彼らが一様に経済と社会の関係に関心を向けたのは偶然の一致ではなく、当時の先進国である英、仏、独、米等で進行していた産業革命、特に重化学工業の発達によって特徴づけられる第2次産業革命がもたらした社会関係の重大な変化が背景にあるといってよいだろう。
(4) デュルケムの議論において分業という語は、文字通り労働の分化という意味で使用されることもあるが（同書の原題を直訳すると「社会的労働の分化について──高等社会の組織についての研究」となる）、産業の発展、文明の進歩というような意味合いで使用されることもある。つまり分業は幅広い意味で使用されている。そのため、分業は、産業化という

言葉に言い換えても文脈における意味がそれほど変わらない。したがって、章題の「分業の進歩と幸福の進歩」は「産業化の進歩と幸福の進歩」と言い換えても意味に大きな違いはなく、デュルケムは産業化が幸福をもたらすかということを問題にしているのだともいえる。さらにいえば、18世紀以降の産業化は事実上経済発展と不即不離の関係にあったのだから、結局のところデュルケムは、経済発展と幸福の関係を問題にしているといっても間違いではないだろう。つまりデュルケムは、本節が取り上げているのと同じ問題を問うているともいえなくはない（もちろん、厳密にいえば産業化と経済発展は同義ではなく、前者は後者の下位概念である）。

(5) K.マルクスが、産業革命後の社会において、持たざる者の貧困の中に問題を発見したこと、すなわち産業化の否定的側面を貧困という悪のうちに見出したこととと比較すると、デュルケムの議論の独自性が際立つ。

(6) 橋本努も、同様に各種のマクロデータを参照して同種の議論を行っている（橋本 2006）。橋本は、国民生活選好度調査の生活満足度の低下、内閣府による豊かさ総合指数の停滞などから、日本人が経済的に豊かになったにもかかわらず真の豊かさを実感できていないのではないかとし、さらに GDP と GPI（真の進歩指標）の数値を比較して、GDP の増大は必ずしも真の豊かさの増大を意味しないとしている。

(7) 主観的幸福指標は2つの質問項目を合成したものである。1つの項目はは、幸福であるかどうかを直接的に尋ねる質問文に対して、「とても幸せである」「まあまあ幸せである」「あまり幸せではない」「まったく幸せではない」という4つの選択肢がある。もう1つの項目は、「ある人々は、自らの人生に対して完全な選択の自由 (free choice) と統制力 (control) を持っていると感じていますが、ある人々は、自らの行いが、自分に起こることに対して現実的な影響をもっていないと感じています。自分の人生に対して、どれだけの選択の自由と統制力を持っていると感じているかを、尺度を使って示してください。」という質問文に対して、1（＝全然持っていると感じない）から10（＝非常にたくさん持っていると感じる）までの選択肢がある。このように、主観的幸福指標は、幸福感と自己統制感の2つの内容を含んでおり、単純に幸福であるかどうかを尋ねたものではないことには留意が必要である。

(8) イングルハートは、一定程度の豊かさを達成した社会として、崩壊前のソ連、およびポルトガル、韓国を挙げている。
(9) イングルハートの議論を日本社会に当てはめるとどうなるだろうか。日本の場合、経済発展が一定の水準に達して経済成長による効用が逓減するようになるのは、高度経済成長が終わる石油ショック頃だと考えられる。つまり石油ショック以後は、主観的幸福はあまり上昇しないようになると考えられそうである。このような推測は、先にみた間々田の議論と重なっており、日本社会の変化もイングルハートの図式の妥当性を支持するものであると思われる。また、T. シトフスキーや、B. フライとA. スタッツァーも、アメリカ社会において、経済成長と幸福度が結びついていないことを論じている (Scitovsky 1976=1979; Frey and Stutzer 2002=2005)。
(10) 内田は、この引用箇所の後に、リースマン、ガルブレイス、ボードリヤールなど多くの議論を引きながら、もっと詳細な議論を行っている。
(11) この考えを端的に示しているのは次の言葉である。「マルクスは概して正しかったのであり、とくに彼の時代に関しては正しかった」(Galbraith [1958]1998=2006: 104)。誤解を避けるために補足すると、ガルブレイスは資本主義の古典的な問題がすべて解決したとは考えていない。同書後半の第22章「貧困の地位」では貧困問題が扱われており、社会のある領域では、この問題がまだ解決されていないことを述べている。
(12) このように、公共サービスを重荷とする考え方が、私的消費の豊富さに対する公共的消費の不十分さを生み出すというのが、社会的バランスの問題である。ガルブレイスはこの問題について、次のように述べている。「ある家族が、しゃれた色の、冷暖房装置つきの、パワーステアリング・パワーブレーキ式の自動車でピクニックに行くとしよう。かれらが通る都会は、舗装がわるく、ごみくずや、朽ちた建物や、広告板や、とっくに地下に移されるべき筈の電信柱などで、目もあてられぬ状態である。田舎へ出ると、広告のために景色もみえない。かれらは、きたない小川のほとりで、きれいに包装された食事をポータブルの冷蔵庫からとり出す。夜は公園で泊ることにするが、その公園たるや、公衆衛生と公衆道徳をおびやかすようなしろものである。くさった廃物の悪臭の中で、ナイロンのテントを張り、空気ぶとんを敷いてねようとするときに、か

れらは、かれらに与えられているものが奇妙にもちぐはぐであることを漠然とながら考えるかもしれない。はたしてこれがアメリカの特質なのだろうか、と。」(Galbraith [1958]1998=2006: 303-4)

⒀　ボードリヤールは、ガルブレイスが問題にした社会的バランスの問題にも触れているが、これについては、アメリカに特殊な現象だとして次のように述べている。「フランスでは、国家の社会予算は国民総生産の20％以上を再分配している。……ガルブレイスが非難した私的消費と集団的消費の間の著しい不均衡は、ヨーロッパ諸国よりはアメリカ合衆国の特殊現象のようである。」(Baudrillard 1970=1979: 30)

⒁　ボードリヤールは、無差別的暴力の例として欧米で実際に起こった無差別殺人事件や暴動を挙げ (Baudrillard 1970=1979: 274-6)、逃避の例として麻薬やヒッピーを挙げている (Baudrillard 1970=1979: 268)。

⒂　ボードリヤールはガルブレイスに同意して次のように述べている。「消費者の自由と主権はごまかしにすぎないということを認めるという点では、またしてもガルブレイス（およびその他の人びと）に同意しないわけにはいかない。『自由』文明全体の到達点である欲求の充足と個人による選択という（とりわけ経済学者たちによって）巧みに保たれているこの幻想は、産業システムのイデオロギーそのものであり、システムの恣意的性格およびあらゆる公害（環境の汚染、文化の堕落等）を正当化しようとしている。」(Baudrillard 1970=1979: 86)

⒃　「受け手の……賞賛する」という箇所は、Ang(1990: 246) からの引用。

⒄　カトーナの議論はこのような視点も含んでいるが、あまりはっきりとは論じられていない。

⒅　イングルハートはポスト近代社会を論じているが、いわゆる現代思想系のポストモダン論とは異なる。

⒆　この問題に関しては、内田隆三も、マズローのいう自己実現という概念に含まれる、内在的で自律的な欲求という見方を批判的にみている。さらにこれに加えて、内田は、自己実現という概念が、本来は経済成長の論理とは異なるものとして考えられていたにもかかわらず、実際のところは経済成長への志向と同質のものであり、経済成長の論理を補完、延長するものだとも述べている (内田 1996: 185-9)。

⒇　欠乏欲求とは、5つの欲求のうち低次の4つの欲求を指す (松井 2001:

498)。

⑴　松原隆一郎は、(E) に間接的に関連する議論を行っている（松原 2000: 213-6)。松原が問題にしているのは、マズローの図式を消費の問題に適用すると、欲求間の階層性が存在しなくなるということである。だが松原の指す欲求は、マズローのそれとは異なるものになっており、マズローの図式に対する直接的な批判にはなっていないと思われる。松原の議論は以下のようなものである。まず松原は、マズローの欲求の5分類を次の3つにまとめる。生理的欲求は、他人の視線を要しない欲望であるため①「個人的欲望」とされ、安全欲求は、収入・所得に関して安全を求める②「安全への欲望」とされる。さらに、高次の欲求である、所属と愛の欲求、承認の欲求、自己実現の欲求の3つは、いずれも他者の視線を前提とし社会性を含んでいるために③「社会的価値への欲望」とされる。このように欲求を3つに分類し直した上で、松原は、これらが階層的にではなく同列に存在していると述べる。たとえば、サッカーのワールド・カップのフランス大会で日本チームを応援するために職をやめてしまった人というケースは、安全への欲望よりも、社会的価値への欲望を優先していることになり、欲望間に階層性が存在しないことを例証していると述べる。しかし、ここでいう「安全への欲望」が、経済的安全への欲望を指し、マズロー本来の生理的安全への欲求とは異なっているように、松原とマズローとでは欲求や欲望の内容が異なっており、もはや同じ図式だとはいえない。つまり松原は、マズローの図式を参考にして新たな欲求図式を作り、それをもとに消費の問題を論じているのである。したがって松原の議論は、マズローの議論とは関連するが、マズロー図式の直接的な批判ではないだろう。

⑵　表中の①から⑫の文言は、質問項目の選択肢である。実際の調査では、4つの欲求群から1つずつ文言を選んで4択となる選択肢群を作成し（たとえば、①、④、⑦、⑩の4択）、調査対象者に「あなた自身はこれらのどれをいちばん重要と考えるかをいっていただけませんか」と尋ねている (Inglehart 1990=1993: 124-6)。ただし、1970、71年に行われた初期の調査では、②、⑤、⑧、⑪の4項目のみである。

⑶　ただし欲求の形成に強く影響するのは、人格形成期である未成年期においてで、この時期にどのような社会経済環境にあったかが重要だとさ

第1章 消費社会についての問題

れている。
(24) イングルハートの脱物質主義論に対しては批判的な見方も存在する。たとえば間々田孝夫は、イングルハートの使う「物質主義」「脱物質主義」という言葉と、それらが指し示す内容とが噛み合っていないことを問題にしている（間々田 2007: 227-31）。たとえば、「国内秩序の維持」や「物価上昇との戦い」が物質主義的であるといえるのか、また「重要な政治決定に際して人々の発言権を増やすこと」や「言論の自由の保護」が脱物質主義的であるといえるのかという問題を指摘している（訳文は、間々田は Inglehart(1977=1978) を参照し、筆者は表 1-2 において Inglehart(1990=1993) を参照しているため、少し異なる）。間々田は、イングルハートとは異なり、脱物質主義を次のように定義している。「資源開発、社会資本の整備、工業生産、物的消費などによって、物量的豊かさを実現することが、もはや人間の幸福を増大させないという実感に基づいて、物質界への働きかけを強めることを求めず、物質生活を見直すと共に非物質的な生活の諸側面を重視しようとする価値観ないし生活態度 (間々田 2007: 224)」この定義では、人々が重視する対象が、物質的なものから非物質的なものへと変化するというように、対象の物質性が問題にされている。しかしイングルハートの議論では、このような物質性は必ずしも問題にされていない。というのもイングルハートの議論では、社会経済的環境が一定の水準に達しておらず、物質的欲求が十分に満たされていない社会においてみられる価値観を物質主義とし、物質的欲求が一定程度満たされた社会においてみられる価値観を脱物質主義としているからである。このように、イングルハートの語法には誤解を招きかねない部分もあるが、本章にとってのマズローやイングルハートの重要性は、行為主体（消費者）の能動性や振る舞いが社会構造に影響を及ぼしうるという視点を含んでいる点にあるので、この問題についてはこれ以上は立ち入らない。
(25) 行為の無意識的側面を問題にしているのはギデンズだけではない。ブルデューもまた、プラティークやハビトゥスという概念で、無意識的側面も含んだ行為を問題にしている。
(26) イングルハートの元々の議論では、脱物質主義化の進行によって、最終的に政治システムが変化することが問題にされている。

⑵7)　1次的欲求の充足のみによって営まれる社会が存在しないのだとしても、次のように考えれば、1次的欲求と2次的欲求の区別は、社会の分析にとって有用であると考えられる。社会成員の欲求水準は、社会全体の富の水準によって異なるために、産業が未発達で富の蓄積が少ない社会では、社会成員の欲求充足において1次的欲求の占める割合が大きく、富が多く蓄積されている社会では、1次的欲求の占める割合は小さくなるだろう。つまり、満たされるべき欲求の構造が、社会によって異なる。そしてこの構造の違いが社会のあり方に大きな影響をもたらすと考えられる。

⑵8)　本論のテーマとは関係しないが、たとえば、自然環境に対する意識が高まり、人々のライフスタイルや公共性に対する意識が変化したり、企業の社会的責任が問われるようになったりすることは、欲求の高度化が影響していると考えることができる。

第2章　消費社会と身体の関係

　本章では、消費社会と身体の関係についての議論を検討する。まず初めに、社会学的に身体をどのように捉え、分析できるかということを検討し、それを踏まえて、身体と消費社会の関係がどのように問題化されうるかということを論じる。

2.1　社会学は身体をどのように扱いうるか——身体の二重性

2.1.1　身体とは何を指すのか

　本論が問題にするのは、いうまでもなく、物理的、生理的な意味での身体ではなく、文化的、社会的に捉えられる身体である。この意味での身体は、哲学、文学、文化人類学、社会学等で対象化されてきたが、その定義、分析の仕方は一様ではない。

　社会学における身体の分析に影響を与えた議論の1つに、M. モースの身体技法論がある。これは、身体の所作にも規範が存在し、それが社会的に伝達されていくことを問題にしたもので、ブルデューの卓越化に関する議論や、M. フーコーの身体の規律訓練についての議論にもつながる。他方、これらとまったく異なるものに、M. メルロ゠ポンティの身体性に関する議論があり、これもまた、身体の社会学的分析においてしばしば参照されてきた。このように、まったく異なるタイプの議論が存在していることから分かるように、身体という語は、複数の意味で使用されてきた。そして、このことが、身体に関する社会学的な議論に曖

昧さをもたらしてきたと考えられる。そこで、まず、議論を分かりやすくするために、身体とは何かという問題をみておこう。ここで参照するのは橋爪大三郎の議論である。

橋爪は身体について次のように述べている。

> 「身体」とここでいうのは、対象（object）として捉えられた物理・生理的身体のことではない。かりにそう言ってしまうと、身体はある視界のなかに認められる（視界と相関的な）ものになる。しかし身体の存在を確かめ（う）ることと、身体の存在そのこととは、別である点に注意したい。（身体の存在を）確かめる作業も、（別の）身体の遂行でしかないわけだ。したがって、それはある視界に内属する。この視界では（身体を）確かめる身体が見落とされている（橋爪 1993: 5）

ここでは、確かめることができ、対象として捉えられる身体と、そのような作業を行う身体とが区別されている。たしかに、われわれが視覚等によってその存在を認識する身体と、その際に認識を行っている身体は別である。そして橋爪の定義では、前者の対象化される身体は、「身体」ではなく、以下に述べられているように、「身体像」と呼ばれる。

> 身体という場合に、われわれが日常なれしたしんでいる己や他者たちについての表象、あるいは身体諸器官に関する経験的、解剖学的、生理的な知識のたぐいを、想いうかべてはならない。それらはむしろ、身体像（および、それに関してつみあげられた知識）なのであり、ひとまず、あますところなく括弧にいれられる。身体とは、そのあとでものこっているもの——（自分の）知覚や心的営為のようなすべての媒介活動に基盤を与える、ひたすら直接的なもののこ

とである（橋爪 1993: 47）。

　ここでは、対象化される身体は「身体像」とされ、対象化を行いうる身体が「身体」とされている。つまり、「身体像とは身体に捉えられた身体をいう」(橋爪 1993: 5)のであり、別の言い方をすれば、「身体」は志向作用が開始される点であり、「身体像」は志向作用によって確かめられるものである（以下、誤解を避けるために、橋爪のいう身体と身体像を、それぞれ〈身体〉、〈身体像〉と表記する）。
　これまでの身体に関する諸議論は、〈身体〉と〈身体像〉のいずれをも、同じ身体という言葉を用いて論じてきたために、理解に混乱をもたらす面があったと思われる。このような混乱を避けるためには、上でみた両者の違いに自覚的であるべきだろう。

2.1.2 〈身体像〉と社会学

　上でみた2つの身体は、いずれも社会学的な対象として分析されてきた。本項では、まず、対象化される身体である〈身体像〉についての議論をみていこう。
　モースは身体技法という概念によって、身体の使用法が社会的に共有され継承されていくことを論じている(Mauss 1968=1976)。具体的には、ある集団の成員が同じような歩き方や同じような座り方をする、などといったことである。これは、各成員が、集団内における正しい身体の使い方を無意識的に学習しているということを意味するので、その集団には、身体の使用法についての規範が存在しているということになる。つまり、身体技法は、身体が意味の網目によって捉えられていることを示す概念だともいえる。
　この概念を発展させ、身体の使用法の差異を、階級との関係において論じているのはブルデューである。ブルデューは『ディスタンクシオ

ン』で、所属する階級によって好まれる消費のあり方が異なることを論じており、その中で、食事、美容、健康、スポーツといった、身体に関わる消費の階級差も取り上げている[1](Bourdieu 1979=1990)。このような好みの差異は、経済資本および文化資本によって形づくられる階級という集団の中で後天的に形成されるものであるから、階級という集団の中に、消費に関する規範が存在していることを示している。つまり、ブルデューの議論も、モースと同様に、身体の使用法に関する規範の存在を問題にしているといえる[2]。

身体の社会学を掲げるB. ターナーは、身体と社会の関係についての包括的な検討を行っている (Turner 1984=1999, 2005=2005)。ターナーは、〈身体〉を対象とする現象学的な身体論の重要性も認めているが、初期の議論では〈身体像〉の分析を重視している。たとえば、〈身体〉に関して、次のように述べている。

> マルセル、サルトル、メルロー・ポンティが提起した身体の現象学は、主観の側から見た個人主義的な肉体解釈である。そのため、歴史的、社会学的な内容をかなり欠いた解釈となる。社会学の観点からすれば、「身体」は、社会によって構成され、社会によって経験されたものである。(Tumer 1984=1999: 58)

> 身体の問題は、単に認識論や現象学の問題ではなくて、権力、イデオロギー、経済力に関する議論にうってつけの理論の場である。(Tumer 1984=1999: 64)

ターナーは、身体の社会学的分析が、権力、イデオロギー、経済力といった社会的な問題との関係においてなされることを重視する一方で、現象学的な身体論では、そのような問題が問われない点に不十分さをみ

ているのである。

　規範や権力といった社会的な問題との関係において身体が分析できることを示すために、ターナーは、「社会はいかにして可能か」という問題、すなわち秩序問題を取り上げている（Turner 1984=1999: 90-120）。そこで問題になっているのは、身体と社会的な規範・制度との関係が、社会秩序を形成する側面を持つということである。

　ターナーは、この問題について、次の４つの側面を挙げている。すなわち、①時間的な人口の再生産、②欲望の自制、③空間における人口の規制、④社会空間における身体の呈示、である。以下で、これらの内容を簡単にみておこう。

　①に関して問題になっているのは、マルサスの人口論である。マルサスは、人口の再生産能力は常に食料生産力を上回るために、人口を抑制する必要があるとし、その方法として道徳的な規制によって結婚を遅らせることを述べている。これは、ターナーの見方では、結婚についての道徳的規制が、人口の再生産という性的かつ身体的な行為に影響を与え、人口規模という社会秩序に安定をもたらしていると理解される。

　②に関しては、プロテスタンティズムにおける禁欲主義が問題になっている。これは宗教的な規制であるから、外側から人々に押しつけられるのとはやや異なり、自らによる規制、自主的な強制である。ターナーは、プロテスタンティズムが、身体的欲求としての性的欲求に自制を求めることで、性的な社会秩序に影響を及ぼしていることを問題にしている。

　③に関しては、都市における人口密度の高さと道徳の関係が問題になっている。都市化が進行し、人口密度が高まると、人々は他者に対する同情心を喪失させ、利己的になるとされる。つまり、非道徳的になるとされる。そこで、都市においては、フーコーが問題にしたような身体に対する規律・訓練が施されることで、社会秩序が維持されることにな

る。

④に関しては、ゴフマンの自己呈示が問題になっている。前近代社会では、身につける衣服は身分を反映していたが、近代化が進み、消費社会化が進むと、流行が衣服を左右するようになり、衣服は社会的地位をはっきりと示すものではなくなる。このような状況においては、外見に気を配ることがますます重要になり、社会は演劇的な空間へと変わっていく。つまり、公共的な空間における社会秩序は、外見に気をつかうことによって形成されるようになる。

以上のように、ターナーが述べているのは、社会秩序の問題が、身体と社会規範との関係から理解できるということであり、このような見方は、モースやブルデューの議論と共通性をもっている。つまり、〈身体像〉を対象とした社会学的な分析は、身体を、社会的な規範や権力、意味との関係において理解する分析だといえる[3]。

2.1.3 〈身体〉と社会学

〈身体〉に関する議論で、たびたび参照されてきたのはメルロ゠ポンティである。メルロ゠ポンティは、身体を、知覚、経験の原初的な基体として捉えており、身体と社会規範の関係ではなく、人間がいかにして世界を経験するかという知覚の身体性を問題にしている（Merleau-ponty 1945=1967）。

このメルロ゠ポンティの議論も踏まえて、〈身体〉を起点とした社会理論を展開しているのは大澤真幸である（大澤 1990）。大澤は、経験の可能性を構成する超越性という水準が、いかなるメカニズムで形成されるかということを、〈身体〉の働きを通して明らかにしようとしている。もっと単純化していえば、〈身体〉の働きがいかにして社会秩序を形成するかということを論じている。大澤は、社会についての分析を行っているので（しかも広い意味での社会変動論的な側面を含めて）、メルロ゠ポ

ンティの議論を大きく超出しているが、志向作用が開始される点としての身体を問題にしている点では共通している。これは、大澤が身体を以下のように捉えていることから分かる。

> 本書で、「身体」と呼ぶのは、我々が、世界、あるいはむしろ存在そのものの内に埋め込まれ、内在しているそのあり方のことである。つまり身体とは、物たちの織りなす生地の内に編み込まれている限りでの、我々のあり方のことなのである。（大澤 1990: vi）

> 身体とは……、志向作用の対象になりうるだけではなく、同時に志向作用がそこにおいて現成し、志向作用がそこへと帰属されるような、物質のことである。（大澤 1990: 13）

メルロ＝ポンティの議論と大澤の議論は、いずれも抽象度が高いが、他の論者による、〈身体〉についての、より経験的な議論もある。たとえば、M. マクルーハンによる、メディアと〈身体〉の関係についての議論がそうである（McLuhan 1965=1967）。

マクルーハンは、人間にとってメディアは何かという問題に対して、メディアは身体の拡張だとしている。たとえば、テレビは視覚の拡張であり、ラジオは聴覚の拡張である。つまり、人類が、便利さ、快適さ、楽しさなどを求めて発明してきたメディア・テクノロジーは、人間が生まれながらに持っている身体機能のある部分を、拡大、強化、精細化するものだとしている。

さらにマクルーハンは、この身体の拡張としてのメディアが、人間の感覚のありようにもたらす変化を問題にしている。マクルーハンは、人間が使用する感覚全体の中で、各感覚の占める比率が、人や社会によって異なるとし、これを感覚比率と呼んでいる。たとえば、聴覚や触覚

が優位な社会では、視覚の占める比率は小さくなるといった具合である。そして、マクルーハンが問題にするのは、この感覚比率に対するメディアの影響である。たとえば、聴覚や触覚が優位である社会にテレビが浸透すると、視覚の比率が上昇し、反対に視覚が優位な社会にテレビが浸透した場合には、テレビ上の話し言葉が、聴覚の比率を高める（McLuhan1965＝1967: 60）。

　メディアが人間の感覚のありように影響を与えることを問題にしているマクルーハンの議論は、本節の問題に即して考えると、メディアの発達が、知覚を構成する志向作用としての身体、つまり〈身体〉にもたらす変化を論じているといえる。

　〈身体〉に関する経験的な議論をもう1つ挙げておこう。斎藤孝による、身体文化の変化についての議論である（斎藤 2000）。斎藤は、かつての日本社会では、腰と肚（はら）がとりわけ重視されてきたことを指摘し、これを腰肚文化と名付けている。それは、「腰を据える」、「肚を決める」などといった言葉にも表れているし、武道における自然体や、正座などの姿勢にも表れている。しかし、斎藤によれば、この腰肚文化は、戦後社会の中で衰退してしまっており、斎藤は、これをもう一度見直すべきだと論じている。

　この議論の中では、腰と肚の身体感覚の強調が、からだの中心感覚を明確にするとされ（斎藤 2000: 4）、さらに、以下のように、心のあり方にも影響を与えるとされている。

　　この腰と肚の構えは（引用者注：武道・芸道での腰と肚の構えのこと）、一定の身体的状態感を生む。腰と肚は力強さが漲り、落ちついてどっしりとしている。同時に、肩や頭は力が抜け、すっきりとしている。こうした身体の内的な感触は、気分として心のあり方にも影響をあたえる。（斎藤 2000: 145）

第2章 消費社会と身体の関係

　斎藤は、かつてあったこのような腰と肚の構えが失われたために、現代の日本人には、「芯が通っている」「芯が強い」という言葉が意味するような、中心感覚が失われてしまったのではないかと述べている（斎藤2000: 4-5）。

　斎藤の議論では、1つには、腰と肚の使い方についての文化、すなわち身体技法が問題になっており、〈身体像〉が取り上げられている。しかし同時に問題にされている、身体感覚や心の状態は、〈身体〉についての議論だといえる。つまり、斎藤の議論は、〈身体像〉の歴史性についての議論であると同時に、〈身体〉の歴史性についての議論でもある。

　以上でみてきた、〈身体〉に関する社会学的議論のうち、メルロ＝ポンティ、大澤、マクルーハンの議論は、基本的に〈身体〉を問題にしているが、斎藤の議論は、身体感覚という〈身体〉を問題にすると同時に、身体技法という〈身体像〉も問題にしている。このように、身体の2つの側面を同時に問題にすることが可能であるのは、〈身体〉も〈身体像〉も、物理的には同一の身体に由来することを考えれば、当然であろう[4]。

2.2　消費社会と身体の関係についての問題

　第1章の最後で述べたように、本論の問題は、欲求が高度化し、脱物質主義化が進行する過程で起こっている否定的側面が何か、である。そしてこの問題を、健康志向という身体的な現象を通じて検討するのであった。本節では、以上の問題設定と、前節の身体に関する議論を踏まえて、本論で検証する問題を明確化していく。なお本節で提示する問題は、次章以降で（特に第3部の第6章〜第10章で）量的データを用いて検証していく。

2.2.1　リスクと不安に関する問題

1つ目に取り上げるのは、リスクや不安に関する問題である。消費社会に関する議論では、マス・メディア等が人々の健康不安を煽っているという見方がしばしば示される。もしそうであるなら、人々はその不安に対処するために、健康に対する考えを変え、何らかの行動を起こすこともあるだろう。このような場合に起こっているのは、抽象的には、医学的知識・技術の進展やマス・メディアを通じた医学的知識の流通などの社会的条件の変化が、身体に関する規範である健康規範に変化をもたらし、さらに健康行動に影響を与えるということであろう。したがって、身体の社会学という観点からみると、健康のリスクや不安に関する問題は、人々が自らの身体をどのようにみるかという身体に対する認識や、自らの身体をどのように扱うべきかという身体に関する規範がどのような影響を受けるかという、〈身体像〉の変化に関わる問題だといえる。

①健康に関するリスク

リスクや不安と、消費社会との関係についての典型的な議論に、人々は不安を煽られることによって、リスクに関する消費をますます行うようになるというものがある。たとえばU.ベックは次のように述べている。

　　危険ときたら「きりのない需要」であり、とめどもなく際限もない。通常の需要とは違って危険の方は（宣伝などで）その需要が喚起されるだけでない。危険は売れ行きに応じて販売期間を延ばしたり縮めたり、つまりは操作自由なのである。危険の定義を変えることにより、全く新しい需要と、また同時に市場がつくられる。特に危険を回避するための需要はさまざまに変化する。危険はどのよう

な解釈も可能であり、どのような因果関係の推定も可能である。その需要は限りなく増大するのである。(Beck 1986=1998: 86-7)

　この種の議論が主張するように、人々の不安に乗じてリスクに関する消費が拡大し、健康に関する消費もまた拡大しているのであれば、それは脱物質主義化の過程で生じている否定的な事柄だといえよう。つまり、本論で扱うべき適切な問題だといえる。
　この種の問題に関してまずはっきりさせておくべきことは、リスクとは何かである。リスクに関する社会学的な議論の嚆矢はベックであるが、しばしば指摘されるように、ベックのリスク概念は曖昧さを含んでいる。ここではこの概念をクリアーに定義している N. ルーマンの議論を参照しよう。
　ルーマンは、リスク(Risiko)と危険(Gefahr)という2つの類似した概念を区別している[5](Luhmann 1991=1993)。リスクは、将来の損害の責任が行為者の意思決定に帰せられるものをいい、危険は、行為者の意思決定とは無関係に外部から行為者に降りかかってくるものをいう。つまり、将来の損害に対して、行為者の選択が影響を与えうるか否かが、この2つの概念を分かつ基準となっている。
　たとえば、ダイエットを行う際に、方法が不適切であると健康を害してしまう恐れがあるが、どのような方法でダイエットを行うか、あるいは、そもそもダイエットを行うか否かということは行為者の選択に委ねられている。つまり、ダイエットがもたらしうる損害は、リスクを意味する。それに対して、大地震や大雨などの自然災害による損害は、行為者の選択とは無関係にもたらされてしまうので危険を意味する。
　ルーマンがいう意味でのリスクに関する議論では、損害をもたらす事物それ自体の量的な増加は主たる問題ではない。重要なのは、より多くのリスクが社会的に構築されることであり、それによって人々がリスク

を認知する機会が増大することである。健康についていうと、生活習慣病をもたらす要因の増加が問題なのではなく、生活習慣病という基準の構築が問題なのである。

この意味でのリスクは、科学知識や科学技術が発展することによって必然的にもたらされてしまう。この点ついてルーマンは次のように述べている。

> もし、リスクとは無縁の決断が担保されていないのであれば、より多くの研究や、より多くの知識によって、リスクから安全への移行が可能になるという望みは捨てなければならない。実際の経験は、われわれに反対のことを教えている。すなわち、われわれは、多くを知れば知るほど、自らの無知を悟るようになり、リスクについての認識はより詳細になっていく。われわれが、理性的に計算し、その計算が複雑になっていけばいくほど、未来についての不確実性が、つまりリスクが、より多く目に入ってくるようになる。このような観点からすると、リスクという見方が科学の専門化と並行して発展していることは偶然ではない。近代のリスク志向社会は、技術的達成がもたらす帰結を知ることのみによって産み出されているわけではない。その原因は、研究可能性の拡大や、知識それ自体の拡大の中に含まれている。（Luhmann 1991=1993: 28）

以上のようなルーマンのリスク概念を参照して健康の問題を考えると、健康は、危険の領域からリスクの領域へと重心を移動させていると考えられる。これは、健康への関心が、現在の生存を脅かすような差し迫った問題（＝急性疾患）から、未来の不健康な状態を回避するための予防的な事柄へと相対的に移行していることに表れている。具体的には、先にも触れたように、生活習慣病を予防することの重要性が多く言われ

るようになっていることが挙げられる。

　このような変化は、健康状態を保つためのさまざまな医学的な知識や技術の進展と、その流通がもたらす。そしてその結果、人々はより多くの選択の機会に直面することになる。つまり、医学的知識の増大は、人々の眼前に現出する、健康によいとされる行為と不健康であるとされる行為によって構成される選択肢の数を、増大させる。このような選択肢の増大は、健康であることも不健康であることも当人の選択次第という観念を強め、不健康な状態を行為者に帰責させる傾向を強めるだろう。そしてこれは、将来に対する不確実感や不安を生み出す素地になるであろう。

　ギデンズは、このようにリスクが増大する社会に生きることの困難さを、次のように述べている。

　　リスク文化に生きることの困難さは……日常生活において前の時代よりも不安が増大したということを意味しているわけではない。その困難さは、リスク計算自体によって生み出される不安、および「ありそうもない」偶然を排除すること、つまり生活設計を取り扱い可能な大きさに縮めることの難しさにある。(Giddens 1991=2005: 115)

②リスクと不安の関係

　以上のように、ルーマン的な意味でのリスクの増大は、将来に対する不確実感や不安感をもたらす可能性を持っている。しかし、ベックが述べるように、人々はその影響を強く受けるのだろうか。以下では、この問題を検討した2つの研究をみておこう。

　1つ目は、食品のリスクに人々がどのように対処しているかという問題を検討したB.ハルキエの研究である (Halkier 2001)。ハルキエは、食

品のリスクに対処しなければならない状況を、アンビバレントな状況として捉えている。これは、身体によい食品を摂取すべきであるという規範と、それを実行することにかかる諸々のコストとの間に生じるギャップによって生み出される。

　ハルキエは、デンマークで行った聞き取り調査の結果から、アンビバレントな状況に対する対処の仕方を次の4つに分類している。すなわち、①緊張状態としてのアンビバレンス (ambivalence as tension)、②正当としてのアンビバレンス (ambivalence as legitimate)、③通常としてのアンビバレンス (ambivalence as normal)、④アンビバレンスの回避 (avoiding ambivalence)、である。これらを簡潔に述べると、①は食品の安全性を気にしなければならないような状態に対して、苛立ちや不快感を覚えるような場合、②は安全な食品についての社会的規範には同意しつつも、アンビバレントな感情を持っている場合、③は安全な食品を購入することが日常生活に当たり前のように組み込まれておりアンビバレントな感情を持っていない場合、④は自給自足に近い生活を送ることにより、食品の安全性を心配する必要がない場合、である。

　これらのうち、①と②では、リスクに対する葛藤が引き起こされている。特に①はそれが強く、回答者の1人は、「テレビ番組で悪い情報ばかり見せられると本当にいらいらする」、「すべての食べ物の品質に疑念を持ってしまう」などと述べている (Halkier 2001: 212-3)。しかし他方で、③や④ではアンビバレントな感情が引き起こされていない。これらは、場合によっては、リスクに対する不安感や不確実感が存在しないことを示しており、注目に値する。

　リスクの存在が一様に葛藤や不安をもたらすという見方に対しては、J. タラックとD. ラプトンも懐疑的である (Tulloch and Lupton 2002)。

　タラックとラプトンは、イギリスのオックスフォードで、リスク一般と遺伝子組み換え食品のリスクについての聞き取り調査を行っている。

ただしこの調査で対象になっているのは、ハイテク産業、科学産業で専門職として仕事をしている特殊な人々である。彼らの多くは高学歴かつ裕福で、大学で科学についての教育を受けている。つまり対象者の多くは、豊富な科学知識を持ち、リスク情報を的確に判断できる科学知識エリートである。

調査の結果、明らかになったのは、彼らが科学知識を用いてリスクをコントロールすることに自信を持っているということである。対象者の中には、遺伝子組み換え食品を一切摂取しない者もいれば、危険性を気にせずに摂取する者もいる。つまり、遺伝子組み換え食品に肯定的な者もいれば、否定的な者もいる。しかし、彼らは共通して、遺伝子組み換え食品というリスクに不安を感じていない。これは、彼らが自らの知識や考えの正しさに自信を持っていることに由来すると考えられる。

タラックらは、このような調査結果をもとに、リスクに対して人々が一様に不安を感じることを前提にするベックのリスク社会論を批判し、リスクの知識は社会的、文化的、歴史的文脈に位置づけられると主張している (Tulloch and Lupton 2002: 366-7)。

以上の2つの研究が示唆するのは、リスクの存在が無条件に人々に不安をもたらすという考えには慎重であるべきだということである。したがって、もし人々の不安のあり方に何らかの条件が影響していると考えられるのであれば、それを問題にしなければならない。タラックらの議論の場合には、科学知識をもっていること、すなわち教育が重要な役割を果たすことを示唆している。また上と別の議論には、各人の持つ基本的信頼の有無がリスクに対する反応に影響を及ぼすとするものもある (Giddens 1991=2005) [6]。ほかには、経済的地位、社会関係、メディア接触などの影響の可能性も想定できるだろう。つまり本論で明らかにすべきは、健康に関する不安に何らかの条件が影響しているのか、しているとすればそれが何かである。

2.2.2 他者性に関する問題

　本論で取り上げる2つ目の問題は、身体の持つ他者性と消費社会の関係である。本論でこの問題を取り上げるのは、健康に関する消費には、身体の他者性を消去しようとする志向が含まれているという仮説が考えられるからである。

　身体が持つ他者性とは、以下でみるように、身体が含んでいるコントロールが困難な部分のことである。これは、身体が人間にとってどのような存在であるかという問題と関わっており、〈身体〉に関わる問題だといえる。だが、同時に本論では、身体の他者性に対する人々の見方、つまり身体の持つコントロール困難な部分についての人々の意味づけに、消費社会化がどのように影響しているかということも問題にするので、この意味では〈身体像〉に関する問題だともいえる。

　以下では、身体の他者性についての議論をみた上で、他者性と消費文化の関係についての議論をみていこう。

①身体の他者性

　身体は、放っておくとだんだん不潔になるし、意に反して病を蒙ることもある。つまり、人間の思いどおりにできない部分が、身体には存在する。このような身体の不完全性を問題にして、金塚貞文は、負性としての身体という言い方をしている。

> 　糞をひるとは、動物的なこととまでは言わずとも、やむを得ない生理上の必要にすぎず、そうであればこそ、そこにおいて「からだ」は、負性の体験として情動的、受動的に痛感されるものでしかない。この「からだ——やむを得ない生理」という負性の、受動性の体験は、排泄に限らず、眠り、病い、そして死という場面においても見

られるはずである。……われわれ人間にとって、何かしら余計なもの、なければないにこしたことはない生理的なもの、動物性の残滓のようなものとして、「からだ」はそうした負性の体験として、苦痛、あるいは快感、苦悩、あるいは悦楽といった情動を伴って自覚されるのである。(金塚 1990: 12)

　上記のような、コントロールが及ばないという意味での身体の不完全性については、身体の所有を問題にする、立岩真也も論じている(立岩 1997)。

　立岩が問題にしているのは、出生前診断、臓器移植などの先端医療をめぐって、身体に対する自己決定がどこまで倫理的に許容されるかということである。具体的な問題には、出生前診断の結果を受けて人工妊娠中絶を行うことや、他者に臓器提供を行ったり、他者から臓器提供を受けたりすることなどがある。これらの問題では、抽象的な水準において、身体の所有者が誰で、身体の制御はどこまで許されるかということが問われている。そして、これらを考える上で重要なのが、他者とは何か、身体とは何かという問題である。

　立岩は、他者について次のように述べている。「私が制御できないもの、精確には私が制御しないものを、『他者』と言うとしよう。その他者は私との違いによって規定される存在ではない。それはただ私ではないもの、私が制御しないものとして在る」(立岩 1997: 105)。このような「ただ私ではないもの」としての他者は、「積極的にその内容を規定されうるものではないし、規定すべきでもない。他者はなにか充実した内容をもつからではなく、私ではないという消極的な契機によってまず存在するのであり、その者が内容を持つことを要さない」(立岩 1997: 306-7)。つまり、他者は、ある特定の性質を持つという条件とは無関係であり、ただ私ではない存在としてそこに在るものとされている。

第1部　消費社会と身体

　立岩は、このような意味での他者を制御したいという欲望が、人間に存在することを否定しない。しかし同時に、他者を制御すべきではないとする感覚も存在するのではないかと、次のように述べている。

　　私ではない者としてその人が在るということ自体が、苦痛であるとともに、苦痛をもたらしながら、快楽なのである。確かなのは、他者を意のままにすることを欲望しながらも、他者性の破壊を抑制しようとする感覚があることである。(立岩 1997: 107)

　制御の欲望が存在するにもかかわらず、なぜ、それを抑制すべきだとする感覚が存在するのか。立岩によれば、それは、「私が操らないもの、私に在るもの、私に訪れるものの中に、私にとって大切なものがあるのではないか」(立岩 1997: 109)と思われるからである。これは、次のようにも述べられている。

　　制御し支配したいと思い、実際そのために行動する私達は、他方で、そのような世界はよい世界かと問われる時に、どこかで、そうではないだろうと考えていると思う。私達の欲望はどこかで否定される。他者との関係の中で、自己による他者の領有という観念が抵抗に会い、挫折する。私達の欲望は欲望として残りながら。しかし、その挫折を私達は失敗とだけ受けとるのではない。むしろ自己によって制御不可能であるゆえに、私達は世界、他者を享受するのだと思う。(立岩 1997: 112)

　つまり、制御できないものがあることで、われわれは世界、他者を享受できるのだと述べている。これは、逆にいえば、制御することで失われる何かがあるということを意味する。

世界が私によって完全に制御可能である時、私は私を世界全体へ
　延長させていったのであり、世界は私と等しくなる。すべてが私の
　意のままになる。例えば臓器を受け取って助かった者にとって、具
　体的に失った者は1人でも、それで済んだのは1人で足りたから
　であり、可能的には全ての者が自分の生のためにある存在である。
　……このような私としての世界を私達は好ましいものと思わないと
　いうことではないか。
　　そこでは私は私にしか会わない。だからその世界は退屈な世界で
　ある。私の価値や欲望はその時々には切実なものであっても、それ
　なりのものでしかない。そういうものによって世界が充満している
　のだったら、うんざりしてしまう。私ではない存在、私が制御しな
　いものがあることにおいて、私達は生を享受しているのだと思う。
　（立岩 1997: 106）

　立岩によれば、以上のような、生を享受する要件としての他者は、人
としての他者に限定されない。「他者とは、自分に対する他人のことだ
けではなく、自分の精神に、あるいは身体に訪れるものであってもよ
い。私の身体も私にとって他者でありうる」(立岩 1997: 109)。つまり、
自らの身体もまた他者であるとしている。
　このような観点からすれば、身体を制御し尽くすことは、他者を制御
し尽くすことであり、何らかの喪失をもたらすことになる。つまり、身
体は意のままに制御すべきではないということになる。

　　私の身体が私のものであることは自明のことのように思うかもし
　れない。だがその身体が私のもとにあること、私がその身体のもと
　にあること、また意のままにそれを私が使えること、これらの事実

と、その身体を他者に使用させず、私の意のままに動かしてよい、処分してもよいという規則・規範とは、全く次元の異なったところにある。(立岩 1997: 27)

　これまでみてきた立岩の議論は、次のようにまとめられる。われわれの身体には、制御が可能な部分と同時に、制御できない、または制御しにくい、他者的な部分がある。われわれには、後者の他者的な部分としての身体を制御したいとする欲望があり、実際にそうしようとすることがある。だが、制御できることと、制御してよいということは同じではなく、われわれの中には、他者的な部分を制御するべきではないとする感覚が存在しているのではないか。というのも、他者的な部分を制御することは、世界を享受することからわれわれを遠ざけてしまうからである。

　この立岩の議論は、他者性をコントロールすることが問題を孕んでいるとする大きな方向性において、本項の最初に取り上げた金塚の議論と共通性がある。金塚は、負性としての身体について論じながら、それが現代文明において不必要なものとして抹消されていくことを問題視しているからである。たとえば金塚は次のように述べている。「水洗便所に流し捨てられるものとは、負性としての身体であり、生活の清浄化とは、負性としての身体の抹消であり、そして、要するに、自然の生態系の破壊の上に、『人工の生態系』＝経済循環を創造することである」(金塚 1990: 54)。金塚は、このような負性としての身体の抹消を原理的に含んでいる現代文明は、壊滅を余儀なくされていると述べる(金塚 1990: 53)。立岩と金塚では、議論の様々な点で相違があるが、他者性を帯びた身体を消去しようとする志向を問題視するという大きな方向性では共通している。

②消費文化における他者性の消去

　吉見俊哉は、このような他者性の問題を、消費社会と関係づけて論じている（吉見 1992, 1996b）。吉見が行っているのは、戦後日本人の意識の変化を検討することを目的として、消費文化の象徴であるディズニーランドを分析することである。というのも、吉見によれば、1970年代以降の日本社会はディズニーランド化した社会だからである。つまり吉見は、ディズニーランド化した日本社会を理解するために、ディズニーランドの分析を行っている。

　吉見は、ディズニーランドと70年代以降の日本社会の共通点を2つ挙げている（吉見 1992）。1つは、ディズニーランドにおいてあらゆるものがショーとして完璧に演出されているのと同じように、現実社会でも盛り場、商店街、観光地、住宅地が演出された空間になっていることである。もう1つは、暴力的で残酷であった白雪姫の原作が、ディズニー版白雪姫ではかわいらしい少女のファンタジーへと変換されているのと同じように、70年代以降の日本社会では、若者の間で「かわいい」文化が隆盛しているということである。この2つの共通点のうち、ここでは後者の「かわいい」文化の隆盛を取り上げたい。

　吉見は、1970年代以降の「かわいい」文化の隆盛を示すものとして、変体少女文字といわれる丸みを帯びた字体の流行と、少女まんが雑誌『りぼん』のふろくにみられるかわいいものを挙げ、次のように解釈している。

　　少女たちは、「かわいい」文字を書き、「かわいい」小物を集め、「かわいい」キャラクターと接し、「かわいい」部屋に住むことで、自分も「かわいく」なり、自己の存在感を希薄にさせながら幻想の共同世界（「夢と魔法の王国」）の住人として他の住人たちと境界のない関係をかたちづくっている。逆に言えば、この共同世界への参

加資格が「かわいい」なのである。「かわいい」ものは、すべてひとまとめに取り込まれ、「かわいくない」ものは、「関係ないから」と、視界の外に忘却される。人々は、「かわいい」という言説的な機制によって世界を捉えることにより、<u>不快で状況攪乱的な諸現実を、認識される地平の外に忘却するのである。</u>（吉見 1992: 125）（下線は引用者）

　ここでは、単に、少女たちが「かわいい」ものを収集し、その世界の中で生きていることが問題になっているのではない。下線部のとおり、それらの行為の裏面に存在する、「かわいくない」もの＝「不快で状況攪乱的な諸現実」、の忘却が問題になっている。
　上の議論に続けて吉見は、「かわいい」文化にみられる「不快で状況攪乱的な諸現実」の忘却、すなわち外部的なものの忘却が、少女に限定さるわけではなく、現代日本の広い層にみられるとして、議論の対象を以下のように広げている。
　吉見は、精神科医である大平健の著書『豊かさの精神病理』（大平 1990）に記されている複数の事例の中から、ある1人の患者の語りを取り上げている。それは、母親である患者が、自作したウサギやクマのぬいぐるみ服を着せた自らの子を、ピーター・パンの映画に出てくる子供たちのようで可愛いと語っているものである。吉見はこれについて、次のように述べている。

　　このようにぬいぐるみを着せられ、「かわいい」と呪文をかけられることで、子どもたちの「べとべと、ばらばら、わくわく」する流動的な身体は、コントロールしやすいもの＝商品としての身体へと置き換えられる。大平が豊富な事例を通して描き出したように、同様の置き換えは、現代日本の広い層により様々な仕方で行われて

いる。人々は、自己や他者をモノ化＝ペット化していくことにより、自分たちの共同世界から「不確実なもの、ネクラな部分を『消毒』してしまう」のだ。そしてこの機制が、ディズニーランドが〈外部〉の他者たちを飼い馴らし、「かわいい」存在へと変容させていくときと同型的な機制であることは、これまで述べてきたことからも明らかであろう。中世の森にひそむ異形の小人たちが、かわいらしいこびとへと変容させられていったのと同じように、われわれは自身のなかにある外部性を「消毒」し、かわいらしいピーターパンの子分としての自己や他者を演じていく。80年代における東京ディズニーランドの登場は、こうした現代日本人の日常意識の変容を象徴的に示すと同時に、この変容を、戦後日本が経験した大きな社会変容の一部として照らし出しているのである。（吉見 1992: 127）

　上の引用箇所で、吉見は、外部性の消毒が、日本社会で広くみられるものであると述べている。しかし、ディズニーランドやかわいい文化が、外部性の消毒の原因になっているというような因果関係を述べているのではないことには注意しなければならない。吉見が述べているのは、ディズニーランドやかわいい文化という現象の中に、日本社会で広がる外部性の消毒が見出せるということである。つまり、吉見は、外部性の消毒を消費文化に固有の問題としてではなく、日本社会全体に関わる問題として捉えている。とはいえ、ディズニーランドや少女まんが雑誌がそうであるように、この現象が消費文化と強く結びつきながら可視化されていることも確かである。吉見は、外部性の消毒という現象の原因についてはっきりとは述べていないが、消費社会化を原因と考えることはできるだろうか。
　まず考えられるのは、生活水準の上昇に伴う欲求水準の上昇が、外部性の消毒という欲求をもたらす可能性である。第1章でも述べたよう

に、消費社会の進展は、快適さや利便性をもたらすと同時に、快適さの基準や、利便性の基準も上昇させてきたと考えられる。たとえば、かつてはウォシュレットがなかったが、ウォシュレットを使用することが特別ではなくなってくると、それなしに用を足すことが不快に思えてくるといったことがある。つまり、快適さの広がりが、快適さの基準を上昇させ、かつては不快に感じていなかったことを不快に感じさせるようになることが考えられる。

そしてこのような消費のあり方が、マス・メディア等を通じて社会に広がり、消費文化として定着していくと、人々がその影響を受けて、外部性の消毒という心的傾向を高める可能性がある。つまり、ディズニーランド的なものやかわいい文化、あるいはウォシュレットや抗菌グッズといった健康志向的なものが消費文化として定着することで、不確実なものや不快なものを避けようとする心的傾向が促進されるかもしれない。

吉見は、消費社会化を外部性の消毒という現象の原因とはしていないが、以上のように考えると、そのような関係が成り立つ可能性も考えられる。

最後に、本論の後半（9章、10章）で問題にすることになる、外部性の消毒という現象が顕在化してくる時期についてもみておこう。吉見は、日本社会がディズニーランド化し始めるのを1970年代以降とし、それを象徴的に示すのが1983年のディズニーランドの開園だとしている。つまり、吉見は、上記の変化が70、80年代頃からみられるようになったと認識しているようである。また、別の著書では、同様の変化を「無菌化」（吉見 1996b: 7, 68）、「他者性の消失」（吉見 1996b: 15）と表現しており、文脈から判断すると、これらも70、80年代頃からみられるようになったと認識しているようである[7][8]。

第 2 章　消費社会と身体の関係

③身体の他者性と健康志向

　これまで、金塚、立岩による、身体の他者性についての議論と、吉見による、他者性の消去と消費文化の結びつきについての議論をみた。これらの議論を本論で取り上げるのは、身体における他者性の消去と健康志向とが結びついているという仮説を考えられるからであった。

　病気は、人間にとって、自らの意志による制御が不可能である部分を持ち、身体が他者性を含むことを示している。したがって、病気を制御しようとする行為ないし価値志向である健康志向は、他者としての身体を制御しようとする行為・価値志向だともいえる。もちろん、他者としての、病気になる身体を、いつでも無条件に受け入れ、健康によいとされる行動をとってはならないなどという考えは成り立たない。いうまでもなく、生存の危機につながるからである。ここで問題にすべきは、過剰な健康志向、つまり、過剰な他者性の消去である。過剰な他者性の消去は、立岩の言い方を借りれば、われわれが世界を享受することから遠ざけてしまうように思われる。

　健康に関する社会学的な議論の中にも、この種の問題を論じたものがある。たとえば上杉正幸は、必要以上に健康を求めようとする「健康社会」では、排除や画一化が起こり、生きる意味の喪失が起こると論じている（上杉 2000b: 177-206）。この議論では、排除や画一化は、ハンセン病のような伝染病患者の排除や、ホームレスや障害を持った人々の排除といった他者の排除や、他人との差異をなくし自らの個性を消去する自己排除という形をとって表れるとされる。そしてこれらは、他人に同調することで、自らの独自性を捨て去ることにつながるため、生きる意味の喪失をもたらすとされている。

　もし、現在の日本社会でみられる健康に対する強い関心が、他者性の消去と結びついているのであれば、世界を享受することから遠ざけ、生きる意味を喪失させかねないという意味で、消費社会化がもたらす否定

的な側面であるといえよう。

2.2.3 脱物質主義化の肯定的側面

これまで、脱物質主義化がもたらしうる否定的問題として、リスク・不安に関する問題と、他者性の消去についての問題をみてきた。しかし、これらは、見方によっては、反対の働きをすることも考えられる。つまり、健康志向的になるほど健康不安が減少したり、健康志向的になるほど他者的なものに対して寛容になるということも考えられる。以下では、こうした可能性についても簡単にみておこう。

まず、リスク・不安に関する問題からみよう。脱物質主義化は、低次の欲求が満たされることで進行するとされており、社会的な水準では、産業化が進行し、物質的豊かさが達成されることで起こるとされている。そして、通常、産業化は教育水準の上昇を伴っている。また、先にみた、タラックとラプトンによる遺伝子組み換え食品についての調査結果は、知識を持っていることが不安を抑制することを示唆していた。つまり、これらをあわせて考えると、脱物質主義化が進行している社会では、一般に人々の教育水準が高いために、リスクに対する不安が抑制される可能性がある。

次に他者性の消去についての問題をみよう。イングルハートは、脱物質主義者は移民や外国人労働者に対して許容的であり (Inglehart 1997: 246-8)、同性愛に対しても許容的であると述べている (Inglehart 1997: 277-9)。つまり、脱物質主義的になることで、異質な他者に対する許容度が上がることを述べている。またマズローは、自己実現的人間について、「彼らは階級や教育程度、政治的信念、あるいは人種とか皮膚の色などに関係なく、彼らにふさわしい性格の人とはだれとでも親しくできるし、また実際にも親しくしている」(Maslow 1970=1987: 252) と述べており、これもまた、欲求階層の上位に位置する者が、異質な他者に対して

第2章　消費社会と身体の関係

許容的であることを示唆している。つまり、イングルハートもマズローも、低次の欲求を満たした者の方が、異質な他者に対する許容性が高いことを述べている。このような許容的な態度は、低次の欲求の充足が、物理的、精神的な安全をもたらすことで生み出されるのかもしれない。もちろんイングルハートとマズローが問題にしているのは、人間としての他者であるから、本論で問題にしている他者性とは完全には重ならないのだが、他者性についても同様の論理が働く可能性はある。したがって健康志向に関しても、脱物質主義的になるほど、過剰な他者性の消去が起こらなくなるという可能性も考えられる。

　以上のように、リスク・不安に関する問題についても、他者性の消去の問題についても、脱物質主義化が肯定的に作用する可能性がある。これら2つの問題は、第3部（第6章〜第10章）でデータを用いて検証するが、以上のような見方の可能性も認識しておくべきだろう。

2.3　本論で検討する問題

　最後に、第1章での議論も含めて、これまでの議論を振り返り、次章以降で検討する問題をまとめておこう。

　本論のそもそもの問題意識は、消費社会化は、人々に多くの満足をもたらしたと考えられるのにもかかわらず、それが単純に幸福をもたらしていると言いきれないように思われるのはなぜかということであった。この問題意識を受けて、第1章では3つのことを論じた。すなわち、①経済的豊かさと幸福の問題、②既存の消費社会研究の問題点と、消費社会研究の新たな分析視角の提示（生産者と消費者の共同性、消費社会に対する消費者の能動性）、③欲求の高度化論が消費社会の長期的な構造変化を説明しうる枠組みをもっていること、である。これらの議論を受けて、当初の問題意識は次のように言い換えられた。すなわち、消費社会

化の進展により、欲求が高度化し、脱物質主義化が進行する過程で起こっている否定的側面は何か、である。

本章では、これを、より具体的な問題に即して論じ、2つの問題を挙げた。1つは不安とリスクに関する問題で、もう1つは他者性の消去に関する問題である。

前者は、健康に関する意識や行動が、不安と結びついているかという問題で、もし結びつきが存在するのであれば望ましいことであるとはいえず、否定的な事柄だといえる。しかし、ハルキエの議論およびタラックとラプトンの議論を参照すると、それらが常には結びつかない可能性も考えられる。したがって、問われるべきは、健康意識・健康行動と不安を結びつける条件があるのか、あるとすればそれは何かということである。

他者性の消去についての問題は、健康に関する意識や行動が、他者性の消去という心的傾向と結びついているかという問題であった。立岩の議論では、他者性の消去は、われわれを世界の享受から遠ざけてしまう性質をもつとされ、また上杉の議論では、過剰な健康の追求は、排除や画一化をもたらし、生きる意味の喪失につながるとされていた。吉見の議論を参照しながら考えたように、他者性の消去は消費社会化によってもたらされる可能性も考えられ、もしそうであるなら、健康に関する意識や行動と他者性の消去の結びつきは、消費社会化がもたらす否定的な事柄だといえる。

次章以降の分析で検討する主たる問題は以上の2つである。つまり、本論は、身体と関係するこれら2つの問題を検討することで、脱物質主義化が進行する過程で起こっている消費社会の否定的側面を考察する。もちろん、上の2つの問題のみによって否定的側面の全体が明らかになるはずはない。本論が試みるのは、健康志向という観点からみた場合の、否定的側面の解明である。次章以降では、まず前段として、健康志

向が存在するかという問題を検討し（→第2部）、その上で上記の2つの問題を検討していく（→第3部）。

注
(1) たとえばブルデューは以下のことを挙げている。
 ・魚は、男性的な食べ方とは反する食べ方を要求するために、庶民階級の男性にはふさわしい食べ物ではないとされている（Bourdieu 1979=1990〔Ⅰ〕: 288-9）。
 ・庶民階級は、身体の形よりもその（男性的な）力に関心が強く、安価であると同時に栄養のある食品を求める傾向があるのにたいし、自由業の人々はむしろ美味で健康によく、軽くて太らない食品を好む（Bourdieu 1979=1990〔Ⅰ〕: 287-8）。
 ・社会階級の上になればなるほど、やせるための節制という新しい倫理が広く見られる（Bourdieu 1979=1990〔Ⅰ〕: 275）。
 ・支配階級では、スポーツに健康維持という役割が与えられているのと同時に、子供たちの体力増進に対する関心も強い（Bourdieu 1979=1990〔Ⅰ〕: 329）。
 ・庶民階級の女性は、自分の身体にたいして与えている価値が低く、関心も小さいために、身体の手入れにかける時間、金銭が小さい（Bourdieu 1979=1990〔Ⅱ〕: 202）。
(2) ブルデューの議論では、ハビトゥス概念が重要な役割を果たしている。この概念は、身体の使用法についての規範を生み出す母体のような働きをしているという意味で、ここで問題にしている〈身体像〉との関連を持っている。しかし他方で、ハビトゥス自体は無意識的に身体化されるものであるから、この点では、次項で問題にする〈身体〉とも関連をもっている。つまり、ブルデューのハビトゥス概念は、〈身体像〉と〈身体〉の両方に関係している。
(3) 〈身体像〉と社会規範の関係を問題にした議論のうち、分析対象が本論と似ているものを挙げておこう。アメリカの社会学者B. グラスナーはフィットネス・ブームについて次のように述べている。

> からだを鍛えたいという人の欲求の背後に、隠された動機が存在するという言い分にも真実がある。そして、ある社会のすべての層がからだのことに心を奪われたときには、明らかに健康以外の何かが危機にさらされているのである。私はその何かとは道徳であると指摘してきた。ただし、個人の道徳よりも大きな範囲を指す。熱狂的なフィットネス・ブームの背後のより深いところにあって人々をつき動かしているのは、公衆道徳への渇望にほかならない。すなわち究極的には、いかに激しい運動を励行しようとも、正しい食生活を守ろうとも満たされることのない渇望なのである。(Glassner 1988=1992: 276)

ここで述べられているのは、公衆道徳の不在、つまり社会的正しさの不在が、運動や正しい食事を通して得られる、健康という個人的正しさに人々を駆り立てているということであろう。これは、マクロな社会規範の不在が、〈身体像〉についてのミクロな社会規範の価値を高めていると理解でき、社会規範との関係において身体を問題にした議論だといえる。

(4)　先に述べたようにブルデューのハビトゥス概念や、モースの身体技法も、身体の2側面を同時に扱っている。また、〈身体〉と〈身体像〉という区別は、ターナーによる、経験や実践としての身体と、意味や表象としての身体という区別と重なる (Turner 2005=2005)。

(5)　英語ではそれぞれ risk と danger である。

(6)　ギデンズは次のように述べている。「重大な結果をもたらすリスクを意識することは、おそらく大半の人にとっては漠然とした不安の源となっている。基本的信頼はここでも、個人が強くまた繰り返しそのような不安に苛まれるか否かを規定する要素となる。環境破壊、核戦争、予期されていない災厄による人類の破局などの可能性について頻繁に心を悩ませることは『合理的』とはいえない、とはっきり示すことができる者などいない。しかし、日々をこのような可能性について悩みながら過ごすような人は『正常』とはみなされないだろう。」(Giddens 1991=2005: 207)

(7)　上の引用箇所で、吉見は外部性という言葉を使用しているが、別の箇所ではボードリヤールの議論を引きながら他者性という言葉も使用して

いる（吉見 1996: 14-8）。いずれの言葉も社会学では十分に定着しているとはいいきれないが、より頻繁に使用されているのは他者性だと思われるので、以後は他者性という言葉を使用することにする。

(8) ボードリヤールもまた他者性を問題にし、吉見と近い議論を行っている（Baudrillard 1994=1995）。しかし、ボードリヤールの他者性に関する議論は、消費社会との関連が薄い。

第2部　健康志向の趨勢

　一般にはしばしば健康志向の高まりが言われる。しかし、この見方はどこまで妥当性を持っているのだろうか。第2部では、戦後の日本社会に健康志向の高まりが存在したかどうかという問題を検討する。この問題は、医療社会学あるいは健康の社会学において完全には決着がついておらず、もし健康志向の高まりが存在したといえないのであれば、本論の立論の有効性にも大きな影響を与えることになる。

　まず第3章では、医療社会学、健康の社会学でみられる2つの対立する立場、すなわち健康志向が存在するという立場と、健康志向は存在しないとする立場を検討し、健康志向について本論が明らかにすべき問題を提示する。

　第4章と第5章では、その問題をデータを用いて検証する。第4章では、家計調査のデータを中心に、戦後の日本社会で起こった健康に関する消費行動の変化を検討し、第5章では、健康雑誌の発行状況、内容等を分析し、健康をめぐる言説の変化を検討する。

第3章　健康志向の高まりに関する2つの立場

　健康志向の高まりという問題に対しては、これまでに大きく分けて2つの立場が存在している[1]。1つは健康志向の高まりが存在すると主張する立場で、もう1つはそれが存在しないと主張する立場である。時間的順序としては、まず健康志向の存在を主張する立場が現れ、次いでそれを否定する立場が現れる。本章では、それぞれの主張を取り上げ、第4、5章で検討すべき問題を明確化していく。

3.1　健康志向の高まりが存在すると主張する立場

　まず、健康志向が存在すると主張する立場の議論からみていこう。日本では、健康志向に関する社会学的な議論は、1980年代半ばに現れ始め、90年代以降に活発化する。90年代半ばまでは、論文あるいは共著書籍の一部として執筆されたものしかないが、90年代終わり以降、とりわけ2000年代に入ると、健康をテーマとした書籍が次々と刊行され、健康は社会学的分析の対象として存在感を増していく。90年代終わり以降に刊行された、健康を社会学的に分析した書籍には、瀧澤利行による『健康文化論』(1998)、上杉正幸による『健康不安の社会学』(2000)、『健康病』(2002)、佐藤純一らによる『健康論の誘惑』(2000)、柄本三代子による『健康の語られ方』(2002)、野村一夫らによる『健康ブームを読み解く』(2003) がある。
　本節で取り上げる、上記の80年代半ばから2000年代前半にかけての

第2部　健康志向の趨勢

議論は、70年代から90年代にかけての日本社会において健康志向が高まったことを前提にしている点に特徴がある。もちろん論者は多様であるから、明示的に健康志向の高まりを述べている論者もいれば、そのような前提を共有していると推測できるだけの論者や、そのような前提に慎重な論者もおり、ある程度の多様性がある。しかし、この時期の議論を全体としてみると、健康志向の高まりを自明のこととして受け止める議論が優勢で、少なくとも、その存在を認知的に否定する議論はない。以下では、健康志向の高まりを前提にした、この時期の議論をみていこう。

3.1.1　消費化とマス・メディアの問題に力点を置く議論

　この問題を社会学者として最も早い時期に取り上げたのは伊藤公雄である。伊藤は、日本人とクスリの関係を取り上げた、「日本人とクスリ」という論考において、健康食品の売り上げの増加を示すデータを参照して、1970年代後半から80年代にかけて、健康食品および自然食品のブームが存在すると述べている（伊藤 1986: 43-4）。

　伊藤によれば、この健康食品・自然食品ブームは、1970年代後半から高度資本主義国を中心に発生した健康ブームによって大枠を規定されており、その健康ブームの背景には次の3つがある。①医学の発達により疾患の範囲が拡大し、日常生活、習慣（酒・タバコ）、心の悩みまでもが病気と結びつけられるようになったこと、②情報の氾濫の中で自らが病気でないことを常に確認せねばならなくなっていること、③消費社会の進展により健康が消費の対象となったこと、である（伊藤 1986: 47-9）。すなわち、医学の発達、情報の氾濫、消費社会化を背景として健康ブームが発生し、その具体的な表れが、健康食品・自然食品ブームや、「健康ブームの仕掛け人の1人」である『壮快』や『毎日ライフ』などの「健康雑誌」である（伊藤 1986: 53）。

伊藤の議論に特徴的なことは、健康食品の販売額を参照したり、健康ブームの背景として高度資本主義を挙げていることが示すように、消費に媒介される現象として健康ブームを捉えている点であり、さらには、消費と密接に関連する健康雑誌というメディアの存在を取り上げている点である。つまり、伊藤のいう健康ブームは、主として、健康が消費対象として消費文化に組み込まれたことを指している。

　伊藤と同様に、池田光穂と佐藤純一も、消費対象としての健康を問題にしている（池田・佐藤 1995）。「健康ブーム」と題するこの論考で、池田と佐藤は、商品の付加価値としての健康を次のように述べている。「『健康』は消費社会において重要で積極的な意味を負わされた記号でもある。健康関連産業のみならず、商品に『健康』のイメージを付与することは市場における価値を高める。」（池田・佐藤 1995: 264）そして、この消費対象としての健康の背景には、健康の自己目的的な追求を意味するヘルシズムの浸透があるとして、次のように述べている。

　　健康法および健康食品の隆盛（マスコミはこれを称して『健康ブーム』ということばをつくった）の背景には現代のヘルシズムが深くかかわることは明らかである。……このようなヘルシズムの浸透は、わが国においては健康法や健康食品の需要の増大などの現象を通しても具体的にも観察することができる。（池田・佐藤 1995: 265）

　そして、池田と佐藤は、このようなヘルシズムと消費の結びつきは1970年代後半に起こったとしている（池田・佐藤 1995: 266）。

　池田らは、マス・メディアについても言及している。池田らは、マス・メディアによる健康に関する情報の流通は第二次世界大戦以前にもあったとしながらも、「健康法そのものをテーマとした書物や雑誌が数

多く出版され、読まれるようになるのは、1970年代に入ってからである」とし、その例として、1973年発行の『にんにく健康法』や74年創刊の雑誌『壮快』を挙げている (池田・佐藤 1995: 268)。

つまり、伊藤と同様に、池田と佐藤も、1970年代半ば以降に起こった、健康の消費化やマス・メディア上での情報の流通という現象の中に、人々の健康に対する関心の高まりを見出している。

3.1.2 意識の高まりと行動の増加に力点を置く議論

次に、上の議論とは異なって、健康の消費化やマス・メディアの変化にはあまり触れていない黒田浩一郎の議論をみよう (黒田 1992, [1993]1998, 1994)。

黒田は、健康に対する人々の関心の高まりやそれに伴う行動を、ヘルシズムという用語を用いて次のように述べている。

> ……今日の健康と病気をめぐる文化的状況をみてみよう。この点でまず指摘しなければならないことは今日健康への人びとの関心が非常に高まっていることである。健康を人生において追求するべき第一の価値とする人びとが増えており、その価値の実現のためにますます多くの人びとが健康に配慮し健康によいとされることにいそしんでいる。この傾向は、人間ドックなどで定期的な健康診断や健診を受ける人びとの増加、喫煙、アルコール摂取、カロリーや塩分の高い食事、ストレスの多い生活など健康に悪いとされることをひかえる努力をしている人びとの増加、ジョギングや体操など日頃から運動を心がけている人びとの増加、健康器具・健康食品などの流行、などに表れている。この傾向は「ヘルシズム (健康第一主義)」(healthism) と呼ばれることもあるし、わが国のマスコミはこの傾向を記述するために「健康ブーム」という言葉をつくった。(黒

田 [1993]1998: 293-4)（下線は引用者）

　黒田は、消費と関連する健康器具や健康食品も挙げているものの、人びとが健康に大きな価値を置くようになり、健康に配慮した行動をとるようになること、すなわちヘルシズムの高まりをより根本的なものとして述べている。つまり黒田は、先述の2つの議論と比べて、より根本的な変化から健康を問題にしている。
　黒田は上の引用箇所に続けて、この傾向を促す要因として次の3つを挙げている（黒田 [1993]1998: 294）。

①第二次世界大戦以後とくに1970年代以降の政治と経済の安定と生活水準の向上により日々の衣食住にあくせくしないでもよい人びとが増加したこと。
②乳児死亡率の低下や結核などの感染症死亡率の低下や国家による暴力独占による殺人の減少や戦死の減少などによって老齢での病死以外の死が相対的にまれになるにしたがい、老齢に達しない前の死が未完成で無意味な死とみなされるようになっていること。
③個人が精神的にも肉体的にも健全で若々しく活動的なことを強調する近代社会の価値観の浸透。

　このように、黒田は、複合的な社会要因がヘルシズムの高まりに影響を及ぼしていることを述べ、時期的には、1970年代以降を重要なポイントの1つとしている。
　つづいて、上杉正幸による同種の議論をみよう。上杉は、戦後の健康水準の向上が、健康を不明確化し、健康不安がもたらされるようになったと以下のように述べている。

戦後の1950年代後半から健康水準の向上を目指して保健・衛生環境の改善や治療体制の充実、医療保険制度の整備などを行ってきた結果、現在のわが国は清潔で衛生的な社会となっている。これらの成果は、健康社会の夢に近づく道と考えられてきた。しかし、夢の実現に向けて進んできたこの期間に、健康社会のあり方を考える上で大きな問題が現れてきた。1970年頃に社会的な健康水準が改善されたのと並行して、半健康というカテゴリーが出てきたことが、その状況を象徴する出来事といえる。このカテゴリーの出現は、病気と健康の境界が不明瞭になり、それゆえに健康が不明確になったことを示している。<u>健康を求めて発展する中で、健康とは何かが分からなくなり、健康社会が目標を見失う状況に陥ったのである。</u>この段階になって、健康社会は清潔で衛生的な姿の背後で不安に満ちた表情をみせるようになった。（上杉 2000b: 94-5）（下線は引用者）

　健康を求めてきたその先で、何が健康か分からない状況が生まれ、健康が正体不明になった。健康を追求すればするほど健康とは何かがわからなくなり、健康を見失ったのである。それは健康の喪失といえる。<u>わが国においては1970年代前半に健康の概念が曖昧になり、70年代後半に健康が喪失した。</u>ここに健康社会の断層が現れている。それは健康社会のパラドックスの現れでもある。（上杉 2000b: 101）（下線は引用者）

上杉は70年代に健康が曖昧になり喪失されたとしている[2]。そしてその結果起こったとされるのが、以下に述べられている、70年代後半から80年代初めにかけての健康不安の増大と健康ブームである。

　わが国で健康ブームが起こり始めたのは1970年代後半といわれ

る。……1980年代初めには人々の健康不安も大きくなっており、<u>70年代後半から80年代初めにかけて、人々の間に健康不安が高まるとともに健康ブームが現れたのである。</u>

　自分が今健康であるかどうかわからない不安と、どこまで健康を追い求めればいいのかわからない不安が一つになると、そこに健康ブームが起こってくる。たえず健康を求めて何かをしようとする行動が、他人と同じ健康水準に沿った同調行動となる時、その行動は大勢の人々を巻き込んだブームとなって拡散していく。健康食品、健康薬品、健康器具等の氾濫、健康のためのさまざまな運動法の開発など、<u>現代における健康ブームは人々の健康不安を反映したものである。</u>（上杉 2000b: 104-5）（下線は引用者）

　以上の上杉の議論をまとめると次のようになる。1950年代後半から健康水準の上昇を目指して環境や制度の整備が行われた結果、1970年頃には健康水準が改善される。するとその頃から健康が不明確化して喪失され、それに伴って健康不安が増大し、健康ブームが出現した。

　上杉の議論は、健康不安という、より根本的な層にある人々の意識を扱っているという点で黒田の議論と共通している。しかし、健康水準の上昇がもたらした健康の喪失が、健康不安や健康ブームを生み出したとする点は、独自の見方である。

3.1.3　健康志向の高まりという定説

　これまでの議論を整理すると次のようになる。まず時期に関しては、いずれの議論においても、健康に関する何らかの変化が起こったのは1970年代であるとされている。変化の中身としては、1つに、伊藤や、池田と佐藤の議論が強調するように、健康が消費文化に組み込まれ、マス・メディアで多く扱われるようになることを指す健康ブームがあり、

もう1つに、黒田や上杉の議論が強調するように、健康への関心・不安の高まりと、健康に配慮した行動の増加を指すヘルシズムがある。これら両者は、根本的な変化である土台としてのヘルシズムが、健康ブームを現象させるという関係になっている。そしてこれらをもたらす原因には、医学の発達、情報化、生活水準の上昇・消費社会化、近代的価値観の浸透、健康の喪失などが挙げられている。

このような、健康ブームとそれを規定するヘルシズムが1970年代に強まったという見方は、1980年代半ばから2000年代初めにかけて力をもち、社会学系の事典にも同様の見方が示されている。つまりこのような見方は定説であったといえる[3]。

3.2 健康志向の高まりが存在しないと主張する立場

2000年代の前半になると、健康志向の高まりという見方に対する批判が現れる。黒田浩一郎が中心となって行っている一連の研究である（黒田 2003, 2004a, 2004b, 2007, 中川・黒田 2006a, 2006b, 野村・黒田 2005, 多田 2007, 多田・黒田 2008, 2009, 佐々木・黒田 2009, 多田・玉本・黒田 2005, 玉本・黒田 2005）（→表3-1）。

まず黒田は、健康志向を取り上げた既存の研究をサーベイして、そのすべてにおいて主張を裏付けるに足る十分なデータが示されていないことを明らかにし、健康志向の高まりが1970年代半ば以降に起こったとする医療社会学における定説が、証拠を欠いた神話であると結論づける。そしてこれに続いて、政府等が行ってきた健康に関する調査の2次分析、新聞記事の分析、雑誌記事の分析、書籍ベストセラーの分析などを行い、自らの主張の正しさを裏づけていく。

これら一連の研究は、本章第1節で取り上げた、黒田自身の議論も含むそれまでの議論に疑問を投げかけるものである[4]。本節では、医療社

第3章　健康志向の高まりに関する2つの立場

表 3-1 黒田らによる健康至上主義に関する研究論文

	著者		論文名
A1	黒田浩一郎	2003	我々の社会は「健康至上主義」の社会か(1)——序説
A2	黒田浩一郎	2004a	我々の社会は「健康至上主義」の社会か(2)——既存研究のレビュー
B1	黒田浩一郎	2004b	厚生省『保健衛生基礎調査』、『国民生活基礎調査』にみる、日本人の健康維持・増進行動の変化——戦後日本の「健康至上主義」
B2	野村佳絵子・黒田浩一郎	2005	戦後日本の健康至上主義——健康に関する書籍ベストセラーの分析を通して
B3	多田敦士・玉本拓郎・黒田浩一郎	2005	いちばん大切なものとしての、および注意しているものとしての健康——戦後日本の健康至上主義
B4	玉本拓郎・黒田浩一郎	2005	総理府調査にみる戦後日本人の健康維持・増進行動の変化——戦後日本の健康至上主義
C1	中川輝彦・黒田浩一郎	2006a	論説のなかの「健康ブーム」——健康至上主義と社会の医療化の「神話」
C2	中川輝彦・黒田浩一郎	2006b	大衆誌のなかの「健康ブーム」
D1	黒田浩一郎	2007	健康食品の社会学——序説
D2	多田敦士	2007	マスメディアのなかの「健康食品」——新聞記事の分析
D3	多田敦士・黒田浩一郎	2008	マスメディアのなかの「健康食品」——一般雑誌の分析
D4	多田敦士・黒田浩一郎	2009	「健康食品」の利用調査——甲賀町調査報告
D5	佐々木洋子・黒田浩一郎	2008	「健康食品」の利用調査——草津市調査報告

会学、健康の社会学の定説に対して重大な問題を提起しているこれらの研究を整理し、黒田らがどのような根拠で何を主張しているのかということをみていこう。

3.2.1　黒田浩一郎らの研究の概要

　黒田らの研究は、2009年度末時点では表3-1に示した13本の論文にまとめられている。これらは内容からみて4つに分けることができる。ここでは、便宜上、それらをA〜Dとしておく。

A(A1、A2)：健康至上主義に関する既存の研究の批判的検討
B(B1〜B4)：健康至上主義が実際に存在するかについてのデータを用いた分析
C(C1、C2)：雑誌における「健康ブーム」論の分析

D(D1〜D5)：健康食品に関する、新聞・雑誌記事の分析と量的調査の分析

A1〜B4の6本の論文は、そのタイトルのすべてに「健康至上主義」という言葉が使われていることから分かるように、healthism の訳語である健康至上主義が問題になっている。黒田は、健康至上主義を次の4つの要素から構成されるものとしている (黒田 2003: 3)(A1)。

①生活上の追求されるべき価値として健康が高く位置づけられること
②健康の追求は、他の何かを実現するための手段としてではなく、それ自体が目的としてなされること
③その価値を実現することを、他者から強制されるのではなく、自ら進んで追求すること
④健康の実現のために、個人的な努力によって実行可能な健康維持・増進あるいは病気予防のための行動を行うこと。

黒田は、この健康至上主義概念の学問的位置づけを次のように述べている。「医療社会学では、この意味での『健康至上主義』が、我が国では1970年半ばおよびそれ以降に人びとのあいだに強まり、その結果、『健康ブーム』と呼ばれるような現象を招来した、と理解されている。」(黒田 2004a: 12) 黒田らがA1〜D5の一連の研究において、最も重要な問題として取り上げているのは、この医療社会学における定説が本当に正しいのかということである。

先にも述べたように、この問題に対する黒田らの結論は、1970年代に健康至上主義が高まったといえる証拠はみつからないとして定説を否定し、それはあったと信じられている神話ではないかとするものである。このような見方は、定説を覆すという重大な意味を持っているので、以下では、議論のやや詳細と思える部分にまで立ち入りながら、上

第3章　健康志向の高まりに関する2つの立場

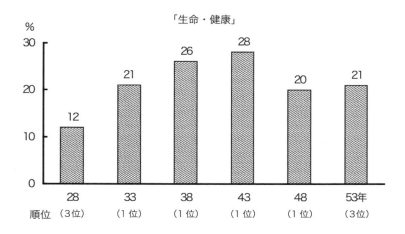

図3-1　「いちばん大切なもの」のうち「生命・健康」と回答した人の割合
(統計数理研究所「日本人の国民性」調査)
NHK放送世論調査所 (1982：13) より

の結論を導き出すに至るまでの過程をA〜Dに分けてみていこう。

3.2.2　既存の研究の批判的検討 (A1, A2)

A1とA2では、健康至上主義に関する既存の研究の妥当性が検討されている。A1では、NHK放送世論調査による『図説戦後世論史』(NHK放送世論調査所 1975, 1982) が検討され、A2では、1970年代半ば以降における健康ブームや健康至上主義の高まりを論じた、社会学およびその他の社会科学における、以下の学術論文が検討されている。池田・佐藤 (1995)、池田ほか (1998)、伊藤 (1986)、河原 (1995)、川村 (1986)、木下 (2000)、近藤 (1997)、栗岡 (1999)、黒田 (1992, 1993, 1994)、三浦 (1995)、高木 (2000)、高岡 (1990)、等々力 (1988)、津田 (1997b)、上杉 (1990, 2000a, 2000b)、上杉ほか (1998)、吉田 (1989)。

このように、黒田はA1とA2で数多くの議論を検討しているが、こ

こでは、代表的なものを2つだけ取り上げておこう。

① 『図説　戦後世論史』

1つ目は、A1で検討されている『図説　戦後世論史』(NHK放送世論調査所 1975, 1982)である。同書は、人々の暮らしや社会に関する意識調査のデータを集めたもので、第1版が1975年に、データが追加された第2版が1982年に発行されている。黒田は同書に掲載された5種類の健康意識に関する調査データを検討し、そのすべてに問題があると指摘している。

ここでは1つだけ挙げよう。それは、統計数理研究所による「日本人の国民性」調査のデータである。『図説　戦後世論史』では、同調査で「いちばん大切なもの」を「生命・健康」と回答とした者の割合が図で示され(→図3-1)、次のような解釈が加えられている。

> 昭和28年当時、「あなたにとっていちばん大切と思うものは何ですか」ときかれて、最も多くの人があげたのは「家族」(19%)であり、ついで「金・財産」(16%)であった。「生命・健康」はその次に位していた。それ以後、43年までは「生命・健康」を「いちばん大切」だとする人は次第にふえ、他のもろもろの価値をしのぐことになる。さらに48年には、率は下がったが、いぜん「家族」と並んで1位を占め続けていた。そして53年には再び3位と順位は下がったが、率からみると1位の家族(23%)、2位の愛情・精神(22%)、3位の生命・健康(21%)はほぼ一線に並んでおり、「生命・健康」への関心は依然として強いことが分かる。(NHK放送世論調査所 1982: 12)（下線は引用者）

ここでは、「生命・健康」に対する関心が次第に上昇し、上昇した関心

がその後も持続していることが述べられている。しかしこの解釈に対して黒田は、「上記の記述には1カ所、間違いが、しかも決定的な間違いがある」と指摘する（黒田 2003: 6）。統計数理研究所の報告書をみると、途中の調査から質問文が変わっているのである。

第1回目の昭和28年の調査では、質問文は「<u>あなたの家で</u>一番大切と思うものは何ですか。1つだけあげてください？なぜそれが一番大切ですか？」（下線は引用者）であるが、2回目以降の5回の調査では「<u>あなたにとって</u>一番大切と思うものはなんですか。1つだけあげてください？（なんでもかまいません）」（下線は引用者）となっている。「あなたの家で……」は対象が家族であるのに対し、「あなたにとって……」は対象が回答者個人である。この違いについて黒田は次のように述べている。

> 第1回調査は、その他の調査と質問文が異なるのだから、図および分析から除外しなければならない。そうすると、「健康・生命」が「いちばん大切なもの」とする傾向が増大し、他のもろもろの価値をしのぐようになったとはかならずしもいえないことになる。（黒田 2003: 6）

黒田が指摘するように、第1回調査を除外するならば、「健康・生命」の回答が増大したとは必ずしもいえず、おおよそ横ばいといった方がよいかもしれない。つまり、日本人の国民性調査の結果から、人々が「健康・生命」を以前より大切であると考えるようになったという解釈は引き出しにくい。

ここでは、『図説　戦後世論史』の中から1種類のデータしか取り上げていないが、他のデータについても事情は同じである。つまり、『図説　戦後世論史』は、健康志向の高まりが起こったということを論証するに足る十分なデータを示しえていない。

②上杉正幸の研究

 2つ目に、A2で取り上げられている上杉正幸の研究をみよう。上杉は、上杉（2000b, 2002）などの著書を持つ、健康について社会学的研究を行っている代表的な論者の一人である。黒田はA2で上杉の議論の不十分な点を複数指摘しているが、ここではそのうちの2点をみよう。

 1点目は、健康に関する価値観の問題である。NHKが1980年に行った健康に関する世論調査の中には、「毎日の生活の中で、あなたがたいせつだと考えているのはどういうことですか。リスト2の中から2つあげてください」という質問がある（NHK放送世論調査所 1981）。選択肢には、「その他」「特にない」などを除くと、「健康」「仕事や勉強」「収入や財産」「家族のまとまり」などの7つがあり、そのうち「健康」と回答した人の割合は60.9%で、最も高い。上杉はこの調査結果をうけて、「現代社会に住む人びとのこのような健康重視が、……さまざまな健康ブームを生み出している」と述べている（上杉 1990: 143）。しかし、これに対し黒田は、「一度きりのサーベイ調査の結果から、『健康重視』の時系列的な変動を読み取ることは絶対にできない。」（黒田 2004a: 15）(A2) と上杉を批判している。

 たしかに健康を重視するようになったかどうかは、それ以前の時期と比較することで分かるのであり、一度だけの調査から判断することはできない。したがって、上杉が述べる「現代社会に住む人びとの」「健康重視」という見方の根拠は十分ではない。

 2点目は、健康の自己目的化の議論についての問題である。上杉(2000b) では、総理府内閣総理大臣官房広報室が1989年に行った「健康づくりに関する世論調査」のうち、次の質問が取り上げられている。「健康であることは、それ自体が人生の目的であって、最も優先して考えなければならない」と「健康は充実した生活を送るために必要であっ

第3章　健康志向の高まりに関する2つの立場

て、それ自体を目的とするようなものではない」という2つの考えのうち、どちらが近いかということを尋ねた質問である。結果は、前者に近いと回答した者が53％、後者に近いと回答した者が41％となり、健康それ自体が人生の目的であると回答した者の方が多かった。上杉はこの結果を、健康至上主義の高まりを示す証拠として取り上げている（上杉2000b: 202）。

　これに対して黒田は次のように述べている。「しかし、総理府内閣総理大臣官房広報室が、この質問を行ったのは、『健康づくりに関する世論調査』のみで、私の知るかぎり、それ以前にも以後にも、この質問を含んだ調査を行っていない。したがって、この調査の結果をもって、健康の自己目的化が進行しているとはかならずしもいえない。」（黒田2004a: 15）つまり先ほどと同様、黒田は、一回の調査では変化は分からないということを述べている。たしかに上記の調査結果だけでは、健康志向の高まりを裏付けることはできないだろう。

　以上では、A1とA2における代表例として、『図説　戦後世論史』と上杉正幸の研究に対する指摘をみた。これらは黒田による既存研究の検討の一部であるが、黒田は他の既存の研究についても論証に必要な十分なデータがないことを述べ、次のように結論づけている。

　　我が国において、1970年代後半に、人びとのあいだに健康への関心や自分の健康についての不安が高まるとともに、健康を人生において第一に追求するべき価値、しかもそれ自体を目的として追求するべき価値とみなす傾向が強まり、その結果、人びとはさかんに病気予防や健康の維持・増進のための行動を心がけるようになった、しかも、「健康食品」や「フィットネス・クラブ」など、市場で購入できる商品の購入・消費というかたちでそれが行われるようになった、この傾向は現在まで衰えることなく続いている。医療社

会学(のみならず、社会学のその他の分野や他の社会科学)の研究者が1980年代後半以来、繰り返し、このように論じている。

　本稿は、このように主張している文献をつぶさに検討してきた。とくに、このような主張を裏づけるような資料を提示しているかどうかを中心に。そして、本論の結論は、<u>多くの論者はあたかもその必要性をまったく感じていないかのように、自説を裏づけるような資料をまったく提示しておらず、少数の論者は証拠となる資料を提示しようと努めてはいるが、提示されている資料は主張をまったく裏づけない。</u>(黒田 2004a: 28-9)(A2)(下線は引用者)

　これら証拠としてあげられているものすべてが、いちじるしく妥当性を欠いており、社会科学的な実証性のレベルでは、1970年代半ば以降の我が国における「健康ブーム」の存在や「健康至上主義」の高まりは、何の証拠もなく、<u>ただあったと信じられている「神話」でしかない。</u>(黒田 2004a: 12)(A2)(下線は引用者)

以上のように、黒田は、1970年代半ば以降に健康至上主義が高まったとする医療社会学における定説を、神話であるとして否定している。黒田は、このような重大な批判的研究(A1、A2)を行った後、自らデータ分析を行い、健康至上主義の高まりが存在するか否かの検証を行っている(B1〜B4)。次にそれらをみていこう。

3.2.3　既存調査の再分析と書籍ベストセラーの分析 (B1〜B4)

　黒田らはB1〜B4で、既存の研究で分析されていた調査データの再分析、および書籍ベストセラーの分析を行っている。以下に、分析対象となったデータを示す。

第3章　健康志向の高まりに関する2つの立場

B1：厚生省の「保健衛生基礎調査」と「国民生活基礎調査」の1970年から1998年にかけての10回の調査のうち、健康維持・増進行動に関する質問の回答
B2：1946年から2000年にかけての、健康に関する書籍ベストセラー
B3：①統計数理研究所による「国民性の研究」調査の、1958年から1998年までの9回の調査で、「いちばん大切なもの」についての質問で「健康」とする回答　②総理府が実施した「医療に関する世論調査」「スポーツに関する世論調査」「体力とスポーツに関する世論調査」の1973年から2000年にかけての10回の調査のうち、健康・体力に注意しているかどうかということを尋ねた質問の回答
B4：1960年から2004年の間に総理府によって実施された「国民の医療に関する世論調査」「オリンピック東京大会・オリンピック国民運動に関する世論調査」「国民の健康・体力に関する世論調査」「スポーツに関する世論調査」「体力とスポーツに関する世論調査」から15回の調査で、健康維持・増進行動に関する質問についての回答

　以上をみると分かるが、B1、B3、B4では政府が調査したデータの2次分析が行われ、B2では書籍ベストセラーの分析が行われている。分析の結論を先に述べると、いずれの分析でも「健康至上主義の高まりとしての健康ブームが始まったのは1970年代半ばあるいは後半からである」という説を支持する結果は得られていない。以下ではそれぞれの内容をみていこう。

【B1】厚生省調査における、健康維持・増進行動の分析
　B1では、健康至上主義の4つの構成要素のうち、健康維持・増進行動が検討されている。分析対象は、厚生省による「保健衛生基礎調査」と「国民生活基礎調査」のうち、1964年から2000年までに行われた13

回の調査である[5]。

　ただしこれらの調査は、質問文、回答形式、調査対象者、標本抽出法などにばらつきがあり、すべての調査結果を同じように比較することができない。そこで黒田は、質問文等が揃っている調査ごとに分類し、比較可能となった10の調査を3つのグループに分けて分析している[6]。その結果、明らかになったのが以下のことである。

① 1970年以前は、相互に比較可能な調査がないため、分からない
② 1970年から1980年にかけて「何らかの健康維持・健康増進行動を行っている者」の割合は一貫して減少している
③ 1980年から1986年は、相互に比較可能な調査がないため、分からない
④ 1986年から1998年にかけては、ほとんど変化していない
⑤ ただし健康行動の下位カテゴリーとなる個別の行動をみると、1970年から1975年の間は「スポーツその他適当な運動をしている」者の割合が増加し、1977年から1982年の間は「スポーツ・ランニングと歩いたり軽い体操」をする者が増加している

　このうち、健康行動全般の高まりが認められないことを示す②と④は、以下の表3-2、表3-3のとおりである。
　①から⑤の結果をみると、⑤の個別的な行動を尋ねた質問では割合が増加しているが、そのほかの健康維持・健康増進行動一般を尋ねた質問では、増加している時期はない。②は、減少すら示している。つまり、厚生省による「保健衛生基礎調査」「国民生活基礎調査」からは、1970年代半ば以降に健康至上主義の高まりが存在したとする医療社会学の定説を裏付ける数字は得られていない。
　黒田は、⑤の結果が、健康ブームの存在という誤った認識の一因にな

ったのではないかとして、次のように述べている。

　　健康のために激しく、あるいは軽く身体を動かすことは、1970年代から1980年代初めにかけて、それを行う者の割合が増加したことは確かである。スポーツやランニングなど、激しく身体を動かすタイプのものは、家の中より家の外で行われることが圧倒的に多い。このことが「健康ブーム」という（筆者の立場からは、誤った）認識が、マスメディアやアカデミズムなど社会の一部によって抱かれたことの一因であろう。(黒田 2004b: 321)（B1）

【B2】健康に関する書籍ベストセラーの分析
　B2では、健康に関する書籍ベストセラーが検討されている。分析対象は、『出版年鑑』（出版ニュース社発行）と『出版指標年報』（全国出版協会出版科学研究所発行）に掲載されている書籍ベストセラーの中から抽出した「健康法に関する本」40冊である。対象期間は1946年から2000年までである。
　上記の40冊を分析した結果、次のことが明らかになった。健康法をテーマとした書籍が数多く出版され、読まれるようになるのは1950年代後半からで、それ以降も傾向は変わらない。ただし1973年から1975

表3-2　何らかの健康維持・健康増進行動を行っている者の割合 (%) (1970-1980)

	1970年	1975年	1980年
全体	86.7	84.9	75.5

黒田 (2004b: 311) より（一部省略）

表3-3　何らかの健康維持・健康増進行動を行っている者の割合 (%) (1986-1998)

	1986年	1989年	1992年	1995年	1998年
全体	87.7	88.5	88.4	86.5	91.6

黒田 (2004b: 315) より（一部省略）

年にかけてだけは、他の時期と比べて健康法に関する本のベストセラー入りが多く、人びとの健康への関心の高まりが一時的にあったといえるかもしれない（野村・黒田2005：459-63）。

つまり、健康法に関する書籍ベストセラーは1950年代には既に存在していたし、さらに1970年代半ば以降にベストセラーが多くなった事実は認められない。これが意味するのは、1970年代半ば以降における健康に対する関心の高まりは認められないということである。野村佳絵子と黒田は、この結果について、「医療社会学における『健康ブーム』や『健康至上主義』をめぐる議論に見直しを迫るものである。」（野村・黒田2005: 463）としている。

【B3】統計数理研究所調査における健康の自己目的化の分析、および総理府調査における健康価値の分析

B3では、健康至上主義の4つの構成要素のうち、健康の自己目的化と、健康の価値の高まりの2つが検討されている。

健康の自己目的化に関しては、統計数理研究所による「国民性の研究」が検討されている。分析対象は、1953年から1998年の10回の調査であるが、調査同士の比較可能性の問題から、実際に分析されているのは1958年以降の9回の調査である。

健康の価値の高まりについては、総理府内閣総理大臣官房広報室が行った「医療に関する世論調査」「スポーツに関する世論調査」「体力・スポーツに関する世論調査」という3種類の調査が取り上げられている。分析対象は、1960年から2000年までの12回の調査であるが、やはり調査同士の比較可能性の問題により、実際に分析されているのは1973年以降の10回の調査である。以下で、それぞれを簡単にみていこう。

まず健康の自己目的化に関わる「国民性の研究」からみよう。同調査には、1958年以降、「あなたにとって、いちばん大切なものは何ですか」

第3章　健康志向の高まりに関する2つの立場

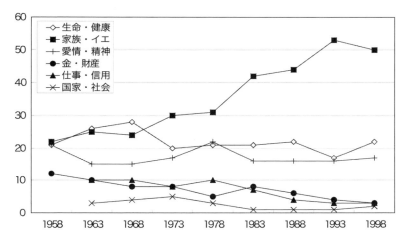

図 3-2　いちばん大切なもの（％）（統計数理研究所「国民性の研究」）
多田・玉本・黒田（2005: 117）より

という質問に対して、9つの選択肢から1つを選択する項目があり、その選択肢の1つに「生命・健康」がある。B3には、この「生命・健康」を選択した者の割合の変化が示されている[7]。（→図3-2）
　この変化について黒田らは次のように述べている。

　　「生命・健康」をいちばん大切とする者の割合は、1958年から1968年にかけて増加し、1968年から1973年にかけて減少して1958年の水準に戻り、1973年以降はほとんど変化がない。したがって、健康至上主義の高まりは、1950年代後半から1960年代にかけてであり、しかも、その高まりは維持されることなく、1970年代には1950年代後半の水準まで減少し、それ以降は、その低い水準が維持される、ということになる。これは仮説とは非常に異なったパターンである。（多田・玉本・黒田 2005: 123）（B3）

黒田らが指摘するように、「生命・健康」の回答者割合は、1958年から1968年までは少し増加しているが、それ以外の時期では目立った増加はしていない。したがって、このデータは、1970年代半ば以降に健康至上主義の高まりがあったとする医療社会学の定説を裏付ける証拠にはならない[8]。

　次に健康の価値の高まりについての問題をみよう。黒田らはこの問題を検討するために、総理府内閣総理大臣官房広報室が行った「医療に関する世論調査」(1973年)、「スポーツに関する世論調査」(1976年)、「体力・スポーツに関する世論調査」(1979、1982、1985、1988、1991、1994、1997、2000年)という3種類の調査を分析している。これらの調査では、「あなたは、ご自分の健康や体力について、つねに注意をはらっていますか、ときどき注意をはらう程度ですか、それとも余り注意を払っていませんか」という質問があり、これに対する回答を、調査者が「つねに注意をはらっている」「ときどき注意をはらっている」「あまり（全然）注意をはらっていない」という3つにコーディングしている[9]。図3-3と表3-4は、これらの結果をまとめたものである[10]。

　黒田らは結果について次のように述べている。

　　全体として、自己の健康や体力に「つねに」注意している者の割合をみると、1973年から1994年にかけて減少し、それ以降、わずかながら増加の傾向を示している。1973年から1976年にかけては20%強減少し、1976年から1994年にかけては、小さな振幅はあるものの38.5%から30.6%へとゆるやかに減少している。しかし、1997年には有意ではないが、2%強の増加がみられ、2000年にも、これも有意ではないが、わずかながら増加している。しかし、2000年には40.0%へと減少している。「あまり（全然）」注意していない者の割合を見ると、1973年から1976年にかけて増加

第3章 健康志向の高まりに関する2つの立場

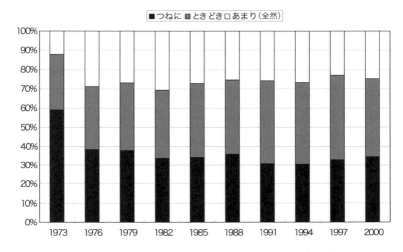

図3-3 健康や体力にどれほど注意しているか（総理府調査）
多田・玉本・黒田（2005: 121）より作成

表3-4 健康や体力にどれほど注意しているか（総理府調査）

	1973	1976	1979	1982	1985	1988	1991	1994	1997	2000
つねに	59.0	38.5	37.9	33.8	34.3	36.0	30.8	30.6	33.0	34.6
ときどき	28.8	32.7	35.1	35.5	38.5	38.6	43.4	42.6	44.0	40.6
あまり（全然）	12.1	28.9	26.9	30.7	27.2	25.4	25.8	26.8	23.0	24.8

しているが、1976年以降は、若干の振幅があるものの1976年の28.9%から2000年の24.8%へとゆるやかに減少している。（多田・玉本・黒田 2005: 120）

黒田らが述べるように多少の増減はあるが、設問が少し異なる1973年調査を除くと、全体として増減の幅は小さく、おおむね横ばいだといえる。このように、総理府の調査についても、1976年以降の時期においては、健康至上主義の高まりは認められない。

第2部　健康志向の趨勢

【B4】総理府調査における、健康維持・増進行動の分析

B4では、健康至上主義の4つの構成要素のうち、健康維持・増進行動が検討されている。分析対象は、B3と同じ総理府調査のうち、1960年から2004年までに行われた15回の調査である[11]。

この分析でも、調査間の質問文等のばらつきから、比較可能な3つのグループに分類されている。1つは「健康のために何かしているか」を尋ねた項目（1960年、1965年、1966年、1969年）、2つ目は「健康に気をつけているか」どうかを尋ね、「気をつけている」と回答した者にだけ何をしているかを尋ねた項目（1964年、1976年、1979年、1982年）、3つ目は「健康や体力に気をつけているか」どうかを尋ね、「つねに」あるいは「ときどき」気をつけていると回答した者のみに何をしているかを尋ねた項目である（1985年、1988年、1991年、1994年、1997年、2000年、2004年）。これら3グループのうちの2つの結果が、表3-5と表3-6である[12]。

これらの結果について、黒田らは次のように述べている。

表3-5　健康・体力増進のために何か実行しているか

	1960年	1965年	1966年	1969年
している（％）	38.0	42.9	40.3	54.2
していない（％）	62.0	57.1	59.1	45.8

玉本・黒田（2005: 5）より（一部省略）

表3-5　健康や体力の維持・増進のために何かしている者の割合（％）

	1964年	1976年	1979年	1982年
何かしている者	72.0	62.5	65.1	61.2

玉本・黒田（2005: 8）より（一部省略）

1960年から1966年までは変化なく、1966年から、1969年と1976年のあいだのどこかの年までは増加し、そのどこかの年から1976年にかけて減少し、1960年から1966年にかけての水準、あるいはそれ以下の水準までに減少し、1976年から1982年にかけてはほとんど変化がないということになる。(玉本・黒田 2005: 10)

つまり、60年代後半から70年代前半のどこかまでは健康至上主義の高まりがあったが、70年代半ば以降は高まりはないということになる。黒田らはこの変化について、「このパターンはこれまでいわれてきた変化のパターンとは大きく異なっている」(玉本・黒田 2005: 10)としているが、結局のところ、以上のデータもまた、定説を裏付ける証拠にはなっていない。

【B1〜B4のまとめ】
 黒田は健康至上主義を構成する要素を4つ挙げていた(→3.2.1)。B1〜B4では、そのうち3つの構成要素が検討されている。"価値としての健康"はB3の総理府調査で検討され、"健康の自己目的化"はB3の統計数理研究所調査で検討され、"健康維持・増進行動"はB1の厚生省調査およびB4の総理府調査で検討されている。また、健康至上主義の表れ、すなわち健康ブームも、健康に関するベストセラー書籍の分析で検討されている。
 これらの検討から分かったのは、これらは、1970年代半ば以降における健康至上主義およびその表れとしての健康ブームの高まりを裏付けるような証拠にはならないということである。つまり、本章第1節でみた医療社会学における定説は反証されたのである。この定説は80年代後半から主張され始め、その後も多くの論者に共有されていたのであるから、この結果がもつ意味は非常に大きい。B1〜B4は、黒田らの一連

の研究の中で最も重要な議論である。

　ただし、1つだけ気になることもある。それは、1970年代半ば以前に、健康至上主義・健康ブームの高まりが存在したようにみえる時期があることである。これが表れているのは、B2の健康法に関するベストセラー書籍の変化では1973年から1975年にかけて、B3の統計数理研究所による「いちばん大切なもの」調査では1958年から1968年にかけて、B4の総理府による健康維持・増進行動についての調査では、1966年から、1969年と1976年の間のどこかまで、である。これらにはズレがあるが、おおよそ1960年代を中心としてその前後を含む時期である。黒田らは、これらの変化があるという事実は述べているが、取り立てて問題視はしていない。黒田らの目的は、1970年代半ば以降の健康至上主義の高まりという定説を検証することであるから、論じる必要はないものかもしれない。しかし、引っかかる点ではある。

3.2.4　雑誌における「健康ブーム」論の分析 (C1, C2)

　C1とC2では、一般の雑誌を分析対象にして、健康ブームについての議論、すなわち「健康ブーム論」が、いつ、どのように成立したのかということが分析されている。そこでは、B1〜B4で明らかになった、"1970年代半ば以降の健康至上主義の高まり"という医療社会学における定説が、既存の調査からは裏付けられないということが前提になっている。つまり、C1とC2では、実際には健康至上主義の高まりが存在していないのにもかかわらず、いつ、どのように「健康ブーム論」が成立したのかということが問題になっている。

　C1では、『現代の眼』『創』『中央公論』のような論説誌に掲載された27本の「健康ブーム論」記事が分析され、C2では、『週刊ポスト』『主婦の友』『週刊プレイボーイ』のような大衆誌に掲載された18本の「健康ブーム論」記事が分析されている。分析から明らかになったのは、おおよ

第3章　健康志向の高まりに関する2つの立場

そ次のことである。

①論説誌、大衆誌のいずれにおいても「健康ブーム論」記事が現れ始めるのは1970年代後半からである（論説誌では1976年から、大衆誌では1977年から）。その後、時期による流行り廃りはあるものの、2000年代に至るまで健康ブームに関する記事が掲載され続けている。
②論説誌、大衆誌のいずれにおいても、健康ブームの存在は疑いようのない事実とされ、それを示す証拠や資料は示されていない。
③健康ブームの原因の説明の仕方は大きく分けて3つある。1つ目に、国家、企業、マス・メディアによって創り出されたとするもの、2つ目に、経済状況、核家族化、公害・環境汚染などの社会状況等への反応とするもの、3つ目に、日本人の特性とするものである。
④健康ブーム論の前提には、健康への関心や健康維持・増進行動に対する「どこかおかしい」という、違和感とでもいえる意識がある。

　④については具体例を補足しておこう。黒田らは、この健康への関心や健康維持・増進行動に対する違和感を4つに分類しているのだが、ここでは2つのタイプの例を挙げておく。
　1つは、健康追求の有効性あるいは有害性を問題視するタイプである。例えば、「ニュースメーカーズ　いまや3千億円産業ともいうが……健康食品、民間療法ブームの問題点」（『週刊ポスト』1979年9月7日）という記事には、「医事ジャーナリスト」による、「今ブームの"健康食品"や"民間療法"には、科学的根拠の乏しいものが少なく」なく「一攫千金をねらった虚業」であるとする見解が紹介されている（中川・黒田 2006b: 116-7) (C2)。黒田らは、このタイプの記事として、ほかに、「DIME WARNING REPORT フィットネス・ブームに警鐘！　スポーツはこんなに身体に悪い」（『DIME』1989年2月16日）や「DENiMのNO!!

間違いだらけのヘルシー病　ジャンク・フードのどこが悪い!?　※健康の常識を9人の名医が覆す」(『DENiM』1992年11月)を挙げている(中川・黒田 2006b: 117)。

　別のタイプでは、健康追求そのものの価値を問題視するものがある。たとえば、「ホスピスの現場から教えられたこと　死を忘れた長寿は『幸せ』か(特集現代医療を問う)――(不健康な健康ブーム)／山崎章郎」(『中央公論』2003年7月)という記事は、「老いや死を遠ざけた健康ブーム」に迎合していると、「人生最後の時をただあたふたと、自分の思いも叶えられずに、惨めに過ごさざるを得ないだろう」と警告している(中川・黒田 2006a: 235)(C1)。また、「ESQURE(ママ)FLASH フィットネスよ、さようなら。健康であることは別に人間の義務じゃない。(中村房子)」(『エスクァイア日本版』1990年5月)という記事では、「かつて健康は喜びだった。いまはほとんど義務になっている。健康に留意している者とそうでない者の間に差別すら存在する」と述べられている(中川・黒田 2006b: 119)(C2)。

　上の2つのタイプ以外には、健康問題の個人化を問題にするタイプと、健康ブームに対して違和感や反発を表明しているものの、問題が定式化されていない未定式タイプが示されているが、ここでは省略する。

　さて、黒田らは、先の①〜④を述べた上で、健康ブーム論の成立を次のように述べている。

　　1970年代後半以降、健康への関心や健康追求に「違和感」が現れてくる。こうした「違和感」を持つようになった(後の「健康ブーム論」の)記事執筆者や発言者が、そうした「違和感」のために、それまではことさら意識していなかった人びとの健康追求を意識するようになる。その結果、記事執筆者や発言者が、実際の人びとの健康への関心の程度や健康追求の頻度に変化がなくても、それらが

第3章　健康志向の高まりに関する2つの立場

高まったような「錯覚」を持つようになる。こうして「健康ブーム」の存在という認識（誤認）が生み出されたのではないか。(中川・黒田 2006b: 126) (C2)

　つまり、人びとの健康への関心に対する違和感を健康ブームとして誤認した結果、健康ブーム論が形成されたというわけである。言い換えれば、健康ブームという現象は、実体をもたず、さまざまな論者によってマス・メディア上で構築されたものだということになる。この見方は、A1、A2で示された、1970年代半ば以降の健康至上主義の高まりという定説が神話であるとする見方と同じである。

3.2.5 健康食品に関する新聞・雑誌記事の分析と量的調査の分析(D1〜D5)

　D1〜D5では、新聞・雑誌における健康食品についての記事の分析と(D1〜D3)、黒田らが行った健康食品の利用に関する調査の分析が行われている(D4、D5)。

　D1では、「健康食品」という語をタイトルに含む書籍、新聞記事、一般雑誌記事が分析されると同時に、生産セクターとしての市場、国家が健康食品をどのように扱ってきたかが論じられている。そこから導き出される仮説は、「今日の我が国における『健康食品』の社会（学）的なあり方が、1960年代後半から1970年代にかけて確立し、一方で、その体制が今日まで維持されつつも、他方で、1980年代半ば以降、いくつかの新たな動きもそれに付け加わっている」(黒田 2007: 307)(D1) というものである。つまり、1960年代後半から70年代以降に、健康食品が社会的な存在として現れてきたのではないかと述べられている。

　D2では健康食品に関する新聞記事が分析され、D3では健康食品に関する一般雑誌記事が分析されている。またD3では、両者の内容が比較

されている。

　新聞記事と雑誌記事を比較した結果、明らかになったのは、おおよそ次の2点である。1つは、両者とも健康食品の記事が初めて現れるのは1970年代前半だが、その後の記事の増減の仕方は異なるということである。もう1つは、一般雑誌は、健康食品に対してポジティブな記事が多く、新聞はネガティブな記事が多いという違いである。

　黒田らは、2つ目の新聞と一般雑誌の違いについて、「一般雑誌は、個々の『健康食品』の紹介が報道の中心であるのに対して、新聞は、『取り締まり』『調査』『規制・基準』といった国家の『健康食品』に対する対応や対策が報道の中心である」(多田・黒田 2008: 32)(D3) と述べている。

　D4 と D5 では、黒田らが行った、2回の食事と健康に関する調査のデータを使用して、健康食品の利用についての分析が行われている。それぞれの分析では、従属変数としての健康食品の利用度と、属性、健康意識、健康行動などとの関係が取り上げられている。属性に関しては、男性よりも女性の方が、年少者よりも年長者の方が、無病者よりも有病者の方が、健康食品を多く利用する傾向であることが明らかになっている。意識、行動に関しては、健康に気をつけている人、日頃の食事に気をつけている人、美容に気をつかっている人、食品添加物やカロリーなどの表示を見る人などが、健康食品を多く利用する傾向であることが明らかになっている。

　上記の D1 〜 D5 では、A1、A2 および B1 〜 B4 で明らかになった、1970年代半ば以降における健康至上主義の高まりは存在しないという議論を前提にした上で、健康食品がどのように社会的な問題となり、またどのように利用されているかということが論じられている。したがって、「健康志向の高まりが存在するか」という本章の問題とは、直接には関係しない。D1 〜 D5 では、本章の問題の先にある、応用的な、あるいはより細分化された問題が扱われている。

第3章　健康志向の高まりに関する2つの立場

3.3　健康志向の存在について検討すべき問題

　これまでの2つの節では、健康志向の高まりを肯定する議論と否定する議論をみた。これらを受けて、本章の最後に、本論で検討すべき問題を述べよう。

　本章第1節の、健康志向の高まりを肯定する議論には次の2つがあった。1つは健康ブームの側面、すなわち、健康の消費化とメディアにおける健康情報の増大に力点を置く議論で、もう1つはヘルシズムの側面、すなわち健康意識の高まりと健康行動の増加に力点を置く議論である。これら2つについては、より根本的な変化である後者のヘルシズムの高まりが、前者の健康ブームを現象させると想定され、1970年代に起こったとされている。このような見方は、1980年代後半から主張され始め、2000年代の初めまで力を持っていた。

　ところが、第2節でみたように、2000年代初め以降、黒田浩一郎が中心となり、この見方を批判する複数の研究を行っていく。中でも本論にとって重要なのは、既存の研究を批判的に検討したA1、A2と、政府等による調査の2次分析などで定説を検証したB1〜B4である。ここでは、健康志向の変化を明らかにしているB1〜B4の議論を振り返っておこう。

　B1〜B4では、健康ブームの変化よりも健康至上主義の変化の方が多く取り上げられていた。B1、B3、B4では、総理府調査、厚生省調査、統計数理研究所調査のデータを使用して、健康至上主義の要素である"価値としての健康"、"健康の自己目的化"、"健康維持・増進行動"が検証されていた。ここで分析されたデータは、いずれも信頼性が高く、黒田らの主張の蓋然性は高い。つまり、健康至上主義は1970年代後半以降に高まっていないという主張は説得力を持っている。

他方、健康ブームに関しては、B2でベストセラー書籍を分析し、その存在に疑問を呈している。しかし、この分析結果のみから、健康ブームの高まりはなかったと結論づけるのは早計であると思われる。健康の消費化や健康言説の増大の有無を確かめるためのデータは、ベストセラー書籍以外にもたくさんあるからである[13]。以下では、この問題をもう少し正確に理解するために、黒田らが、ベストセラー書籍のほかに健康ブームの問題に言及している箇所を確認しておこう。

　健康ブームには、消費化の問題とマス・メディアの問題があるが、まずは消費化の問題をみよう。黒田（2004a）（A2）では、1970年代半ば以降に健康産業が拡大していることを述べている既存の研究（伊藤 1986, 池田・佐藤 1995, 三浦 1995, 津田 1997b）が検討され、それらが示す数字の根拠が信頼に足るものではない、あるいは数字から導かれる推測に無理があるとされている（黒田 2004a: 19-21）。

　たとえば、伊藤（1986）は、1974年から83年にかけての薬局における健康食品の販売額の増加傾向が、健康ブームを示すとしているが、これに対して黒田は、「『健康食品』を扱いだした薬局が、専門店、通販、訪問販売、デパートから客を奪っているかもしれない」と述べ、分析の不十分さを指摘している（黒田 2004a: 19）。たしかに黒田の指摘にも一理あり、伊藤が示すデータのみによって健康食品全体の販売額が増加したと言い切ることはできない。つまり、健康ブームを示す証拠としては十分ではない。

　黒田は、上の場合と同様に、健康産業を取り上げた他の複数の研究に対しても、議論の不十分さを指摘している。ただし、それらの指摘が意味することは、既存の研究では「1970年代半ば以降に健康産業が拡大した」という主張の根拠が十分に示されていないということであって、健康産業の拡大が存在しなかったということではない。つまり、1970年代半ば以降に健康産業が拡大したのか否かという問題は、黒田の議論

では決着がついていない。

次にみるマス・メディアについての問題も、構図は同様である。この問題に関して、黒田ら言及しているのは、戦後の健康雑誌の展開を論じた瀧澤 (1996) の議論である (黒田 2003, 2004a, 野村・黒田 2005)。瀧澤 (1996, 1998) によれば、戦後の大衆向けの健康雑誌は、戦後すぐの時期に2誌創刊されたあと、1970年代と、1990年代の初めの2つの時期に創刊が相次いでいる。瀧澤はこのことも踏まえて、1970年代以降に健康雑誌の内容の多元化、読者層の拡大、雑誌の商品化が起こったとしている (瀧澤 1996: 135)。つまり、健康ブームが起こったとしている。

この瀧澤の議論に対し、黒田らは問題点を2つ指摘している。1つは、「瀧澤は、国立国会図書館の雑誌目録を用いているが、この目録に載っていない『大衆健康雑誌』がかなりあることが、他の資料からわかっている」(野村・黒田 2005: 464) ことである。たとえば、黒田は、瀧澤が対象にしていない健康雑誌として、『Tarzan』『NHK きょうの健康』を挙げている (黒田 2003: 14)(A1)。つまり、黒田らは、瀧澤の資料選定の不十分さを指摘している。もう1つの指摘は、健康雑誌の創刊数が増えたのだとしても、それが必ずしも健康ブームを意味するわけではないというものである。これについて、野村佳絵子と黒田は次のように述べている。「なるほど、1970年代半ばから1980年代前半と、1990年代前半は、戦後のその他の時期と比べると、大衆健康雑誌の創刊点数が比較的多い。しかし、この時期に、その他のジャンルの大衆雑誌の創刊点数も同じように多かったとしたら、それは、雑誌のブームといえても、健康のブームとはいえないだろう。この点のチェックを瀧澤は行っていない。」(野村・黒田 2005: 451-2) つまり、健康雑誌の増大は単なる雑誌ブームであった可能性があるという指摘である。

瀧澤の議論に対するこれら2つの指摘は、先の健康産業に関する既存の研究に対する指摘と同じ論理の構造を持っている。すなわち、黒田ら

は、瀧澤の議論の不十分さを指摘してはいるが、主張そのものの積極的な否定をしているわけではない。結局のところ、健康雑誌のブームが存在したのか否かという問題は、黒田らの議論では明らかになっていない。

これまでみてきたように、消費化とマス・メディアに関する既存の研究に対する黒田らの言及は、いずれも議論の不十分さを指摘するものであって、積極的に否定するものではない。黒田らが健康ブームの存在について否定的な可能性を積極的に示したのは、書籍ベストセラーを分析したB2においてのみである。しかし先述のように、これのみによって健康ブームが存在しなかったと結論づけるのは早計であろう。

さて、これまでの議論を短くまとめると次のようになる。まず、健康志向は、健康ブームとそれを規定する健康至上主義の2つによって構成されている。2000年代初めまでの定説では、この2つが1970年代以降に高まったとされていた。しかし、黒田らの一連の研究によって、健康至上主義の高まりは存在しなかったことが明らかになった。だが、もう1つの健康ブームの高まりは、黒田らによって完全に否定されたとまではいえず、曖昧さを残している。

ところで本論は、消費社会と健康志向の関係を主題としているので、直接的に重要なことは、健康ブームがあったか否かである。もし健康の消費化も健康言説の増大も存在せず、すなわち健康ブームが存在しなかったとすると、本論の立論自体が無意味化しかねない。したがって次に問うべきは、健康の消費化と健康言説の増大という2つの要素から成る健康ブームが存在したか否かである。本章につづく第4章と第5章では、この問題を検討していく。

第3章　健康志向の高まりに関する2つの立場

注
(1) 健康志向は一般的に使用される言葉であり、学術用語ではない。日本の医療社会学では、これと同種の意味を持つ用語として、I.K. ゾラや R. クロフォードが使用し始めた健康至上主義（ヘルシズム）、および健康ブームが使用され、後者は前者の表れとして理解されてきた（黒田 2004a）。本論では、便宜のため、これら2つを包括する概念として健康志向という言葉を使用することにしたい。
(2) 1つ目の引用文中にある「半健康」に関して、上杉は、1972年の厚生白書で「半健康人」という言葉が使われたことを述べている。（上杉 2000b: 87）。
(3) 90年代後半から2000年代前半に刊行された書籍のうち、本文で取り上げていないものも簡単にみておこう。瀧澤 (1998) は戦後の健康雑誌の変遷について述べた箇所で、1970年代中葉から1980年代前半にかけて健康法ブームがあり、この時期の健康雑誌はこのブームに乗ると同時にブームを先導したと述べている（瀧澤 1998: 75）。佐藤ほか (2000) と、野村ほか (2003) は共著書籍であるので一概には言えないのだが（後者は連続講演会の記録）、前者では、野村一夫がはしがきで、健康論が現代社会の重要な構成要素になっているのではないかと述べ、後者では連続講演会の企画者である金子淳が、"はじめに"において、「健康ブーム」や「過度ともいえる現代人の健康志向」の存在を述べている。つまり、いずれにおいても健康は現代的な問題として捉えられている。柄本 (2002) は、明示的には健康志向の高まりに言及していないが、先に取り上げた池田・佐藤（1995）に言及しているなど（柄本 2000: 36）、全体として健康志向の高まりを前提にした議論を行っていると解釈できる。上杉 (2002) は、先ほど紹介した上杉 (2000b) と同一人物であり、主張は基本的に同じである。

　さらに2つの社会学系事典には、次のように記されている。『縮刷版社会学事典』(弘文堂) の「健康」という項には、「80年代の生活意識上の最大のテーマとなったのが健康である。……健康産業が大きく台頭する一方、民間医学・家庭医学の社会的再編をめざす健康自主管理の市民的運動もひろがってきている。」と記されている（津村 1994: 262-3）。また、『福祉社会事典』(弘文堂) の「健康ブーム」という項には、「人々が健康に

⑶ 強い関心を持ち、フィットネスクラブや健康食品等の健康産業、健康法、健康雑誌などが隆盛する社会現象を言う。戦前にも健康法や健康雑誌の流行があり、健康ブームと言える現象はあったが、一般的には1970年代半ば以降のものを指す。」と記されている（小堀 1999: 252）。

⑷ 前節で取り上げたように、黒田自身もかつて健康志向の高まりを述べていた（黒田 1992, 1993, 1994）。したがって本節で取り上げる黒田の研究は、他者に対する批判であると同時に、かつての自己に対する批判にもなっている。黒田（2003）には、その経緯と弁解が真摯に述べられている。たとえば、マッチポンプではないかと非難されたとしても、それは甘受するし、その火を消す者がいないのなら、自分で消さなければならず、また火をつけたのは自分ではない、と述べられている（黒田 2003: 1）。

⑸ 「国民生活基礎調査」は、1986年に「保健衛生基礎調査」と別の調査を統合して行われたもので、両調査には連続性がある。

⑹ たとえば1つのグループの質問文は、「あなたは、健康増進とか、健康を守るためにふだんから健康法として何かしていますか」というもので、他のグループの質問文もこれに類似したものである。

⑺ ただし黒田らは、「子供」「家族」「家・先祖」の3つの選択肢を「家族・イエ」に統合してグラフ化している。図3-3は、統合後のグラフである。

⑻ ただし注意すべきこともある。この設問は単数回答であるので、実際には健康を大切だと考える者が増加していても、同時に健康よりも家族を大切だと考えている者が増加している場合には、「生命・健康」を選択する者は増加しない。つまり調査結果には表れずとも、健康を大切だと考える者が増加している可能性がないわけではない。

⑼ ただし1973年調査はすこし異なっており、「あなたは自分の健康にふだんから気をつけていますか」という質問に対する回答を「ふだんから気をつけている」「普通」「余り気をつけていない」の3つにコーディングしている。黒田らは1973年調査も含めて回答結果を比較しているが、1973年調査と1976年以降の調査を単純に比較することはできない。

⑽ 多田・玉本・黒田（2005）に示されている表の数字には計算の合わない箇所があったため、総理府の調査報告書で確認を行った。すると、97年調査の「あまり（全然）注意をはらっていない」の回答が、多田・

第3章　健康志向の高まりに関する2つの立場

玉本・黒田（2005）では33.0%と記されているのに、元の報告書では23.0%と記されており、10ポイントの違いがあった。また82年調査の「あまり（全然）注意をはらっていない」についても、多田・玉本・黒田（2005）には、3.7ポイント小さい数字が記載されていることが分かった。他の微修正も含めて、データを修正すると若干印象が変わるが、解釈が変わるほどの著しい違いではない。図3-3と表3-4は修正後の数字に基づいている。

(11)　省庁再編のため、2004年は調査主体が内閣府である。

(12)　3つ目の1985年から2004年までのグループには、食生活や規則正しい生活といったように、個別の健康行動についての設問はあるが、健康行動全般についての設問はない。したがって、この時期の健康行動全般の変化は分からない。

(13)　とはいえ、黒田らも、書籍ベストセラーの分析結果をもって、健康ブームが存在しなかったと強く主張しているわけではない。黒田らの主張は、健康ブームが存在しなかった可能性もあることを考慮すべきという主旨の、穏当なものである（野村・黒田 2005）。

第4章　消費行動における健康志向
――家計調査を中心に――

　前章の最後で述べたように、本章と次章では、本論の立論に大きな意味を持つ、健康ブームが存在したか否かという問題を検討する。健康ブームは、健康の消費化とマス・メディア上での健康の言説化の2つから成るが、本章では健康の消費化を取り上げる。この問題を検討するにあたって主として分析の対象にするのは、総務省が毎年実施している家計調査のデータと、消費者物価指数のデータである。

4.1　家計調査における保健医療費の変化

　まず家計調査のデータを中心に、健康に関わる消費の変化をみていこう[1]。図4-1は消費支出全体に占める保健医療費の割合を示している[2]。これをみると、保健医療費の消費支出割合は長期的に増加傾向であることが分かる。ただし、その増加の仕方は一貫しておらず、60年代後半から80年代半ばまでは横ばいである。つまり増加傾向であるのは、50年代後半から60年代後半にかけての時期と、80年代半ばから2000年代後半にかけての時期であり、特に後者の時期に著しい。

①消費水準指数
　図4-2は、2005年を100とした場合の1970年以降の消費水準指数を示している。この消費水準指数は、物価変動の影響を取り除くことで、

第2部 健康志向の趨勢

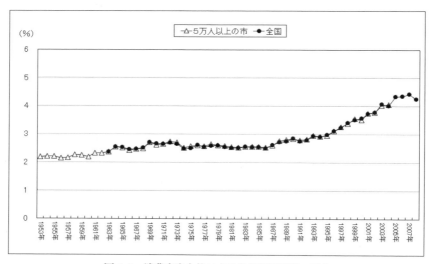

図4-1 消費支出全体に占める保健医療費の割合
『家計調査年報』各年版、およびインターネット上で公開されている家計調査のデータ(総務省 2009c, 2009d, 2009e)より作成

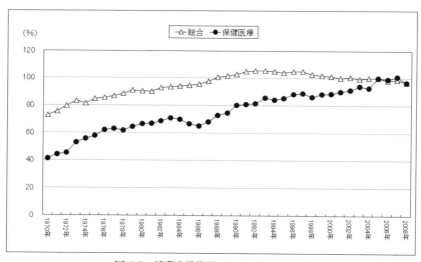

図4-2 消費水準指数(2005年＝100％)
『家計調査年報』各年版、およびインターネット上で公開されている家計調査のデータ(総務省 2009g)より作成

第4章 消費行動における健康志向——家計調査を中心に

消費水準の時系列的な比較を可能にしたものである。なお、「総合」は全体の消費水準指数である[3]。

図の変化をみると、消費全体も保健医療費も増加傾向にあること、さらに保健医療費は消費全体よりも伸びが大きいことが分かる。後者については、保健医療費が消費の領域に相対的に多く組み込まれるようになってきたということ、つまり消費化が進んだということを示しているといえるだろう。また、全体の消費水準はバブル経済が弾けた90年代前半以降は横ばいか、やや低下傾向を示しているのに対し、保健医療費はこの時期も含めて一貫して上昇傾向を示していることも注意を引く。

②サブカテゴリーに対する支出割合

次に保健医療費という大きい括りの変化ではなく、それを構成するサブカテゴリーの変化をみてみよう（→図4-3）[4]。

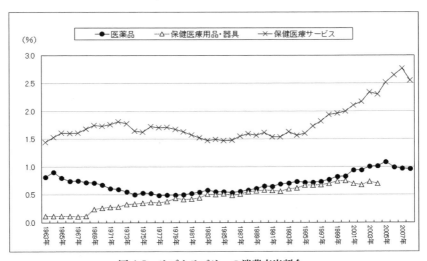

図4-3　サブカテゴリーの消費支出割合

『消費者物価指数年報』の各年版、およびインターネット上で公開されている消費者物価指数のデータ（総務省 2009d, 2009e, 2009j, 2009k）より作成

図をみると、80年代半ば以降は、いずれのカテゴリーでも増加傾向が認められるが、それ以前は減少傾向が認められる場合もあることが分かる。これは、図4-1に示した保健医療費全体の増加傾向のみでは、単純に保健医療の消費化が進んだとはいえないということを示している。つまり、中身を細分化して見なければならないということである。だがその際には、「保健医療用品・器具」に含まれる紙おむつや眼鏡、「保健医療サービス」に含まれる出産入院料などのように、健康志向と関連が薄いと考えられるものを取り上げても本論の分析にとっては意味がない。

③栄養剤と総合ビタミン剤の消費

ここで取り上げるべきは、健康志向と関わっていると考えられる、「医薬品」のカテゴリーに含まれる栄養剤、総合ビタミン剤の変化である。これらは、『家計調査年報』で「総合保健剤、ビタミン剤、肝油、カルシウム剤、薬事法に基づく薬用酒」と説明され、健康増進を目的として使用されるものと考えられるから、健康志向という問題を考える上で適切な対象であるといえよう[5]。

図4-4は、消費支出全体に占める栄養剤の消費支出割合の変化を示している。これをみると、70年代前半頃までは低下し、その後80年代初めまでは横ばい、そしてそれ以降は増加傾向となっている。この変化をそのまま素直に解釈すると、健康志向は、70年代前半までは低下し、80年代初めまでは横ばいで、その後高まったということになる。しかし解釈にあたっては、価格の変化を考慮する必要がある。そこで、この問題を考えるために、総合保健剤の代表的な銘柄であるリポビタンDを検討してみよう。

リポビタンDを製造、販売している大正製薬のホームページの中にある「リポビタンD博物館　歴史館」というページには、リポビタンDの価格の変遷が示されている（→表4-1）。

第4章　消費行動における健康志向—家計調査を中心に

　表をみると、リポビタンDは1962年に150円で販売が開始されたが、翌年に100円に値下げされ、その後、現在に至るまで2度の値上げがされている。しかしこの間の物価水準の上昇を考慮すると、価格の上昇が抑制されている商品であるといえる[6]。さまざまな商品の価格の変遷を掲載している『物価の文化史事典』(甲賀・制作部委員会編 2008)をみると、リポビタンDが100円だった1963年当時の他の商品の価格は表4-2のようになっている[7]。

　リポビタンDの価格が、ビールの大瓶の価格やタクシーの初乗り運

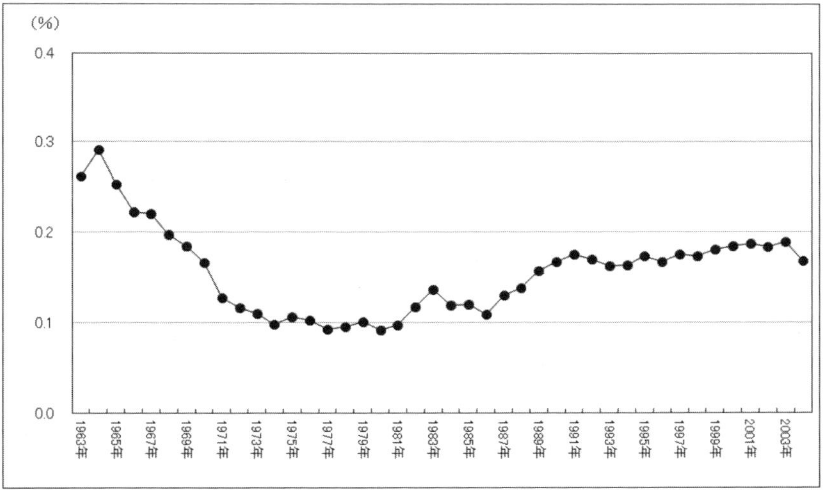

図4-4　消費支出全体に占める栄養剤支出の割合

『消費者物価指数年報』の各年版、およびインターネット上で公開されている消費者物価指数のデータ（総務省 2009k）より作成

表4-1　リポビタンDの価格（消費税別）

1962年〜	150円
1963年〜	100円
1975年〜	120円
1990年〜	150円

大正製薬（2008）より作成

第2部　健康志向の趨勢

表4-2　1963年の物価

ビール（大瓶）	115 円
牛乳(200ml)	18 円
新聞(1ヶ月の宅配料)	450 円
山手線初乗り運賃	10 円
タクシーの初乗り運賃	80 円

甲賀・制作部委員会編（2008）より作成

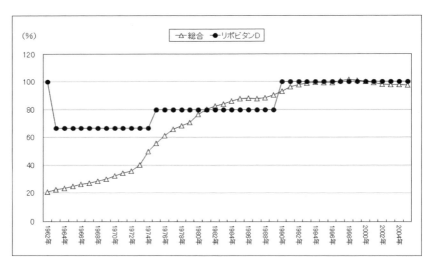

図4-5　リポビタンDと消費者物価指数（2000年＝100％）
総合は『消費者物価指数年報』各年版より、リポビタンDは大正製薬（2008）より作成

賃とさほど変わらないということは、当時のリポビタンDが高価な商品であったということを示しているといえるだろう。つまり、リポビタンDは価格の上昇が抑制されてきた商品だといえる[8]。

　かつてのリポビタンDが高価であったということは、その価格の変化と消費者物価指数の変化を比較することでも分かる。図4-5をみると、全体の消費者物価指数とリポビタンDの価格水準の乖離は70年代

150

後半頃から無くなっていくが、それ以前は非常に大きい。つまりこれは、現在の水準を基準にすると、70年代初め頃まではリポビタンDが高価な商品であったということを示している。

上記と同様のことは、佐藤製薬が販売しているユンケルのホームページでも以下のように述べられている。

> 「ユンケル」が初めて登場したのは昭和31年のこと。高度経済成長へと急進する当時の日本にあって、ホルモン、ビタミン、ミネラルを配合した強壮剤「ユンケル」は、まさに時代を先取りする新発想でした。当初は缶入りの錠剤タイプで、その用法は2種類のタブレットをペアで服用するというもの。"強くなる薬"をキャッチコピーに中老年期の総合保健剤として売り出しましたが、<u>映画の入場料125円、コーヒー1杯50円だった当時、60錠700円の「ユンケル」はやはり高価な薬というイメージがありました。</u>(佐藤製薬 2007)(下線は引用者)

以上でみてきたことから分かるように、現在の感覚からすると、70年代初め頃までは、総合保健剤は高価な商品であったといえるだろう。

④「総合」と「総合ビタミン剤」の消費者物価指数

総務省が刊行している『消費者物価指数年報』には、さまざまな商品の消費者物価指数が掲載されている。その中には、家計調査において医薬品カテゴリーに含まれる栄養剤と同種と考えられる、「総合ビタミン剤」という項目があり、2000年版の同年報では、その消費者物価指数は「ビタミン含有保健剤、錠剤、瓶入り(80錠入り)、『キューピーコーワゴールドA』」を元に算出されている[9]。リポビタンDの場合と同様に、この変化もみておこう(→図4-6)

第2部　健康志向の趨勢

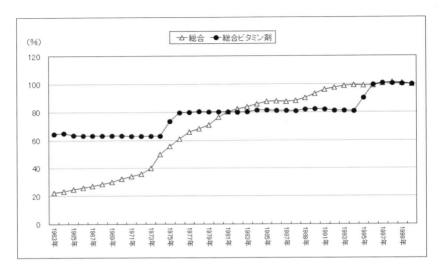

図4-6　総合ビタミン剤の消費者物価指数（2000年＝100％）

『消費者物価指数年報』の各年版、およびインターネット上で公開されている消費者物価指数のデータ（総務省 20091）より作成

　図4-6をみると、総合ビタミン剤の消費者物価指数は、先ほどの図4-5と類似した変化を示している。すなわち、1970年代の初め頃までは総合ビタミン剤の物価指数が全体の物価指数を大きく上回っているが、それ以降は乖離が小さくなる。つまり総合ビタミン剤も、リポビタンDと同様に、70年代初め頃までは、現在の感覚からすると高価な商品であったといえる。

　以上のような、かつてリポビタンDや総合ビタミン剤が高価な商品であったという事実は、図4-4で示した栄養剤の消費支出割合の変化の解釈に影響を与える。すなわち、栄養剤が高価だった70年代前半までの時期においては、高価であるがゆえに栄養剤の支出割合が高くなった可能性が考えられ、70年代前半までの栄養剤の支出割合の低下傾向は、健康志向の減退によってではなく、価格水準の低下によってもたらされた可能性が考えられるのである。したがって、栄養剤に関するデータに

よっては、70年代前半までの時期に健康志向の高まりが存在したのか否かという問題を明らかにすることはできない。

　70年代半ば以降の時期については、栄養剤の支出割合が横ばいである70年代半ばから80年代初めにかけての時期と、同割合が増加傾向を示す80年代初め以降の時期に分けて考える必要がある。前者の時期においては、栄養剤の支出割合は横ばいであるが（→図4-4）、リポビタンDおよび総合ビタミン剤の価格水準と、消費者物価指数全体との乖離は縮小していっている（→図4-5、4-6）。つまり、栄養剤の価格水準は低下しているのに、支出割合は横ばいであるのだから、栄養剤の消費は増大していると考えられる。後者の80年代初め以降においては、栄養剤の価格水準と消費者物価指数全体との乖離は小さく、栄養剤の支出割合は増加しているので、この時期も栄養剤の消費は増大していると考えられる。つまり70年代半ば以降は、栄養剤の消費が増加している可能性が高い。

　上記をまとめると、栄養剤に関するデータは、70年代前半より前についてははっきりしたことを示していないが、それ以降は消費が増大していることを示していると考えられる。つまりこのデータは、70年代半ば以降に健康志向の高まりが存在したという見方を支持するものである。

4.2　高齢化の影響

　健康志向を考える上で無視できないことに社会の高齢化がある。一般に中高年以降、年齢を重ねるにつれて健康は損なわれやすくなるため、社会全体の高齢化は健康問題を抱える社会成員の割合を増大させ、保健医療費を増加させると考えられる。つまり、これまでみてきた保健医療支出の増加傾向は、社会の高齢化が原因である可能性がある。もし保健医療支出の増加が高齢層のみにみられるのであれば、原因は高齢化にあ

第2部　健康志向の趨勢

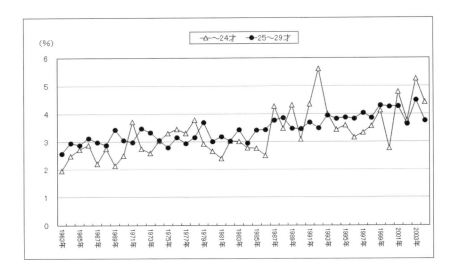

図 4-7　年齢階級別・保健医療費の消費支出割合・20 歳代

『家計調査年報』各年版より作成

るのであって、健康志向の高まりにあるとは必ずしもいえなくなる。以下ではこの問題を明らかにするために、年齢階級別の保健医療費の支出割合をみていこう。

　図 4-7～図 4-11 をみると、いずれの年齢階級においても保健医療支出割合の増加傾向が認められる。このうち若年層である 20、30 歳代については、20～24 歳はブレが大きいために必ずしもはっきりしないものの、25～29 歳、および 30 歳代では、80 年代半ばあるいは後半あたりから保健医療費割合の持続的な上昇傾向が認められる[10][11]。このような変化は、本章冒頭でみた、全年齢を対象とした保健医療支出割合の変化と同様である（→図 4-1）。

　以上のように 20、30 歳代の若年層も含めて全年齢階級において保健医療支出割合の上昇傾向が認められるということは、全年齢の保健医療支出の割合における 80 年代半ば以降の上昇傾向は、社会の高齢化のみ

第4章　消費行動における健康志向—家計調査を中心に

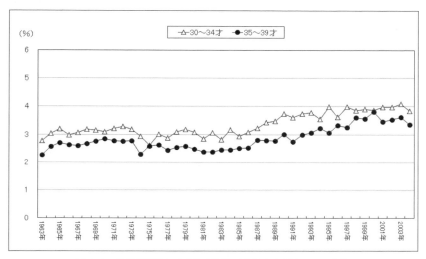

図 4-8　年齢階級別・保健医療費の消費支出割合・30 歳代
『家計調査年報』各年版より作成

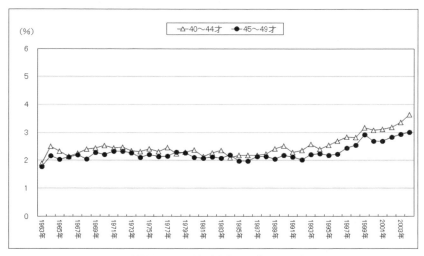

図 4-9　年齢階級別・保健医療費の消費支出割合・40 歳代
『家計調査年報』各年版より作成

第2部　健康志向の趨勢

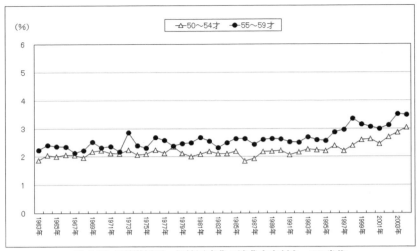

図4-10　年齢階級別・保健医療費の消費支出割合・50歳代

『家計調査年報』各年版より作成

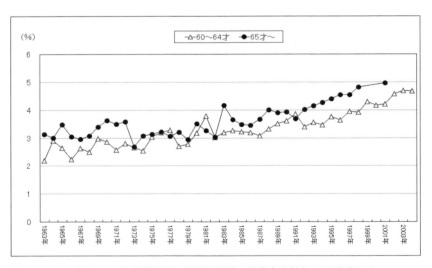

図4-11　年齢階級別・保健医療費の消費支出割合・60歳代以上

『家計調査年報』各年版より作成

第4章 消費行動における健康志向──家計調査を中心に

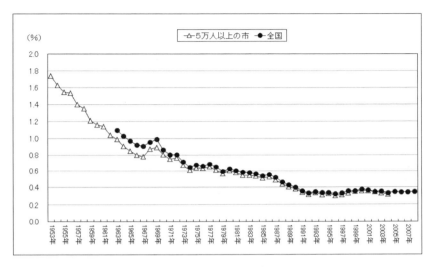

図 4-12 消費支出全体に占めるたばこ支出の割合
『消費者物価指数年報』の各年版、およびインターネット上で公開されている消費者物価指数のデータ（総務省 2009c, 2009d, 2009e, 2009i, 2009j, 2009k）より作成

によっては説明できないことを意味する[12]。

4.3 不健康な消費

　これまで健康にプラスの効果をもつ消費をみてきたが、健康志向が高まるならば、反対に健康にマイナスの効果をもつ消費は抑制されると考えるのが自然である。次にこのような不健康な消費として、たばこの消費をみていこう[13]。

　まずこれまでと同様に、消費支出全体に占める割合をみよう（→図 4-12）。図をみると、たばこ支出の割合は1950年代から90年代初めまでは減少傾向で、それ以降は横ばいである。この変化を素直に解釈すると、90年代初め頃までは健康志向の高まりがみられたが、その後は変化がみられなくなったということになる。しかし90年代後半以降

157

表4-3 たばこの価格

年	ハイライト	セブンスター	マイルドセブン	年	ハイライト	セブンスター	マイルドセブン
1960	40			1987			
1961	↓			1988			
1962	↓			1989			
1963	↓			1990			
1964	↓			1991			
1965	↓			1992	↓		
1966	↓			1993	↓		
1967	↓			1994	220		
1968	80			1995	↓		
1969	↓	100		1996	↓	↓	↓
1970	↓	↓		1997	230	230	230
1971	↓	↓		1998	↓	↓	↓
1972	↓	↓		1999	250	250	250
1973	↓	↓		2000	↓	↓	↓
1974	↓	↓		2001	↓	↓	↓
1975	↓	↓		2002	↓	↓	↓
1976	120	150		2003	270	280	270
1977	↓	↓	150	2004	↓	↓	↓
1978	↓	↓	↓	2005	↓	↓	↓
1979	↓	↓	↓	2006	290	300	290
1980	150	180	180	2007	↓	↓	↓
1981	↓	↓	↓	2008	↓	↓	↓
1982	↓	↓	↓	2009	↓	↓	↓
1983	170	200	200	2010	410	440	410
1984	↓	↓	↓	2011	↓	↓	↓
1985	↓	↓	↓	2012	↓	↓	↓
1986	200	220	220				

甲賀忠一・制作部委員会編(2008)を参考に作成

は、たばこが頻繁に値上げされていることを考慮する必要がある(→表4-3)。

　表4-3をみると、たばこは90年代後半以降に頻繁に値上げされているが、図4-12をみると支出割合は変わっていない。これは、喫煙者の数が減少しているか、あるいは1人あたりの購入本数が減少していることを意味しており、喫煙行動は抑制されているということになる。つまり90年代後半以降は、支出割合が横ばいであっても、たばこ消費の抑制傾向は続いていると考えられる。

　続いて喫煙に関する、より直接的なデータを2つみよう。1つは紙巻きたばこの販売本数である(→図4-14、図4-15)[14]。2つの図のうち、本

第4章　消費行動における健康志向—家計調査を中心に

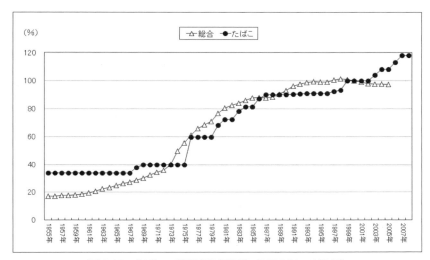

図 4-13　たばこの消費者物価指数（2000 年＝ 100％）

『消費者物価指数年報』の各年版、およびインターネット上で公開されている消費者物価指数のデータ（総務省 2009l）より作成

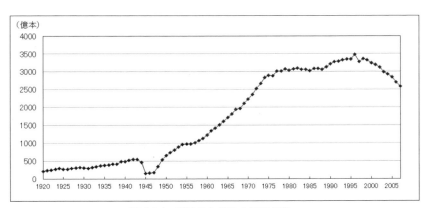

図 4-14　紙巻きたばこの販売本数

日本たばこ協会によるたばこ統計情報より（健康・体力づくり事業財団 2012a）

　章の問題にとって重要なのは、図4-15が示す1人あたりの販売本数の変化である。これをみると、1人あたりの販売本数は、70年代半ばから80年代初め頃までをピークにして増加し、その後は減少傾向を示して

159

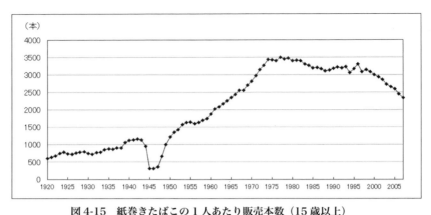

図 4-15　紙巻きたばこの 1 人あたり販売本数（15 歳以上）
日本たばこ協会によるたばこ統計情報より（健康・体力づくり事業財団 2012a）

いる。これは、70 年代半ばまでは健康志向が弱まり、80 年代初め以降は健康志向が強まったことを示しているようにみえる。しかしこの見方は、一貫してたばこ消費が減少傾向にあるという先の消費支出の変化と矛盾する。

次に喫煙率のデータをみよう（→表 4-4、図 4-16、4-17）[15]。図 4-16 をみると、男性の喫煙率は 60 年代半ば以降一貫して減少しているが、女性の喫煙率は横ばいまたは微減であり、性別によって変化の仕方が大きく異なる。

さらに年代別にみると、男性の場合は、どの年代でも一貫して減少傾向であるが、女性は年代によって大きく異なっている（→表 4-4）。女性の場合、50 歳代と 60 歳以上は一貫して減少傾向であるが、反対に 20、30 歳代は 2000 年代初め頃までは増加傾向である。この違いを分かりやすくするために、図 4-17 に女性全体、20 歳代女性、60 歳以上女性の喫煙率を示した。若年層の女性においてのみ喫煙率の増加傾向が認められる理由は、はっきりとは分からない。もしかしたら若年層におけるジェンダー規範の変化と関係があるのかもしれない。これは興味深

第4章　消費行動における健康志向―家計調査を中心に

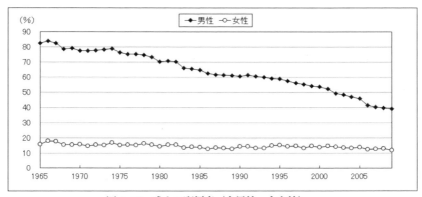

図 4-16　成人の喫煙率（全男性、全女性）
日本専売公社および日本たばこ産業株式会社による、全国たばこ喫煙者率調査より（健康・体力づくり事業財団 2012b）

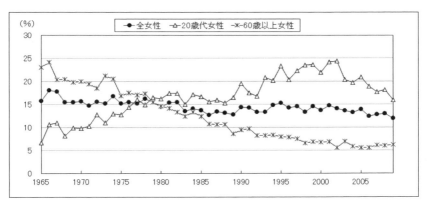

図 4-17　成人の喫煙率（全女性、20歳代女性、60歳以上女性）
日本専売公社および日本たばこ産業株式会社による、全国たばこ喫煙者率調査より（健康・体力づくり事業財団 2012b）

い問題に思えるが、本論ではこれ以上は踏み込まない。

　以上のように、喫煙率については女性の若年層においてのみ 2000 年代初め頃まで増加傾向が認められるが、これを除くと全体としては 60 年代半ば以降、一貫して減少傾向である。このような変化は 1 人あたり消費本数の変化（図 4-15）とは異なるが、たばこ支出割合の変化（図

表4-4 成人の喫煙率（%）

日本専売公社および日本たばこ産業株式会社による、全国たばこ喫煙者率調査より（健康・体力づくり事業財団 2012b）

年度	男性						女性					
	20代	30代	40代	50代	60以上	全体	20代	30代	40代	50代	60以上	全体
1965	80.5	84.7	86.7	81.4	74.6	82.3	6.6	13.5	19.0	23.0	23.0	15.7
1966	83.5	84.8	87.3	83.4	78.0	83.7	10.6	14.3	22.0	24.1	24.1	18.0
1967	83.2	84.1	85.8	82.3	73.3	82.3	11.0	16.4	20.9	23.1	20.3	17.7
1968	78.0	79.3	82.5	81.3	70.8	78.5	8.1	13.6	17.8	21.1	20.4	15.4
1969	78.5	80.6	83.7	80.3	71.1	79.1	9.9	13.1	16.8	20.7	19.8	15.4
1970	79.9	78.4	81.0	78.3	67.8	77.5	9.8	13.0	16.1	23.3	20.0	15.6
1971	79.2	77.3	79.7	78.8	69.8	77.4	10.2	13.7	16.1	17.9	19.4	14.7
1972	80.0	77.0	81.0	79.8	68.5	77.6	12.7	13.4	14.9	20.6	18.5	15.5
1973	80.1	78.8	82.2	77.7	70.1	78.3	11.0	12.4	15.5	18.0	21.2	15.1
1974	82.9	79.7	80.6	78.0	69.7	78.8	12.9	14.1	17.6	21.1	20.5	16.7
1975	81.5	77.0	76.3	78.6	65.8	76.2	12.7	13.5	15.7	17.9	16.8	15.1
1976	80.8	74.8	75.4	77.5	64.4	75.1	14.3	14.4	14.6	17.4	17.5	15.4
1977	79.9	76.0	74.5	75.5	67.4	75.5	16.0	13.2	14.5	16.0	17.0	15.1
1978	78.2	76.0	75.3	76.3	65.5	74.7	14.9	15.7	16.6	16.8	17.3	16.2
1979	80.3	76.1	71.2	74.6	62.0	73.1	16.4	14.0	15.5	16.3	15.4	15.4
1980	77.1	73.4	69.1	70.0	60.0	70.2	16.2	14.2	14.4	12.8	14.6	14.4
1981	76.4	75.9	68.6	69.6	60.9	70.8	17.4	14.9	16.5	13.5	14.1	15.3
1982	76.2	74.7	67.5	72.2	58.8	70.1	17.4	16.2	15.7	14.1	13.3	15.4
1983	70.9	71.3	65.2	65.7	56.5	66.1	15.0	14.8	13.4	11.8	12.4	13.5
1984	71.3	70.9	64.1	67.2	52.8	65.5	17.1	13.0	13.3	11.3	13.3	14.0
1985	71.8	70.2	63.1	63.3	55.2	64.6	16.6	14.2	13.2	12.6	12.4	13.7
1986	70.8	70.0	61.2	60.1	51.7	62.5	15.5	13.3	12.3	11.0	10.7	12.6
1987	71.2	68.7	60.5	58.8	50.2	61.6	15.9	15.3	13.2	12.1	10.6	13.4
1988	66.1	67.4	63.1	59.7	50.2	61.2	15.2	15.1	12.8	11.6	10.6	13.1
1989	67.5	68.5	64.5	57.3	49.5	61.1	16.4	14.7	13.8	10.4	8.6	12.7
1990	66.3	68.7	62.7	57.0	49.4	60.5	19.5	17.2	14.0	12.2	9.4	14.3
1991	68.5	66.4	64.3	57.3	51.3	61.2	17.5	17.5	13.7	11.6	9.7	14.2
1992	66.0	66.7	65.1	53.4	49.2	60.4	17.7	17.9	12.6	11.8	8.3	13.3
1993	65.4	66.2	65.6	53.9	46.7	59.8	20.8	17.6	13.0	10.8	8.2	13.3
1994	63.4	68.9	62.0	55.5	46.4	59.0	20.1	18.9	15.3	11.6	8.3	14.8
1995	64.7	66.3	62.1	57.5	44.7	58.8	23.3	19.3	14.1	12.6	7.9	15.2
1996	63.4	63.3	62.1	54.8	44.7	57.5	20.3	20.6	14.0	11.0	7.8	14.7
1997	62.5	62.4	60.6	55.1	44.1	56.1	22.3	17.5	17.2	12.0	7.5	14.5
1998	63.7	61.4	60.2	54.7	40.9	55.2	23.5	16.7	13.2	12.5	6.3	14.5
1999	60.4	62.0	63.0	54.7	38.6	54.0	23.6	17.6	17.1	13.2	6.8	14.5
2000	60.9	63.4	60.0	54.1	37.7	53.5	21.7	17.7	16.8	12.0	6.7	13.7
2001	56.9	62.0	59.6	53.6	36.7	52.0	24.1	19.7	18.9	13.3	6.8	14.7
2002	54.9	59.6	55.1	52.6	34.5	49.1	24.3	20.3	15.1	14.5	5.5	14.0
2003	54.1	59.9	56.3	50.3	32.9	48.3	20.3	20.9	15.5	12.7	5.9	13.8
2004	52.2	56.3	55.6	49.8	32.6	46.9	19.7	21.3	16.0	12.7	5.8	13.2
2005	51.6	54.6	53.9	48.7	31.4	45.8	20.9	20.9	17.9	14.4	5.5	13.8
2006	44.4	48.7	48.4	46.4	28.0	41.3	18.8	17.7	16.9	12.1	5.5	12.4
2007	42.8	47.8	46.1	45.9	27.8	40.2	17.6	18.9	15.9	14.0	6.1	12.7
2008	41.0	46.0	47.8	46.4	27.0	39.5	18.1	19.3	17.9	13.4	6.0	12.9
2009	40.3	46.9	44.9	44.5	27.8	38.9	15.9	16.8	14.9	14.8	6.2	11.9

4-12）とは似ている。

さて、これまでたばこに関する3種類のデータをみてきたが、それらの変化の仕方は一致しないようにみえる。つまり、たばこ支出割合の減少傾向（図4-12）、および喫煙率の減少傾向（図4-16）と、70年代半ば頃までの1人あたり消費本数の増加傾向（図4-15）は整合的でないようにみえる。これらを矛盾なく説明することは可能だろうか。

第4章　消費行動における健康志向—家計調査を中心に

　この問題を考える上で重要なのは、所得の増加と年代別人口構成の変化の2点である。順番にみていこう。

　まず所得の増加についてであるが、これによって起こると考えられるのは、次の2つのことである。1つは、分母である消費支出全体の増大による、たばこ支出割合の低下である。もう1つは、可処分所得の増加によって喫煙者がより多くのたばこを購入できるようになることである。つまり所得の増加は、たばこ支出の割合を低下させる働きを持つにもかかわらず、消費本数の増加をもたらすと考えられる。所得の増加は、高度経済成長が終わる70年代前半までは顕著にみられた現象であるから、70年代前半頃までの1人あたり消費本数の増加傾向をうまく説明すると思われる。

　次の人口構成の変化に関しては、成人全体に占める若年層の割合の大きさがポイントとなる。表4-4をみると分かるように、喫煙率は若い者ほど高く、加齢に伴い低下する傾向がある。そのため、成人全体に占める若年層の割合が高くなると、たばこの消費本数全体が増加し、1人あたり消費本数も増加すると考えられる。人数が多い第1次ベビーブーム世代が30歳前後であった時期は1970年代後半頃であるから、このあたりが若年層による消費本数が最も多い時期であったと考えられる。つまり1970年代後半頃までは若年層の増加が、1人あたりたばこ消費本数を押し上げる働きを持っていたと考えられる。

　以上のように所得の増加、人口構成の変化という2点を考慮すると、たばこ支出割合の減少傾向、喫煙率の減少傾向、70年代半ば頃までの1人あたり消費本数の増加傾向を整合的に説明することは、いちおう可能である。では結局のところ、これらのうち不健康消費であるたばこ消費の変化を知るのに最もふさわしいのはいずれであるのだろうか。

　結論から述べると、それは喫煙率であると考えられる。たばこの1人あたり消費本数は、所得の変化という経済的要因と、若年層の多さと

いう人口的要因の影響を受けてしまい、たばこ支出の割合は所得の変化の影響を受けてしまう。それに対して喫煙率はこれらの影響を相対的に受けにくく、消費欲求の変化を最も反映しやすいと考えられるからである。

先にみたように、喫煙率は、性別によって変化の仕方が異なるので、一義的な解釈が難しい。しかし全般的な傾向を判断するのであれば、圧倒的に高い男性の喫煙率を参照して、喫煙率は一貫して減少傾向にあるといえよう。つまり、全般的にみるならば、60年代半ば以降、一貫して健康志向的な行動が強まっているということになる。

ただしこの見方を採用すると、前述の保健医療費の支出が80年代半ばから上昇していることと、時期が一致しないことになる。このくい違いに対しては、喫煙行動は保健医療費の支出および栄養剤の消費とは異なる変化の仕方をしてきたという解釈もありうるが、たばこの消費本数の変化を併せて考えると違った見方ができる。

図4-15にあるように、1人あたり消費本数は、70年代半ばに頭打ちになり、80年頃から減少に転じる。消費本数を減少させる要因のうち、健康志向と直接関係しないものに、若年層の減少があったが、70年代半ばに第1次ベビーブーム世代は20歳代後半であるから、喫煙率が急激に減少することは考えにくい。またこの時期は、低成長時代に入っていたものの所得は上昇していたから、所得の低下が消費本数を減少させたわけでもないだろう。さらに1976年、1980年、1983年の各年には、たばこの値上げが実施されているが（→表4-3）、消費者物価指数の変化をみると、たばこの価格のみが急激に上昇しているわけでもないので、値上げも要因としては考えいにくい（→図4-13）。このように70年代半ば以降における消費本数の停滞および減少は、人口的要因、経済的要因によって説明することができない。であるならば、他に考えられるのは、健康のために喫煙を抑制する人が増えたということである。これ

第4章 消費行動における健康志向—家計調査を中心に

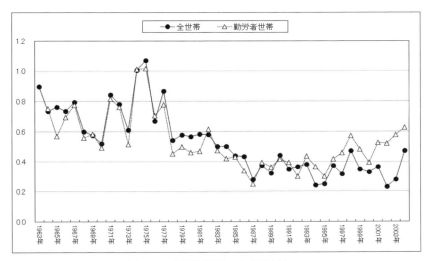

図4-18 保健医療費の支出弾力性
『家計調査年報』各年版より作成

は、1人あたり消費本数の減少が始まる80年代初め以降において特に当てはまる。つまり80年代初め頃から、たばこ消費の抑制傾向がより一層強まったと考えられる。したがって、喫煙の抑制傾向は60年代半ば以降一貫して強まり続けていたが、80年代初め頃からより一層強くなったのだといえる。この解釈のうち、60年代半ば以降の一貫した抑制傾向の強まりは保健医療支出および栄養剤の消費の変化と異なっているが、80年代初め以降の抑制傾向の強まりは健康志向の強まりという点で同種の変化である[16]。

4.4 保健医療費の支出弾力性

『家計調査年報』には各年の支出弾力性が示されている。支出弾力性は、消費支出が増えた（減った）場合にどれだけ需要が増えるか（減るか）ということを示し、その数値の大きさによって、各品目がどれだけ

必需的か、あるいは逆にどれだけ奢侈的であるかということが分かる。本節ではこの数値を参照して、保健医療費の必需性の変化をみていこう[17]。

　まず保健医療費全体の支出弾力性をみよう（→図4-18）。図をみると、1970年代の半ばに一時的に1.0を超えているが、それ以外は1.0を下回っているので、保健医療は基本的には必需財であるといえる[18]。変化の仕方をみると、低下傾向が認められ、保健医療に関わる需要が必需性の高いものに変化してきたということが分かる。つまり消費者にとっては、保健医療に対する支出がより日常的なものになってきたということであり、あるいは保健医療が消費生活の中により密接に組み込まれるようになってきたということである。このような変化は、弾性値の低下傾向が明瞭に認められる80年代初め頃から80年代後半までの時期に特に進行したと考えられる。この時期は、先にみた保健医療支出割合、栄養剤消費、たばこ消費の各変化が起こった時期と重なる部分がある[19]。

　次に保健医療の下位カテゴリー（医薬品、保健保持用摂取品、保健医療用品・器具、保健医療サービス）の弾性値、およびたばこの弾性値をみよう（→図4-19～4-22）。

　保健医療の4つの下位カテゴリーをみると、医薬品、保健医療用品・器具、保健医療サービスは、弾性値が1.0を下回っており基本的に必需財であるのに対し、保健保持用摂取品は奢侈性が高い財であることが分かる。保健保持用摂取品の内訳は、青汁、朝鮮人参、クロレラ加工食品などで、これらはどの家庭でも当たり前に購入するものではなく、奢侈性が高いのは自然であろう。

　これらの長期的な変化をみると、医薬品と保健医療用品・器具は、数値が低下傾向であるが、保健医療サービスは、ばらつきが大きくはっきりしたことがいえない。保健保持用摂取品は、期間が短いが、全世帯においては低下傾向を示しているようにもみえる。全世帯には、勤労者世

第4章 消費行動における健康志向—家計調査を中心に

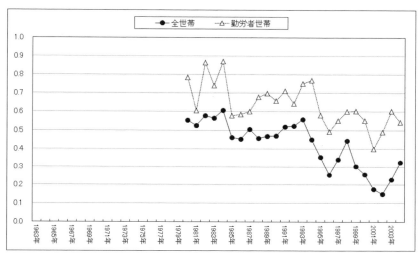

図 4-19 医薬品の支出弾力性

『家計調査年報』各年版より作成

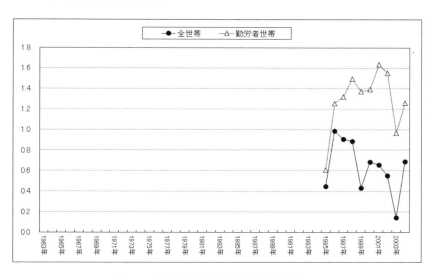

図 4-20 保健保持用摂取品の支出弾力性

『家計調査年報』各年版より作成

第2部　健康志向の趨勢

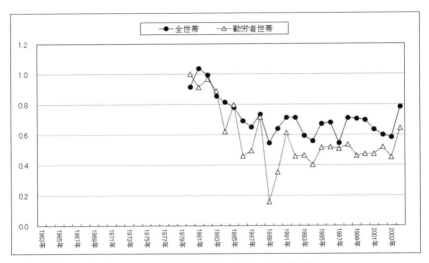

図4-21　保健医療用品・器具の支出弾力性

『家計調査年報』各年版より作成

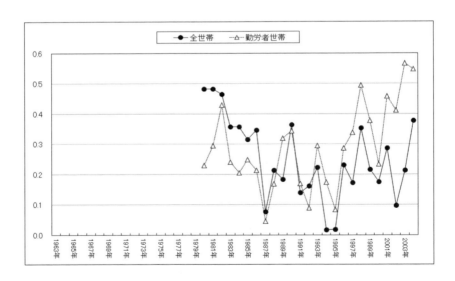

図4-22　保健医療サービスの支出弾力性

『家計調査年報』各年版より作成

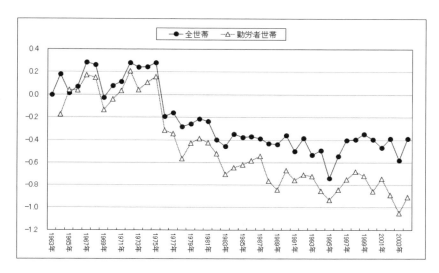

図4-23　たばこの支出弾力性
『家計調査年報』各年版より作成

帯と比較して高齢者が多く含まれているため、このような変化は、高齢者における保健保持用摂取品の必需度の高まりを示している可能性がある。

　たばこの場合は、70年代半ば以降に弾性値の低下傾向が認められる（→図4-23）。そして特に重要なのは、70年代半ばまでは弾性値はおおよそ0を超えて必需財であるが、それ以降は数値が0を割り、劣等財になっていることである。劣等財は消費支出全体が増加するにつれて需要が減少する財であるから、70年代半ば以降、消費支出が多い世帯ほどたばこを消費しなくなったということになる。たばこの場合は、より高価な代替財が存在しないと考えられるから、生活水準の上昇そのものが喫煙の抑制をもたらしたと考えられる[20]。したがって上記の変化は、70年代半ば頃にたばこに対する意味づけの質的な転換が起こったことを示していると思われる。つまり70年代半ば頃に喫煙を抑制しようとする健康志向の強まりが起こったと考えられるのではないだろうか。

4.5 本章の結論

本章では主に家計調査のデータを用いて、消費行動の側面から健康ブームの存在を検討してきた。明らかになったのは以下のことである。

①消費支出に占める保健医療支出の割合が、80年代半ば以降、増加傾向である。
②健康志向的であると考えられる栄養剤の消費は、少なくとも70年代半ば以降は増加傾向が認められる。
③保健医療支出割合の増加傾向は年齢階級別にみても変わらない。
④不健康な行動である喫煙は、60年代半ば以降一貫して抑制傾向が強まっており、80年代初め頃から・より・一層強まった。
⑤保健医療費全体の支出弾力性の低下傾向から、必需性の高まり、すなわち消費化の進行が認められる。この変化は特に、80年代初め頃から80年代後半までの時期にはっきりと表れている。
⑥たばこは、70年代半ば以降に、支出弾力性が低下すると同時に劣等財へと変化しており、たばこに対する意味づけの質的転換が存在したと考えられる。

以上の変化は、それぞれ時期がぴったり重なっているわけではない。しかし各分析の対象が同じではないために、それらに影響を与える要因もまったく同じではないということ、またこの種の変化はある程度の時間幅の中で徐々に進んでいくと考えられるなどといったことを考慮すれば、ある程度のずれが生じるのは避けられないのではないだろうか。したがって上記の結果は、曖昧さは含んでいるものの、おおよそ70年代半ばから80年代半ば頃にかけての時期を転換点として、健康の消費化

が進んでいったことを示しているといってよいだろう。冒頭で述べたように、本章の問題は、健康ブームの下位カテゴリーの1つである健康の消費化が存在したか否かということであったが、以上の結果はこの存在を肯定するものであるといえよう。

注
(1) 家計調査と類似したものに、総務省が実施している全国消費実態調査がある。同調査は1959年に開始されているものの、5年ごとの調査であるためにデータの精度が低くなってしまう。そのため本論では家計調査のデータを使用することにした。家計調査の前身は1946年に開始された消費実態調査で、1953年に家計調査と名称が変更される。1952年以前の消費実態調査を合わせるとデータは終戦直後から存在するが、データの整合性の問題から、本論では主として1963年以降のデータを扱う。1963年以降は全市区町村が調査対象地域となっているが、1962年以前は5万人以上の市のみが対象地域であるためである。他に本論で使用するデータのサンプル特性として留意すべきは、2人以上世帯である（＝単身世帯が含まれていない）という点と、農林漁家世帯が含まれていないという点である。
(2) 保健医療費は「医薬品」、「健康保持用摂取品」、「保健医療用品・器具」、「保健医療サービス」の4つのサブカテゴリーに区分されている。各カテゴリーは具体的に次のものを含んでいる。医薬品は、感冒薬、胃腸薬、栄養剤など。保健保持用摂取品は、八つ目ウナギ、アロエ、青汁、朝鮮人参、加工食品など。保健医療用品・器具は、紙おむつ、包帯、絆創膏、マスク、眼鏡、血圧計、補聴器など。保健医療サービスは、処置料、手術料などの医科診療代、歯の治療代、出産入院料、整骨院や鍼灸院の治療代など。ただし、健康保持用摂取品は1995年に新たに設けられたカテゴリーで、それまでは医薬品に含まれていた。
(3) ここで対象となっているのは、先の消費支出のデータと同じく、全国の世帯、農林漁家を除く世帯、2人以上の世帯という条件を満たすものである。また、1969年以前の消費水準指数は公表されていない。

(4) 先述したように「健康保持用摂取品」は、1995年に「医薬品」から分化した新しいカテゴリーである。ここではデータの連続性を保つために、1995年以降の「医薬品」の数値には「健康保持用摂取品」の数値を足している。また「保健医療用品・器具」は2005年までしかデータが公表されていない。

(5) ほかに健康志向を考える上でふさわしいと思われるカテゴリーに「保健保持用摂取品」があるが、先述の通り、これは1995年にできたカテゴリーで、分析には適さない。その他には、適当であると考えられるカテゴリーは見当たらない。

(6) 内容量は発売当初の100mlから変わっていない。

(7) 牛乳は、東京都区部における月極配達・瓶入りの平均価格で、新聞は、同一価格である毎日新聞、読売新聞、朝日新聞の価格である。

(8) 同様の記述はリポビタンDのホームページにもある。

(9) これ以前の同年報では、次のものが銘柄として挙がっている。「強力パンビタンA（120錠入）」「新パンビタンA（120錠入）」「パンビタン100（100錠入）」「パンビタンハイ（100錠入）」「パンビタンハイ（120錠入）」。

(10) 本章の注1で述べたとおり、ここでは農林漁家世帯を含まないデータを使用している。しかし2005年以降の年齢階級別消費支出は、農林漁家世帯を含むデータしか公表されていない。また65歳以上については、1999年、2000年、2002年〜2004年は、65歳〜69歳、70歳以上の2つに区分してデータが公表されているためにデータが欠けている。しかし、これらのことはデータを解釈する上で大きな問題とはならないであろう。

(11) 24歳以下のばらつきは、他の年齢階級と比べてサンプル数が少ないことが原因だと考えられる。たとえば2001年の集計世帯数は次の通りである。20〜24歳：46世帯、25〜29歳：288世帯、30〜34歳：621世帯、35〜39歳：776世帯、40〜44歳：789世帯、45〜49歳：927世帯、50〜54歳：934世帯、55〜59歳：923世帯、60〜64歳：868世帯、65歳〜：1729世帯。

(12) 保健医療費割合の数値の大きさに注目すると、20歳代と60歳代以上の数値が相対的に高い。この数値を決めるのは、分母である消費支出の高低と、分子である保健医療支出の高低である。20歳代では所得の低さ

を原因とする消費支出の低さが影響し、60歳代では所得の減少を原因とする消費支出の低さと、加齢効果による保健医療支出の増大が影響しているのかもしれない。とはいえ、このような年齢階級ごとの数値の差はさほど重要ではない。本論にとって重要なことは、年齢階級の違いにかかわらず、時系列的な増加の傾向が存在するということである。

(13)　喫煙がどの程度健康に悪い影響を及ぼすのかという問題をめぐっては、考え方が一様ではなく、喫煙の害を強調する者もいれば、それほどでもないとする者もいる。しかし本論にとって重要なことは、喫煙が身体にとって有害か否かということではなく、人々が喫煙を有害であるとみなしているかどうかということである。一般に人々が喫煙を有害であるとみなしているならば、医学的にみて有害であるか否かにかかわらず、喫煙を抑制することは主観的には健康志向的な行動を意図していることになる。現在の日本社会では、一般に喫煙は不健康な行動であるとみなされているだろう。

(14)　ここに示すのは、社団法人日本たばこ協会によるたばこ統計情報のデータである。同データは、財団法人健康・体力づくり事業財団のホームページ内に掲載されている。1人あたりの販売本数は、総務省統計局による労働力調査の15歳以上人口を基に割り出されている（健康・体力づくり事業財団, 2012a）。1990年以降の総販売本数のデータは、日本たばこ協会のホームページにも掲載されている（日本たばこ協会 2012）。

(15)　ここに示すのは、日本専売公社および日本たばこ産業株式会社による、全国たばこ喫煙者率調査のデータである。同データは、財団法人健康・体力づくり事業財団のホームページ内に掲載されている（健康・体力づくり事業財団 2012b）。2005年以降のデータは、日本たばこ産業株式会社のホームページにも掲載されている（日本たばこ産業株式会社 2012a, 2012b, 2012c, 2012d, 2012e, 2012f, 2012g）。喫煙率のデータは、厚生労働省による国民健康・栄養調査（2002年までは国民栄養調査）によるものもあるが、同調査で喫煙率のデータがとられるようになったのは1986年からである。

(16)　さらに付け加えると、90年代後半以降には1人あたり消費本数の急激な落ち込みがみられ、2000年代前半以降には若年女性の喫煙率が減少に転じている。これらは、健康志向的な価値観のさらなる強まりが影響し

ている可能性も考えられるが、価格の上昇が大きく影響しているのではないだろうか(→表4-3、図4-13)。

(17) 弾力性は経済学で使用される概念であり、社会学ではなじみがないので、簡単に説明をしておく。弾力性とは「変数の値が1％変化したときに関数の値が何％変化するかを示す数(伊東編 2004: 520)」である。経済学では、需要の所得弾力性、需要の価格弾力性、供給の価格弾力性がしばしば分析される。これらはそれぞれ、所得の変化によって需要がどれぐらい変化するか(需要の所得弾力性)、価格の変化によって需要がどれぐらい変化するか(需要の価格弾力性)、価格の変化によって供給がどれぐらい変化するか(供給の価格弾力性)を示す。需要の所得弾力性であれば、所得が1％変化したときに需要が何％変化するかを示す。具体的に考えると、所得が100％増加したとき、米の需要が20％増加したとすると、需要の所得弾力性は20/100で0.2となる。この弾力性の数値(＝弾性値)は高ければ高いほど、つまり需要が所得の影響を受けやすいという意味で奢侈的な財であり、低いほど、つまり所得の影響を受けにくいという意味で必需的な財であるとされる。通常は、弾性値が1より大きい、つまり所得の伸び以上に需要が伸びる財のことを奢侈財と呼び、0よりは大きいが1よりも小さい財のことを必需財と呼ぶ。つまり数値が0に近いほど、所得の多寡に拘わらず購入される財ということになり、基礎的で必需性が高いことを意味する。逆に数値が大きいほど、必需性が低く贅沢品であるということになる。また数値が0よりも小さくマイナスになる場合は劣等財といわれる。劣等財は、所得の上昇にも拘わらず需要が減少する財である。本節では需要の支出弾力性を取り上げるが、これは、消費支出全体の変化に対して個々の財・サービスの需要がどれだけ変化するかを示している。消費支出と所得は異なるが、両者は強い相関を持っていると考えられるため、需要の支出弾力性と需要の所得弾力性はおおよそ同じことを意味しているといえるだろう。

(18) なお、家計調査では弾性値の大きさによって財をA〜Dの4つに分類している。Aは0.75未満、Bは0.75以上1.00未満、Cは1.00以上1.25未満、Dは1.25以上である。この分類に従えば、現在の保健医療費はAとなり、最も必需性の高いカテゴリーに分類される。

(19) 90年代半ば以降は、弾性値が上昇傾向にあるが(特に勤労者世帯)、こ

れはバブル崩壊以降の不況が影響しているのかもしれない。

(20) たとえばビールは発泡酒の代替財である。消費支出が増加すれば（≒所得が増加すれば）、発泡酒の消費が減少するかわりにビールの消費が増加すると考えられる。この場合、発泡酒は、消費支出が増加しているのに消費量が減少するので劣等財ということになる。たばこの場合は、発泡酒にとってのビールにあたる財は存在しないだろう。

第5章　マス・メディアにおける健康
——健康雑誌の場合——

5.1　問題

5.1.1　先行研究

　前章では、家計調査のデータを用いて、健康ブームを構成する健康の消費化を検討したが、本章では健康雑誌を主たる分析対象にして、健康ブームを構成する健康言説の増大と健康の消費化を検討する。

　健康雑誌やその他の一般雑誌の健康言説に触れた社会学的研究はしばしば存在する。しかし、それらを分析対象のメインにした研究は少ない。筆者が知りえた限りでは、一般雑誌の健康記事を分析した研究として、黒田（2007）、森（2005）、中川・黒田（2006a, 2006b）、多田・黒田（2008）があり、健康雑誌を分析した研究として、作道・遠山（1991）、瀧澤（1996, 1998）がある。

　健康雑誌を分析した2つの研究のうち、作道・遠山（1991）は健康雑誌『壮快』の見出しを分析対象にし、取り上げられている病気・症状、健康法（薬、食品、運動）の変化を分析している。その結果、①健康管理の個人化、②日常生活の療法化・自然な生活の強調、③手軽な健康法の増加、④「鍛える・強化する」ことから「整える・歪みをとる」ことへの変化、という4つの変化を明らかにしている。

　この作道らの分析は、健康に関する社会変化を考える上での参考にはなる。しかし、本章の問題は健康ブームの高まりが存在するかどうかということである。この問題を作道らの研究のように健康雑誌1誌のみを

対象にして明らかにすることはできない。つまり、作道らの議論は参考にはなっても、本章の問題と直接には関係しない。

これに対し、健康雑誌を分析対象としたもう1つの研究である瀧澤（1996, 1998）は、戦後の健康雑誌全体の変遷を分析したもので、本論にとって重要な先行研究である[1]。以下では、瀧澤の議論の概要をみながら本章の問題を述べていこう。

瀧澤（1996, 1998）は、戦後の大衆健康雑誌16誌を第1世代から第3世代までの3つに分類し、健康雑誌の変遷を分析している。この3つの雑誌群の特徴は大略以下のように述べられている[2]。

第1世代に含まれる雑誌は、戦後すぐから1970年代初めの間に創刊された『保健同人』『暮しと健康』『健康ファミリー』『毎日ライフ』『明日の友』である。この雑誌群は、近代西洋医学をもとにした科学的記述を特色とし、堅実で地味な性格をもっている。

第2世代に含まれるのは、1970年代半ばから1980年代初頭に創刊された『壮快』『わたしの健康』『安心』『健康時代』である。この雑誌群は、グラビア、広告が大量に導入されている点で、地味な第1世代の雑誌群とは対照的である。また内容面においても、第1世代が西洋医学に基づき科学主義的な色彩が強いのに対し、第2世代は大衆健康法や民間療法を多く取り入れている。

第3世代に含まれるのは、1980年代末から1990年代中葉に創刊された『わかさ』『ホスピタウン』『日経ウェルネス』『さわやか元気』『健康現代』『大丈夫』である。瀧澤は、この世代の雑誌群は、第1世代と同様の科学尊重主義的な作りをしている雑誌と、第2世代と同じように大衆健康法を取り入れた雑誌の2つに分かれるとしている。つまり大きくみると、この世代は独自の内容を持っておらず、第1世代を継承した雑誌と、第2世代を継承した雑誌に分かれている。

では、瀧澤は、本論の問題と密接に関わる次の2つの問題についてどのよ

うに述べているであろうか。1つは健康雑誌ブームが存在したか否かという問題で、もう1つは健康雑誌と消費社会の関係についての問題である。

　まず健康雑誌ブームの問題をみよう。瀧澤は、70年代半ばと90年代初頭以降の2つの時期に、健康雑誌が多く創刊されたと述べている。前者は第2世代の時期にあたり、この時期の雑誌は健康法ブームに乗ると同時にそのブームを先導する役割を担ったとしている(瀧澤1998: 75)。また後者は、第3世代の時期にあたり、このポスト・バブル期にも健康雑誌発刊ブームが存在したとしている(瀧澤1998: 77)。つまり瀧澤は、この2つの時期に健康雑誌ブームが存在したと指摘している。しかしこの見方に対しては、黒田らの次の指摘がある。

　　瀧澤の分析では、健康に特化した大衆雑誌、しかもその創刊点数を、人びとの健康への関心の高さの指標と見なせるか、という問題がある。なるほど、1970年代半ばから1980年代前半と、1990年代前半は、戦後のその他の時期と比べると、大衆健康雑誌の創刊点数が比較的多い。しかし、この時期に、その他のジャンルの大衆雑誌の創刊点数も同じように多かったとしたら、それは、雑誌のブームといえても、健康のブームとはいえないだろう。この点のチェックを瀧澤は行っていない（野村・黒田 2005: 451-2）。

たしかに黒田らが問題にするように、雑誌全体の発行点数との関係を踏まえて分析をしないと、70年代および90年代に起こった健康雑誌の増加が、健康雑誌ブームだったのか、それとも単なる雑誌ブームだったのかということは分からない。これは、70年代頃に健康志向の高まりが存在したのかということに関わる重要な問題である。

　次に2つ目の、健康雑誌と消費社会の関わりについての問題をみよう。瀧澤は第2世代の健康雑誌について次のように述べている。

第 2 世代の健康雑誌群が示しているいま 1 つの性格は、記事内容はいうまでもなく、広告も含めて、雑誌の存在自体が健康食品（機能性食品）や健康器具などの「商品」と深く関連していたことである。……この時期すなわち 1970 年代半ばから 1980 年代前半期にかけて、大衆の健康形成が「物象（モノ）」に依存して展開されるようになってきたことをも意味している。すなわち、個人の健康実現を健康食品なり健康器具なりの「モノ（商品）」の購入と使用によって具体化しようとする観念の成立に他ならない。この「健康の商品化（モノ化）」は、生活のあらゆる側面が貨幣によって商品やサービスを購入し消費することによって成り立つ高度消費社会を象徴する現象であるといっていい。(瀧澤 1998: 76-7)

　ここで瀧澤は、1970 年代半ば以降の健康雑誌には、高度消費社会を背景とした健康の商品化がみられるとしている。このような指摘は、消費社会を問題にする本論にとって重要である。しかし、瀧澤はこの問題について、上に引用した箇所以外にはほとんど言及しておらず、また引用箇所にしても、主張を裏付けるだけのしっかりした事実が示されているとはいいにくい。さらにいうと、後述するように、瀧澤が選定している健康雑誌は、網羅性が低く、選定の方法にも問題があるなど、データの信頼性という点での問題もある。つまり、瀧澤の議論は、戦後健康雑誌全体を対象としたおそらく唯一の体系立った社会学的研究であるという意味で重要であるが、不十分な点を含んでいるため、改めて分析を行う必要があると考えられる。

5.1.2　問題と方法
　本章で取り上げる大きな問題は、健康ブームの高まりが存在したかど

うかである。そして、この問題を明らかにするために検討するのが、上に述べた2つの問題である。これらを改めて示すと次のようになる。

①健康雑誌ブームは存在したのか（＝健康言説は増大したのか）
②健康雑誌と消費社会化は関係しているのか（＝健康は消費化したのか）

つまり本章では、健康ブームを構成する2つの要素である、健康言説の増大と、健康の消費化を、それぞれ①と②の問いを立てて検討していく[3]。

これらの問題を明らかにするにあたっては、それぞれ次の方法を用いる。①については、主に『出版年鑑』を使用して健康雑誌の発行状況を分析する。②については、①で明らかになった健康雑誌のうち主要な雑誌の内容分析を行う。

5.2 医学系雑誌の発行状況

まず「健康雑誌ブームは存在したのか」という問題からみていこう。この問題の分析にあたっては、主に出版ニュース社発行の『出版年鑑』に掲載されているデータを使用する。この『出版年鑑』は、1929年から、原則として年に1回発行されている、書籍、雑誌などの出版物に関するデータ集である。同年鑑はデータの時間的な連続性という点でも、当該年のデータの豊富さという点でも優れている[4]。

同年鑑には、当該年に発行された分野別の雑誌名、分野別の発行点数等が掲載されており、そのうち「医学・衛生・薬学」というカテゴリーには、本章が問題とする、いわゆる健康雑誌が含まれている。

図5-1は、その「医学・衛生・薬学」というカテゴリーに分類されている雑誌（以下、医学系雑誌とする）の発行点数を示している。また図

第2部　健康志向の趨勢

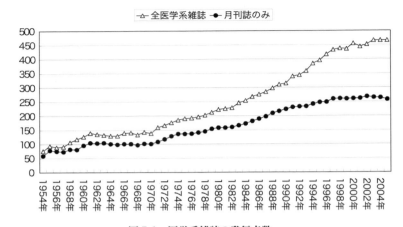

図 5-1　医学系雑誌の発行点数

『出版年鑑』各年版より作成

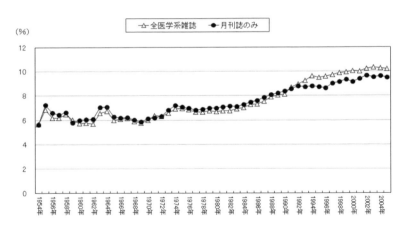

図 5-2　すべての雑誌に対する医学系雑誌の割合

『出版年鑑』各年版より作成

5-2は、すべての雑誌に占める医学系雑誌の割合を示している[5]。

これら2つの図のうち、本論にとってより重要であるのは、すべての雑誌における相対的な変化が分かる図5-2である。この図をみると、1970年頃以降の医学系雑誌割合の増加傾向が分かる。この変化は、点数の増加ではなく、割合の相対的な増加を示しているから、医学系雑誌は単に雑誌ブームの波に乗って発行点数を延ばしただけではないということが分かる[6]。

だが、これらの医学系雑誌には、本論が問題にする一般向けの健康雑誌のほかに学術誌や業界誌等も多く含まれているので、これらのデータのみでは正確な健康雑誌の変化は分からない。この問題を解決するために、以下で健康雑誌の変化をみていこう。

5.3 健康雑誌の発行状況

5.3.1 健康雑誌抽出の基準と方法

健康雑誌といってもその境界は必ずしもはっきりしない。したがって、どのような雑誌を健康雑誌とするかということを決めなければならない。

本論では健康雑誌の基本的な定義を次のようにする。すなわち、<u>現状よりも良好な健康状態を獲得する方法、または身体的な疾病を予防し現在の健康状態を維持する方法を、広く一般に知らせることを主な目的とした雑誌</u>、である[7]。

だがこの定義は健康雑誌の基本的な性質を示しているだけである。実際に健康雑誌であるか否かを判断する際には、表5-1に示す、より具体的な諸条件に従うことにした。これらの条件の基本的な立場を示すために、以下に、一般性という問題に関わる3つの条件のみ簡単に説明を加えておこう。

第2部　健康志向の趨勢

　1つ目は、(1)の、記事の内容が医師や看護師などの専門家向けのものや業界関係者向けのものではなく、一般の人々に向けて書かれたものであるという条件である。『出版年鑑』の「医学・衛生・薬学」の欄に掲載されている雑誌には、タイトルをみただけで専門家向けであると分かるものが多数含まれている。たとえば『脳神経外科』（医学書院）、『看護学雑誌』（医学書院）、『日本歯科評論』（日本歯科評論社）などがそうである。これらは、一般の人々が手に取る、いわゆる健康雑誌とはいえないだろう。

　2つ目は、(2)の、一般の書店で購入できるという条件である。健康雑誌の中には会員に直接販売をしている会員誌や、一部の限定された書店でしか販売していないものがあり、これらは購読者のアクセスが限定される。本論は、健康雑誌の一般的な傾向を探ることを意図しているので、これらのアクセスの一般性が低い雑誌を対象外にした。

　3つめは、(3)の、特定の疾患についての雑誌は含めないという条件である。特定の疾患を扱った雑誌には、たとえば、結核患者のための雑誌

表5-1　本論における健康雑誌の条件

(1)	専門家向け、業界関係者向けではなく、一般向けである。
(2)	一般の書店で購入できる。
(3)	特定疾患についての雑誌ではない。
(4)	地域限定ではなく、全国で購入できる。
(5)	健康を獲得する方法的立場は問わない。したがって西洋医学をベースにしたものに限らず、東洋医学や民間療法的なものをベースにした雑誌も含める。
(6)	こころや精神を扱ったメンタルヘルスに関する雑誌は含めない。
(7)	月刊、季刊、月2回刊のような発行周期は問わない。
(8)	新聞および、書籍と雑誌の中間的な形態であるムックは含まない。
(9)	読者や健康方法の対象となる者の年齢、性別は問わない。年齢についてはたとえば、高齢者を対象とした雑誌や、子供の健康を扱った雑誌も含める。

である『療養生活』(自然療養社)、癌についての雑誌『月刊がん　もっといい日』(日本医療情報出版)、アルコール依存症についての雑誌『Be!』(アスクヒューマンケア)などがある。このような雑誌は、一般的な健康観を表した健康雑誌の変化を探るという本論の主旨から外れるため、対象外とした。

表5-1の条件を満たす健康雑誌を抽出するにあたっては、次の手順をとった。

手順1　戦後のデータを掲載している『出版年鑑』各年版の「医学・衛生・薬学」欄の中から、先述の『脳神経外科』、『看護学雑誌』などのような、明らかに専門家向けであると推測される雑誌を除外し、健康雑誌の可能性があると推測されるか、または健康雑誌であるかどうかの判断がつかない雑誌を抽出する。さらに「医学・衛生・薬学」欄に加えて『出版年鑑』各年版の「創刊誌」欄、「休・廃刊誌」欄、「改題誌」欄で健康雑誌の可能性があると思われる雑誌を抽出する。これらの作業の結果、健康雑誌である可能性を持つ雑誌として226誌が抽出された[8]。

手順2　上の226誌について、それぞれ実際の雑誌またはそのコピーなどにあたり、先に挙げた定義と条件を満たすかどうかのチェックを行った。この結果、健康雑誌であると判断したもの48誌、条件を満たしていないもの170誌、不明8誌となった。健康雑誌と判断したのは、表5-2に示した48誌である[9][10]。

5.3.2　健康雑誌の創刊点数と発行点数

次に年ごとの発行状況をみていこう。

図5-3は健康雑誌の年別の創刊点数である。これをみると、70年代

表 5-2 健康雑誌の一覧

タイトル	出版者	発行期間
『健康生活』→『通俗医学』→『健康生活』→『健康ダイジェスト』→『健康生活』→『健康と長寿』	日本通俗医学社→通俗医学社→健康保導会	1948〜1976
『これから』→『人間ドック』	保健同人社	1953〜1965
『保健同人』→『暮しと健康』	保健同人社	1960〜
『新栄養』→『しんえいよう』→『La vie』	サンロード	1969〜
『毎日ライフ』→『毎日らいふ』	毎日新聞社	1970〜2008
『ホームドクター』	みぎわ書房→朝日新聞社	1972〜1982
『自然と健康』→『健康と自然』	健友会→健友館	1972〜1983
『東洋医学』	緑書房	1973〜1978
『セルフエイジ』	一世出版	1974〜1976
『ヘルス』→『Health』	自然館→自然館新社	1974〜1980
『健康ファミリー』	文理書院	1974〜
『壮快』	マキノ出版	1974〜
『月刊百万人の健康』	平和出版	1976〜？
『主婦と生活 健康家族』→『健康家族』	主婦と生活社	1976〜1982
『わたしの健康』→『健康』	主婦の友社→主婦の友インフォス情報社	1976〜
『壮健ライフ』	学習研究社	1982〜1986
『フットワーク』→『朝日健康情報フットワーク』	朝日新聞社	1983〜1986
『健康時代』	主婦と生活社	1983〜1984
『安心』	マキノ出版	1983〜
『Healthy Beauty』	光文社	1984〜1986
『月刊合気道マガジン』→『Aiki : Aikido magazine』→『Ki magazine』→『気マガジン』→『カルナ』	レイ出版→光祥社→レイ出版	1985〜
『TARZAN』	マガジンハウス	1986〜
『きょうの健康』	日本放送協会→日本放送出版協会	1988〜
『わかさ』	わかさ出版	1990〜
『気の森』	BABジャパン出版局	1993〜2005
『自然薬健康法』→『自然と健康法』→『自然と健康』→『月刊 ほっ！』	日本ジャーナル出版	1993〜2006
『ホスピタウン』	日本医療企画	1993〜2006
『アネモネ』→『Anemone natural』→『Anemone』	飛鳥新社→ビオマガジン	1993〜
『ちいさい・おおきい・よわい・つよい』	ジャパンマシニスト社	1993〜
『えがお快々』	ワニマガジン社	1994〜1995
『健康現代』	現代書林	1994〜1995
『日経ウェルネス』	日経BP出版センター	1994〜1996
『さわやか元気』	成美堂書店	1994〜2003
『元気に暮らす』	日本文芸社	1995のみ
『大丈夫』→『だいじょうぶ』	尚健社→小学館	1995〜2000
『ゆほびか』	マキノ出版	1995〜
『大地の癒し』	東洋医学舎	1996〜1997
『開花』	わかさ出版	1997〜2005

(表5-2続き)

タイトル	出版者	発行期間
『BODYプラス』	青龍社	1998～1999
『日経ヘルス』	日経BP社	1998～
『スパレックス』	スパレックス	2000～?
『健康ナビ』	セルフケア・ニュース	2001～?
『Shakitt』	李白社→ビジネス社	2002～2008
『えがお計画』	白石書店	2003のみ
『はつらつ元気』	芸文社	2003～
『健康365』	エイチアンドアイ	2004～
『からだにいいこと』	祥伝社	2005～
『Body+』	実業之日本社→ミディアム	2005～

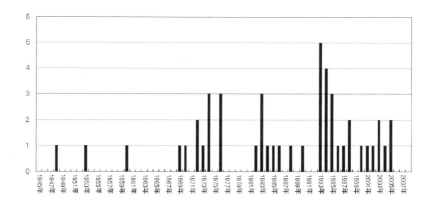

図5-3　健康雑誌の創刊点数（1945～2008年）

前半、80年代半ば頃、90年代半ば頃、2000年代半ば頃に創刊の多い時期がある。このうち70年代前半は創刊が相次いだ初めての時期であるから、健康に対する見方の質的変化という観点から注目すべき時期である。

　創刊が相次ぐ一方で、休刊に追い込まれる健康雑誌も多くある。そのため、年別の創刊点数だけでは健康雑誌の動向を知るには不十分である。そこで、図5-4と図5-5に創刊年と休刊年のデータを用いて年別の発行点数に関するデータを示した[11]。図5-4は発行点数のみを示し、図

第2部　健康志向の趨勢

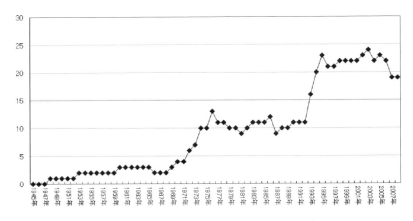

図 5-4　健康雑誌の発行点数（1945 〜 2008 年）

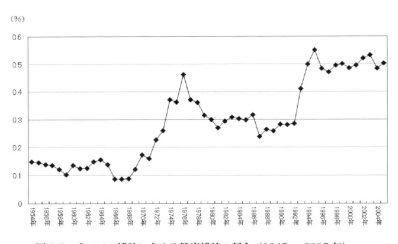

図 5-5　すべての雑誌に占める健康雑誌の割合（1945 〜 2005 年）

5-5 はその数を『出版年鑑』に掲載されている全雑誌の発行点数で除して、割合を示したものである。

　いずれの図をみても、60年代終わりから70年代中頃にかけての時期

第5章　マス・メディアにおける健康―健康雑誌の場合

と、90年代中頃の時期に大きな変化がある。つまりこの2つの時期には、雑誌ブームの影響を上回って健康雑誌が増加したのだと考えられる。したがって、健康雑誌ブームはこれら2つの時期に存在したのだといえる[12]。

　ここにきてようやく黒田らの指摘に対する本論の見解を示すことができる。本章冒頭で取り上げたように、野村佳絵子と黒田は、瀧澤の健康雑誌研究に対して、「しかし、この時期に、その他のジャンルの大衆雑誌の創刊点数も同じように多かったとしたら、それは、雑誌のブームといえても、健康のブームとはいえないだろう。この点のチェックを瀧澤は行っていない。」(野村・黒田 2005: 452)と指摘していた。本節は、黒田らがいうまさに「この点のチェック」を行ってきた。その結果明らかになったのは、1960年代終わりから1970年代中頃にかけての時期と、1990年代中頃という2つの時期に、単なる雑誌ブームではなく健康雑誌ブームが存在したということである。これが健康雑誌ブームは存在したかという問題に対する本論の結論である[13][14]。

5.4　健康雑誌の内容分析

　健康雑誌と一口にいっても内容はバラエティーに富んでいる。それは、依って立つ基本的な身体観・健康観、取り上げる内容、その取り上げ方、誌面のつくり、読者の年齢・性別などの違いに左右される。本節では、これらの変化を、健康雑誌の内容分析によって検討していく。本節の分析は、本章のはじめで述べた、健康雑誌と消費社会化の関係を明らかにするために行うものであるが、この問題に対する理解は、健康雑誌全般の変化をみることでも深まると考えられるので、以下では消費社会化と直接関係しない事柄も含めてみていく。

5.4.1 内容分析の対象誌

本論で健康雑誌として抽出したのは48誌で、少ない数ではない。分析結果の精度という点では、すべての健康雑誌を対象に内容分析をするのが望ましいが、そうするには多大な労力を必要とする。本章では健康雑誌の内容に関してその大きな傾向が明らかになれば目的を達成したことになるので、健康雑誌のすべてを対象にすることは断念し、主要な健康雑誌に対象を絞ることにした。

ここでは「主要な健康雑誌」を、多くの人々に読まれている雑誌であるということにする。そして、本論ではその基準として、①発行期間の長さ、②発行部数の2つを設けた。

発行期間の長さは、いうまでもなく創刊してからどれだけの年月、継続して発行されているかを意味する（廃刊となっている場合には、創刊から廃刊までの年月）。雑誌には長い期間発行されるものもあれば、創刊して1年もしないうちに廃刊となるものもある。本論では、創刊から10年以上継続していることを、十分に長い期間発行され続けていることの基準とした。10年という期間に明確な根拠があるわけではないが、10年以上継続している雑誌は、読者に一定程度受け入れられていると判断できるだろう。この条件を満たしているのは48誌のうち22誌であった（→表5-3）。

発行部数についてはメディア・リサーチ・センター発行の『雑誌新聞総かたろぐ』の各年版を参照し、10万部以上発行した年があることを基準にした。この条件を満たしたのは、22誌のうち14誌だった。

ただし発行部数に関しては留意しなければならないことがある。それは、『雑誌新聞総かたろぐ』は1979年に創刊されており、1978年より前に休刊となった雑誌のデータは掲載されていないということである。10年以上継続して発行されている健康雑誌のうち、これに当てはまるのは、『健康と長寿』と『人間ドック』の2誌である。これらは発行部数

第5章 マス・メディアにおける健康—健康雑誌の場合

表5-3 10年以上発行されている健康雑誌

雑誌名	出版者	発行期間	最高発行部数
健康と長寿	健康保導会	1948～1976	—
人間ドック	保健同人社	1953～1965	—
暮しと健康 ◆	保健同人社	1960～	120,000
La vie	サンロード	1969～	80,000
毎日らいふ ◆	毎日新聞社	1970～2008	120,000
ホームドクター ◆	朝日新聞社	1972～1982	120,000
健康と自然	健友館	1972～1983	30,000
健康ファミリー	文理書院	1974～	50,000
壮快 ◆	マキノ出版	1974～	350,000
健康 ◆	主婦の友社	1976～	230,000
安心 ◆	マキノ出版	1983～	300,000
カルナ ◆	レイ出版	1985～	100,000
Tarzan ◆	マガジンハウス	1986～	400,000
きょうの健康 ◆	日本放送出版協会	1988～	400,000
わかさ ◆	わかさ出版	1990～	250,000
気の森	BABジャパン出版局	1993～2006	50,000
月刊ほっ！ ◆	日本ジャーナル出版	1993～2006	150,000
ホスピタウン ◆	日本医療企画	1993～2006	300,000
Anemone	ビオマガジン	1993～	70,000
ちいさい・おおきい・よわい・つよい	ジャパンマシニスト社	1993～	90,000
ゆほびか ◆	マキノ出版	1995～	200,000
日経ヘルス ◆	日経BP社	1998～	180,000

＊改題して雑誌名が複数ある場合は、最も新しい雑誌名のみを記している（以後同様）
＊雑誌名の後ろに◆印のついているものが2つの条件を満たす14誌
＊休刊年が記されていない雑誌は2009年末において発行されているもの

が分からないために最初から分析の対象外となってしまい、分析全体の信頼性を低下させる要因となる。だが先ほども述べた、健康雑誌の大きな傾向を明らかにするという目的に照らし合わせるなら、この2誌が対象外となっても結果に決定的な影響を及ぼすわけではないだろう。

ただし分析対象誌は、上の14誌に『気の森』を加えた15誌とした。

第2部　健康志向の趨勢

図5-6『暮しと健康』

図5-7『毎日ライフ』

図5-8『ホームドクター』

図5-9『壮快』

図5-10『わたしの健康』
（『健康』の前誌）

図5-11『安心』

図5-12『気マガジン』
（『カルナ』の前誌）

図5-13『Tarzan』

図5-14『きょうの健康』

第5章　マス・メディアにおける健康—健康雑誌の場合

図 5-15『わかさ』

図 5-16『気の森』

図 5-17『自然薬健康法』
（『月刊 ほっ！』の前誌）

図 5-18『ホスピタウン』

図 5-19『ゆほびか』

図 5-20『日経ヘルス』

基準を満たしていない『気の森』を分析対象に加えたのは、同誌が『カルナ』と並んで東洋医学的な健康観をベースする数少ない健康雑誌のひとつだからである。発行部数の基準は満たしていないが、同誌を加えることで分析の厚みが増すと判断した。

　各誌の分析対象とする号は、原則として1970年、1980年、1990年、2000年の1月号、4月号、7月号、10月号にした。ただしこの原則に当てはまらない場合として次の3つがあった。①『Tarzan』は原則として月2回刊であるため同じ月の2号を分析した（毎年1月は1号しか発行

していないため1年あたり7号を分析した)。②『わかさ』の1990年発行分は、国会図書館および雑誌を多く所蔵している東京都立図書館、横浜市立図書館にも無かったため、国会図書館に所蔵されているもののうち最も1990年に近い1991年10月号から1992年1月号までの4号を分析した。③『気の森』は年によって発行される号数が異なる。2000年には3号発行されており、それら3号を分析した。

以下では、上記を対象にして分析した、カラーページの割合、広告の割合、読者の年齢、読者の性別をみていこう。

5.4.2 カラーページの割合

瀧澤は、カラー写真が増えるなど、1970年代以降の健康雑誌は色彩感が変化すると指摘している(瀧澤 1998: 73-4)。カラーページはモノクロページと比べて視覚的な刺激が強く、また写真やイラストが使われることも多いため、読者に対するアピールが強い。つまり、カラーページの増大は、活字的な誌面からデザイン重視の誌面への変化を意味し、活字という理性的な働きを要求する要素の減少と、写真やイラストという感覚的な働きを要求する要素の増大として捉えることができる。

このような誌面の変化は、消費社会化と直接結びついているとは必ずしも言えないが、消費社会化の過程で感性の重視がしばしば指摘されたように、カラーページの増大が消費社会的な価値観と親和的であるという解釈は不可能ではない。

以上のような見方に基づいて、誌面に占めるカラーページの割合を測定したのが表5-4である[15]。表をみると、カラーページの割合は雑誌によって大きく違うことが分かる。これを分かりやすくするために、平均値の大きさによって3つに分類したのが表5-5である。

先述のように、カラーページ割合の違いは、活字的な雑誌であるか、デザイン重視の雑誌であるかということと関連し、消費社会的な価値観

第5章 マス・メディアにおける健康—健康雑誌の場合

表5-4 カラーページの割合（%）

	1970	1980	1990	2000	平均
暮しと健康	9.5	10.0	11.2	24.8	13.9
毎日らいふ	8.8	7.3	7.1	7.8	7.8
ホームドクター	−	14.5	−	−	14.5
壮快	−	12.5	14.3	17.7	14.8
健康	−	10.4	22.9	29.3	20.9
安心	−	−	39.4	25.5	32.5
カルナ	−	−	16.0	12.1	14.1
Tarzan	−	−	78.3	83.1	80.7
きょうの健康	−	−	79.0	85.2	82.1
わかさ	−	−	41.5	41.2	41.4
気の森	−	−	−	5.1	5.1
ほっ！	−	−	−	49.8	49.8
ホスピタウン	−	−	−	77.1	77.1
ゆほびか	−	−	−	32.5	32.5
日経ヘルス	−	−	−	73.9	73.9

表5-5 カラーページ割合による雑誌の分類（カッコ内の数字は平均割合と創刊年）

①20％台以下のグループ 　『暮しと健康』(13.9％、'60)、『毎日らいふ』(7.8％、'70) 　『ホームドクター』(14.5％、'72)、『壮快』(14.8％、'74)、『健康』 　(20.9％、'76)、『カルナ』(14.1％、'85)、『気の森』(5.1％、'93)
②30％～40％台に含まれるグループ 　『安心』(32.5％、'83)、『わかさ』(41.4％、'90) 　『ほっ！』(49.8％、'93)、『ゆほびか』(32.5％、'95)
③70％以上のグループ 　『Tarzan』(80.7％、'86)、『きょうの健康』(82.1％、'88) 　『ホスピタウン』(77.1％、'93)、『日経ヘルス』(73.9％、'98)

との親和性を考える1つの参考になる。

　上の2つの表をみると、創刊が新しい雑誌ほど、カラーページの割合が高くなる傾向が緩やかに存在していることが分かる。つまり、新しい雑誌ほど誌面のデザインを重視する傾向があり、消費社会化の影響を相対的に多く受けていると考えられそうである。だが、カラーページの多

さと消費社会化の関連は明確ではないので、1つの参考データとして扱うべきだろう[16]。

5.4.3　広告の割合

　カラーページよりも消費社会的な価値観を直接的に反映しているのは広告である。つまり、誌面に占める広告の割合が大きいほど、その雑誌は商業主義的で消費社会的な価値観に適合的であると解釈できる[17]。

　表5-6は、誌面における広告および広告記事の割合を示している。広告はそのほとんどが一般的な商品広告であり、説明は必要ないだろう。広告記事は以下に述べるように、広告と一般的な記事の両方の要素を含んだページである[18]。

　広告記事は、井上輝子と女性雑誌研究会が行った女性雑誌の内容分析の中で取り上げられ、次のように定義されている。すなわち、「スポンサーとの提携ページや商品情報つきのページなど、広告と記事の中間領域に属するページ」である（井上・女性雑誌研究会 1989: 50）。本論も、基本的にはこの定義に当てはまるページを広告記事としたが、本論なりの補足をすると、次のようになる。

　広告記事は、広告的な要素を含む記事である。これは企業等による直接的な広告ではないが、記事の中に商品の特徴やメーカー名、価格などを記載することで、商品のアピールを行っている。つまり、広告そのものではないが、実質的には広告と同様の効果を持っている記事である[19][20]。

　表5-7は、広告と広告記事の割合を足し合わせた値を示している。雑誌ごとに値をみると、年によって違いが大きい場合もあるが、平均値に注目して各雑誌を分類することにもそれなりの意味はあるだろう。

　そこで、平均値の大きさによって2つの雑誌群に分類してみよう。1つは平均値が10％台の雑誌で、『暮しと健康』、『毎日らいふ』、『ホーム

表5-6 広告と広告記事の割合（％）

	広告率	広告記事率	広告率＋広告記事率
暮しと健康（70）	10.7	1.4	12.1
暮しと健康（80）	4.9	2.5	7.4
暮しと健康（90）	9.7	4.0	13.7
暮しと健康（00）	12.4	8.2	20.6
毎日ライフ（70）	6.4	1.4	7.8
毎日ライフ（80）	13.3	4.1	17.4
毎日ライフ（90）	7.5	4.2	11.7
毎日ライフ（00）	6.0	3.5	9.4
ホームドクター（80）	9.6	1.4	11.1
壮快（80）	30.8	0.6	31.4
壮快（90）	29.4	0.2	29.5
壮快（00）	30.9	0.8	31.7
わたしの健康（80）	27.1	8.8	35.9
わたしの健康（90）	27.8	4.7	32.4
健康（00）	23.0	44.6	67.6
安心（90）	27.6	2.0	29.6
安心（00）	29.2	2.2	31.4
気マガジン（90）	10.6	3.8	14.4
カルナ（00）	13.5	2.1	15.6
Tarzan（90）	27.5	11.6	39.1
Tarzan（00）	21.0	10.6	31.6
きょうの健康（90）	13.9	0.7	14.5
きょうの健康（00）	19.5	0.4	19.9
わかさ（90）	12.8	37.3	50.1
わかさ（00）	21.4	9.1	30.5
気の森（00）	21.0	14.4	35.3
自然と健康（00）	14.0	18.9	32.9
ホスピタウン（00）	13.7	26.0	39.7
ゆほびか（00）	22.4	10.4	32.8
日経ヘルス（00）	14.1	63.5	77.7

ドクター』、『カルナ』、『きょうの健康』の5誌が含まれる。もう1つは30％を上回るそれ以外の10誌である（網かけしたもの）。これらのうち、平均値が10％台の5誌は商業主義的要素が弱い雑誌群で、30％を超える10誌は商業主義的傾向が強い雑誌群だといえるだろう。

ところが筆者はこの分析を行っている最中に、広告・広告記事の占める割合を測定するだけでは不十分であると考えるようになった。という

表5-7 広告率と広告記事の和（％）

	1970	1980	1990	2000	平均
暮しと健康	12.1	7.4	13.7	20.6	13.5
毎日らいふ	7.8	17.4	11.7	9.4	11.6
ホームドクター	−	11.1	−	−	11.1
壮快	−	31.4	29.5	31.7	30.9
健康	−	35.9	32.4	67.6	45.3
安心	−	−	29.6	31.4	30.5
カルナ	−	−	14.4	15.6	15.0
Tarzan	−	−	39.1	31.6	35.4
きょうの健康	−	−	14.5	19.9	17.2
わかさ	−	−	50.1	30.5	40.3
気の森	−	−	−	35.3	35.3
ほっ！	−	−	−	32.9	32.9
ホスピタウン	−	−	−	39.7	39.7
ゆほびか	−	−	−	32.8	32.8
日経ヘルス	−	−	−	77.7	77.7

のも、1つ1つの広告の面積は小さくても、多数のページにそれが掲載されている場合があるからである。このような誌面は、面積の割に広告の存在が目立ち、広告が多いという印象を強める。これは『壮快』の分析を行っている際に特に感じられた。そこで、上記の面積の割合の他に、広告、広告記事を掲載しているページが全ページのうちどれだけの割合を占めているかということも測定してみた（→表5-8）。

表5-8をみると、商業主義的ではなかった5誌はやはり割合が低いままであるが、商業主義的であった10誌の割合には多少の開きがでている。このうち、いずれの年においても50％を超え、平均が60％以上である雑誌を特に割合が高いと考えると、これに当てはまるのは『壮快』、『Tarzan』、『日経ヘルス』の3誌となる（表5-8の網かけ）。つまり、これらは特に商業主義的傾向の強い雑誌であるといえよう。この結果に従って分類すると表5-9にようになる。

グループごとに創刊時期の違いをみると、商業主義的傾向が最も弱いグループでは、5誌のうち3誌（『暮しと健康』、『毎日らいふ』、『ホームドクター』）の創刊時期が早いことが目を引く[20]。つまり、創刊時期が早い雑

表5-8 広告または広告記事を含むページの割合 （%）

	1970	1980	1990	2000	平均
暮しと健康	26.1	9.0	17.0	24.8	19.2
毎日らいふ	11.6	32.4	17.2	10.2	17.9
ホームドクター	-	17.2	-	-	17.2
壮快	-	72.5	69.7	56.6	66.3
健康	-	46.1	44.7	70.0	53.6
安心	-	-	51.2	44.7	48.0
カルナ	-	-	18.8	19.2	19.0
Tarzan	-	-	70.0	51.6	60.8
きょうの健康	-	-	15.5	23.5	19.5
わかさ	-	-	52.9	40.7	46.8
気の森	-	-	-	40.0	40.0
ほっ！	-	-	-	37.5	37.5
ホスピタウン	-	-	-	41.3	41.3
ゆほびか	-	-	-	43.6	43.6
日経ヘルス	-	-	-	72.6	72.6

表5-9 広告の多さによる健康雑誌の分類（カッコ内は創刊年）

①商業主義・弱（平均が10％台以下）   『暮しと健康』（'60）、『毎日らいふ』（'70）、『ホームドクター』（'72）   『カルナ』（'85）、『きょうの健康』（'88）
②商業主義・中（平均が30％台から50％台）   『健康』（'76）、『安心』（'83）、『わかさ』（'90）、『気の森』（'93）   『ほっ！』（'93）、『ホスピタウン』（'93）、『ゆほびか』（'95）
③商業主義・強（平均が60％台以上）   『壮快』（'74）、『Tarzan』（'86）、『日経ヘルス』（'98）

誌は非商業主義的であり、遅い雑誌は商業主義的であるという傾向が、若干存在するようにみえる。

5.4.4 読者の年齢と性別

次は、読者の傾向をみるために、各雑誌の読者の年齢と性別をみよう。ここで分析対象にしたのは、各雑誌の読者投稿欄および読者相談欄に掲載されている、投稿者の年齢と性別である[22][23]。

表 5-10　読者の年齢

	全ケース	有効ケース	平均年齢	標準偏差
暮しと健康（70）	102	69	36.2	14.5
暮しと健康（80）	67	61	34.8	11.3
暮しと健康（90）	60	47	45.1	15.5
暮しと健康（00）	82	52	37.4	14.0
毎日ライフ（70）	11	11	40.1	7.3
毎日ライフ（80）	43	27	40.1	15.4
毎日ライフ（90）	11	5	50.4	20.8
毎日ライフ（00）	36	28	50.6	14.5
ホームドクター（80）	20	13	45.2	16.2
壮快（80）	41	32	48.3	13.4
壮快（90）	20	18	50.6	15.9
壮快（00）	12	12	55.2	16.6
わたしの健康（80）	29	9	51.0	10.7
わたしの健康（90）	39	32	45.9	17.3
健康（00）	24	24	53.4	16.1
安心（90）	40	37	53.6	12.5
安心（00）	22	21	46.9	13.9
気マガジン（90）	17	15	34.4	12.1
カルナ（00）	13	11	34.6	4.3
Tarzan（90）	67	43	24.6	6.0
Tarzan（00）	28	15	29.6	7.9
きょうの健康（90）	18	17	51.7	15.6
きょうの健康（00）	13	13	51.1	17.1
自然と健康（00）	38	38	48.0	11.4
ホスピタウン（00）	27	27	37.3	13.4
日経ヘルス（00）	52	52	36.3	9.3

　年齢に関しては、マーケティング等でしばしば使用される年齢区分に従って、各雑誌を分類することにしよう。この区分は、消費者のライフスタイルや価値観等の違いを、年齢によって分ける場合に実際的に使用されており、健康に対する関心の大まかな区切りとしても有効性を持つだろう。この区分では、成人は、20～34歳（いわゆるM1層、F1層）、35歳～49歳（M2層、F2層）、50歳以上（M3層、F3層）の3つに分けられる。表5-10に示した読者の平均年齢を、この区分に従って分類したのが表5-11である。

　時間的な観点からみると、時期が下るにつれて『カルナ』、『Tarzan』、

表5-11 読者の平均年齢による健康雑誌の分類

①50歳以上   『壮快』、『安心』、『きょうの健康』
②35歳〜50歳未満   『暮しと健康』、『毎日らいふ』、『ホームドクター』、『健康』   『自然と健康』、『ホスピタウン』、『日経ヘルス』
③20歳〜35歳未満   『カルナ』、『Tarzan』

『日経ヘルス』のように、若年層に対象を絞った雑誌が出てくることが分かる。創刊が古い『暮しと健康』も平均年齢が比較的低いが、標準偏差は『Tarzan』などよりも大きい。これは対象が若年層に絞られているのではなく、どの年齢層にも満遍なく広がっていることを意味する。実際に『暮しと健康』の読者相談欄をみると、60歳代の読者による相談がある一方で、しばしば20歳代からの相談があり、時には10歳代からの相談もある。つまり老舗の健康雑誌である『暮しと健康』は、幅広い年齢層に対応したオール・ラウンドな性格を持っているのである。それに対して、後発の『カルナ』『Tarzan』『日経ヘルス』は、若い年齢層に対象が絞られた雑誌だということになる。これらのことが意味するのは、時期が下るにつれて年齢面における健康雑誌の棲み分けが進行しているということであろう。

次に性別をみよう（→表5-12）。性別については、一定の傾向が認められる雑誌もあるが、年によって変動の大きい雑誌もあり、傾向は必ずしもはっきりしない。したがって、性別の分布による分類は難しい。

5.4.5 雑誌の性格

これまで行った内容分析の結果をまとめると、表5-13と図5-21のようになる。

表 5-12 読者の性別

	全ケース	有効ケース	男性（%）	女性（%）
暮しと健康（70）	102	98	53.1	46.9
暮しと健康（80）	67	62	40.3	59.7
暮しと健康（90）	60	49	53.1	46.9
暮しと健康（00）	82	56	30.4	69.6
毎日ライフ（70）	11	11	72.7	27.3
毎日ライフ（80）	43	32	21.9	78.1
毎日ライフ（90）	11	7	42.9	57.1
毎日ライフ（00）	36	33	33.3	66.7
ホームドクター（80）	20	19	31.6	68.4
壮快（80）	41	37	62.2	37.8
壮快（90）	20	17	17.6	82.4
壮快（00）	12	12	25.0	75.0
わたしの健康（80）	29	28	57.1	42.9
わたしの健康（90）	39	34	29.4	70.6
健康（00）	24	24	20.8	79.2
安心（90）	40	40	15.0	85.0
安心（00）	22	22	18.2	81.8
気マガジン（90）	17	17	70.6	29.4
カルナ（00）	13	8	62.5	37.5
Tarzan（90）	67	51	54.9	45.1
Tarzan（00）	28	22	63.6	36.4
きょうの健康（90）	18	16	43.8	56.3
きょうの健康（00）	13	11	36.4	63.6
自然と健康（00）	38	18	0.0	100.0
ホスピタウン（00）	27	19	5.3	94.7
日経ヘルス（00）	52	35	17.1	82.9

表 5-13 内容分析の結果 （カッコ内は創刊年）

	カラー	広告	年齢
暮しと健康（'60）	−	−	+
毎日らいふ（'70）	−	−	+
ホームドクター（'72）	−	−	+
壮快（'74）	−	++	++
健康（'76）	−	+	+
安心（'83）	+	+	++
カルナ（'85）	−	−	−
Tarzan（'86）	++	++	−
きょうの健康（'88）	++	+	++
わかさ（'90）	+	+	?
気の森（'93）	−	+	?
ほっ！（'93）	+	+	+
ホスピタウン（'93）	++	+	+
ゆほびか（'95）	+	+	?
日経ヘルス（'98）	++	++	+

第5章 マス・メディアにおける健康—健康雑誌の場合

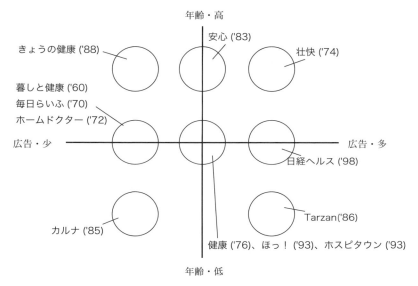

図5-21 広告と年齢層による分布（括弧内は創刊年）

　これまで明らかになった分析結果のうち、ここでは1つの点を改めて指摘しておこう。それは、創刊時期と広告の多さとの間にある緩やかな関連である。
　上の図表をみると、『暮しと健康』、『毎日らいふ』、『ホームドクター』の創刊が早いことが示すように、広告が少なく非商業主義的である雑誌は創刊が早い傾向があり、反対に創刊が新しい雑誌は商業主義的である傾向があることが分かる。
　たしかに非商業主義的な雑誌のうち、『きょうの健康』と『カルナ』は80年代に創刊されており、古い雑誌ではない。しかし、『きょうの健康』はNHKの同タイトルのテレビ番組と並行して発行されている雑誌であり、『カルナ』は気功を中心とした雑誌であるというように、いずれも健康雑誌としては異質な要素を持っている。つまり、これら2誌は、やや例外的な健康雑誌だと考えることができる。このことを踏まえると、創

刊時期と商業主義の関連は、やはり存在するといえそうである。

　このような関連を前提にすると、次に問題になるのは、商業主義的傾向が強まり始めたのはいつ頃からかということである。この問題に対しては、1970年代頃からという見方がいちおう可能である。というのも、最初の商業主義的な健康雑誌は、1974年に創刊された『壮快』だからである[24]。

5.4.6　商業主義の強まりと雑誌の変化
①『自然と健康』の変化

　健康雑誌における商業主義的傾向の強まりという問題に関して、ある雑誌の興味深い変化がある。それは、1972年に『自然と健康』というタイトルで健友館から創刊され、その後『健康と自然』とタイトルを変えた雑誌である。

　同誌は、最高発行部数が10万部に満たないために、「主要な健康雑誌」には含めていないが、発行期間は10年を超えている。また、表5-2では、同誌は1983年までしか発行されていないことになっているが、じつは内容を変えて2007年まで発行されている。1983年途中から同誌を健康雑誌としないことにしたのは、内容が一般向けではなくなったからである。同誌は、1983年までは、広告をほとんど掲載しないと同時に、健康法だけでなく、健康や医療に関わる社会問題もしばしば取り上げる、社会派的な志向をもつ一般向けの健康雑誌であった。しかし、1983年の途中に編集方針が大きく変わって以降、財団法人日本電子治療器学会に関わる記事が多くなり、そこで使用される電子治療機器の紹介や、それを使った治療法に関する記事が多くを占めるようになる。このような転換によって、同誌は、広い意味での商業主義的な要素を含むようになり、主たる読者も一般読者から治療者や専門家へ変化したと考えられる[25]。このような変化をした、転換後の『健康と自然』は、財団

第5章　マス・メディアにおける健康―健康雑誌の場合

図 5-22　『自然と健康』（1972 年初夏号）

法人電子治療器学会の機関誌であるかのような印象を与えるもので、もはや一般向けの健康雑誌とはいえない。

　1983年以前のこの雑誌が持っていた社会派的な志向は、表紙のタイトルの上に付された「脱公害と健康革命を実現する　みんなの雑誌」というコピーにも垣間見ることができる（→図5-22）。このコピーは通号17号以降はなくなるが、同誌の性格を示しているように思える。

　創刊号には、その雑誌の目指す方向や目的がしばしば示される。『自然と健康』の場合には、以下の「創刊の言葉」が記されている。

　　一億総半健康時代。現代をこう呼んだとしても首をかしげる人が少なくなってきたほど、私たちのまわりには病苦が渦をまいている。水俣病、イタイイタイ病などの公害病しかり、ガンをはじめとする

成人病しかり。昨年はその上、医療問題がこじれにこじれ、まさに"泣きっ面にハチ"。

　本来、健康とは空気みたいなもので、健康でいるときは、そのことを気にとめる人などいない。病気になってはじめてありがたさに気がつく。これがまあ常人だが、本当はその逆であってほしい。健康でいるときに体に気をつけて、病に陥らずにすむように……。そうすればタカーイ医療費に頭を悩ますこともない。患者が少なくなれば、医師もふんぞりかえってはいられまい。

　このようなわけで、健康な生活をおくるための有益な資料を提供したいと創刊に踏み切った。また病気で苦しんでいる方は、快復の道標にしていただけたら幸いである。健友館創設十周年記念でもあるこの雑誌を通し、皆さまと共に自然と健康を追求していきたい。

この「創刊の言葉」からは、強い調子ではないが、社会的な問題に対する関心と、読者の立場に立とうとする志向が読み取れる。

この雑誌が持つ、このような社会派的な志向は、個々の記事をみることで、よりはっきりする。以下に、それを示す3つの記事を簡単にみておこう。

1つ目に紹介するのは、「人体と環境を犯す合成洗剤—"便利さ"という科学が地球を亡ぼす—」という記事である（1973年11月号）。この記事では、合成洗剤の危険性が10ページにわたって問題にされている。まず最初にその危険性を指摘するのは、2人の専門家である。1人は医学博士かつ農学博士の学者で、中性洗剤が皮膚および肝臓にもたらす害を述べる。もう1人の東京都立大学の教授は、合成洗剤が引き起こす河川の汚染とそれに伴う水道水の汚染を述べる。これに続いて、被害の実際が写真と共に示される。ここでは、合成洗剤で手が荒れてしまった主婦や、顔に湿疹ができてしまった子供の写真が掲載されている。そして

第5章 マス・メディアにおける健康―健康雑誌の場合

　最後に、主婦団体、消費者団体が行っている「洗剤追放・石けん復活運動」が紹介され、合成洗剤の被害を小さくするための方法が述べられている。
　この記事は、タイトルは扇情的だが、専門家による指摘や、市民や主婦の目線から行われている運動の紹介などがあり、問題に対して客観的かつ誠実に取り組もうとする姿勢が感じられる。
　2つ目は、「特別企画　覆面座談会　プラスチックは現代文明のあだ花」という記事である（1977年1月号）。この記事では、座談会の模様を6ページにわたって掲載している。参加者は、司会者である、「消費者運動で指導的役割を果たして」いる、「薬を監視する国民運動の会」の里見宏氏という人物と、大手プラスチックメーカーに勤務する匿名の4名である。この座談会で議論されているのは、プラスチックの製造過程で使用する塩化ビニルモノマーの危険性である。より具体的には、労働者に対し、企業が塩化ビニルモノマーの危険性を十分に知らせなかったために、労働者に身体的な被害があらわれ、場合によっては死亡するという事態が発生してしまったこと、さらには企業と労働組合がその問題を隠蔽し続けようとしていることが議論されている。ここでの議論の構図は、労働者の立場から企業、労働組合の体質を問題視するというもので、社会問題を告発するというこのような形式は1つ目の記事と同様である。
　3つ目は、「対談　医療を医者から患者の手へ　イワン・イリッチの『医原病』について語る」という記事である（1981年9月号）。この記事では、イリッチの『脱病院化社会』の訳者である金子嗣郎と医学者との対談が10ページにわたって掲載されている。対談では、イリッチの医原病論、医療化論が取り上げられ、現代医療の問題が論じられている。イリッチが取り上げられていることから推察されるように、大まかには、現代医療が画一化された人間を創り出し、人々の自律性を喪失させてい

207

図 5-23 『健康と自然』(1977.1) の誌面

ることが問題になっている。結論として最後に示されるのは、医療に依存しすぎることに注意し、自分自身の健康についてよく考えることが必要だという見方である。この記事も、前の２つの記事と同様に、社会問題を告発するという構図になっている。

ここに例示した３つの記事には、同誌の持つ社会派的な志向が表れているといえるだろう。『健康と自然』は、1983年の途中までは、このような志向を持っていたのである[26]。

しかし1983年7月号（通号68号）を最後に、『健康と自然』は編集方針を大きく変え、まったく性格の異なる雑誌となる。変わる前の最後の号の編集後記には、次のように記されている。

　　11年と数ヶ月続いた本誌も、今までの形態は一応今号で終わり

第5章 マス・メディアにおける健康—健康雑誌の場合

ます。長い間お世話になった著者にその旨を伝えるのは、何とも心苦しいものでした。でも、その時にいただいた、いろいろなお言葉は、もったいないくらいのものが多く、続けられなくなった責任をさらに痛感しています。<u>今、健康は商品になるといわれています。でも、本誌は、いわば、商品としての健康を売り物にしないようにしたつもりでした。健康は毎日の生活そのものの積み重ね、その中に、薬や健康機器を取り入れるのはいいのですが、それだけに頼っていても、本当の健康は得られないでしょう。</u>また、新しい形でお目にかかるまで、サヨウナラ。（下線は引用者）

また、別の編集者は次のように記している。

いよいよこの68号をもって、従来の形式による発行は最後となりました。69号からは判型は大判となり、スリムな形の雑誌に大きく変わります。
　<u>思えば、活字時代から視覚の時代への大きな変貌を、『健康と自然』も自ら味わうこととなったわけです。</u>
　<u>時代の流れは、編集者の意思を超えて早いのが常です。いつの日か、その時代の流れを超える早さで対応できる雑誌作りをしたいものです。</u>（下線は引用者）

この2人の編集者はいずれも、同誌が時代の流れに合わなくなったことが、編集方針の大転換の原因であるとみているようである。その時代の流れとは、「健康は商品になる」ことであり、「活字時代から視覚の時代への」変化である。だが、雑誌を取り巻くこのような変化は、当然のことながら、編集方針が変わる1983年に突然起こったわけではない。1980年7月号（通号50号）の編集後記にはすでに次のように記されて

図 5-24 『健康と自然』(2007.1) の表紙　　図 5-25 『健康と自然』(2007.1) の目次

いる。

  高度経済成長のひずみで、魂を悪魔に売り渡した言論、出版界も、いずれ大きな岐路に立つことと思います。その時"健康と自然"が生き残れるようこれからの2～3年特にがんばりたいと思います。

「高度経済成長のひずみで、魂を悪魔に売り渡した」と形容されているように、ここには、商業主義的な変化によって変質してしまった言論、出版界に対する失望が、おそらくある。そしてまた、広告収入にほとんど依存しない誌面作りをしている編集者の危機感も読み取れる。

 だがこのような危機感にもかかわらず、結局3年後の1983年には編集方針が大きく変わることになってしまう。つまり70年代から80年代にかけては、消費社会化が進行する中にあって、それと一線を画す誌面作りを行ってきた『健康と自然』のような雑誌の発行が困難になってい

く時期だったのだろう。

　編集方針が変わって以降、同誌は社会派的な、あるいは市民主義的とでもいえるような志向を消失させ、先述したような、広い意味での商業主義的な要素を含んだ専門誌へと変化する。

　この『健康と自然』という雑誌の変化は1つの事例に過ぎないが、この時期に起こった健康をめぐる社会環境の重要な変化を示しているように思われる。それは、健康雑誌さらには健康という領域に対する商業主義的な力の強まりである。このような変化は内容分析によって明らかになった、『壮快』を筆頭とする商業主義的な健康雑誌の台頭によっても確かめられたことである。

②『Tarzan』の創刊

　この時期の変化に対する理解をさらに深めるために、『Tarzan』の創刊という事例を付け加えよう。

　同誌はスポーツ、フィットネス、ダイエット、健康などの、身体に関連する記事を中心に構成される月2回刊の雑誌である。創刊は1986年3月で、『健康と自然』が編集方針を大きく変えてから約3年後である。また、同誌を刊行しているマガジンハウスは、『an an』、『オリーブ』、『ブルータス』、『ポパイ』などの、若い層を対象にした雑誌を多く発行している点に特徴のある出版社である。

　『Tarzan』は、先の内容分析で、読者の年齢が若く、商業主義的傾向の強いことが明らかになっており、新しい要素をもった健康雑誌だといえる（→表5-8、5-10）。そしてまた、その新しさは、身体に対する見方にも表れている。以下には、それを示す、創刊号の巻頭に置かれた文章を、少し長いが抜粋しておこう。

　　　FIT FOR LIFE 時代はどんどん変わってる。

朝、目ざめとともに〈自分自身〉に充ち足りた気持ちが広がる。一日のはじまりに、何かとても重要なことが決まってしまうのではないだろうか。人生について遠大な計画を立てる、あるいは理想から冷たくされてくよくよ悩むよりも、人生を日常生活に置きかえて、たとえばモノにこだわることによってライフスタイルをポジティブに築いてゆく。70年代はそうやってはじまった。自分自身の価値観でモノを選択することが、どれほど楽しくて生活をフレキシブルにすることかを最初に提案したのが1969年に発行された『ホール・アース・カタログ』だった。モノは人生について書かれた本以上に人々に豊かなインスピレーションを与え、価値観を拡大した。時代は次に、遊びの精神をライフスタイルに持ちこむことの必要を知った。人々の好奇心は旺盛となる。パスポートは出入国のスタンプで埋まる。レーザーディスクで名画を楽しむ。ドライ・マティーニを夜毎に味わう。やがては衣食住にニューヨークからアフリカまで、1920年代から近未来まで、過剰に様々なスタイルを取り入れるところまでいった。いまや、時代を読むためのテキストは、いく冊あっても足りないほどだ。我々はいま、車にしろファッションにしろAV機器にしろスポーツ用品にしろ住居にしろ、その気になり経済力がともなえば最新型に自由に替えられる豊かさのなかにある。女と男の関係すらも、そのレベルまで解放された。しかし、絶対に替えられないものがある。それは、〈自分自身〉だ。誰もが〈自分自身〉とは生涯つきあっていかなくてはならないという、この当たり前の真実。だとしたら〈自分自身〉に飽きたり嫌気がさすような生活を、どうしてできよう。鏡に映る〈自分自身〉の全身、それはもう人生のスタイルそのものだ。だから、〈自分自身〉とフレッシュにつきあおうとするすべての人のために、『ターザン』が登場する。

第5章 マス・メディアにおける健康—健康雑誌の場合

　文章の前半では、70年代になって以降、モノの選択を通じてライフスタイルの選択が可能になったことが述べられている。それは遊びの精神を含む楽しみであり、解放である。これに対して、最後部では、モノと対比される、鏡に映る〈自分自身〉の全身、すなわち自己の身体が取り上げられる。この自己の身体は、替えることができないという点で、モノとは決定的に異なる。だがここでは、身体を変えようという提案が暗示されている。なぜなら、モノがライフスタイルを構成するのと同様に、鏡に映る〈自分自身〉の全身は、人生のスタイルそのものだからである。つまり、自己の身体に目を向け、それを変えることで、自分のライフスタイルを築こうという提案がされていると理解できる。

　ここでは、モノを選択するという行為と、自己の身体に目を向け、変えるという行為が、ライフスタイルを築くという目的に対する手段として、同列に並べられており、そこには、道徳的な響きや深刻さが感じられない。それは、モノだけでなく、身体でさえもが選択可能だと暗示されているからであろう。このような、身体に対する見方の軽さ、ひいては自己に対する見方の軽さは、それまでの健康雑誌みられるのとは異質な印象を与え、この時代における身体や健康に対する見方の変化を示しているように思われる。

5.4.7　健康雑誌の内容の多様化

　先ほどの内容分析で、時期が下るにつれて対象年齢による健康雑誌の棲み分けが進行し、多様化が起こっているということを述べた。だが多様化は、年齢だけでなく、内容においても起こっている。本節では、依って立つ身体観・健康観という基準によって健康雑誌を分類し、内容の多様化をみていこう。

(1)西洋医学的健康雑誌

213

内容面の多様化が始まるのは、商業主義的な健康雑誌のはしりである『壮快』('74年創刊) や、東洋医学に基づいた健康法を紹介した『東洋医学』('73年創刊) が創刊される70年代前半からである。まずは、多様化が始まるこの時期以前に創刊された雑誌、すなわち『暮しと健康』('60年創刊) や『毎日らいふ』('70年創刊) などに典型的な内容に触れておこう。

『暮しと健康』や『毎日らいふ』の誌面は、カラーページも広告も少ないという内容分析の結果から分かるように、地味で堅実である。そしてその基調にあるのは、社会的に正統性を付与された地位にある西洋医学的な身体観・健康観をベースにした科学的な見方である。記事には、しばしば、医師や大学教授といった社会的に正統性を付与された者の科学的な見方が示されている。

このようなタイプの雑誌が果たす重要な機能は、専門家である医師等が一般の読者に対して専門知識を知らせるという啓蒙の機能であろう。この啓蒙機能は、医師などの専門家と読者の間に、かつて T. パーソンズが医師 - 患者関係によって指摘したのと同様の、非対称的で垂直的な関係を前提にすることで成り立つ。健康雑誌の数が少なく、多様化が進んでいない時期に創刊されたこれらの雑誌が、啓蒙性の強い性格を持っているのは自然であろう。

このタイプの健康雑誌には、上記2誌のほかに、戦後の最も早い時期に創刊された『健康と長寿』('48年創刊) や『人間ドック』('53年創刊) があり、後発誌としては、NHK の同名のテレビ番組と並行して発行されている『きょうの健康』('88年創刊) や、子供の健康を扱っている『ちいさい・おおきい・よわい・つよい』('93年創刊) がある[27]。

また、西洋医学的な身体観・健康観を背景としながらも、上に挙げたオーソドックスな雑誌とは異なる視点を持ったものに『ホスピタウン』('93年創刊) がある。同誌は、優れた医療機関、優れた医師に関する情

第5章 マス・メディアにおける健康—健康雑誌の場合

図5-26 『暮しと健康』(2000.8) の誌面

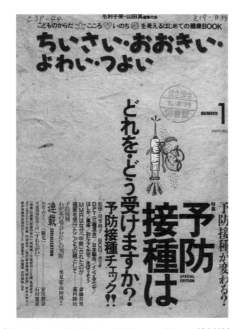

図5-27 『ちいさい・おおきい・よわい・つよい』(創刊号〔1993年〕)

第2部　健康志向の趨勢

図 5-28　『ホスピタウン』(1998.11) の病院紹介記事

報の提供を主要な目的としており、健康法の情報提供を主目的とする一般的な健康雑誌とは性格が異なる。

　優れた医療機関、医師に関する情報は、健康法のような、健康を維持するために有用な直接的な情報ではなく、その種の情報にアクセスするための情報である。つまり、健康維持という目的にとっては間接的、あるいは二次的な情報である。このタイプの情報は、患者（消費者）に主体的な選択の機会をもたらすために、医師 - 患者関係一般に存在する垂直的な関係を相対化しうる働きをもっており、その意味でオーソドックスな西洋医学的健康雑誌とは反対の機能を果たしうる。このような情報から構成される雑誌が月刊誌として成立していたことの背景には、患者（消費者）の自律的な意識の高まり、あるいは社会的権威を盲目的には信用しないような意識の高まりがあると考えられる。『ホスピタウン』は健康雑誌の中では他に例のない異質な存在だが、これは人々の意識の成熟

第5章 マス・メディアにおける健康——健康雑誌の場合

がもたらした健康雑誌の多様化の一例であるといえるだろう。

(2)ハイブリッドな健康雑誌

　次にみるのは、『壮快』('74年創刊)に代表される、西洋医学志向がそれほど強くない健康雑誌群である。このタイプの雑誌は、西洋医学的な身体観・健康観を否定しているわけではないが、そのような見方が相対的に弱い。というのも、このタイプの雑誌は西洋医学的な健康法と同時に、民間療法的な健康法や、つぼマッサージ、漢方薬といった東洋医学的な健康法も紹介しているからである。つまりこのタイプの雑誌は、健康によいとされるのであれば、西洋医学であろうが、民間療法であろうが、東洋医学であろうが何でも取り入れるという貪欲な姿勢を持っている。そのため、原則的に西洋医学に則った誌面作りをしている『暮しと健康』などと比較すると、相対的に啓蒙性が弱く感じられる。

　また、このタイプの雑誌では、一見すると「本当に効果があるのだろうか」と疑いたくなってしまう民間療法的な健康法が紹介される場合がある。たとえば、「ニンニクで作る最強・最高パワフル薬！びっくりするほど即効性あり！血糖値 肝機能値が正常化 かすみ目が消えた 精力も大復活した 人気続出中の《ニンニクコーヒー》発見！」などのような記事である。この種の民間療法的な健康法は、読者が身近にある食材等を利用して手軽に行えるものが多く、読者にとっては心理的にも実際的にも敷居が低いと考えられる。このような内容は、西洋医学的健康雑誌から差異化するものとして機能すると同時に、啓蒙性を弱く感じさせる要因になっていると考えられる。

　このタイプの典型的な雑誌には、『壮快』のほかに、『健康』('76年創刊)、『安心』('83年創刊)、『わかさ』('90年創刊)、『ゆほびか』('95年創刊)がある。しかし、これらのすべてが同じような誌面作りをしているわけではない。中には、相対的に啓蒙性が強く、西洋医学寄りである雑誌も

217

図 5-29 『壮快』(1998.8) の誌面

ある。つまり、ハイブリッドな健康雑誌と西洋医学的健康雑誌の境界は必ずしも明確ではない。

　また、このタイプの雑誌の中には、異なる特徴を持つ雑誌として、『Healthy Beauty』('84年創刊)、『からだにいいこと』('05年創刊)、『Body+』('05年創刊) がある。これらの雑誌は、女性の美容に関する事柄を多く取り上げており、それらはしばしば健康と結びつけられている。つまり、健康を通して美容を獲得するという、ほかの健康雑誌とは異なった視点をもっている。このような特徴を持つ上記3誌は、健康雑誌と美容雑誌の境界に存在し、健康を取り入れた美容雑誌ともいえる

第5章　マス・メディアにおける健康—健康雑誌の場合

図5-30　『わたしの健康（『健康』の前誌）』(1997.4) の誌面

し、美容を取り入れた健康雑誌ともいえる。あるいは、健康によって差異化した美容雑誌とも、美容によって差異化した健康雑誌ともいえる。健康雑誌という文脈では、これらは、健康雑誌の多様化として捉えられるだろう。

(3) 東洋医学的健康雑誌

　これまでみた西洋医学的健康雑誌、ハイブリッドな健康雑誌と比較すると目立たないが、もうひとつのタイプとして、東洋医学的な身体観・健康観に基づいて誌面作りを行っている健康雑誌群がある。

　つぼ押しや漢方薬など一般的に認知度の高い東洋医学的健康法は、ハイブリッドな健康雑誌において、あるいは場合によっては西洋医学的な健康雑誌においても、取り上げられることがある。しかし、ここでみるのは、誌面全体が東洋医学的な身体観に基づいて構成されている雑誌で

第2部　健康志向の趨勢

図5-31　『からだにいいこと』（2009.5）の誌面

ある。

　このタイプに含まれる雑誌には、『東洋医学』('73年創刊)、『カルナ』('85年創刊)、『アネモネ』('93年創刊)、『気の森』('93年創刊)、『大地の癒し』('96年創刊)がある。これらの雑誌で紹介される主な健康法は、漢方薬、はり、気功、ヨガ、瞑想、自然食品などで、雑誌によっては、一般にニュー・エイジ、スピリチュアル系などと言われる志向を含むものもある。ニュー・エイジ的なもの、スピリチュアル系的なものは、身体と精神を合わせた人間の全体性を重視するという意味で、東洋医学と親和性を持っていると考えられるが、広い意味での宗教的な要素を含み、狭い意味での東洋医学とは言い難い内容を含んでいる場合もある。たとえば『カルナ』、『アネモネ』、『気の森』がそうである。しかし、これら3誌

第5章 マス・メディアにおける健康—健康雑誌の場合

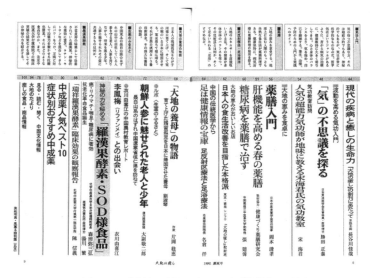

図 5-32 『大地の癒し』(1996年薫風号)の目次

も、狭い意味での東洋医学的な健康法を多く紹介しており、東洋医学的健康雑誌というカテゴリーに入れることができる。

　明治以降の近代化の過程で、西洋医学が正統的な地位を占めるようになって以降、東洋医学的な身体観・健康観は2次的な地位、つまり西洋医学の代替的な地位に転落した。また、東洋医学的健康雑誌は、ハイブリッドな健康雑誌群のような、何でも取り入れるという貪欲さを持っていないために、読者を限定し、狭めているようにみえる。このタイプの健康雑誌が先の2つのタイプと比べて目立たないのは、これらのことが影響しているのかもしれない。

　また創刊時期について述べると、『東洋医学』以外は、創刊年が80年代半ば以降であり、先のハイブリッドな健康雑誌と比較して後から広まった雑誌のタイプだといえそうである。

第2部　健康志向の趨勢

図5-33　『気マガジン』（『カルナ』の前誌）(1992.3) の誌面

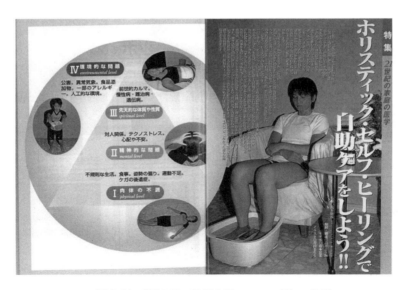

図5-34　『気の森』（2000年 autumn 号）の誌面

第5章 マス・メディアにおける健康―健康雑誌の場合

図5-35 スピリチュアル的な志向の強い『アネモネ』(2008.11) の表紙

図5-36 『アネモネ』(2008.11) の誌面

⑷健康雑誌が多様化していることの意味

　以上、依って立つ身体観・健康観という基準に沿って、健康雑誌を整理し、西洋医学的健康雑誌、ハイブリッドな健康雑誌、東洋医学的健康雑誌という3タイプに分類した。そしてそれぞれのタイプは、2次的な情報を扱う『ホスピタウン』、美容と健康の両方を扱う『からだにいいこと』などの雑誌、ニューエイジ的な要素を持った『アネモネ』などの雑誌といったように、さらに細分化された。

　以上のことから分かるのは、端的にいって健康雑誌は多様だということである。しかしその多様性は、健康雑誌が刊行され始めた当初から存在していたわけではなく、70年代前半以降に現れるようになったものである。では、健康雑誌ブームの中で現れてきたこのような多様性はどのような意味を持っているのであろうか。本項の最後にこの問題を少し考えておこう。

　健康雑誌の多様化は、消費者にとっては、健康情報に対する選択の幅が広がることを意味し、消費者の自律性の増大に寄与しうる。医療社会学では、医療知識の専門性の高さがもたらす専門家支配が問題になってきたが、東洋医学や民間療法の知識によって従来の健康情報が相対化されたり、『ホスピタウン』が取り上げるような、優れた医療機関や医師に関する情報が流通するならば、医師と患者の間に存在する垂直的な関係は緩くなるだろう。つまり、健康雑誌の多様化は、従来の西洋医学が持っていた権威を相対化し、消費者の自律的な選択を手助けする働きを持ちうる。これは、医療社会学でいう脱医療化的な働きだといえる。

　だが、健康雑誌の多様化は、同時に反対の働きももたらしうる。すなわち、消費者の自律性を損なう働きももたらしうる。

　健康雑誌が多様化して、質的に多様な情報が流通し、情報の量が増大することの背景には、消費者の健康情報に対する要求水準の高まりやリテラシーの高まりが存在すると考えられる。だが、そのような高い要求

　　　　　　　　　第5章　マス・メディアにおける健康—健康雑誌の場合

水準やリテラシーは、すべての消費者が持っているわけではない。消費者の中には、健康情報リテラシーが高くないにもかかわらず、多様な健康情報にさらされている者もいるだろう。その場合、健康情報の多様さは自律的な選択を手助けするものとはならず、戸惑いや不安をもたらすだけであるかもしれない。

　また、健康情報が量的に増大し質的に多様化することは、日常生活において健康情報に接する機会を増大させ、"健康であるべし"とする規範を強化する可能性も持っている。健康規範の強化は、個人の自律性を高める方向に作用するとは考えにくく、社会の医療化を促進する方向に作用すると考えられる。

　以上のように、健康雑誌の多様化は、消費者の自律的な選択を助けるという脱医療化的な働きをもたらしうる一方で、健康規範を強化するという医療化的な働きもまた、もたらしうる。つまり健康雑誌の多様化は、矛盾する反対方向の変化を同時にもたらしている可能性がある。

5.5　新聞記事における健康

　本章ではこれまで健康雑誌を分析してきたが、補足的に新聞記事もみておこう。図5-37は、1945年から1999年までに発行された朝日新聞において、見出しに"健康"を含む記事の件数を示している[28]。その変化をみると、50年代初めから80年代半ばまでは増加傾向で、80年代半ばから90年代後半にかけては横ばいであることが分かる。また、"健康"と類似した意味を持つ言葉には、"衛生""保健"などがあるが、これらを見出しに含む記事の件数も加えたのが図5-38である[29][30]。

　図5-38をみると、"健康"と、その類義語である"衛生"、"保健"の間には、はっきりした傾向の違いがある。"健康"は50年代初めから80年代半ばにかけて増加傾向だが、同じ時期に、"衛生"と"保健"

第 2 部　健康志向の趨勢

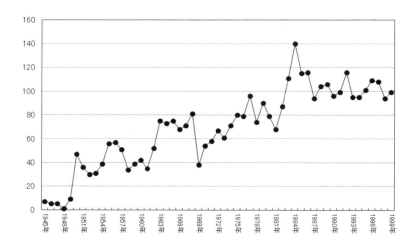

図 5-37　"健康"を見出しに含む新聞記事の件数

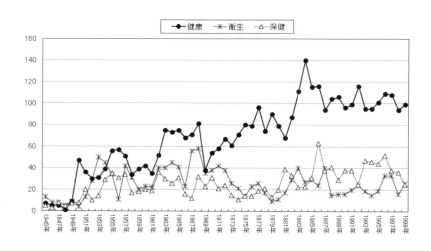

図 5-38　"健康""衛生""保健"を見出しに含む新聞記事の件数

はおおよそ横ばいである。中でも、70年代前半頃から80年代半ばにかけては、違いが際立っており、この時期に、"健康"をめぐる社会的な変化が起こったことを窺わせる。しかし、本論では、"健康"記事の内容分析を行って、その変化の意味を明らかにする余裕がない。したがって、以下のように、大ざっぱな見方を示すことしかできない。

"健康"記事の増大の背景には、論理的には次の2つの社会的変化が考えられる。1つは、人々の健康に対する関心が強まることである。これは、関心の量的な変化を意味する。もう1つは、"健康"という言葉の意味が多様化し、幅広く使用されるようになることである。これは、関心の質的な変化を意味する。これら2つのうち、妥当性が高いと思われるのは、後者の質的変化である。第3章でみたように、70年代後半以降においては健康至上主義の強まりが確認されておらず、また本章で明らかになったように、1970年代前半には健康雑誌が多く創刊され、かつ1970年代に入ってから健康雑誌の商業主義化が進んでいるからである。

5.6　本章の結論

本章の冒頭では2つの問題を挙げた。健康雑誌ブームは存在したのかという問題と、健康雑誌と消費社会化は関係しているかという問題である。最後にこれらに対する結論と、そのほかに明らかになったことをまとめておこう。

1つ目の問題については、健康雑誌ブームは存在したという結論になる。この問題の発端は、70年代半ばと、80年代末から90年代中葉の2つの時期に健康雑誌ブームがあったとする瀧澤の議論に対して、黒田らが議論の不十分さを指摘していたことにあった。本章では、戦後の健康雑誌を網羅的に取り上げて分析を行い、雑誌全体に占める健康雑誌の割

合が、1960年代終わりから1970年代中頃にかけて、および、1990年代中頃に増加していることが明らかになった。この結果は、瀧澤の議論と重なる部分もあるが、一致しない部分もあり、そのずれは、瀧澤の議論における次のような論証プロセスの問題に由来すると考えられる。すなわち、雑誌選定のプロセスをはっきり示していない、健康雑誌とはいえない雑誌を選定している、選定されている雑誌数が少ない、という問題である。瀧澤の結論が、的外れとまではいえずとも、正確性に欠けるのは、このような問題があるからだろう。それに対し、本章では、信頼性の高いデータを元に論証を行ったために、妥当性の高い結論が得られたのではないだろうか。

　2つ目の問題については、健康雑誌は商業主義化しており消費社会化と関係しているという結論になる。これは、時期が下るにつれ、広告、広告記事を多く掲載した健康雑誌が増加していることを直接の根拠とし、『健康と自然』の編集方針の変化がその妥当性を補強している。さらにいうと、この結論は、第4章で明らかになった、健康に関する消費支出の増加という結論とも一致する。これら一連の議論は、第3章で取り上げた、健康志向の高まりは存在しないとする黒田らの見方とは異なっている。

　本章では上の2つの結論に加えて、健康雑誌の多様化ということも明らかになった。これは、健康雑誌における読者年齢層の細分化と、健康雑誌の内容の多様化の2つを含んでいる。

　一方の、読者年齢層の細分化は、若年層に対象を絞った健康雑誌の存在をその根拠としている。より具体的には、読者の平均年齢が低い雑誌のうち、早い時期に創刊された『暮しと健康』は、年齢の標準偏差が大きく、広い年代を対象としているのに対し、後発の『カルナ』、『Tarzan』、『日経ヘルス』は、年齢の標準偏差が小さく、相対的に若い年齢層に対象が絞られているということである。

　　　　　　　　　　第5章　マス・メディアにおける健康—健康雑誌の場合

　他方、内容の多様化は、雑誌において取り上げられる健康法のタイプや健康法の取り上げ方が多様になったことを意味する。このうち、健康法の多様化は、社会的正統性の強い西洋医学をベースにした西洋医学的健康雑誌のほかに、民間療法や東洋医学を取り入れた、ハイブリッドな健康雑誌や東洋医学的健康雑誌が発行されるようになったことがその根拠となる。また、健康法の取り上げ方の多様化については、間接的な情報を扱う『ホスピタウン』、美容を重視する健康雑誌、ニューエイジ的な志向を持った健康雑誌などが発行されるようになったことをその根拠としている。

　以上のような健康雑誌の多様化は、一方では、選択の広がりが消費者の自律化を助けるというように、脱医療化的な作用をもたらしうると考えられるが、他方では、健康情報リテラシーの高くない消費者の戸惑いや不安を高めたり、健康規範を強化するというように、医療化的な作用をもたらしうると考えられる。つまり、健康雑誌の多様化は、消費者の自律性と他律性のいずれにも作用する可能性があり、両義的な働きをすると考えられる。

注
(1)　瀧澤 (1998) は、瀧澤 (1996) を加筆修正したものである。両者の内容には多少の異なる部分もあるが、大きな違いはない。
(2)　瀧澤は以下の16誌を分析対象にしている。『保健同人』『健康ファミリー』『暮しと健康』『毎日ライフ』『明日の友』『壮快』『わたしの健康』『安心』『健康時代』『わかさ』『ホスピタウン』『日経ウェルネス』『さわやか元気』『健康現代』『大丈夫』『ゆほびか』。ただし瀧澤 (1998) では、『ゆほびか』を除いた15誌を対象にしている。
(3)　ここでは、あくまでも、健康言説の変化および健康の消費化を問題にするのであって、健康に対する意識や行動全般の変化を問題にするので

はない。後者の問題は、第3章でみたように、黒田らが検討している。
⑷　一番古い『出版年鑑』は1929年に東京書籍商組合によって発行されている。戦後の数年間は、同年鑑は発行されていないが、それを除くと毎年発行されており、『雑誌年鑑』というデータ集が発行されている時期もある。現在の『出版年鑑』は、出版ニュース社が1951年から発行している。本研究では1929年以降のすべての『出版年鑑』、『雑誌年鑑』にあたったが、戦前の年鑑は分析に使用していない。なお『出版年鑑』の歴史は、出版ニュース社の社史に詳しい（出版ニュース社 2008）。

　　また『出版年鑑』以外のデータ集としては、メディア・リサーチ・センター発行の『雑誌新聞総かたろぐ』がある。同データ集は、『出版年鑑』が収録していないデータも収録しており有用な点もあるが、発行開始が1979年で、1977年以前のデータが分からないという難点がある。
⑸　1953年以前のデータは雑誌の分類の仕方が異なるため、ここでは使用していない。
⑹　この間、雑誌全体の発行点数も一貫して増加している。
⑺　本論では、『出版年鑑』から健康雑誌を抽出した。したがって『出版年鑑』に掲載されていない場合は、健康雑誌といえるものであっても対象外とした。しかし『出版年鑑』は網羅性が高いので、本論が定義する健康雑誌のうち漏れたものは多くないと思われる。『出版年鑑』に掲載されていない健康雑誌で筆者が確認しえたものには『健康美人』(学習研究社)、『DO BALANCE』(ベースボール・マガジン社) がある。これらは『雑誌新聞総かたろぐ』には掲載されているが、『出版年鑑』には掲載されていない。これらを分析対象に加えるやり方もあるが、本論では手続きの形式性を重視して加えなかった。
⑻　1951年から発行が始まる出版ニュース社の『出版年鑑』のほかに、『日本出版年鑑　昭和19、20、21年』、『日本出版年鑑　昭和22、23年』(いずれも共同出版社編で、発行年はそれぞれ1947年、1948年) も参照した。『日本出版年鑑』では「医学薬学」という欄を参照した。
⑼　健康雑誌であるかどうかをチェックするのに最も簡単な方法は、出版社のホームページで確かめることである。だがこの方法によって判断できたのは50誌の専門誌のみである。残りのほとんどは雑誌の実物、またはそのコピーをチェックした。現在、書店で販売されている雑誌はすぐ

第5章　マス・メディアにおける健康—健康雑誌の場合

にチェックできるが、それ以外は国立国会図書館、大宅壮一文庫、全国の大学図書館等に所蔵されているものをチェックした。さらにどの図書館にも所蔵されていない場合は、古書店等で購入するか、出版社に直接問い合わせた。それでもチェックできない場合、すなわち当時の出版社が現在存在していない場合、存在しているとしても当該雑誌が古すぎるために出版社が情報を確認できない場合、あるいは問い合わせに対する回答が出版社から得られない場合は不明となった。また、実際の雑誌やそのコピーにアクセスできても、全国の一般書店で販売されているか否かという点は判断が難しい。この点は雑誌内の記述、『雑誌新聞総かたろぐ』の情報、出版社への問い合わせなどによって判断した。さらに、ある時期までは一般向けの雑誌であったものが、途中から専門誌に変わる場合のように、ある時期までは条件を満たしているがそれ以後条件を満たさなくなる雑誌が複数あった。これらは当該雑誌の創刊から休刊までの号を確認することで判断した。本論で扱う健康雑誌のデータは2009年末現在のものである。

⑽　健康雑誌を体系的に取り上げた唯一の研究である瀧澤（1996, 1998）が挙げている健康雑誌と、本論が挙げている健康雑誌には大きな隔たりがある。本論では48誌の健康雑誌を挙げているが、瀧澤は16誌しか挙げていない。1996年6月に発行された瀧澤の論文と同様に対象期間を1995年以前としても、本論のデータでは36誌あり、20誌もの開きがある。また個々の雑誌に関する別の問題もある。瀧澤は『健康ファミリー』は1952年に創刊されたとしているが、正確には『健康ファミリー』の前身である『人生手帖』が1952年に創刊され、『健康ファミリー』は1974年に『人生手帖』を改題したものである。さらに『人生手帖』と『健康ファミリー』の間には内容的に大きな断絶がある。『人生手帖』は一時期健康に関する記事も一部掲載していたが、創刊以来、個人的な悩みや社会問題について語り合うことを目的とした雑誌である。つまり改題後の『健康ファミリー』は健康雑誌といえるのだが、『人生手帖』は健康雑誌とはいえない。瀧澤は1970年代に入るまで大衆健康雑誌は『暮しと健康』と『健康ファミリー』の2誌のみであるということを述べ（瀧澤 1998: 73）、『健康ファミリー』の存在を重要視しているにもかかわらずこのような誤認がある。さらに瀧澤が健康雑誌として挙げている『明日の友』は、高年齢

層向けの生活総合誌とでもいえるもので、健康に関する記事を含んではいるものの、全体の内容をみた場合、健康雑誌とは言い難い。瀧澤の研究は、健康雑誌に関する唯一の体系的な研究という点で貴重だが、以上のようなデータの不十分さは議論の信頼性を減じてしまう。

(11) 休刊年が不明の『百万人の健康』、『スパレックス』、『健康ナビ』は、『出版年鑑』、『雑誌新聞総かたろぐ』で発行が確認できる年のみデータに加えている。それぞれ順に、1976年のみ、2000〜2002年、2001〜2004年である。

(12) どのような状態を健康雑誌ブームとするかということについては2つの考え方がありうる。1つは、創刊が相次ぎ、発行点数または健康雑誌の占める割合が増加し続けている状態を指す場合で、もう1つは発行点数や割合がピークである状態を指す場合である。本論では、前者の状態を健康雑誌ブームの時期とする。創刊が相次いでいる時期は、健康に対する見方に何らかの変化が起こっているとみられる点で重要だと考えられるからである。このような見方に立つと、健康雑誌ブームの時期は、60年代終わりから70年代中頃にかけての時期と、90年代中頃の時期ということになる。

(13) 本論の分析結果と瀧澤の議論を照らし合わせると、瀧澤の議論は、結果としてある程度の妥当性を持っている。しかし瀧澤は、健康雑誌ブームの時期を70年代半ばと、90年代初頭以降としており、1つ目の時期は本論の分析とずれている。このずれは瀧澤の分析におけるデータの扱い方が反映された結果であろう。

(14) 健康雑誌ブームが起こった2つの時期は、それぞれ、オイルショックを境にした高度経済成長期から低成長期への転換期、バブル経済期から平成不況への転換期というように、経済状況が大きく変化する時期に重なっており興味深い。

(15) 本論では、2色以上のインクを使用して印刷されているページをカラーページとした。したがって、薄緑や薄オレンジといった色のついた紙に印刷をしていても、使用しているインクが1色であればカラーページとはしていない。だが『壮快』の場合は、薄いオレンジ色などの紙を使用しているページも多く、視覚的な刺激が強くないわけではない。

(16) ここでは分析していないが、創刊の古い『健康と長寿』、『人間ドック』

の2誌は、カラーページがほぼ皆無である。

⒄　雑誌が商業主義的であることと、消費に対して人々の関心が高いこと（＝消費主義的であること）はイコールではない。しかし、人々の消費に対する関心が高くなければ、商業主義的な雑誌が刊行され続けることもないだろう。

⒅　広告と広告記事の割合を測定するにあたっては、文字数を基準にした。つまり、当該ページの文字数全体の中で、広告や広告記事が占めている文字数のスペースを測定した。そのため、余白は原則として測定の対象になっていない。レイアウト上、文字数によって測定できない場合は、ページ全体の面積に対する広告・広告記事の面積の割合を測定した。

⒆　本論では、プレゼントコーナーや書評コーナーも広告記事に含めた。ただし、これらが広告記事に占める割合は小さい。これとは反対に、広告記事に似ているが広告記事としなかったページもある。それは、一見すると通常の記事のようにみえるが、よくみると欄外に「PR」や「広告」と記載されているページである。本論では、このようなページは企業広告であると判断した。

⒇　広告と記事の両方の要素を持つ広告記事は、以下のように、広告が進化した形態として理解することもできる。北田暁大は、広告の進化を、ハード・セル広告→ソフト・セル広告→スーパー・ソフト・セル広告という3段階でとらえる見方を示している（北田 2002: 26-31）。これらはそれぞれ、ハード・セル広告は、商品の機能を詳しく述べる広告、ソフト・セル広告は、商品のイメージ的・記号的差異を生み出すためにヴィジュアル・デザインを取り入れた広告、スーパー・ソフト・セル広告は、広告なのか広告ではないのかわからないような姿で受け手に訴えかける広告とされている。このうち最後に位置するスーパー・ソフト・セル広告について、北田は、「広告なのか広告ではないのかわからないような姿で受け手に訴えかける」、「〈隠れ〉モード」の広告であり、「露骨に『広告する』のではなく、たとえば『読者の悩み相談への応答』『記者による記事』といった形で、雑誌の誌面空間の中に溶け込んでいく」広告だとしている（北田 2002: 28）。このように、一見、広告にはみえないが実質的に広告の機能を果しているページをスーパー・ソフト・セル広告というならば、広告記事もまたスーパー・ソフト・セル広告であるといえよう。

このような見方からすると、広告記事は、広告と記事の中間にある中途半端な存在などではなく、広告がその効果を高めるために辿り着いた形態であるといえ、積極的に分析対象にすべきだということになる。なお表5-6をみると、広告記事の割合は相対的に後発の健康雑誌に大きいことが分かる。

(21)　創刊の古い『健康と長寿』、『人間ドック』の2誌も広告は少ない。厳密な分析は行っていないが『暮しと健康』、『毎日らいふ』と同程度である。

(22)　ただし、『気の森』と『ゆほびか』は投稿欄も相談欄もなく、『わかさ』は投稿欄はあるものの投稿者の年齢がほとんど明らかでなく、いずれもデータとして使用できなかった。また『壮快』の2000年、『毎日ライフ』の1990年は、1号あたりの投稿者数が少ないため、分析対象誌を4ヶ月分ではなく、12ヶ月分とした。

(23)　投稿者の中には、年齢、性別を明らかにしていない者もいる。だが、性別に関しては「〜子」のように名前から判断できる場合はそれに従った。

(24)　内容分析を行っていない雑誌は多数あるが、筆者は本論で取り上げた健康雑誌のすべてを閲覧した。その結果、『壮快』以前に商業主義的傾向が強い健康雑誌は存在しないと判断した。

(25)　ここで商業主義的としているのは、高価な電子治療機器を取り上げた記事が多いためである。広告やその他の健康関連商品の紹介は非常に少ない。

(26)　雑誌全体としては、ここに紹介したような社会的問題ばかりを扱っているわけではなく、当然健康法も取り上げている。

(27)　『ちいさい・おおきい・よわい・つよい』は、子育て雑誌という性格も併せ持った、子供の健康を扱っている雑誌である。健康雑誌の多くが成人の健康を対象としている中にあって、同誌は異質な存在である。これまでの特集には、「予防接種はどれを・どう受けますか？予防接種チェック!!」「こどもたちの健康診断でなにがわかるの？項目でみる・こどもたちの健康診断」などがある。

(28)　記事の検索には、『朝日新聞戦後見出しデータベース1945-1999 version1.0』(CD-ROM)を使用した。見出しに"健康"を含む記事の総件数は3827件だが、このうち経済学者の「木村健康」を対象外にすると

第5章　マス・メディアにおける健康—健康雑誌の場合

3819件となる。

(29)　"無病""清潔""養生"も検索したが、件数が少なかったので図では省略した。記事件数はそれぞれ"衛生"1427件、"保健"1375件、"清潔"280件、"養生"343件、"無病"7件であった。

(30)　『広辞苑 第5版』では、"衛生"は「健康の保全・増進をはかり、疾病の予防・治療につとめること」、"保健"は「健康を保つこと」と定義されている。

第2部のまとめ

　第2部の問題は、戦後の日本社会に健康志向の高まりが存在したかどうかであった。これについて、各章で明らかになったことは以下の通りである。

　第3章では、健康志向の存在に関する2つの対立する立場を取り上げた。1つは、日本の医療社会学または健康の社会学で定説とされてきたもので、1970年代半ば以降に人々の健康志向が高まっているとする立場である。90年代以降の健康に関する活発な社会学的議論は、この立場の範囲内に存在している。これに対して2000年代に入ると、黒田浩一郎を中心に、この定説に対立する立場が主張されるようになる。すなわち、70年代半ば以降の健康志向の高まりは存在しないとする立場である。黒田らの議論を検討すると、健康志向を構成する2つの下位カテゴリーのうち、健康至上主義については、その高まりが70年代半ば以降に存在したとはいえないということが明らかになったが、健康ブームについては、高まりが存在したかどうかが分からないということが明らかになった。したがって、次に検討すべきは、健康ブームの高まりが存在するかどうかという問題だということになった。

　第4章では、主に家計調査、消費者物価指数のデータを元に、医療、健康に関わる消費行動の変化を分析した。その結果明らかになったのは以下である。①消費支出に占める保健医療費支出の割合は、80年代半ばか終わり頃から増加傾向にある。②健康志向的であると考えられる栄養剤の消費支出割合は増加傾向にある。③保健医療支出割合の増加傾向は年齢階級別にみても変わらない。④不健康な行動である喫煙は、60年代半ば以降抑制傾向にあり、80年代初め頃からより一層強まった。

⑤保健医療費の支出弾力性の低下傾向から、保健医療全般の必需性の高まりが認められる。⑥たばこは、支出弾力性が70年代半ば以降に低下傾向にあると同時に、劣等財へと変化しており、たばこに対する意味づけの質的転換が考えられる。以上の分析結果は、おおよそ70年代半ばから80年代半ば頃を転換点として健康の消費化が進行したことを示していると考えられる。

　第5章では、『出版年鑑』のデータを使用して健康雑誌の量的変化を分析し、健康雑誌の内容分析を行って、その質的変化を分析した。その結果、量的には、60年代終わりから70年代中頃にかけての時期と90年代中頃に健康雑誌ブームといえる変化のあることが明らかになり、内容的には、70年代から80年代にかけて健康雑誌の商業主義化が進むと同時に、多様化が進んだことが明らかになった。また新聞記事についても、70年代前半から80年代半ばにかけて"健康"を見出しに含む記事が増加していることが明らかになった。これらの結果は、マス・メディア上の言説という観点からみても、おおよそ70年代から90年代中頃までの間に健康ブームの高まりが存在していたということを示している。

　以上の第3〜5章の議論からいえるのは、健康至上主義の高まりは認められないが、健康ブームについては、おおよそ70、80年代を中心として高まりが認められるということである。この結論は、第3章で取り上げた健康志向に対する2つの立場のいずれとも異なっており、医療社会学あるいは健康の社会学にとって意義ある知見だといえよう。また、本論にとっては、健康に関する意識、行動を消費社会化という文脈で扱うことの正当性を示している。

第3部　健康ブームを支える要因とその意味

　第3部では、第2章で提示した2つの問題、すなわち不安とリスクの問題、および他者性の消去についての問題を検討するために、健康ブームがどのような要因によって支えられているのか、また健康ブームの持つ社会的な意味が何であるのかということを、量的データを用いて分析する。

　健康ブームは、健康の消費化とマス・メディア上における健康情報の流通の2つから成るのであったが、本論は消費社会を重要なテーマとしているので、重視するのは前者の健康の消費化の分析である。

　量的データの分析にあたっては、健康の消費化を従属変数とし、主要な独立変数として、脱物質主義、マス・メディアの利用、権威主義的伝統主義、曖昧さ耐性の4つを設定した。第6～9章の各章では、独立変数を1つずつ取り上げ、健康の消費化に与える影響を分析する。それに続く第10章では、4つの独立変数のうち、価値志向やパーソナリティに関係する脱物質主義、権威主義的伝統主義、曖昧さ耐性を取り上げ、これらの相互の関係、および長期的な変化を分析し、健康ブームが持つ社会的な意味の長期的変化を考察する。

第6章　脱物質主義化と健康の消費化

6.1　問題

　本章では、脱物質主義化が健康の消費化に対して与える影響を検討する。

　第1章でも述べたように、イングルハートを中心に論じられてきた脱物質主義論の大枠は、「産業化の進行」→「価値観の変化」→「政治行動の変化」というもので、本来、消費社会についての議論ではない。だが、人々の価値観や欲求の変化を示す脱物質主義という概念は、飽戸（1999）、間々田（2000, 2005, 2007）、三重野（1998, 2000, 2004）などで、消費社会の変化を理解するための重要な概念として取り上げられている。というのも、この概念は、欲求という、消費社会にとって重要な対象の質的変化を捉えうるからである。またこの概念は、消費社会研究における分析視角という点からみると、第1章で述べたように、行為者の欲求の内在的な変化を捉えうるもので、消費者の自律的な側面を問題にしうる。したがって、脱物質主義と健康ブームの関係を検討することは、社会的な欲求の質的変化と健康ブームの関係を問うことであると同時に、消費社会における消費者の自律的な側面を問うことであるともいえる。

6.1.1　先行研究

　まずはじめに、脱物質主義化と健康の消費化の関係が、健康の社会

学、脱物質主義論という2つの領域でどのように取り上げられているかということをみておこう。

①健康の社会学における脱物質主義

　健康についての社会学的な研究では、健康と脱物質主義化の関連は、取り上げられることもあるが、軽く触れられる程度である場合が多い。いくつかあるうち、木下富雄の議論は、マズローの欲求階層理論を取り上げるなどして、記述が多めだが、本格的な分析ではない（木下2000）。ほかには、黒田が、健康至上主義の要因の1つとして、「第二次世界大戦以後とくに1970年代以降の政治と経済の安定と生活水準の向上により日々の衣食住にあくせくしないでもよい人びとが増加したこと」（黒田 [1993]1998: 294）を挙げている。これは脱物質主義論の見方に近いが、この問題に関して黒田は、ここに引用した以上のことをほとんど述べておらず、脱物質主義化についての議論とするには無理がある。また、上杉、高岡利行、津田真人も脱物質主義的な見方に若干触れているが、いずれも踏み込んだ議論ではない（上杉 2000b: 89; 高岡 1990: 111; 津田 1997b: 509）。

　健康の社会学において健康の消費化が取り上げられる場合には、健康至上主義の高まりが起こり、それを察知した企業が健康を商品化していくという見方がしばしばみられる。しかしこのタイプの見方は脱物質主義論とは直接的には無関係である。以下に引用した、上杉の議論と、池田と佐藤の議論はこのタイプの例である。

　　　健康の価値を実現することが人々の欲求となることによって、その欲求を充足させる商品を生産・販売する産業が新たに起こってくる。それが健康産業である。そして健康産業は、健康になりたいという人々の欲求が大きければ大きいほどその産業規模を拡大してい

くのであり、健康産業もまた人びとの健康への欲求を肥大化させ、永続化させるために、健康不安を再生産し続けることになる。健康産業は一方で人々の健康不安をあおり、一方でその不安に応える商品を販売するのであり、それが健康ブームとなって拡がっていく。(上杉 2000b: 123)

「健康」は消費社会において重要で積極的な意味を負わされた記号でもある。健康関連産業のみならず、商品に「健康」のイメージを付与することは市場における価値を高める。(池田・佐藤 1995: 264)

結局のところ、健康の社会学においては、上のような、消費者の欲求を察知した企業が健康を商品化するというタイプの議論はしばしばあるが、脱物質主義論的な見方と関連させて健康を捉える研究は少なく、あったとしても踏み込んだものではない。

②脱物質主義論における健康志向

健康の社会学とはやや異なり、脱物質主義論では、健康との関連がもう少し踏み込んで取り上げられることがある。ここでは2つの議論を挙げておこう。

1つはイングルハートによる議論である。イングルハートは1990年に実施した世界価値観調査の分析から、「脱物質主義のレベルの高い社会に住む人々は、自分たちを『健康』と評価する傾向がある」(相関係数は0.58)(Inglehart 1997: 87)と述べている。つまり脱物質主義的な社会では、健康状態がよいと感じている人が多いということである。イングルハートはこれに対する解釈を示していないが、おそらく次のようなことを意味しているのであろう。自らを健康であると考える人間が多い社

会は、衛生状態や栄養状態がよく、医療水準が高い。そしてこのような社会は一般に、産業化に成功し、一定程度の豊かさを達成することによってもたらされる。つまり、産業化による経済的豊かさが、脱物質主義的価値観の高まりを促進するのと同時に、人々の良好な健康状態ももたらしていると考えられる。

　だがこのような議論は、本章の問題と直接には関係しない。イングルハートは健康状態を問題にしているが、本論が問題にするのは健康意識や健康行動だからである。

　次にみる、もう1つの議論は間々田によるものである。だが、間々田が述べる「脱物質主義化」は、イングルハートとは意味が少し異なるので注意が必要である。イングルハートは、脱物質主義化に伴う価値観の変化を問題にしているが、間々田は、人々の欲求の対象が文字通り物質から非物質へ移行することを問題にしている。

　間々田は脱物質主義的な消費の一例として、健康や美容などの身体的消費を挙げている。身体的消費が必要とするモノは、これまでより小粒で、少量で、省資源的だからである（間々田 2005: 223-36）。身体的消費の高まりついて、間々田は次のように述べている。

　　　身体的消費が盛んになっているという事実は、一見消費社会の1つのエピソードにすぎないように見えるが、実は、モノとエネルギー消費の増大によって特徴づけられていた消費社会が、それをあまり必要としない方向に向かい始めたという、消費社会全体の重要な変化を示唆している。その変化こそ、他でもない「脱物質主義化」なのである。（間々田 2005: 230）

　このように、間々田は、脱物質主義化と身体的消費の関係をはっきりと指摘し、それを消費社会全体の変化との関連において問題に

している。このような議論は、筆者の知る限りでは間々田より以前にはない。つまり、この問題についての研究は蓄積が少ない。

6.1.2　本章の議論における理論的視座

上にみたように、イングルハートと間々田は、脱物質主義化の捉え方が異なる。しかし、それがどのような要因によってもたらされるかという点においては共通している。すなわち、両者の議論は、低次の欲求が十分に満たされることによって、主たる欲求がより高次なものへ変化するという欲求階層理論的なメカニズムを想定している。これは本論にとって重要な点である。

第1章で述べたように、欲求階層理論をベースにした脱物質主義論的な見方は、ガルブレイスやボードリヤール等の従来の消費社会研究とは異なる問題構成をもたらしうる。すなわち、従来的な研究が、外的に大きな力を持った生産者やメディア、あるいはシステムが、消費者に対してどのような影響を与えるかということを大きな問題とするのに対して、脱物質主義論的な見方は、消費者の欲求が一定の自律性をもって内在的に変化するという視点を持っており、消費者の変化に発する消費社会の長期的な構造的変化を問題にしうる。つまり、脱物質主義論的な見方は、従来の消費社会研究が消費者の外側にある要因を強調するあまり注意を払ってこなかった、消費者の変化がもたらす構造やシステムに対する影響を問題にしうるのである。

このように、脱物質主義論的な視点に基づく消費社会の見方は、単に"脱物質"という現象を取り上げていることのみならず、消費者をどのような存在として理解するかという点において、さらには消費社会をどのような社会として理解するかという点において、従来の消費社会研究とは異なる視点を含んでいる[1][2]。

6.2 データと変数

6.2.1 データ

問題を検討するにあたっては、2005年に実施した2回の量的調査のデータ、および2010年に実施した1回の量的調査のデータを使用する。

2005年に実施した2回の調査は、健康に関する意識・行動および一般的な生活意識等を尋ねたもので、本論の問題に焦点化して行った。これらのうち、1回は大学生を対象に行い（以下、大学生調査とする）、もう1回は東京都豊島区で20、30歳代の男女を対象に行った（以下、豊島区調査とする）。

2010年に実施した調査は、首都圏に居住する者を対象に、消費生活全般について尋ねたものである（以下、首都圏調査とする）。この調査は、全体の目的は2005年の2回の調査と異なるが、本論の問題と関連する質問項目を含んでいる。

各調査の概要は以下の通りである[3]。

(1) 大学生調査
- 調査名：健康意識と生活意識に関する調査
- 実施時期：2005年1月
- 対象者：立教大学社会学部で「社会学データ実習」を受講している2年生130名
- 調査方法：集合調査
- 平均年齢：20.2歳（標準偏差0.89）
- 性別：男性47.7％、女性52.3％

(2) 豊島区調査
- 調査名：健康意識と生活意識に関するアンケート

- 調査時期：2005年3月
- 調査主体：立教大学間々田研究室
- 対象者：東京都豊島区に在住する20歳以上39歳以下の男女1000名
- 調査方法：郵送調査
- 抽出法：選挙人名簿を元に2段無作為抽出法により抽出
- 有効回答数：191
- 有効回収率：20.6％（住所不明で返送された調査票等71票を差し引いている）
- 平均年齢：30.7歳（標準偏差5.36）
- 性別：男性42.9％、女性56.5％

(3)首都圏調査
- 調査名：多様化する消費生活に関する調査
- 調査時期：2010年9〜10月
- 調査主体：グローバル消費文化研究会（代表：立教大学 間々田孝夫）
- 対象者：東京都 新宿駅を中心とする40km圏に居住する15歳以上69歳以下の男女4000名
- 調査方法：郵送調査
- 抽出法：住民基本台帳を元に2段無作為抽出法により抽出
- 有効回答数：1749
- 有効回収率：44.1％（抽出ミス・未着票71票を差し引いている）
- 平均年齢：44.5歳（標準偏差15.5）
- 性別：男性45.6％、女性54.4％

6.2.2 変数

①従属変数

本章を含む第3部では、健康の消費化がどのような要因によってもたらされたかという問題を検討するのであった。分析にあたっては、2005年に行った大学生調査と豊島区調査のデータに関しては健康行動に関する項目を従属変数とし、2010年に行った首都圏調査のデータに関しては健康消費に関する項目を従属変数とする。順にみていこう。

2005年に行った2調査では、健康行動の実行頻度について尋ねた質

表 6-1 健康行動の単純集計（大学生調査）（％）

	よく実行	たまに実行	あまり実行しない	実行しない
ジョギングやウォーキングをする	4.6	25.4	31.5	38.5
充分に睡眠をとる	30.8	35.4	28.5	5.4
野菜を多く食べる	20.0	49.2	26.2	4.6
ビタミンやカルシウムが多く含まれている飲み物やお菓子を食べる	14.6	30.8	36.9	17.7
栄養のバランスを考えて食事をする	10.0	36.2	41.5	12.3
ビタミン（ビタミンCなど）やミネラル（カルシウムなど）のサプリメントをとる	12.3	21.5	21.5	44.6
栄養食品（ローヤルゼリー、クロレラ、プルーンなど）をとる	0.8	22.3	25.4	51.5
自然食品や、有機野菜、無農薬野菜を食べる	4.6	13.8	43.1	38.5
遺伝子組み替え食品を食べない	13.1	16.9	30.0	39.2
水道水ではなくミネラルウォーターを飲む	27.7	21.5	20.0	30.8
ストレッチやヨガをする	6.2	41.5	20.8	31.5
足もみやマッサージに行く	0.0	9.2	14.6	76.2
スポーツクラブやジムに通う	3.8	16.2	17.7	62.3
定期的にスポーツをする	20.8	26.9	26.9	25.4
規則正しい生活をする	7.7	28.5	48.5	15.4
栄養ドリンクを飲む	4.6	23.1	30.8	41.5
食品に使われている保存料、着色料などの添加物をとらないようにする	5.4	11.5	46.9	35.4
ストレスをためないようにしている	11.5	42.3	36.2	9.2
瞑想をする	1.5	9.2	25.4	63.8
健康器具を使う	1.5	13.8	20.8	63.8
風邪をひいたときに薬に頼らないで自然に治すようにしている	20.0	28.5	33.1	18.5
食物繊維をとる	13.8	41.5	30.8	13.8

表6-2 健康行動の単純集計（豊島区調査）（%）

	よく実行	まあまあ実行	あまり実行しない	実行しない
規則正しい生活をする	13.8	41.3	33.9	11.1
充分に睡眠をとる	29.1	43.4	22.2	5.3
ストレスをためないようにする	19.1	54.3	23.4	3.2
栄養のバランスを考えて食事をする	22.8	46.0	22.2	9.0
野菜を多く食べる	31.2	41.8	18.5	8.5
自然食品や、有機野菜、無農薬野菜を食べる	4.2	16.4	42.3	37.0
水道水ではなくミネラルウォーターを飲む	31.2	16.9	22.2	29.6
ビタミン（ビタミンCなど）やミネラル（カルシウムなど）などのサプリメントをとる	16.4	14.3	22.2	47.1
ビタミンやミネラルが多く含まれている飲み物を飲んだり、お菓子を食べる	9.6	26.6	31.9	31.9
食物繊維をとるようにする	18.2	41.2	26.2	14.4
栄養食品（プロポリス、ローヤルゼリー、クロレラ、プルーンなど）をとる	6.9	12.2	28.6	52.4
栄養ドリンク、栄養剤を飲む	6.4	15.4	35.1	43.1
遺伝子組み替え食品を食べない	18.5	25.4	28.6	27.5
食品に使われている保存料、着色料などの添加物をとらないようにする	6.3	27.0	41.3	25.4
定期的にスポーツをする	13.4	22.0	31.7	32.8
スポーツクラブやジムに通う	10.1	6.9	14.3	68.8
ジョギングやウォーキングをする	9.6	18.6	25.5	46.3
ストレッチ体操をする	12.7	26.5	26.5	34.4
健康器具を使う	2.7	9.1	15.0	73.3
足もみ、足つぼマッサージに行く	3.7	12.2	12.8	71.3
マッサージや整体に行く	8.5	17.6	13.8	60.1
風邪をひいたときには薬に頼らないで自然に治すようにする	17.5	20.6	36.0	25.9
ヨガをする	0.5	6.3	6.3	86.8
気功をする	0.0	1.6	3.7	94.7

問項目がある（→表6-1、6-2）。これらの中には、消費行動そのものを示すものもあれば、直接的には消費行動と結びついていないようにみえるものもある。後者については、問題を含むようにも思えるが、それぞれ何らかの形で消費と結びつく可能性を持っており、消費とまったく関係がないわけではない。分析結果の解釈に際しては注意が必要だが、それぞれ健康に関する消費行動を示す変数として使用してもよいだろう。こ

表6-3 健康関連商品がおもなお金の使い道である人の割合（首都圏調査）（%）

全年代・全体 (n= 1745)	19.1
全年代・男性 (n= 795)	11.1
全年代・女性 (n= 950)	25.8
20、30代・全体 (n= 568)	16.9
20、30代・男性 (n= 240)	9.6
20、30代・女性 (n= 328)	22.3

れらは、因子分析を行い、尺度化して使用する[4]。

次に2010年に行った首都圏調査の項目をみよう。首都圏調査では、健康消費に関する質問項目を大きく分けて2つ設けている。1つは、「自由に使えるお金のおもな使い道はなんですか」という質問文に対して、「マッサージ・健康食品・サプリメントなどの健康関連商品」という選択肢を含む、複数回答の質問項目である（→表6-3）。もう1つは、「次に示された事柄や行動が、あなたにどのくらいあてはまるかお答え下さい」という質問文に対して「遺伝子組み換え食品を避けるようにしている」「有機栽培や無農薬栽培の野菜を食べるようにしている」「保存料や着色料などの添加物が含まれる食品を避けるようにしている」という3つの項目のそれぞれについて、4件法で回答するものである（→表6-4～6-6）。これらは2005年調査とは項目が異なっているので、解釈の際には、以下の点に留意する必要がある。

表6-3の項目には2つの相違点がある。1つは、個別具体的な健康行動について尋ねるのではなく、健康関連商品全般について尋ねているということである。もう1つは、質問文に「おもなお金の使い道」という文言が含まれているために、健康関連商品全般を積極的に購入している回答者のみが抽出され、健康関連商品を購入していても、それほど積極的ではない回答者は含まれない可能性があるということである。

また、表6-4～6-6の項目は、健康に関連する消費行動のうち、限定された領域についてしか尋ねていないという特徴がある。

第6章　脱物質主義化と健康の消費化

表6-4　遺伝子組み換え食品忌避のクロス集計（首都圏調査）（％）

		あてはまる	ややあてはまる	あまりあてはまらない	あてはまらない
全年代・全体	(n= 1735)	23.7	27.1	29.2	19.9
全年代・男性	(n= 791)	16.1	23.6	33.8	26.5
全年代・女性	(n= 944)	30.2	30.0	25.4	14.4
20、30代・全体	(n= 566)	17.0	21.9	32.9	28.3
20、30代・男性	(n= 240)	12.1	18.8	35.4	33.8
20、30代・女性	(n= 326)	20.6	24.2	31.0	24.2

表6-5　有機栽培、無農薬栽培野菜摂取のクロス集計（首都圏調査）（％）

		あてはまる	ややあてはまる	あまりあてはまらない	あてはまらない
全年代・全体	(n= 1738)	14.0	35.4	33.0	17.6
全年代・男性	(n= 789)	10.3	31.7	35.7	22.3
全年代・女性	(n= 949)	17.1	38.5	30.8	13.7
20、30代・全体	(n= 566)	9.4	28.8	36.9	24.9
20、30代・男性	(n= 239)	6.7	25.9	38.1	29.3
20、30代・女性	(n= 327)	11.3	30.9	36.1	21.7

表6-6　食品添加物忌避のクロス集計（首都圏調査）（％）

		あてはまる	ややあてはまる	あまりあてはまらない	あてはまらない
全年代・全体	(n= 1739)	19.7	37.8	27.8	14.7
全年代・男性	(n= 790)	13.5	34.2	33.4	18.9
全年代・女性	(n= 949)	24.9	40.8	23.2	11.2
20、30代・全体	(n= 567)	13.6	32.6	32.5	21.3
20、30代・男性	(n= 240)	9.6	29.2	35.0	26.3
20、30代・女性	(n= 327)	16.5	35.2	30.6	17.7

②独立変数

　本章の分析で使用する独立変数は脱物質主義である。第1部で述べたように、脱物質主義はイングルハートが議論し始めた概念で、直感的には「モノからこころへ」という言い方が表すような、欲求の変化を示す概念である。3回の調査では、この欲求の変化を測定するために、「物の豊かさより心の豊かさやゆとりのある生活を重視している」という項

第3部　健康ブームを支える要因とその意味

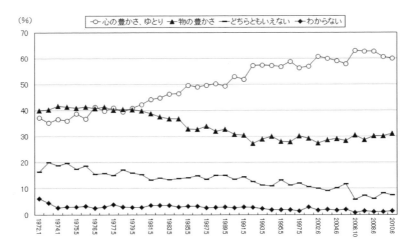

図 6-1　心の豊かさ、物の豊かさ（国民生活に関する世論調査）
内閣府『国民生活に関する世論調査』各年版（内閣府 2012）より作成

目を設定した。この項目は、内閣府による国民生活に関する世論調査やSSM調査で行われてきたものとほぼ同じである。以下では、比較のために、筆者が関わった3回の調査の結果に加えて、国民生活に関する世論調査とSSM調査の結果もみておこう[5]。

まず、しばしば取り上げられる、国民生活に関する世論調査の脱物質主義に関する回答の時系列変化をみよう[6]。図6-1をみると、1980年頃から心の豊かさが物の豊かさを上回り始め、2000年代の後半には物の豊かさのおよそ2倍になっている。つまり脱物質主義的な志向の高まりが確認できる。だが本論の主たる分析対象は20、30歳代であるから、この年代の変化も確認しなければならない。

図6-2をみると、20、30歳代では、全年齢層と比較して物質主義者の割合がやや大きいが、やはり脱物質主義者は増加傾向にある。両者の割合が逆転する時期も、全年齢層と比較してやや遅いが、際立った違いであるとはいえない。つまり若年層においても、全年齢層と同様の変化

第6章　脱物質主義化と健康の消費化

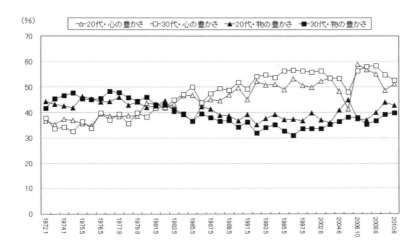

図 6-2　心の豊かさか、物の豊かさか（20歳代、30歳代）
内閣府『国民生活に関する世論調査』各年版（内閣府 2012）より作成

が存在しており、脱物質主義化は年齢の高低にかかわらない日本社会全体の大きな潮流であるといえる。

次に3回の調査の結果をみよう（→表6-7〜6-9）。設問に対して「あてはまる」「ややあてはまる」を選択した回答者を脱物質主義者とすると、脱物質主義者の割合は、大学生調査では72.1%、豊島区調査では75.9%、首都圏調査の全年代では83.0%、首都圏調査の20、30歳代では82.2%となる。

各クロス集計の独立性の検定をカイ2乗検定によって行うと、それぞれ次のようになった。大学生調査では、男性の方が脱物質主義的であることが5%水準で有意である[7]。豊島区調査では、性別は非有意となり、年代では30歳代が脱物質主義的であることが10%水準で有意である。首都圏調査の全年代の分析では、女性の方が脱物質主義的であることが0.1%水準で有意で、年代は5%水準で有意である（50歳代が物質主義的、60歳代が脱物質主義的）。首都圏調査の20、30歳代の分析では、性別、

表 6-7 脱物質主義のクロス集計（大学生調査）（％）

		あてはまる	ややあてはまる	あまりあてはまらない	あてはまらない
全体	(n= 129)	12.4	59.7	27.1	0.8
男性	(n= 62)	21.0	53.2	24.2	1.6
女性	(n= 67)	4.5	65.7	29.9	0.0

表 6-8 脱物質主義のクロス集計（豊島区調査）（％）

		あてはまる	ややあてはまる	あまりあてはまらない	あてはまらない
全体	(n=191)	23.0	52.9	18.3	5.8
男性	(n= 82)	24.4	50.0	17.1	8.5
女性	(n=108)	22.2	54.6	19.4	3.7
20代	(n= 83)	27.7	44.6	19.3	8.4
30代	(n=105)	20.0	60.0	18.1	1.9

表 6-9 脱物質主義のクロス集計（首都圏調査）（％）

		あてはまる	ややあてはまる	あまりあてはまらない	あてはまらない
全体	(n= 1738)	25.4	57.6	15.1	1.8
男性	(n= 789)	22.1	57.0	18.6	2.3
女性	(n= 949)	28.2	58.1	12.2	1.5
20、30代	(n= 569)	24.6	57.6	16.9	0.9
10代	(n= 117)	24.8	54.7	17.9	2.6
20代	(n= 255)	27.1	55.7	16.1	1.2
30代	(n= 314)	22.6	59.2	17.5	0.6
40代	(n= 328)	21.6	60.1	17.4	0.9
50代	(n= 327)	25.4	56.0	15.3	3.4
60代以上	(n= 397)	30.0	57.7	9.8	2.5

年代のいずれも非有意である[8]。

　これらの独立性の検定の結果とクロス集計表をみると、性別に関しては、豊島区調査と首都圏調査の全年代の分析では女性の方が脱物質主義的であるのに対し、大学生調査では男性の方が脱物質主義的であるという点が目を引く。この点については、1995年SSM調査の分析結果を踏

まえて後述する。年代による違いは、豊島区調査と首都圏調査の全年代で有意だが、それほど大きなものではないだろう。

次に、以上の結果と1995年SSM調査の結果を比較しよう[9]。ただし、筆者が関わった3回の調査とSSM調査とでは、以下に述べるように、調査時期、ワーディング、選択肢の数の違いがあるので単純な比較はできない。

まず調査時期についてだが、3回の調査は2005年と2010年に実施しているので、1995年に実施したSSM調査とは10年以上のタイムラグがある。先の国民生活に関する世論調査の結果では、1995年から2005年にかけて、心の豊かさは1.0ポイントの増加、物の豊かさは0.3ポイントの増加となり、1995年から2010年にかけては、心の豊かさは3.2ポイントの増加、物の豊かさは3.0ポイントの増加となっている。この数字をみるかぎり、1995年から2005年または2010年にかけて、顕著な変化があったとはいえないだろう。したがって調査時期の違いが回答に対してもたらす影響はそれほど大きくなさそうである。

次にワーディングの違いをみると、3回の調査では「……を重視している」というように現在の状態を尋ねているのに対して、SSM調査では「これからは……重きをおきたい」というように今後の希望を尋ねている。この違いは、3回の調査の方が脱物質主義者の割合が小さくなる可能性を示している。

最後に選択肢の違いをみると、3回の調査は4件法であるが、SSM調査は「どちらともいえない」が含まれ、5件法である。つまり、2つの調査結果を単純に比較することはできない。

以上の相違点を考慮すると、3回の調査とSSM調査を単純に比較することはできない。しかし、筆者が関わった調査に著しい偏りが存在するか否かという、大まかな傾向の比較は可能であろう。以下でみていこう（表6-10、6-11）。

表6-10 脱物質主義のクロス集計（1995年SSM調査）（％）

		よくあてはまる	ややあてはまる	どちらともいえない	あまりあてはまらない	まったくあてはまらない
全体	(n=2677)	48.6	34.2	12.8	3.7	0.7
男性	(n=1228)	45.5	34.4	14.3	4.6	1.1
女性	(n=1449)	51.2	34.0	11.6	2.9	0.3
20代	(n= 371)	32.6	38.0	18.3	9.4	1.6
30代	(n= 467)	37.9	42.6	14.8	3.9	0.9
40代	(n= 724)	47.2	34.9	14.6	2.9	0.3
50代	(n= 567)	57.3	30.3	10.1	1.9	0.4
60代以上	(n= 548)	61.3	27.6	7.8	2.6	0.7

1995年SSM調査研究会（1995）より作成

表6-11 脱物質主義の集計（全調査）（％）

		よくあてはまる	ややあてはまる	どちらともいえない	あまりあてはまらない	まったくあてはまらない
大学生調査	(n=129)	12.4	59.7	-	27.1	0.8
豊島区調査	(n=191)	23.0	52.9	-	18.3	5.8
首都圏（20、30代）	(n=569)	24.6	57.6	-	16.9	0.9
SSM（20、30代）	(n=838)	35.6	40.6	16.3	6.3	1.2

SSM調査の集計は1995年SSM調査研究会（1995）より作成

　それぞれの結果をみると、大学生調査では、脱物質主義者が72.1％で物質主義者は27.9％、豊島区調査では、脱物質主義者が75.9％で物質主義者が24.1％、首都圏調査（20、30歳代）では脱物質主義者が82.2％、物質主義者が17.8％、SSM調査（20、30歳代）では脱物質主義者が78.2％、物質主義者が7.5％である[10]。これらをみると、脱物質主義者については大きな差がないが、物質主義者は3回の調査の割合が明らかに大きい。しかし厳密な比較は不可能なのだから、これについて何らかの明確な解釈を述べることはできない。上の結果からいえるのは、

第6章　脱物質主義化と健康の消費化

SSM調査の結果と比較して、3回の調査の結果は極端に偏っているわけではなさそうだということである。

次にSSM調査の結果をカイ2乗検定によって独立性の検定を行うと次のようになる。年代差は0.1％水準で有意で、表をみると、それなりに大きな違いがあるといえるだろう。性別も0.1％水準で有意であるが、表をみると、それほど大きな差ではない[11]。

調査時期、ワーディング、選択肢の数の違いから、単純な比較はできないということを念のためもう一度述べた上で、最後にデータの信頼性について述べておこう。これまで4種類のデータを比較してきたが、このうちやや特異な結果を示したのが、大学生調査の性別の検定である。他の調査データでは、非有意であるか、有意である場合には女性の方が脱物質主義的であったのに対し、大学生調査では男性の方が脱物質主義的であるという結果になった。大学生調査のみランダムサンプリングを行っていないのであるから、大学生調査のデータには偏りが含まれている可能性があると考えるのがよさそうである。以後の分析結果の解釈ではこの点に留意する必要がある。これに対して、大学生調査を除く2つの調査には、明らかな偏りの存在は認められないといえるだろう。

③統制変数

統制変数には以下の項目を使用する。

- 性別（すべての調査）
- 年齢（すべての調査）
- 個人年収（豊島区）
- 世帯年収（首都圏）[12]
- 学歴（豊島区、首都圏）[13]
- 結婚（豊島区、首都圏）

・健康状態（すべての調査）
・大病経験（大学生、豊島区）
・アレルギー保持（大学生、豊島区）
（カッコ内は当該項目を使用した調査）

　これらの変数のうち、年齢と性別を除いた各変数の単純集計を行ったのが、表6-12～6-16である。

　統制変数は、上記の基本的な属性に関する変数のほかに、健康状態、アレルギー保持、大病経験という、回答者の健康状態に関わる変数も使用する（→表6-17～6-20）。健康状態のよしあしは、日頃の健康に対する意識や行動に影響を与えると考えられるが、これらを統制変数とすることによって、その影響を差し引くことができるだろう（ただし首都圏調査は健康状態のみ）。

　健康状態については、大学生調査と豊島区調査では、「あなたは、自分自身が健康であると思いますか」と尋ねている。首都圏調査では、「次に示された事柄や行動が、あなたにどのくらいあてはまるかお答えください」という質問文に対し、「健康状態がよい」という項目があり、「あてはまる」から「あてはまらない」まで4つの選択肢を設けている。

　大病経験については、「あなたは、これまでに大きな病気をしたことがありますか」と尋ねている。

　アレルギー保持については、「あなたは、アレルギー性疾患（ぜんそく、アトピー性皮膚炎、花粉症など）を持っていますか」と尋ねている。

④その他の変数
　さらに、分析に使用するその他の変数として、健康不安と健康注意がある。健康不安については、大学生調査と豊島区調査では「あなたは、健康に関して何か不安を感じていますか」と尋ねている。首都圏調査で

第6章　脱物質主義化と健康の消費化

表 6-12　個人年収の単純集計（豊島区調査）（％）

なし	70万円未満	70〜150万円未満	150〜250万円未満	250〜350万円未満	350〜450万円未満	450〜550万円未満	550〜650万円未満	650〜750万円未満	750〜850万円未満	850〜1000万円未満	1000万円以上
9.6	5.9	6.4	14.4	20.2	14.4	12.2	6.9	3.7	1.1	0.5	4.8

表 6-13　個人年収の単純集計（首都圏調査）（％）

	200万円未満（なしも含む）	200万円以上400万円未満	400万円以上600万円未満	600万円以上800万円未満	800万円以上1000万円未満	1000万円以上1200万円未満	1200万円以上1400万円未満	1400万円以上1600万円未満	1600万円以上1800万円未満	1800万円以上2000万円未満	2000万円以上
全年代	44.5	23.2	15.1	7.5	4.8	2.4	1.2	0.5	0.2	0.2	0.5
20代＋30代	41.7	31.4	18.4	7.3	0.9	0.0	0.2	0.0	0.2	0.0	0.0

表 6-14　世帯年収の単純集計（首都圏調査）（％）

	200万円未満（なしも含む）	200万円以上400万円未満	400万円以上600万円未満	600万円以上800万円未満	800万円以上1000万円未満	1000万円以上1200万円未満	1200万円以上1400万円未満	1400万円以上1600万円未満	1600万円以上1800万円未満	1800万円以上2000万円未満	2000万円以上
全年代	5.5	14.7	21.9	17.4	13.9	10.6	7.2	2.8	1.8	1.4	2.8
20代＋30代	7.0	14.7	26.1	18.8	12.0	7.5	7.1	2.6	1.1	0.8	2.3

表 6-15　学歴の単純集計（豊島区調査、首都圏調査）（％）

	中学校	高校	専門学校	短大・高専	大学	大学院	その他
豊島区	0.0	12.7	18.5	13.2	48.1	7.4	0.0
首都圏全年代	5.1	31.8	13.9	12.0	33.2	3.4	0.6
首都圏20、30代	1.4	18.1	17.7	13.8	42.1	6.7	0.2

表 6-16　結婚の単純集計（豊島区、首都圏調査）（％）

	未婚	既婚	離別・死別
豊島区	64.7	35.3	0.0
首都圏全年代	30.5	63.7	5.8
首都圏20、30代	55.3	42.3	2.5

は「あなたは、ふだんの生活の中で次の事柄に不安を感じていますか」という質問文に対し、「健康をそこなうこと」という項目があり、「感じる」から「感じない」までの4つの選択肢を設けている[14]。

表 6-17　健康状態の単純集計（大学生調査、豊島区調査）（%）

	健康	まあまあ健康	あまり健康ではない	健康ではない
大学生	23.1	63.1	11.5	2.3
豊島区	28.3	56.0	14.1	1.6

表 6-18　健康状態の単純集計（首都圏調査）（%）

	あてはまる	ややあてはまる	あまりあてはまらない	あてはまらない
首都圏・全年代	32.9	47.5	16.3	3.3
首都圏・20、30代	39.5	44.3	14.3	1.9

表 6-19　大病経験の単純集計（%）

	はい	いいえ
大学生	12.3	87.7
豊島区	16.8	83.2

表 6-20　アレルギー保持の単純集計（%）

	はい	いいえ
大学生	52.3	47.7
豊島区	52.9	47.1

　表6-21・6-22をみると、大学生調査、豊島区調査の回答結果と、首都圏調査の回答結果との間には大きな違いがある。これは、質問の仕方が異なることによるものだろう。

　健康注意については、「あなたは、自分の健康に注意をはらっていると思いますか」と尋ねている。回答結果をみると、大学生の方が健康に注意をはらっていない傾向がある。これには、大学生の方が年齢が低く、社会的責任が相対的に小さいと考えられていることが影響しているのかもしれない。

表6-21　健康不安の単純集計（大学生調査、豊島区調査）（％）

	不安を感じている	どちらかといえば不安	どちらかといえば不安ではない	不安を感じていない
大学生	6.2	52.7	34.9	6.2
豊島区	14.7	42.9	31.4	11.0

表6-22　健康不安の単純集計（首都圏調査）（％）

	感じる	やや感じる	あまり感じない	感じない
全年代	57.4	32.2	8.6	1.8
20、30代	48.9	38.0	11.1	2.1

表6-23　健康注意の単純集計（％）

	そう思う	どちらかといえばそう思う	どちらかといえばそう思わない	そう思わない
大学生	3.8	36.9	49.2	10.0
豊島区	14.4	45.7	34.0	5.9

6.3　分析

6.3.1　脱物質主義と健康状態・健康意識の関係

　本章が検討するのは、健康消費と脱物質主義の関係であるが、この関係をより明瞭に理解するために、その他の健康に関する変数である健康状態、健康不安、健康注意と、脱物質主義の関係もみておこう。

　表6-24に示した健康状態との偏相関係数をみると、大学生調査では非有意だが、豊島区調査と首都圏調査では正の相関が有意である。この相関は、脱物質主義的であるほど健康状態が良いことを意味しており、先にみたイングルハートの分析と同種の結果である[15]。

　次に健康不安、健康注意との偏相関係数をみよう（→表6-25）。健康不安は、首都圏調査の全年代では有意だが、そのほかでは非有意である。ただし有意である首都圏調査の全年代にしても有意確率は10％水準であるし、偏相関係数も小さいので、全体としてみた場合、脱物質主義と健康不安の関連は、はっきり存在するといえるほどのものではな

第3部　健康ブームを支える要因とその意味

表6-24　脱物質主義と健康状態の偏相関係数

			健康状態
脱物質主義	大学生調査	(df= 124)	.107
	豊島区調査	(df= 178)	.135 *
	首都圏・全年代	(df=1584)	.124 ***
	首都圏・20、30代	(df= 521)	.177 ***

†:p< 0.10, *:p<0.05, **:p<0.01, ***:p<0.001
(統制変数：【大学生】年齢、性別【豊島区】年齢、性別、教育年数、個人年収、結婚【首都圏】年齢、性別、教育年数、等価所得、結婚)

表6-25　脱物質主義と健康不安・健康注意の偏相関係数

			健康不安	健康注意
脱物質主義	大学生調査	(df= 122)	-.080	.046
	豊島区調査	(df= 174)	.029	.288 ***
	首都圏・全年代	(df=1582)	.035 †	
	首都圏・20、30代	(df= 520)	.042	

†:p< 0.10, *:p<0.05, **:p<0.01, ***:p<0.001
(統制変数：【大学生】年齢、性別、健康状態【豊島区】年齢、性別、教育年数、個人年収、結婚、健康状態【首都圏】年齢、性別、教育年数、等価所得、健康状態、結婚)

い。

　健康注意は、大学生調査では非有意だが、豊島区調査では正の相関が0.1％水準で有意である。サンプルの特性により、大学生調査の結果より豊島区調査の結果を重視すべきであるとすると、両変数の間には正の相関が存在すると考えた方がよさそうである。これは、脱物質主義的である者ほど健康に注意する傾向があることを意味する。

　以上の結果をまとめると、脱物質主義的である者は健康状態が良く、健康に注意する傾向があるが、健康不安の大きさは物質主義者とそれほどかわらない、ということになる。脱物質主義者が健康的であることを示すこのような結果は、脱物質主義が低次の欲求を充足することによって現れる価値志向であるという理論的前提を踏まえれば、十分に想定できることである。

6.3.2 健康行動、健康消費行動の尺度化

本項では、従属変数として使用する健康行動(大学生調査、豊島区調査)と健康消費行動(首都圏調査)の尺度化を行う。

①健康行動(大学生調査、豊島区調査)の因子分析

まずは大学生調査と豊島区調査の、健康行動の尺度化を行う。本章の冒頭でみたように、健康行動に関する質問項目は大学生調査で22項目、豊島区調査で24項目あり、その内容は多様である。このように多くの項目を設定したのは、健康行動を単一のものとしてみるのではなく、多様であるという前提に立っているからである。以下では、その多様な健康行動を共通性の高い項目ごとに分類するために行った、因子分析の結果をみよう(→表6-26、表6-27)。

大学生調査の因子分析は主因子法、プロマックス回転で行い、因子負荷量が.350以上である項目ごとに因子を抽出した。その結果、以下の6つの因子が抽出された。

第1因子は、「野菜を食べる」「栄養のバランス」「食物繊維をとる」などの負荷量が高いので「食事バランス因子」とする。

第2因子は、「栄養食品をとる」「サプリメントをとる」「栄養ドリンクを飲む」の負荷量が高いので「サプリメント・栄養食品因子」とする。

第3因子は、「添加物をとらないようにする」「遺伝子組み換え食品を食べない」「自然食品、有機野菜、無農薬野菜を食べる」の負荷量が高いので「自然食品因子」とする。

第4因子は、「睡眠」「規則正しい生活」の負荷量が高いので「日常生活因子」とする。

第5因子は、「足もみ・マッサージ」「ストレッチ」「瞑想」の負荷量が高い。別の因子名も考えられるが、豊島区調査と揃えるために「マッサージ因子」とする。

表6-26　健康行動の因子分析（大学生調査）

	項目	1	2	3	4	5	6
1	野菜を多く食べる	.705	-.110	-.088	.262	.113	-.116
	栄養のバランスを考えて食事をする	.665	-.004	.097	.127	-.212	.001
	食物繊維をとる	.570	-.038	.097	.034	.123	-.006
	ビタミンやカルシウムが多く含まれている飲み物やお菓子を食べる	.442	.308	.095	-.129	.117	.018
2	栄養食品（ローヤルゼリー、クロレラ、プルーンなど）をとる	.017	.884	.001	.093	-.059	-.070
	ビタミン（ビタミンCなど）やミネラル（カルシウムなど）のサプリメントをとる	-.068	.600	.003	-.016	.150	-.032
	栄養ドリンクを飲む	-.057	.501	-.055	-.020	-.040	.235
3	食品に使われている保存料、着色料などの添加物をとらないようにする	.075	-.001	.702	-.082	-.201	.171
	遺伝子組み替え食品を食べない	.109	-.017	.685	-.191	-.046	-.087
	自然食品や、有機野菜、無農薬野菜を食べる	-.054	.036	.514	.270	.267	-.221
	ストレスをためないようにしている	-.108	-.080	.374	.274	.034	.138
4	充分に睡眠をとる	.196	.001	-.155	.710	-.148	.048
	規則正しい生活をする	.139	.076	-.042	.644	-.020	.152
5	足もみやマッサージに行く	.143	-.064	-.128	-.155	.694	.071
	ストレッチやヨガをする	-.043	.002	.103	.031	.488	.145
	瞑想をする	-.122	.092	-.100	-.000	.486	-.118
	健康器具を使う	.176	.003	.046	-.094	.421	.242
6	スポーツクラブやジムに通う	-.106	.042	-.142	.108	.135	.559
	ジョギングやウォーキングをする	.091	.022	.160	.034	-.130	.528
	定期的にスポーツをする	-.151	-.017	.048	.293	.088	.393
因子間相関		1	2	3	4	5	6
	1	-	.302	.529	.263	.371	.205
	2		-	.306	-.059	.337	.170
	3			-	.285	.433	.134
	4				-	.270	.142
	5					-	.308
	6						-

　第6因子は、「スポーツクラブ」「ジョギング・ウォーキング」「定期的なスポーツ」の負荷量が高いので「スポーツ因子」とする。

　以後の分析では、この6因子の因子得点を健康行動の変数として使用する。

　豊島区調査の因子分析も主因子法、プロマックス回転で行い、因子負荷量が.450以上である項目ごとに因子を抽出した。その結果、以下の

表 6-27　健康行動の因子分析（豊島区調査）

	項目	1	2	3	4	5
1	食品に使われている保存料、着色料などの添加物をとらないようにする	.882	-.036	-.039	.041	-.017
	遺伝子組み替え食品を食べない	.695	-.016	-.157	-.013	-.047
	自然食品や、有機野菜、無農薬野菜を食べる	.614	.039	.226	.032	.004
2	ビタミン（ビタミンCなど）やミネラル（カルシウムなど）などのサプリメントをとる	-.027	.806	-.054	-.017	-.003
	栄養食品（プロポリス、ローヤルゼリー、クロレラ、プルーンなど）をとる	.138	.606	-.075	-.001	.081
	ビタミンやミネラルが多く含まれている飲み物を飲んだり、お菓子を食べる	.072	.577	.160	-.103	.010
	栄養ドリンク、栄養剤を飲む	-.190	.472	-.009	.155	-.079
3	スポーツクラブやジムに通う	-.027	.002	.895	.019	-.078
	定期的にスポーツをする	-.042	-.014	.756	.002	.062
4	足もみ、足つぼマッサージに行く	.019	-.005	.020	.764	.030
	マッサージや整体に行く	.035	.020	.003	.758	.024
5	規則正しい生活をする	.013	-.047	.042	-.045	.875
	充分に睡眠をとる	-.082	.053	-.066	.103	.548
因子間相関		1	2	3	4	5
	1	-	.362	.167	.221	.282
	2		-	.282	.205	.091
	3			-	.220	.273
	4				-	.196
	5					-

5つの因子が抽出された。

　第1因子は、「添加物をとらないようにする」「遺伝子組み換え食品を食べない」「自然食品、有機野菜、無農薬野菜を食べる」の負荷量が高いので「自然食品因子」とする。

　第2因子は、「サプリメントをとる」「栄養食品をとる」「栄養ドリンク、栄養剤を飲む」などの負荷量が高いので「サプリメント・栄養食品因子」とする。

　第3因子は、「スポーツクラブに通う」「スポーツをする」の負荷量が高いので「スポーツ因子」とする。

　第4因子は「足もみ」「マッサージ」の負荷量が高いので「マッサージ

因子」とする。

　第5因子は「規則正しい生活」「睡眠をとる」の負荷量が高いので「日常生活因子」とする。

　以後の分析では、この5因子の因子得点を健康行動の変数として使用する。

　上の2つの分析結果を比較すると、大学生調査は食事バランス因子があるために因子数が1つ多いが、この点を除くとほぼ同じである。

②健康行動因子の分類

　上で抽出した因子は、身体に対する関わり方という観点からみて大きく2つに分けられる。1つは、身体に対して積極的に働きかけを行う動的な傾向の強い健康行動因子である。これにあたるのは「スポーツ因子」と「サプリメント因子」である。もう1つは、身体の調子を整えようとする静的な傾向を持つ健康行動因子である。これにあたるのは「食事バランス因子」、「自然食品因子」、「マッサージ因子」、「日常生活因子」である。

　この問題を考える上では、池田光穂が問題にしている、2種類の健康観の違いが参考になる（池田 1990）。池田は以下にみるように、健康観を江戸期以前に優勢であった「禁忌の健康観」と、明治期以降に優勢になってきた「獲得の健康観」に分けている。

　池田によれば、禁忌の健康観は、無病、息災、安泰といった言葉から窺われるように、健康に対する消極的な姿勢をその特徴とする。このような健康観においては、健康は「獲得すべきもの」とはされず、病気や災いから逃れる側面が強調される。そしてこれを代表するのが、江戸期の儒学者、貝原益軒による『養生訓』である。

　池田は、『養生訓』の一貫した原理を次のように述べている。「『病気にならないためには〜しない事』という表現が多くみられ、健康を妨げる

第6章　脱物質主義化と健康の消費化

特定の行為、食物や療法を制限することによって、健康を維持しようというものである」(池田 1990: 15)。『養生訓』を繙くと、確かにその種の表現は多い。たとえば以下のような養生法がある。

　　塩と酢と辛き物と、此三味を多く食ふべからず。此三味を多くくらひ、渇きて湯を多くのめば、湿を生じ脾をやぶる。(貝原 1713=1982: 317)

　　熱湯にて、口をすすぐべからず。歯を損ず。(貝原 1713=1982: 355)

　　熱湯に浴するは害あり。冷熱はみづから試みて沐浴すべし。快にまかせて、熱湯に浴すべからず。気上りてへる。(貝原 1713=1982: 359)

これらは具体的な養生法の例であるが、益軒はこれらの基本にある考え方を次のように述べている。

　　養生の道、多くいふ事を用ひず。只飲食をすくなくし、病をたすくる物をくらはず、色慾をつつしみ、精気をおしみ、怒哀憂思を過さず。心を平にして気を和らげ、言をすくなくして無用のことをはぶき、風寒暑湿の外邪をふせぎ、又、時々身をうごかし、歩行し、時ならずしてねぶり臥す事なく、食気をめぐらすべし。是養生の要なり。(貝原 1713=1982: 285)

池田は、このような過度な行為の抑制を重視する益軒の健康観を、禁忌の健康観を代表するものであるとし、その特徴を次のように述べてい

267

る。

> 禁忌を守ることが、健康を維持するのだという健康観は、禁忌を破ることに対する恐怖と表裏一体である。そこからは健康の意味が積極的に評価されない。すなわち、養生とは、いま持ち得る「生」をいかに、損失することなく保ち得るかという技術論に他ならない。そして、何かによって介入されないならば、健康は所与のものとして獲得されていると見るのもこの健康観の特色なのである。(池田 1990: 15)

このような禁忌の健康観に対置されるのは獲得の健康観である。池田は獲得の健康観を、禁忌の健康観とは正反対の、積極的な努力を通してプラスの価値を高めようとする健康観であり、外的な働きかけを通して健康を獲得するものであると述べている(池田 1990: 16-7)。池田がその具体例として挙げているのは、スポーツや自然食品、機能性食品、滋養強壮薬である。たしかにスポーツや自然食品などは、外的な働きかけを通じて積極的に健康増進を図ろうとする健康法であり、『養生訓』で述べられているような「〜しない事」という消極的な健康観とは対立的であろう。

ところでこの池田の2分類は、先ほどの2つの因子群に重なるようにみえる。つまり、静的な傾向の強い「食事バランス因子」、「自然食品因子」、「マッサージ因子」、「日常生活因子」は禁忌の健康観に重なり、動的な傾向の強い「スポーツ因子」と「サプリメント因子」は獲得の健康観に重なるようにみえる。

だが、よく考えると、静的な健康行動因子の特徴と、禁忌の健康観が意味することは同じではない。禁忌の健康観は「〜しない事」という言い方によって特徴づけられるのであったが、静的な健康法に含まれる「野

菜を多く食べる」「食物繊維をとるようにする」「マッサージや整体にいく」という項目はそれにあてはまらない。また、「禁忌を破ることに対する恐怖と表裏一体」と述べられているように、禁忌の健康観には、結果に対する実質的な合理性（＝健康を保つということ）とは異なる、規範的、道徳的な側面、すなわち価値合理的な側面が含まれている。それに対して静的な健康行動因子群には、このような側面は必ずしも含まれていない。つまり2つの健康行動因子群は、池田による健康観の2分類とは異なっている。

本論では2因子群のうち、「食事バランス因子」、「自然食品因子」、「マッサージ因子」、「日常生活因子」による群を調和的健康法と呼び、「スポーツ因子」と「サプリメント因子」による群を追加的健康法と呼ぶことにする。この分類は、身体の状態を変化させようとする際の（あるいは維持しようとする際の）、身体に対する働きかけの仕方の違いに基づいている。調和的健康法は、日常生活において手軽に行うことが可能な身体への働きかけが主で、身体の良好な状態を保持しようとする志向が強い。追加的健康法は、外的な力を利用して身体に働きかけ、健康な状態をさらに高めようとする志向が強い。ただしこの分類の仕方によって、それぞれの健康法をきれいに分けることは難しく、実際には両方の要素を含む場合も考えられる。たとえば、サプリメント因子は相対的には後者の要素が強いが、前者の要素も含んでいるだろう。

③健康消費行動の尺度化

次に首都圏調査で従属変数として設定した健康消費行動をみていこう。先述したように、この健康消費行動は、大きく分けて2種類の質問項目によって測定している。1つは、おもなお金の使い道として健康関連商品を選択しているかという項目で、もう1つは、遺伝子組み換え食品、有機栽培・無農薬栽培の野菜、食品添加物をそれぞれどの程度

表 6-28　自然食品消費の主成分分析

	第1主成分
保存料や着色料などの添加物が含まれる食品を避けるようにしている	.899
有機栽培や無農薬栽培の野菜を食べるようにしている	.886
遺伝子組み換え食品を避けるようにしている	.864

表 6-29　自然食品消費主成分の寄与率

	固有値	寄与率	累積寄与率
第1主成分	2.339	78.0	78.0
第2主成分	0.377	12.6	90.5
第3主成分	0.284	9.5	100.0

摂取しているかという項目である。前者と後者では質問形式も質問内容も違うので、異なる従属変数として分析を行っていく。前者は質問項目が1つなので、回答を1～4点に得点化して尺度として使用する。後者の3項目は、それぞれ内容が親和的であるので主成分分析によって尺度化して使用する。表6-28・6-29はこの主成分分析の結果である。

主成分分析を行った結果、固有値が1以上である主成分が1つ抽出された。以後の分析では、この第1主成分の主成分得点を変数として使用する。また、この主成分を構成する各項目は、先の健康行動の因子分析における自然食品因子とほとんど同じであるので、この主成分を自然食品消費主成分と呼ぶことにする。

6.3.3　脱物質主義と健康行動・健康消費の相関

健康行動、健康消費に対する脱物質主義の影響は回帰分析によって明らかにするが、その前に予備的な作業として、脱物質主義と、健康行動、健康消費の相関（ピアソン積率相関係数）もみておこう。

①脱物質主義と健康行動との相関（大学生調査、豊島区調査）

まず大学生調査と豊島区調査の分析結果からみよう（→表6-30、表6-31）。表をみると、2調査の分析結果は、同じではないが類似した傾向を示している。全体、男性、女性のいずれかにおいて5%水準で有意な因子は、大学生調査では、食事バランス因子、自然食品因子、日常生活因子であり、豊島区調査では、自然食品因子、日常生活因子である。つまり、自然食品因子、日常生活因子はいずれの調査でも5%水準で有意である（食事バランス因子は豊島区調査にはない因子である）。

　また、ここに挙げた3つの因子は、いずれも先ほど挙げた調和的健康法に含まれる。それに対し、追加的健康法に含まれるサプリメント因子、スポーツ因子は、豊島区調査のサプリメント因子の全体が10%水準で有意になっているのみである。したがって脱物質主義は、調和を志向する穏やかな健康行動と結びつく傾向があるのかもしれない。

②脱物質主義と健康消費との相関（首都圏調査）
　次に首都圏調査の分析結果をみよう（→表6-32）。表をみると、自然食品消費主成分は、いずれも正の相関が有意である。この主成分は、先述のとおり、大学生調査、豊島区調査の自然食品因子と内容がほぼ同一

表6-30　脱物質主義と健康行動の相関係数（大学生調査）

	食事バランス	サプリメント	自然食品	日常生活	マッサージ	スポーツ
全体 (n=126)	-.024	-.027	.068	.203 *	.007	.032
男性 (n= 62)	-.153	-.042	-.044	.201 †	-.019	.068
女性 (n= 64)	.210 *	.030	.269 *	.181 †	.100	-.067

† :p< 0.10, *:p<0.05, **:p<0.01, ***:p<0.001

表6-31　脱物質主義と健康行動の相関係数（豊島区調査）

	自然食品	サプリメント	スポーツ	マッサージ	日常生活
全体 (n=184)	.177 **	.108 †	.077	.098 †	.230 ***
男性 (n= 78)	.286 **	.137	.140	.126	.362 ***
女性 (n=105)	.082	.085	.021	.072	.119

† :p< 0.10, *:p<0.05, **:p<0.01, ***:p<0.001

表6-32 脱物質主義と健康消費の相関係数（首都圏調査）

		健康関連商品	自然食品消費主成分
脱物質主義	全世代・すべて	-.004	.150 ***
	N	1734	1722
	全世代・男性	-.051 †	.119 **
	N	786	780
	全世代・女性	-.008	.141 ***
	N	948	942
	20、30代・すべて	-.061 †	.104 **
	N	568	565
	20、30代・男性	-.118 *	.115 *
	N	240	239
	20、30代・女性	-.043	.087 †
	N	328	326

† p<.10　* p<.05　** p<.01　*** p<.001

なのであったが、分析結果も同様の傾向である。健康関連商品購入は、部分的に有意であるが、相関係数の符号はマイナスである。これについては、次々項(6.3.5)で回帰分析を行った後に論じる。

6.3.4　健康行動因子を従属変数とした重回帰分析（大学生調査、豊島区調査）

次に、回帰分析によって脱物質主義の影響をみよう。まず大学生調査と豊島区調査の分析結果をみる。

大学生調査と豊島区調査の重回帰分析は強制投入法で行い、独立変数には脱物質主義のほかに、次章以降で検討する権威主義的伝統主義、曖昧さ耐性を投入し、統制変数には、性別、年齢、個人年収、教育年数、結婚、健康状態、大病経験、アレルギー保持などを投入した。以下では調査ごとに、全サンプルの分析結果、性別ごとの分析結果を示す。

表6-33〜6-35をみると、大学生調査で脱物質主義の標準化偏回帰係数が有意になったのは、全サンプルでは日常生活因子（5％水準）、男性サンプルでは無し、女性サンプルでは自然食品因子（5％水準）である。

表 6-33　健康行動を従属変数とした重回帰分析（大学生調査・全サンプル）

	食事バランス β	サプリメント β	自然食品 β	日常生活 β	マッサージ β	スポーツ β
性別（男性ダミー）	-.202 *	-.110	-.119	.067	-.287 **	.046
健康状態	.130	-.145	.080	.447 ***	.011	.252 **
大病経験	-.078	.053	-.071	.106	.039	.205 *
アレルギー	-.045	-.022	.073	.053	-.085	-.113
脱物質主義	.023	.021	.099	.179 *	.042	-.008
権威主義的伝統	.132	.080	.034	.102	.372 ***	.297 **
曖昧さ耐性	-.115	-.002	-.104	-.015	.187 *	.256 **
調整済み R^2	.057 †	-.016	-.003	.201 ***	.121 **	.168 ***
N	124	124	124	124	124	124

† :p< 0.10, *:p<0.05, **:p<0.01, ***:p<0.001
β：標準化偏回帰係数

表 6-34　健康行動を従属変数とした重回帰分析（大学生調査・男性）

	食事バランス β	サプリメント β	自然食品 β	日常生活 β	マッサージ β	スポーツ β
健康状態	.292 *	.065	.205	.593 ***	.146	.346 **
大病経験	-.042	.311 *	-.010	.149	.078	.128
アレルギー	-.097	-.040	-.042	.078	-.147	-.100
脱物質主義	-.156	.048	-.056	.164	-.021	.042
権威主義的伝統	.142	.207	.041	.187	.479 ***	.481 ***
曖昧さ耐性	-.063	.027	-.043	.052	.379 **	.377 **
調整済み R^2	.068	.017	-.053	.284 ***	.160 *	.225 **
N	60	60	60	60	60	60

† :p< 0.10, *:p<0.05, **:p<0.01, ***:p<0.001
β：標準化偏回帰係数

女性サンプルの食事バランス因子と日常生活因子は、相関分析では有意だったが、この分析では有意にならなかった。

次に、豊島区調査の分析結果をみよう。表6-36～6-38をみると、脱物質主義の標準化偏回帰係数が有意であるのは、全サンプルでは日常生活因子（1%水準）、自然食品因子（5%水準）、男性サンプルでは自然食品因子（1%水準）、日常生活因子（1%水準）である。女性サンプルでは有意な因子はない。

以上の2調査の結果をまとめると、表6-39のようになる。有意であるのは、自然食品因子と日常生活因子の2つで、これらは調和的健康

第3部　健康ブームを支える要因とその意味

表6-35　健康行動を従属変数とした重回帰分析（大学生調査・女性）

	食事バランス	サプリメント	自然食品	日常生活	マッサージ	スポーツ
	β	β	β	β	β	β
健康状態	-.007	-.324 *	-.026	.306 *	-.106	.179
大病経験	-.106	-.150	-.112	.080	.009	.309 *
アレルギー保持	.020	-.025	.198	.041	-.004	-.099
脱物質主義	.196	.011	.262 *	.185	.062	-.063
権威主義的伝統	.132	.037	.028	.055	.344 *	.141
曖昧さ耐性	-.146	.027	-.160	-.051	.007	.148
調整済み R^2	-.001	.011	.048	.048	.032	.080 †
N	64	64	64	64	64	64

† :p< 0.10, *:p<0.05, **:p<0.01, ***:p<0.001
β：標準化偏回帰係数

表6-36　健康行動を従属変数とした重回帰分析（豊島区調査・全サンプル）

	自然食品	サプリメント	スポーツ	マッサージ	日常生活
	β	β	β	β	β
性別（男性ダミー）	-.145 †	-.121	-.025	-.230 **	-.149 †
年齢	.131	-.020	.030	-.046	.073
教育年数	.025	-.090	.030	.079	.053
個人年収	.049	.156 †	.098	.262 **	.044
既婚ダミー	.172 *	.039	.046	-.003	.140 †
健康状態	.001	-.041	.169 *	-.022	.153 *
大病経験	.088	-.032	.009	-.013	-.052
アレルギー	-.047	.059	.044	-.072	-.058
脱物質主義	.181 *	.096	.036	.113	.220 **
権威主義的伝統	.180 *	.129	.137 †	.064	.146 †
曖昧さ耐性	.171 *	.052	.085	-.013	.022
調整済み R^2	.129 ***	.000	.005	.037 †	.105 **
N	176	176	176	176	176

† :p< 0.10, *:p<0.05, **:p<0.01, ***:p<0.001
β：標準化偏回帰係数

法に含まれる。つまり脱物質主義は、2つの健康法のうち、調和的健康法に、より強い影響を与えるといえそうである。

6.3.5　自然食品主成分、健康関連商品購入を従属変数とした回帰分析（首都圏調査）

次に首都圏調査のデータを用いた回帰分析の結果をみていこう。まず、大学生調査、豊島区調査の自然食品因子とほぼ同じ内容である自

表 6-37　健康行動を従属変数とした重回帰分析（豊島区調査・男性）

	自然食品 β	サプリメント β	スポーツ β	マッサージ β	日常生活 β
年齢	-.156	-.150	-.016	-.004	-.038
教育年数	-.180	-.174	.127	.075	.031
個人年収	.260 *	.313 *	.081	.342 *	.025
既婚ダミー	.200	-.033	.020	.036	.286 *
健康状態	-.008	.021	.090	-.133	.081
大病経験	-.041	.062	-.057	.095	-.100
アレルギー	-.062	.106	.055	.045	-.087
脱物質主義	.405 ***	.141	.099	.187	.385 ***
権威主義的伝統	.327 **	.139	.182	.035	.312 **
曖昧さ耐性	.165	.092	.116	.035	.105
調整済み R^2	.263 **	.008	-.060	.056	.190 **
N	74	74	74	74	74

†：$p<0.10$, *：$p<0.05$, **：$p<0.01$, ***：$p<0.001$
β：標準化偏回帰係数

表 6-38　健康行動を従属変数とした重回帰分析（豊島区調査・女性）

	自然食品 β	サプリメント β	スポーツ β	マッサージ β	日常生活 β
年齢	.279 *	.140	.048	-.044	.136
教育年数	.194 †	-.043	-.031	.094	.077
個人年収	-.042	.091	.101	.161	.030
既婚ダミー	.155	.028	.077	-.066	.064
健康状態	-.051	-.166	.220 *	.037	.204 †
大病経験	.108	-.171	.044	-.081	-.080
アレルギー	-.168 †	-.056	.048	-.115	-.069
脱物質主義	.014	.010	.003	.057	.098
権威主義的伝統	.090	.078	.103	.042	.025
曖昧さ耐性	.110	.004	.034	-.084	-.088
調整済み R^2	.137 **	-.023	-.021	-.029	.025
N	102	102	102	102	102

†：$p<0.10$, *：$p<0.05$, **：$p<0.01$, ***：$p<0.001$
β：標準化偏回帰係数

表 6-39　重回帰分析で有意となった健康行動因子（大学生調査、豊島区調査）

	全サンプル	男性	女性
大学生調査	日常生活 (5%)		自然食品 (5%)
豊島区調査	日常生活 (1%) 自然食品 (5%)	自然食品 (0.1%) 日常生活 (0.1%)	

然食品消費主成分を従属変数とした重回帰分析の結果をみよう（→表6-40、6-41）。

表をみると、全年代の分析でも、20、30歳代の分析でも、脱物質主義が有意であるが、全年代の方がその効果ははっきりしている。大学生調査、豊島区調査の重回帰分析でも、自然食品因子は部分的に有意であったから、同じ傾向を示していることになる。

表6-40 自然食品消費主成分を従属変数とした重回帰分析（全年代）

	自然食品主成分		
	全体	男性	女性
	β	β	β
性別（男性ダミー）	-.211 ***		
年齢	.301 ***	.248 ***	.375 ***
教育年数	-.003	-.082 *	.094 **
等価所得	.062 **	.068 †	.050
既婚ダミー	.029	.042	.039
健康状態	.028	.054	.007
脱物質主義	.122 ***	.135 ***	.106 ***
権威主義尺度	.053 *	.061 †	.050
調整済み R^2	.166 ***	.096 †	.159 ***
N	1580	713	867

† :p< 0.10, *:p<0.05, **:p<0.01, ***:p<0.001
β：標準化偏回帰係数

表6-41 自然食品消費主成分を従属変数とした重回帰分析（20、30歳代）

	自然食品主成分		
	全体	男性	女性
	β	β	β
性別（男性ダミー）	-.169 ***		
年齢	.098 †	.111	.129 †
教育年数	.043	-.053	.133 *
等価所得	.065	.037	.073
既婚ダミー	.050	.057	.038
健康状態	.034	.112	-.028
脱物質主義	.107 *	.088	.096 †
権威主義尺度	.075 †	.115 †	.053
調整済み R^2	.052 ***	.030 †	.024 *
N	525	219	306

† :p< 0.10, *:p<0.05, **:p<0.01, ***:p<0.001
β：標準化偏回帰係数

次に、健康関連商品の購入を従属変数としたロジスティック回帰分析の結果をみよう（→表6-42~6-47）。

先の単相関分析では複数のマイナスの関連が認められたが、ここでは、マイナスの関連は、全年代・男女の分析で10%水準で認められるだけである。つまり、健康商品全般の購入に対して、脱物質主義ははっきりとした効果を持っていない。この結果は、脱物質主義が自然食品主成分に対してプラスの効果を持っていたこととは異なっている。このような2つの異なる結果は、脱物質主義と健康行動は常に結びつくわけではなく、健康行動の種類に左右されることを示唆している。

表6-42　健康関連商品購入を従属変数としたロジスティック回帰分析（全年代・男女）

	健康消費（全年代・男女）			
	Exp(B)	有意確率	下限（95%）	上限（95%）
性別（男性ダミー）	0.318	0.000	0.236	0.427
年齢	1.022	.000	1.011	1.033
教育年数	1.069	.068	0.995	1.149
等価所得	1.001	0.000	1.001	1.002
既婚ダミー	0.848	.327	0.609	1.179
健康状態	0.985	.861	0.831	1.167
脱物質主義	0.847	.093	0.697	1.028
権威主義尺度	1.097	.097	0.983	1.225
Nagelkerke R^2	.102			
N	1581			

表6-43　健康関連商品購入を従属変数としたロジスティック回帰分析（全年代・男性）

	健康消費（全年代・男性）			
	Exp(B)	有意確率	下限（95%）	上限（95%）
年齢	1.022	.044	1.001	1.044
教育年数	1.068	.278	0.948	1.204
等価所得	1.001	.002	1.000	1.002
既婚ダミー	0.732	.371	0.369	1.452
健康状態	1.030	.857	0.750	1.414
脱物質主義	0.792	.186	0.560	1.119
権威主義尺度	1.135	.180	0.943	1.366
Nagelkerke R^2	.054			
N	713			

表6-44 健康関連商品購入を従属変数としたロジスティック回帰分析（全年代・女性）

	健康消費（全年代・女性）			
	Exp(B)	有意確率	下限 (95%)	上限 (95%)
年齢	1.022	.001	1.009	1.035
教育年数	1.076	.118	0.982	1.179
等価所得	1.001	.001	1.000	1.002
既婚ダミー	0.899	.581	0.615	1.313
健康状態	0.971	.776	0.795	1.187
脱物質主義	0.873	.257	0.690	1.104
権威主義尺度	1.079	.275	0.941	1.236
Nagelkerke R^2	.050			
N	868			

表6-45 健康関連商品購入を従属変数としたロジスティック回帰分析（20、30歳代・男女）

	健康消費（20、30代・男女）			
	Exp(B)	有意確率	下限 (95%)	上限 (95%)
性別（男性ダミー）	0.307	.000	0.177	0.533
年齢	1.055	.032	1.005	1.109
教育年数	1.079	.304	0.933	1.247
等価所得	1.001	.012	1.000	1.002
既婚ダミー	0.654	.125	0.380	1.125
健康状態	0.925	.626	0.676	1.266
脱物質主義	0.741	.104	0.516	1.063
権威主義尺度	1.016	.881	0.828	1.247
Nagelkerke R^2	.100			
N	526			

表6-46 健康関連商品購入を従属変数としたロジスティック回帰分析（20、30歳代・男性）

	健康消費（20、30代・男性）			
	Exp(B)	有意確率	下限 (95%)	上限 (95%)
年齢	1.079	.112	0.982	1.186
教育年数	1.163	.299	0.875	1.547
等価所得	1.002	.014	1.000	1.004
既婚ダミー	0.329	.055	0.106	1.024
健康状態	1.102	.748	0.608	1.998
脱物質主義	0.579	.128	0.287	1.170
権威主義尺度	1.016	.943	0.663	1.555
Nagelkerke R^2	.153			
N	219			

表6-47 健康関連商品購入を従属変数としたロジスティック回帰分析(20、30歳代・女性)

	健康消費 (20、30代・女性)			
	Exp(B)	有意確率	下限 (95%)	上限 (95%)
年齢	1.042	.169	0.983	1.105
教育年数	1.061	.509	0.889	1.266
等価所得	1.001	.162	1.000	1.002
既婚ダミー	0.824	.546	0.439	1.546
健康状態	0.904	.597	0.623	1.313
脱物質主義	0.839	.422	0.546	1.288
権威主義尺度	1.018	.883	0.804	1.289
Nagelkerke R^2	.026			
N	307			

6.4 考察

　以下では本章の分析で明らかになったことをまとめて、それらの意味することを考えよう。これまでに明らかになったことは次の通りである。

(1) 脱物質主義的であるほど、自らを健康であると感じている(豊島区、首都圏)(→表6-24)
(2) 健康不安は、脱物質主義とはあまり関連がない(3調査)(→表6-25)
(3) 健康注意は、脱物質主義と関連がある(豊島区のみ)(→表6-25)
(4) 大学生調査、豊島区調査の重回帰分析で、脱物質主義が独立変数として有意である健康行動因子(→表6-33～6-38)

　　【大学生】
　　　全サンプル：日常生活 (5%)
　　　男性：なし
　　　女性：自然食品 (5%)
　　【豊島区】
　　　全サンプル：日常生活 (1%)、自然食品 (5%)

男性：自然食品 (0.1 %)、日常生活 (0.1 %)
　　　女性：なし
(5)首都圏調査の重回帰分析で、脱物質主義は自然食品主成分に影響を与えている（→表6-40、6-41）
(6)首都圏調査のロジスティック回帰分析で、脱物質主義は健康商品全般の消費にはほとんど影響を与えていない（→表6-42〜6-47）

　冒頭で述べたように、本章の問題は、脱物質主義化は健康の消費化に影響を与えているかというものであった。この問題と直接関連しているのは(4)〜(6)である。
　(4)は、大学生調査、豊島区調査の分析において、脱物質主義が自然食品因子、日常生活因子に対して有意な効果を持っていることを示すと同時に、次の2つのことを含意している。1つは、有意である自然食品因子と日常生活因子は、いずれも調和的健康法に分類される因子であるから、脱物質主義は調和的健康行動に効果を持つと考えられるということである。(5)の、首都圏調査の分析における自然食品主成分と脱物質主義の有意な関連は、この解釈と整合的である。もう1つの含意は、脱物質主義化がすべての健康行動に等しく効果を持っているわけではないことが示すように、健康行動は一括りにできないということである。(6)の、健康商品全般の消費行動と脱物質主義が無関連であることも、これと同じことを意味している可能性がある。健康に関する社会学的な議論では、健康意識や健康行動を一括りにして論じることがあるが、問題によっては、そのような方法では十分に理解できないのだと考えられる。
　以上の分析結果を本論の問題に即して述べると、脱物質主義化は調和的健康法に分類される静的な健康消費行動に影響を与えていると考えられる、ということになる。これが、本章の冒頭の問いに対する結論である。

だが、取り上げておくべき重要な知見は他にもある。それは、(2)が示す、脱物質主義と健康不安の関連がはっきりとは認められないということである。この結果は、(3)～(6)の結果と矛盾するようにも思えるが、併せて考えると、脱物質主義者は健康により多くの注意を払い、調和的健康行動をとる傾向があるが、それらは不安に基づくわけではないと解釈できそうである。つまり、脱物質主義的な健康志向は、不安を煽ることによってもたらされるわけではないといえそうである。先に取り上げた上杉の議論では、健康不安の高まりが健康ブームを支えているという見方が示されていたが、脱物質主義化に基づく健康への関心や行動には、そのような見方は当てはまらないのかもしれない。これは、脱物質主義化が、低次の欲求が満たされることによって進行するということと関係がありそうである。

　最後に本論全体に関わる大きな問題についても述べておこう。本章の冒頭で述べたように、従来の消費社会研究は、欲求の他律性を強調し、自律性を軽視する傾向を持っていた。それに対し、脱物質主義は欲求の自律的な側面に関わっているため、本章の分析で明らかになった結果は、消費者の自律性が健康の消費化に作用していることを示している。つまり、従来の消費社会研究では重視されてこなかった側面が明らかになっている。さらに、もっと大きな視点からみると、これは、消費社会全体の変化に消費者の能動性が作用していることを意味しており、第1章で述べた、行為主体が社会構造に影響をもたらす側面（行為主体→社会構造）の存在を示している。

注
(1)　第1章でも述べたが、誤解を避けるために欲求の自律性について再度述べておこう。これまでみてきたように、脱物質主義的な見方は消費者

の欲求の自律性と関わっているが、本論は、欲求がまったく自律的であることを主張しているのではない。本論が問題にしているのは、欲求には他律的な部分と同時に自律的な部分もあるということであり、欲求の自律的な部分を軽視してきた従来の消費社会研究の見方によっては十分に理解できない問題が存在するということである。

(2) 健康の社会学において消費が論じられる際にも、消費者に外在する生産者やメディア、システムがしばしば強調されてきた。したがってここに述べたことと同型の相違は、健康ブームについての本章の議論と健康の社会学における消費に関する議論との間にもみられる。

(3) 2005年の2つの調査は、対象者の年齢および回答方法に関する留意点がある。対象者の年齢は、大学生調査では20歳前後、豊島区調査では20、30歳代であり、若い。これは、加齢効果のコントロールを意図したためである。一般的に、人は年齢を重ねるにつれて健康を損ないやすくなるため、年齢が上がるにしたがって健康に気をつかうようになり、健康的な行動を心がけるようになる傾向があるだろう。つまり加齢は、健康に関わる意識や行動に対して影響を与えると考えられる。そのため、中高年層を調査対象者にすると、加齢効果というノイズによって健康の消費化という現象を相対的に抽出しにくくなると考えられる。逆にいうと、若年層を対象にするとノイズが少なくなり、健康の消費化の要因をより明確に把握できるようになると考えられるのである。次に回答方法についての留意点であるが、豊島区調査では、2000年代以降の回収率のさらなる低下傾向に加えて、都市部で行うという地理的な悪条件、若年層であるという年齢的な悪条件に対応するため、2種類の回答方法を用いた。1つは通常の郵送による回答で、もう1つはインターネット上のホーム・ページを用いた回答である。後者の方法では、郵送にて送付したのと同じ内容の調査票をホームページ上に作成し、それに回答してもらうようにした。ホーム・ページを用いる場合、調査対象者以外の回答を排除しなければならないが、これについては、調査票を郵送する際にパスワードを知らせ、それをホーム・ページ上で入力してもらうようにした。回答者の割合は、郵送が84.8%、ネットが15.2%であった。当初の予想からするとネットでの回答数はそれほど多くなかったという印象だが、一定の効果はあったといえるだろう。

第6章　脱物質主義化と健康の消費化

(4)　これらの項目に対する質問文、選択肢は次のようになっている。大学生調査では、「あなたは以下の健康法を実行することがありますか」という質問文に、「よく実行する」「たまに実行する」「あまり実行しない」「実行しない」という4つの選択肢を設定している。豊島区調査では、「あなたは、健康のために以下のことを実行することがありますか」という質問文に、「よく実行する」「まあまあ実行する」「あまり実行しない」「実行しない」という4つの選択肢を設定している。大学生調査と豊島区調査では、質問文と選択肢の文言が多少異なるが、回答結果に著しい歪みをもたらすものではないだろう。

(5)　3回の調査の質問は、国民生活に関する世論調査および1995年SSM調査とほぼ同じだが、若干の違いもある。国民生活に関する世論調査では、「今後の生活において，物の豊かさ心の豊かさに関して，次のような2つの考え方のうち，あなたの考え方に近いのはどちらでしょうか。」と尋ねており、1995年SSM調査では「これからは、物質的な豊かさよりも、心の豊かさやゆとりのある生活をすることに重きをおきたいと思う」と尋ねている。つまりこれらにおいては、現在の状態ではなく、近い将来の希望が問題になっている。それに対し、3回の調査では、「〜重視している」というように現在の状態を尋ねている。

(6)　国民生活に関する世論調査は、実施頻度が必ずしも一定ではない。例えば、1974年から1976年までは年に2回実施されている一方で、1998年、2000年、2001年は実施されていない。図6-1、図6-2ではこれらを無視して等間隔にプロットしているが、変化の傾向を知るという目的にとっては大きな問題ではないだろう。

(7)　ただし期待度数5未満のセルが25％あり、最小期待度数が0.48であるので、この点の考慮が必要である。

(8)　ただし性別、年代の両分析で、期待度数5未満のセルが25％あるので、この点の考慮が必要である。

(9)　1995年SSM調査では、「これからは、物質的な豊かさよりも、心の豊かさやゆとりのある生活をすることに重きをおきたいと思う」という文言に対し、「よくあてはまる」「ややあてはまる」「どちらともいえない」「あまりあてはまらない」「まったくあてはまらない」という5つの選択肢を設定している。

283

⑽　ただし SSM 調査については、物質主義者に「どちらともいえない」を合わせて、中立・物質主義者とすると 17.2% となる。三重野 (1998, 2000) では、「よくあてはまる」を脱物質志向、「ややあてはまる」を弱脱物質志向、「どちらともいえない」「あまりあてはまらない」「まったくあてはまらない」を合わせて中立・物質志向として分析している。

⑾　性別による違いについては、三重野 (1998) も林の数量化II類による分析から、女性の方が脱物質主義的であると述べているが、その規定力は弱いとしている (三重野 1998: 9-11)。

⑿　分析の際には、世帯年収を元に算出した等価所得を使用する。また、分析には使用しないが、比較のために首都圏調査の個人年収の単純集計も表に示しておく。

⒀　分析には、教育年数を使用する。

⒁　ただし、大学生調査と豊島区調査では選択肢が少し異なる。大学生調査の選択肢は「いつも不安に感じている」「時々不安に感じている」「あまり不安ではない」「まったく不安ではない」であるが、豊島区調査は、「不安を感じている」「どちらかといえば不安を感じている」「どちらかといえば不安を感じていない」「不安を感じていない」である。

⒂　厳密にいえば、イングルハートは、脱物質主義的な社会では健康状態が良いと感じている人が多いというように、社会の比較を行っており、個人の分析を行っている本論とは同じではない。

第7章　マス・メディアの利用と健康の消費化

7.1　問題

　本章では、健康の消費化の要因として、マス・メディアの利用を検討する。

　消費社会とマス・メディアは切り離せない関係にあるため、これまで多くの議論がなされてきた。さらに、健康に関する消費を問題にした議論においても、マス・メディアはしばしば取り上げられてきた。つまり本章で取り上げるのは、消費社会研究における古典的な問題である。しかし、これまでになされてきたこの種の議論では、メディアの影響を示す根拠がはっきりしないなど、曖昧なものも多かったと思われる。その一因としては、量的データを用いた社会学的な分析があまり多くなされてこなかったということもあるだろう。それに対し、本章で行うのは、前章と同じく量的データを用いた分析である。

　また本章の問題は、消費者が他律的であるか否かを、マス・メディアとの関係において問うものでもあり、これまでの議論でも言及し、本論の第3部全体にとっても重要な問題枠組である、消費者の自律性／他律性問題に直接関わっている。

7.1.1　先行研究——健康の社会学におけるマス・メディアの位置づけ

　一般的にはしばしば、マス・メディア上の健康情報が人々の不安感や購買欲を煽っているという言い方がされる。しかし、健康についての社

第3部　健康ブームを支える要因とその意味

会学的な分析の中には、メディアの影響を重視する見方がある一方で、メディアの影響は複雑だとする見方もある。これら2つのタイプの議論はそれぞれ以下のようなものである。

　影響を重視する見方としては、上杉の議論が挙げられる（上杉2000b）。上杉は健康不安と社会の関係を論じた著書において、健康雑誌、テレビ番組、新聞記事等を通じて流通する健康情報が、人々の健康不安を高めているとしており、たとえば次のように述べている[1]。

　　　現代において、人々はテレビや新聞などのメディアから流れてくる健康情報を多く取り入れ、しかもそれらの情報に信頼を寄せている。しかし、メディアが流す健康情報の多くは「もっと健康になりましょう」という観点から作られた情報であり、その情報を信頼して受け取った人々は、今の自分の健康に不安を覚えるようになる。そして不安を覚えた人々は、その不安を解消するためにますますメディアから流される健康情報に頼り、それによってまた新たな健康不安を生み出していく。（上杉 2000b: 119-20）

　ここでは、健康不安という意識が問題になっている。だが上杉は、別の箇所で、「メディアが流すこのような健康情報は、人々の意識や行動に大きな影響を与えている」（上杉 2000b: 119）（下線は引用者）とも述べており、マス・メディアの影響は行動にも及ぶとしている。上杉は、本章が問題にする、消費行動に対するメディアの影響について明確には述べていないが、紅茶キノコ、アガリクス、ポリフェノールといった健康食品等に触れており（上杉 2000b: 105）、消費行動も含んだ議論であるといってよいだろう。このような、メディアの影響を大きくみる上杉の見方は、マス・メディア研究における、弾丸理論ないしは強力効果説と親和性があるといえる。

上の見方とは異なり、マス・メディアの影響は複雑であるとする議論もある。たとえば野村一夫は次のように述べている。

　　現代日本の健康ブームは、人びとがメディアの流す怪しげな情報に踊らされているといった、そんな単純なものではありません。多様な対立要素がきしみをあげている相当に複雑な現象であると考えるべきです。(野村 2000: 55)

　　実際にはメディアの影響力というのは、一方的な影響力というよりも、受け手との共犯関係という面が大きいのです。(野村 2000: 16)

これと同様のことは池田光穂と佐藤純一も述べている。

　　ヘルシズムの普及に果たすマスメディアの役割にも注目しなければならず、これには、マスメディア側が煽ったという側面と、人びとの健康に対する関心にマスメディアが応えたという側面とがあるだろう。(池田・佐藤 1995: 269)

　これらの見方は、メディアの影響を認めながらも、その影響は一方的なものではなく、受け手の側の要因も考慮に入れるべきだとするものである。このような立場は、メディアの影響に限定をつけるという意味で、マス・メディア研究における限定効果説やホールのエンコーディング／ディコーディングモデルと親和性がある[2]。
　以上でみたように、健康意識や健康行動に対するメディアの影響についての見方は、大きく2つに分けることができる。しかし健康とメディアの関係を問題にした研究はそれほど数が多くないということもあり、

上のいずれのタイプにおいても、仮説的な性格の強い議論が多い。

7.1.2　本章の問題

　分析にあたっては、問題を明確化するために3つのポイントを挙げておく。

　1点目は、従属変数を意識にするか、行動にするかという問題である。前項で挙げた先行研究の中には、健康意識と健康行動の区別が明確ではないものもあるが、いずれを対象とするかによってマス・メディアの影響が異なることも考えられるので、区別して考えるべきだろう。本章の分析では意識と行動の両方を扱うが、本章の問題は、マス・メディアによって健康に関する消費が促進されているか否かを問うものであるから、より重要なのは行動である。

　2点目は、ミクロの問題かマクロの問題かということである。ここでいうミクロの問題とは、個人の消費行動に対するメディアの影響のことで、マクロの問題とは社会全体の消費に対するメディアの影響である。このうち、マクロの問題は、3～5章の分析を総合することで既に明らかになっていた。すなわち、健康に対する関心が変化していないにもかかわらず、消費化が進み、マス・メディア上の情報量も増加しているという事実が意味するのは、もともと存在していた健康に対する欲求が消費という形をとるようになったということであり、メディアが健康消費を煽ったわけではないということである。したがって、本章でみようとするのは、健康の消費化に対する、ミクロ・レベルでの影響ということになる。

　3点目は、消費に対するメディアの影響が何を指すのかという問題である。本章で問題にするのは、依存効果という概念が意味しているような影響である。すなわち、本来人々が欲していなかったにもかかわらず、マス・メディア上の情報によって欲望が喚起され、消費を行うとい

うような場合である。これと異なるのは、欲求自体はもともと存在しており、メディア上の情報を利用して必要なものを消費するという場合である。これらの間には、消費に先立って欲求が存在していたか否かという点に違いがある。後者の意味でのメディアの影響が存在しないとするのは非現実的であるから、問題となるのは依存効果的な意味でのメディアの影響が存在するか否かである。

上記の3点をまとめると、本章が主として問題にするのは、ミクロ・レベルの健康に関する消費行動が、依存効果的な意味でマス・メディアの影響を受けているかということになる。そしてこの問題設定は、本章冒頭でも触れたように、消費者の自律性／他律性に関わっている。

7.2 健康メディアの利用についての分析（大学生調査、豊島区調査）

前章と同じく、本章でも3つの調査データを使用する。しかし2005年に実施した大学生調査、豊島区調査と、2010年に実施した首都圏調査では、メディア利用に関する質問項目の内容が異なっている。2005年の2調査では、健康番組や健康雑誌などのように健康情報に特化したメディア（以下、健康メディアとする）の利用について尋ねているのに対し、首都圏調査では、一般の新聞やテレビなどメディア一般の利用について尋ねている。このような違いがあるため、以下では2005年の2調査と首都圏調査を別々に分析することにする。まずは、大学生調査と豊島区調査のデータを分析する。

7.2.1 変数

分析に使用する従属変数、統制変数は前章と同じであるので（従属変数：健康行動　統制変数：性別、年齢、個人年収、教育年数、結婚、健康状

態、大病経験、アレルギー保持)、ここでは独立変数として使用する、健康メディアの利用状況の分布のみをみておこう。健康メディアに関しては、以下の3つの質問を設けた[3]。

【テレビ】

　　　あなたは、健康を主に扱ったテレビ番組をみますか(「あるある大事典」「スパスパ人間学」など)。

【新聞・一般雑誌】

　　あなたは、新聞や一般の雑誌に載っている健康に関する記事を読みますか。

【健康雑誌】

　　　あなたは、健康を主に扱った雑誌を読みますか(『日経ヘルス』『壮快』『きょうの健康』など)。

　図7-1と図7-2で2調査の結果をみると、多少の違いはあるが、特筆するほどのものではないと思われる。具体的な数字は、「よくみる」と「まあまあみる」を合わせると、テレビでは、大学生調査が55.4％、豊島区調査が46.6％となり、健康雑誌では、大学生調査が14.0％、豊島区調査が12.0％となる。

　次にメディア間の分布の違いに注目すると、大学生調査では、健康雑誌よりもテレビの方が多く利用されており(テレビ＞健康雑誌)、豊島区調査では、テレビと新聞・一般雑誌は同程度に利用されているが、健康雑誌はあまり利用されていないことが分かる(テレビ＝新聞・一般雑誌＞健康雑誌)。つまり、いずれの調査においても健康雑誌を利用する者の割合は相対的に小さくなっている。これは、健康雑誌は利用の敷居が高

第7章 マス・メディアの利用と健康の消費化

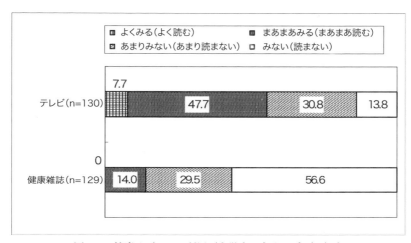

図7-1　健康メディアの利用（大学生・全サンプル）（％）

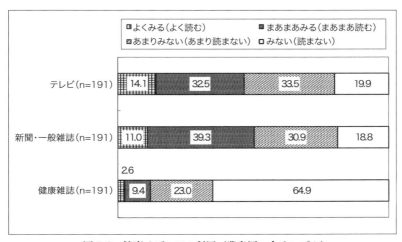

図7-2　健康メディアの利用（豊島区・全サンプル）

く、健康に対するより強い関心を持つ者、つまりより強い能動性を持つ者が利用するメディアであることを示していると考えられる。逆に言えば、テレビや新聞・一般雑誌は、相対的に弱い関心しか持たない者も利用するメディアだということになる。

つづいて図7-3と図7-4で性別による違いをみると、いずれの調査でも、またどのメディアでも、女性の方が多く利用していることが分かる。したがって、分析の際には、性別の違いに注意をする必要がある。

7.2.2 健康メディアの利用と健康意識・健康行動

次に、健康行動に与える健康メディアの影響という問題と関係する2つの項目をみよう。

①健康メディアで紹介された健康法の実行

図7-5、図7-6は「あなたは、テレビや新聞、雑誌で紹介された健康法を実行することがありますか」という質問に対する回答の割合を示している。

2調査の結果をみると、全サンプル、男性サンプル、女性サンプルのいずれにおいても、調査間の違いは大きなものではなく、類似した傾向を示している。また、いずれの調査でも「実行する」と「まあまあ実行する」を合わせると、全サンプルでは4割程度となっている。これは、前項において、テレビ、新聞一般雑誌を「よくみる」「まあまあみる」と回答した者の割合が全サンプルにおいて5割前後であったことを踏まえると、低い割合ではない（→図7-1、図7-2）。

性別による違いをみると、いずれの調査でも女性の方が健康法を実行する傾向が強い。これは、女性の方が多く健康メディアを利用しているという前項の結果と同様の傾向を示している（→図7-3、図7-4）。

図7-7、図7-8は「テレビや新聞、雑誌で紹介された健康法を実行し

第7章　マス・メディアの利用と健康の消費化

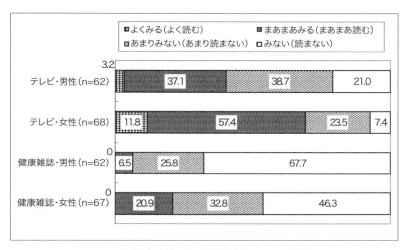

図 7-3　健康メディアの利用（大学生・男女別）

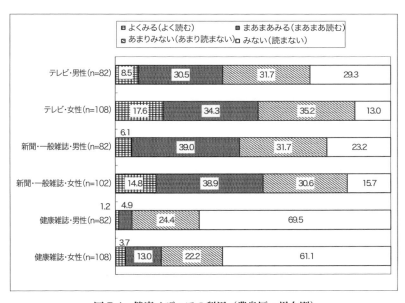

図 7-4　健康メディアの利用（豊島区・男女別）

第3部　健康ブームを支える要因とその意味

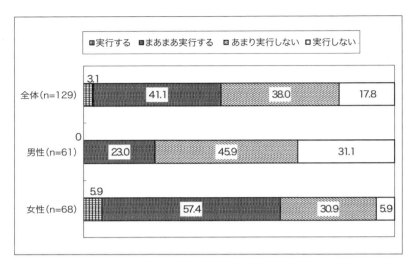

図7-5　健康メディアの健康法実行（大学生）

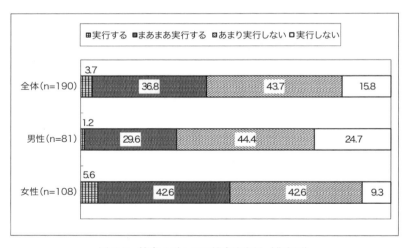

図7-6　健康メディアの健康法実行（豊島区）

第7章　マス・メディアの利用と健康の消費化

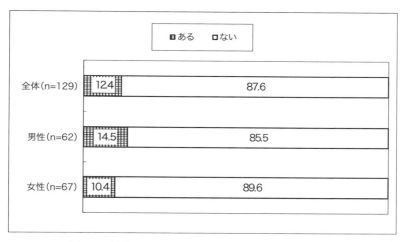

図 7-7　健康メディアの健康法継続1ヶ月以上（大学生）

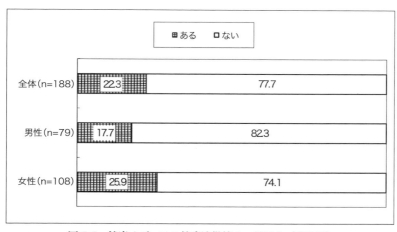

図 7-8　健康メディアの健康法継続1ヶ月以上（豊島区）

て1ヶ月以上続いたものはありますか」という質問に対する回答の割合である。全サンプルの結果を調査間で比較すると、豊島区調査の方が、「ある」と回答している者の割合がやや高い。性別ごとに比較すると、男性では大きな差は認められないが、女性では「ある」と回答した

295

者の割合が、大学生調査では10.4%であるのに対し、豊島区調査では25.9%となっており、開きがやや大きい。豊島区調査はサンプルの年齢が高く、また社会人を含んでいることが影響しているのかもしれない。また同一調査内で性別による違いをみると、大学生調査では男性の方が「ある」の割合が高いのに対し、豊島区調査では女性の方が「ある」の割合が高い。この違いが、何に由来しているのかははっきりしない。

　以上の2種類の項目は、先述したように、健康行動に与える健康メディアの影響という問題と関係している。上記の結果は、健康メディアと健康行動の間に一定の結びつきが存在することを示してはいるが、そこから両者がどのような影響関係にあるかということを明らかにすることはできない。この、健康行動に対するメディアの影響という問題は、後で別の質問項目を分析して、改めて論じる。

②健康状態・健康注意・健康不安と健康メディアの利用

　次にみるのは、健康状態、健康注意、健康不安と健康メディア利用との関係である。これらの関係は、マス・メディアと健康の消費化の関係という本章の問題と間接的に関わるものである。

　まず、健康状態と健康メディア利用の偏相関をみよう（→表7-1）。

　サンプル全体の分析では、大学生調査のテレビが10％水準で有意であるだけで、全体的に関連は薄い。性別ごとの分析では、男性において両調査でテレビが正の相関、女性において豊島区調査のテレビで負の相関となっている。正の相関は、健康状態がよいと感じている者がテレビを多く視聴する傾向のあることを示し、負の相関は、健康状態がよくないと感じている者がテレビを多く視聴する傾向のあることを示している。男女による関連の相違は、性別による健康観の違いを示しているのかもしれない。

　分析結果のうち、より重要なことは、健康雑誌で関連が認められてい

表7-1 健康状態と健康メディア利用の偏相関係数

			テレビ	新聞・一般雑誌	健康雑誌	メディア健康法実行
健康状態	大学生	全体 (df=121)	.129 †		.021	.042
		男性 (df= 56)	.251 *		.109	.075
		女性 (df= 61)	.020		-.044	.037
	豊島区	全体 (df=175)	-.016	-.004	.062	-.018
		男性 (df= 71)	.158 †	-.060	.005	.100
		女性 (df= 97)	-.173 *	-.009	.056	-.149 †

† :p< 0.10, *:p<0.05, **:p<0.01, ***:p<0.001
(統制変数:【大学生】性別(全体のみ)、年齢、大病、アレルギー 【豊島区】

ないことである。健康雑誌は先ほど述べたように、他の健康メディアと比較して、接触に相対的に強い能動性が要求されると考えられる。このような選択性の強い健康メディアで関連が認められないということは、不健康である者がその改善を目的に健康情報にアクセスしているケースの割合が大きくはないと考えられ、健康メディアから健康情報を得ようとする能動的な行動は、健康状態の善し悪しとは関連を持たない一般性の高い行動であると考えられる。

次に、健康注意と健康メディア利用との偏相関をみよう(→表7-2)。分析結果をみると、大学生調査の男性では、すべての項目において関連が認められない。しかし、10％水準も含めると、それ以外のすべてで正の相関が認められる。このことから、全体としては正の関連が存在する傾向にあるといえるだろう。

調査間の比較をすると、テレビでは大きな差はないが、健康雑誌では豊島区調査の方が関連が強い。大学生調査の場合、健康を注意している者の割合が低く(→表6-23)、かつ健康雑誌を読んでいる者の割合も低いために(→図7-3)、関連がはっきりと出なかったのかもしれない。このことに加えて、前章で取り上げたサンプリングの問題を併せて考える

表7-2　健康注意と健康メディア利用の偏相関係数

				テレビ	新聞・一般雑誌	健康雑誌	メディア健康法実行
健康注意	大学生	全体	(df=120)	.206 *		.177 *	.137 †
		男性	(df= 55)	.119		.122	.053
		女性	(df= 60)	.229 *		.189 †	.186 †
	豊島区	全体	(df=171)	.208 **	.224 **	.328 ***	.325 ***
		男性	(df= 68)	.210 *	.194 †	.327 **	.390 ***
		女性	(df= 95)	.185 *	.237 **	.314 ***	.292 **

† :p< 0.10, *:p<0.05, **:p<0.01, ***:p<0.001
(統制変数:【大学生】性別（全体のみ）、年齢、健康状態、大病、アレルギー【豊島区】性別（全体のみ）、年齢、個人年収、教育年数、結婚、健康状態、大病、アレルギー)

と、解釈には豊島区調査の結果を重視した方がよいだろう。

　豊島区調査の分析結果をみて気づくことは、健康雑誌の相関係数が相対的に大きいことである。先述のとおり、健康雑誌は閲覧に対して相対的に強い能動性を必要とする健康メディアであると考えられるから、健康注意との関連が相対的に大きくなることは理にかなっている。

　さて、全体としては、健康注意と健康メディア利用には関連があると言えそうだが、この関連は何を意味しているのだろうか。もともと健康に注意している者が健康メディアを利用するのだろうか（健康注意→健康メディア利用）、それとも健康メディアを利用することによって健康に注意を払うようになるのだろうか（健康メディア利用→健康注意）。

　この因果関係を考える際に手がかりとなるのは、豊島区調査におけるメディアごとの関連の強さの違いである。先述したように、3種類の健康メディアのうち、最も強い能動性を要求し、選択性が強いと考えられるのは健康雑誌である。したがって、健康雑誌を多く閲覧する者は、健康に対する関心が高いがゆえに雑誌を閲覧すると考えるのが自然である。つまり健康雑誌高閲覧者の場合、「健康メディア利用→健康注意」という因果よりも、「健康注意→健康メディア利用」という因果が強く働い

表7-3 健康注意と健康メディア利用の偏相関係数(健康雑誌の低閲覧者のみ・豊島区)

			テレビ	新聞・一般雑誌
健康注意	全体	(df=150)	.095	.193 **
	男性	(df= 64)	.019	.230 *
	女性	(df= 78)	.106	.185 †

† :p< 0.10, *:p<0.05, **:p<0.01, ***:p<0.001
(統制変数:性別(全体のみ)、年齢、個人年収、教育年数、結婚、健康状態、大病、アレルギー)

ていると考えられる。したがって、健康雑誌を「よく読む」「まあまあ読む」と回答した健康雑誌高閲覧者を除外し、健康雑誌低閲覧者のみを対象にして分析を行った場合に、相関係数が大きくなるのであれば「健康メディア利用→健康注意」という因果が考えられ、相関係数が小さくなるのであれば「健康注意→健康メディア利用」という因果が考えられるということになる。この考えにしたがって、健康雑誌低閲覧者のみを対象に偏相関分析を行った結果が表7-3である。

分析の結果、テレビに関しては、関連が弱くなることで有意であった係数が非有意となり、新聞・一般雑誌に関しても全体としては関連がやや弱くなった。新聞・一般雑誌については必ずしもはっきりした結果が表れたわけではないので、因果の向きについて明確な解釈を述べることはできないが、関連が明らかに弱くなったテレビについては、次のような解釈が成り立ちうる。すなわち、表7-2で認められたテレビ視聴と健康注意との相関は、テレビ視聴によって健康に注意を払うようになったという因果関係よりも、もともと健康に注意を払っている者がテレビを視聴しているという因果関係によって、よりよく説明できる。

つづいて、健康不安と健康メディア利用の偏相関をみよう。表7-4をみると、有意な関連が認められるのは、豊島区調査における女性の健康雑誌のみで、それ以外はすべて非有意である。

このうち有意である唯一の関連は負の相関であるから、健康不安が小

299

表7-4 健康不安と健康メディア利用の偏相関係数

				テレビ	新聞・一般雑誌	健康雑誌	メディア健康法実行
健康不安	大学生	全体	(df=119)	.096		.026	-.032
		男性	(df= 55)	.020		.139	-.111
		女性	(df= 59)	.146		-.056	.012
	豊島区	全体	(df=174)	.034	.087	-.088	.010
		男性	(df= 70)	.089	.024	.067	.052
		女性	(df= 96)	.013	.128	-.190 *	-.037

† :p< 0.10, *:p<0.05, **:p<0.01, ***:p<0.001
(統制変数:【大学生】性別（全体のみ）、年齢、健康状態、大病、アレルギー 【豊島区】性別、年齢、個人年収、教育年数、結婚、健康状態、大病、アレルギー)

さい者ほど健康雑誌を閲覧しているということになる。この場合、自らの健康に自信があり不安の小さい者が健康雑誌を多く閲覧しているのだろうか、それとも健康雑誌を閲覧することによって健康不安が小さくなっているのであろうか。上の分析結果のみではどちらの解釈の妥当性が高いのかははっきりしない。しかし、直感的には、後者の方が合理的であると思われる。後者のように、健康雑誌を閲覧することで信頼性の高い情報に多く接することが健康不安を低減させることは十分にあり得ると思われるからである。だが、いずれにしても重要なことは、分析結果からは、健康雑誌に接触することが健康不安を高めるという解釈は得られないということである。

したがって、健康メディアと健康不安の相関分析からは、上杉が想定している、健康メディアが健康不安を助長するという関係は導き出せない。

③健康行動と健康メディアの利用

次に、マス・メディアと健康の消費化の関係という本章の問題と直

第7章 マス・メディアの利用と健康の消費化

表7-5 健康行動と健康メディア利用の偏相関係数（大学生）

			食事バランス	サプリメント	自然食品	日常生活	マッサージ	スポーツ
テレビ	全体	(df=119)	.302 ***	.274 **	.259 **	.013	.143 †	.121 †
	男性	(df= 56)	.146	.304 *	.242 *	-.052	.137	.118
	女性	(df= 58)	.451 ***	.199 †	.263 *	.074	.139	.111
健康雑誌	全体	(df=119)	.252 **	.202 *	.099	.143 †	.405 ***	.299 ***
	男性	(df= 56)	.199 †	.179 †	.101	.073	.324 **	.299 *
	女性	(df= 58)	.283 *	.201 †	.069	.198 †	.442 ***	.295 *

† :p< 0.10, *:p<0.05, **:p<0.01, ***:p<0.001
（統制変数：性別（全体のみ）、年齢、健康状態、大病、アレルギー）

表7-6 健康行動と健康メディア利用の偏相関係数（豊島区）

			自然食品	サプリメント	スポーツ	マッサージ	日常生活
テレビ	全体	(df=168)	.199 **	.277 ***	.084	-.006	.088
	男性	(df= 67)	.325 **	.253 *	.233 *	-.096	.133
	女性	(df= 93)	.123	.301 **	-.002	.064	.050
新聞・一般雑誌	全体	(df=168)	.368 ***	.286 ***	.282 ***	.135 *	.122 †
	男性	(df= 67)	.334 **	.342 **	.368 ***	.197 †	.049
	女性	(df= 93)	.339 ***	.251 *	.212 *	.145 †	.180 *
健康雑誌	全体	(df=168)	.273 ***	.383 ***	.296 ***	.128 *	.270 ***
	男性	(df= 67)	.354 **	.510 ***	.348 **	.189 †	.363 **
	女性	(df= 93)	.221 *	.323 ***	.289 **	.071	.203 *

† :p< 0.10, *:p<0.05, **:p<0.01, ***:p<0.001
（統制変数：性別（全体のみ）、年齢、個人年収、教育年数、結婚、健康状態、大病、アレルギー）

接関わる、健康行動と健康メディア利用の偏相関をみよう（→表7-5、表7-6）。健康行動についての変数には、前章と同じく因子分析によって得られた因子得点を使用している。

両調査の分析結果をみると、健康メディア利用と健康行動の間には全般的に正の関連が存在している。まったく関連が認められない項目は、

第3部　健康ブームを支える要因とその意味

　大学生調査では、テレビ×日常生活、健康雑誌×自然食品の2つ、豊島区調査では、テレビ×マッサージ、テレビ×日常生活の2つのみである。また10%水準でしか有意にならなかった項目は、大学生調査では、テレビ×マッサージ、テレビ×スポーツ、健康雑誌×日常生活の3つ、豊島区調査では無い。以下では、健康行動因子間の比較、メディア間の比較、性別間の比較を行った上で、健康メディアと健康行動の因果関係を考えていく。なお分析結果の解釈に際しては、データの信頼性を考慮して、豊島区調査の結果を中心にみていく。

　まず健康行動因子ごとの関連をみよう。豊島区調査の結果をみると、マッサージ因子の関連の弱さが目につく。この因子は、テレビとはすべて無関連で、新聞・一般雑誌、健康雑誌との関連においても他の因子と比較して相関係数の値が小さい。さらにこの因子は、大学生調査のテレビとの関連でも相関係数が小さい。

　次に目につくのは日常生活因子である。豊島区調査において、この因子は、健康雑誌とは比較的強い関連が認められるが、テレビと新聞・一般雑誌との関連では係数の値が小さい。

　さらにもう1つ目につく因子を挙げるならば、スポーツ因子である。豊島区調査において、この因子は、テレビの全体および女性との関連がない。大学生調査でも、この因子はテレビとの関連が小さい。

　健康メディア利用との関連が相対的に小さいのは以上の3因子だが、なぜこれらの因子なのだろうか。理由としては、健康法を実行する際に必要とする知識の特殊性の違いが考えられる。関連が相対的に弱いマッサージ因子や日常生活因子に含まれる健康行動は特殊な知識を必要とせず、主として一般的な知識の延長上で行うものであるが、自然食品因子やサプリメント因子に含まれる健康行動は、一般的な知識だけではなく、やや特殊な知識を必要とする。そのため、後者のやや特殊な知識を必要とする健康行動を行おうとする者は、必要な情報を健康メディアか

第7章　マス・メディアの利用と健康の消費化

ら入手しようとするのではないだろうか。

　次にメディア間の違いをみよう。豊島区調査の結果を中心に、健康行動因子との関連の強さを比較すると、健康雑誌と新聞・一般雑誌は同程度の強さで（健康雑誌の方が若干強いようにもみえる）、テレビは最も弱い。このような関係になるのは、先述したように、利用に必要な能動的な意志の強さが影響しているためであると考えられる。すなわち、健康雑誌は相対的に強い関心、能動性を要求するメディアであるため、オーディエンスは健康に対する強い関心をもち、健康行動を行うことに積極的であるが、テレビはその反対になるのだと考えられる。

　次に性別による違いをみよう。若干の例外はあるものの、豊島区調査においては、全般的に女性よりも男性の方が、健康メディア利用と健康行動因子との関連が強い。関連が強いということは、健康行動を多く行う者ほど健康メディアを利用するということであるから、健康メディアの利用が相対的に特殊な行為であることを意味する。逆にいえば、関連が弱い場合は、健康行動を行わない者であっても健康メディアを利用する割合が高まるということであるから、健康メディアの利用がより一般性の高い行動であるということになる。つまり、上記の結果は、健康メディアの利用は女性にとって、より一般的な行動であるということを示している。これは、どの健康メディアでも女性の方が多く利用していることからも推測ができる（→図7-3、図7-4）。

　さて、ここでも、これまでと同じように因果関係の問題を考えなければならない。すなわち、健康メディアを利用することで健康行動を行うようになるのか（健康メディア利用→健康行動）、それとも健康行動を行う者が健康メディアを利用しているのか（健康行動→健康メディア利用）という問題である。これは、健康の消費化に対するマス・メディアの影響という、本章の問題と直接関わる大きな問題である。以下では、この問題を明らかにするために、先ほどの健康注意の場合と同じように、

表7-7 健康行動と健康メディア利用の偏相関係数(健康雑誌の低閲覧者のみ・豊島区)

			自然食品	サプリメント	スポーツ	マッサージ	日常生活
テレビ	全体	(df=146)	.160 *	.193 **	.047	.004	.025
	男性	(df= 63)	.260 *	.140	.174 †	-.169 †	.071
	女性	(df= 75)	.096	.227 *	-.067	.166 †	-.014
新聞・一般雑誌	全体	(df=146)	.346 ***	.265 ***	.267 ***	.098	.090
	男性	(df= 63)	.360 **	.371 **	.363 **	.148	.059
	女性	(df= 75)	.271 **	.204 *	.158 †	.119	.131

† :p< 0.10, *:p<0.05, **:p<0.01, ***:p<0.001
(統制変数:性別(全体のみ)、年齢、個人年収、教育年数、結婚、健康状態、大病、アレルギー)

　まず健康雑誌低利用者のみを分析対象にして偏相関分析を行った(→表7-7)。

　分析結果をみると、テレビ、新聞・一般雑誌のいずれにおいても有意の項目は残っているが、表7-6と比べて全体的に関連が弱くなっている。この分析結果は、関連が弱くなったとはいえ有意の項目もあるので「健康メディア利用→健康行動」という因果も想定すべきだということを示しているのだろうか、それとも、関連が弱くなったのでそのような因果は想定しなくてもよいということを示しているのだろうか。

　先述のとおり、健康雑誌の閲覧者は健康に対する関心が高いと考えられるが、関心の高い者は健康雑誌閲覧者に限られるわけではないだろう。つまり、健康雑誌の閲覧はしないが、テレビの視聴をしたり、新聞・一般雑誌の閲覧をする者の中にも、健康に対する関心が高く、健康法についての情報を得るために健康メディアを利用する者(健康行動→健康メディア利用)がいるはずである。このように考えると、表7-7の結果は「メディア利用→健康行動」という因果の可能性も残してはいるが、それを大きく見積もるべきではないといえるだろう。つまり、「メディア利用→健康行動」という因果関係は、存在するにしてもそれほど強いものではなく、過大評価をすべきではないということである。

第7章 マス・メディアの利用と健康の消費化

表7-8 健康行動と健康メディア利用の偏相関係数（健康雑誌の低閲覧者かつ新聞・一般雑誌記事の低閲覧者・豊島区）

			自然食品	サプリメント	スポーツ	マッサージ	日常生活
テレビ	全体	(df=73)	.032	.265 *	-.047	-.136	-.177 †
	男性	(df=31)	.158	.087	-.090	-.214	-.210
	女性	(df=34)	.115	.498 **	.078	.128	-.169

† :p< 0.10, *:p<0.05, **:p<0.01, ***:p<0.001
（統制変数：性別（全体のみ）、年齢、個人年収、教育年数、結婚、健康状態、大病、アレルギー）

　因果関係の問題をさらに考えるために、テレビと比較して選択性が強いと考えられる新聞・一般雑誌記事を多く閲覧している回答者を除外して（＝健康雑誌の低閲覧者、かつ新聞・一般雑誌記事の低閲覧者）、テレビと健康行動因子の偏相関分析を行った（→表7-8）。

　結果をみると、5因子のうち4因子は関連があまりみられないが、サプリメント因子のみ比較的強い関連が認められる（特に女性）。またこの因子の相関係数は、表7-6、表7-7に示した分析結果よりも明らかに大きい。つまり、もともと健康に対する関心が高いと考えられる健康雑誌の高閲覧者、新聞・一般雑誌記事の高閲覧者を除外して分析しているにもかかわらず、サプリメント因子は強い相関が認められている。したがって、この因子については、健康メディアの利用が健康行動を促す面があることを想定した方がよさそうである。

　以上のように、サプリメント因子に限っては、依存効果的な意味での健康メディアの影響が考えられそうである。これが意味することを、健康不安と関連させて補足しておこう。先にみたように、健康不安と健康メディアの利用との間にはほとんど関連がない（→表7-4）。健康不安は意識変数であり、健康行動因子は行動変数であるから、健康メディアの利用は、意識変数とは無関連であるが、行動変数とは関連があるということになる。しかし常識的に考えれば、マス・メディアが意識に影響を及ぼさないにもかかわらず、行動には影響を及ぼすということはありそ

うにない。つまりサプリメント因子において想定される依存効果的な影響は、不安を媒介にしたものではないと考えられる。言い換えると、マス・メディアが健康不安を煽ることによって健康消費が増大するという、しばしば言及される因果関係はここでは認められないということになる。

　さて、これまでの議論をまとめると次のようになる。サプリメント因子を除いた4因子に対しては、依存効果的な意味での、消費行動に対する健康メディアの影響はあまりなさそうである。あるとしてもそれは大きなものではない。これに対して、サプリメント因子の女性に対しては、依存効果的な健康メディアの影響がありそうである。ただしそれは、不安を煽ることによってもたらされるものとは異なる。

7.3　メディア利用一般の分析（首都圏調査）

7.3.1　変数

　次に首都圏調査の結果を分析しよう。首都圏調査では、健康に関連したメディアについてではなく、一般メディアの利用について尋ねている。対象メディアは新聞、テレビ、インターネットである。質問文はそれぞれ次の通りである。

【新聞】
　　あなたは、1日あたり平均してどのくらい日刊の一般新聞（朝日・読売・毎日・産経・日経・東京など）を読みますか。スポーツ新聞・夕刊紙・業界紙・宗教紙など機関紙は除きます。

【テレビ・インターネット】
　　あなたは、ふだん1日にどのくらいの時間、（仕事や学校での利用

以外で)テレビとインターネットを利用しますか。

　表7-9～7-13の集計結果をみると、大まかには次のような傾向がある。新聞については、女性よりも男性の方が閲覧時間が長く、20、30歳代よりも全年代の方が閲覧時間が長い。テレビについては、男性よりも女性の方が視聴時間が長く、20、30歳代よりも全年代の方が視聴時間が長い。インターネットについては、女性よりも男性の方が利用時間が長く、全年代よりも20、30歳代の方が利用時間が長い。これらは特に変わった結果ではないだろう。

7.3.2　一般メディアの利用と健康意識・健康行動

　では次に、大学生調査、豊島区調査の場合と同じように、メディア利用と健康に関する変数との偏相関分析をみていこう。

　①健康状態と一般メディアの利用
　まず健康状態との偏相関をみよう（→表7-14、7-15）。表7-14の全年代の分析で目を引くのは、テレビにおける負の相関である（特に女性）。これは、テレビの視聴時間が長いほど健康状態がよくない傾向があることを示しているが、テレビを長時間視聴するライフスタイルが不健康をもたらすのか、病気がちで不健康であるからテレビの視聴時間が長くなるのかは分からない。他のメディアについては、新聞はすべて非有意であるから関連は認められず、ネットは平日の全サンプルの分析のみ10％水準で有意であるものの、相関係数は小さく、はっきりした関連とはいえない。

　表7-15の20、30歳代の分析では、新聞に正の相関が認められることがやや目を引く。新聞の閲覧は、テレビ、ネットの利用と比べると選択性が強く、社会的な問題に対する意識の高さと相対的に結びつきやすい

表 7-9　新聞のクロス集計（％）

			読まない	15分未満	15分以上30分未満	30分以上
全年代	全体	(n=1737)	22.6	30.3	25.2	21.8
	男性	(n=792)	18.6	30.6	25.3	25.6
	女性	(n=945)	26.0	30.2	25.2	18.6
20、30代	全体	(n=567)	41.4	36.0	16.4	6.2
	男性	(n=240)	32.9	37.5	20.0	9.6
	女性	(n=327)	47.7	34.9	13.8	3.7

表 7-10　テレビ（平日）のクロス集計（％）

			ほとんど利用しない	30分未満	30分以上1時間未満	1時間以上2時間未満	2時間以上3時間未満	3時間以上4時間未満	4時間以上
全年代	全体	(n=1739)	5.6	4.9	14.1	27.5	22.3	12.9	12.5
	男性	(n=791)	5.4	6.8	17.8	30.2	21.6	10.7	7.3
	女性	(n=948)	5.8	3.4	11.0	25.3	22.9	14.8	16.9
20、30代	全体	(n=569)	9.8	6.2	18.1	22.0	21.1	10.2	12.7
	男性	(n=241)	10.0	8.7	21.2	24.5	19.9	9.5	6.2
	女性	(n=328)	9.8	4.3	15.9	20.1	22.0		

表 7-11　テレビ（休日）のクロス集計（％）

			ほとんど利用しない	30分未満	30分以上1時間未満	1時間以上2時間未満	2時間以上3時間未満	3時間以上4時間未満	4時間以上
全年代	全体	(n=1733)	3.7	2.6	5.3	17.8	26.1	20.5	24.0
	男性	(n=790)	3.3	3.2	4.8	18.4	27.7	20.6	22.0
	女性	(n=943)	4.0	2.1	5.7	17.4	24.7	20.4	25.7
20、30代	全体	(n=569)	6.9	3.7	6.5	17.0	25.1	15.8	25.0
	男性	(n=241)	7.1	4.6	7.1	14.5	30.7	14.9	21.2
	女性	(n=328)	6.7	3.0	6.1	18.9	21.0	16.5	27.7

表7-12 インターネット（平日）のクロス集計（%）

			ほとんど利用しない	30分未満	30分以上1時間未満	1時間以上2時間未満	2時間以上3時間未満	3時間以上4時間未満	4時間以上
全年代	全体	(n=1673)	36.5	17.0	18.6	14.7	6.2	2.4	4.7
	男性	(n=767)	32.1	15.9	20.3	16.4	6.3	3.4	5.6
	女性	(n=906)	40.2	17.9	17.1	13.2	6.2	1.5	3.9
20、30代	全体	(n=566)	21.9	17.0	22.8	18.6	9.7	3.0	7.1
	男性	(n=240)	16.3	17.1	26.7	20.4	7.5	3.8	8.3
	女性	(n=326)	26.1	16.9	19.9	17.2	11.3	2.5	6.1

表7-13 インターネット（休日）のクロス集計（%）

			ほとんど利用しない	30分未満	30分以上1時間未満	1時間以上2時間未満	2時間以上3時間未満	3時間以上4時間未満	4時間以上
全年代	全体	(n=1670)	33.2	14.0	17.5	15.9	10.2	4.1	5.1
	男性	(n=765)	30.2	13.1	18.2	16.1	11.8	4.8	5.9
	女性	(n=905)	35.7	14.8	17.0	15.7	9.0	3.4	4.4
20、30代	全体	(n=566)	16.6	13.3	19.6	21.9	15.0	5.8	7.8
	男性	(n=240)	12.9	12.5	22.1	22.1	16.3	6.3	7.9
	女性	(n=326)	19.3	13.8	17.8	21.8	14.1	5.5	7.7

と推測できるので、社会的意識の高さと健康に対する配慮が何らかの形で結びついている可能性がある。また、この関連が全年代の分析で認められなかったのは、40歳代以上の年代では新聞閲覧時間が相対的に長く、若年層と比較して新聞を読むという行為の一般性が高いからかもしれない。また、テレビとネットに関しては全年代との違いはそれほど大きくないが、ネットでは若干関連が強まっているようにもみえる（特に女性）。

②健康不安と一般メディアの利用

次に健康不安との偏相関をみよう。首都圏調査では健康不安に関する

第3部　健康ブームを支える要因とその意味

表7-14　健康状態と一般メディア利用の偏相関（全年代）

			新聞	テレビ・平日	テレビ・休日	ネット・平日	ネット・休日
健康状態	全体	(df=1523)	.022	-.066 **	-.080 ***	-.035 †	-.019
	男性	(df=691)	.017	-.025	-.057 †	-.042	-.022
	女性	(df=827)	.024	-.090 **	-.098 **	-.027	-.014

† :p< 0.10, *:p<0.05, **:p<0.01, ***:p<0.001
統制変数：性別（全体のみ）、年齢、等価所得、教育年数、結婚

表7-15　健康状態と一般メディア利用の偏相関（20、30歳代）

			新聞	テレビ・平日	テレビ・休日	ネット・平日	ネット・休日
健康状態	全体	(df=517)	.081 *	-.062 †	-.057 †	-.073 *	-.068 †
	男性	(df=213)	.093 †	.007	.021	-.043	-.006
	女性	(df=299)	.044	-.082 †	-.092 †	-.078 †	-.109 *

† :p< 0.10, *:p<0.05, **:p<0.01, ***:p<0.001
統制変数：性別（全体のみ）、年齢、等価所得、教育年数、結婚

質問項目が2つある。1つは前章でも使用した、健康をそこなうことに対する不安を尋ねた、健康不安全般についての質問項目である。もう1つは、自然食品の摂取に対する不安に限定した項目である。前章では食品添加物や遺伝子組み換え食品などの消費についての項目（自然食品消費主成分）を使用したが、本章ではそれらに対する不安を尋ねた項目を使用する。具体的には、「あなたは、ふだんの生活の中で次の事柄に不安を感じていますか」という質問に対する次の3つの項目である。

・遺伝子組み換え食品が身体に影響を与えること
・野菜に含まれる残留農薬が身体に影響を与えること
・保存料や着色料などの添加物を含む食品が身体に影響を与えること

偏相関分析の際には、これら3項目の回答に主成分分析を行い、尺

第7章　マス・メディアの利用と健康の消費化

表 7-16　自然食品不安の主成分分析

	第 1 主成分
野菜に含まれる残留農薬	.948
保存料や着色料などの添加物	.934
遺伝子組み換え食品	.908

表 7-17　自然食品不安主成分の寄与率

	固有値	寄与率	累積寄与率
第 1 主成分	2.594	86.5	86.5
第 2 主成分	0.262	8.7	95.2
第 3 主成分	0.143	4.8	100.0

度化して使用する。主成分分析の結果は表 7-16、7-17 の通りである。

　分析の結果、固有値が1以上である主成分が1つ抽出されたので、以後の分析では、この第1主成分を自然食品不安主成分とし、主成分得点を変数として使用する。

　上の自然食品不安主成分および健康不安と、一般メディア利用の偏相関分析の結果を示したのが表7-18 と表 7-19 である。

　まず表7-18 に示した全年代の分析結果をみよう。全年代の分析で有意になったのは、テレビの休日とネットである。テレビの休日では、性別によって関連の仕方が異なっている。男性の場合は、健康不安、自然食品不安で正の相関だが、女性の場合は、自然食品不安で負の相関となっている。正の相関は、視聴時間が長いほど不安が大きいことを示し、負の相関は、視聴時間が長いほど不安が小さいことを示している。ネットについては、男性において負の相関が認められる。

　20、30歳代を対象とした分析では、有意確率が10％水準であるケースが多く、全体として関連がはっきりしないが、関連の仕方は全年代の分析の場合と類似している。この中で目を引くのは、全年代の場合と同

様に、男性において休日のテレビ視聴と健康不安が正の相関となっていることである。

　さて、以上で認められた相関の因果関係は、どのように解釈できるだろうか。まず負の相関から考えよう。負の相関は、メディアの利用時間が長いほど不安が小さいことを示しており、これに対する解釈は2つありうる。1つは、健康に対する不安が小さい者は、テレビやネットを利用する時間が少ない生活を送っているというもので、もう1つは、テレビやネットを利用することによって健康に関する不安が小さくなるというものである。どちらの解釈の妥当性が高いのかははっきりしないが、いずれの場合でも、本章が問題としている、メディアが不安を煽るというような依存効果的な意味での影響は考えられない。

　次に正の相関であるが、これに当てはまるのは休日のテレビ視聴（特に男性）で、テレビの視聴時間が長い者ほど不安が大きいことを示している。これに対する解釈としては、もともと健康不安の大きい者が休日にテレビを長く視聴する（健康不安→テレビ視聴）という見方と、休日にテレビを長く視聴する男性は健康不安が増大する（テレビ視聴→健康不安）という見方が考えられるが、以下に述べることから、後者の方が蓋然性が高いと考えられる。

　前者（健康不安→テレビ視聴）の見方のように、健康に対する不安があるためにテレビを多く視聴するのであれば、その視聴者は自らの不安に関連する情報を得ることを目的として視聴すると考えるのが自然である。つまり、その視聴者は情報を得るために積極的に視聴する能動的視聴者だといえる。そうであるなら、そのような視聴者は、同時にテレビ以外のメディアにおいても同様の情報を入手しようと試みるであろう。ところが、男性の休日におけるネット利用は、全年代の分析でも20、30歳代の分析でも、健康不安は無関連で、自然食品不安は負の相関である。無関連だけであるならまだしも、負の相関さえも認められるとい

第7章 マス・メディアの利用と健康の消費化

表7-18 健康不安・自然食品不安と一般メディア利用の偏相関係数（全年代）

			新聞	テレビ・平日	テレビ・休日	ネット・平日	ネット・休日
健康不安	全体	(df=1522)	-.019	.028	.046 *	-.006	.004
	男性	(df= 690)	-.005	.026	.066 *	-.010	-.027
	女性	(df= 826)	-.039	.033	.034	.006	.044
自然食品不安	全体	(df=1522)	.010	-.002	-.023	-.052 *	-.071 **
	男性	(df= 690)	-.007	.037	.064 *	-.072 *	-.118 ***
	女性	(df= 826)	.019	-.037	-.089 **	-.020	-.012

† :p< 0.10, *:p<0.05, **:p<0.01, ***:p<0.001
統制変数：性別（全体のみ）、年齢、等価所得、教育年数、結婚、健康状態

表7-19 健康不安・自然食品不安と一般メディア利用の偏相関係数（20、30歳代）

			新聞	テレビ・平日	テレビ・休日	ネット・平日	ネット・休日
健康不安	全体	(df=516)	-.032	.036	.064 †	-.042	-.039
	男性	(df=212)	-.056	.088	.119 *	0.000	-.045
	女性	(df=298)	-.019	0.000	.025	-.073	-.044
自然食品不安	全体	(df=516)	-.008	-.013	-.038	-.043	-.097 *
	男性	(df=212)	-.047	.046	.029	-.002	-.138 *
	女性	(df=298)	.024	-.064	-.091 †	-.077 †	-.080 †

† :p< 0.10, *:p<0.05, **:p<0.01, ***:p<0.001
統制変数：性別（全体のみ）、年齢、等価所得、教育年数、結婚、健康状態

うことは、テレビの視聴のみで健康情報を積極的に入手しようとしていることになる。しかし、このような想定には無理がある。つまり、テレビを視聴することで健康不安が増大しているという因果関係を想定する方が自然であると考えられる。あるいは、健康不安を原因として積極的にテレビを視聴する者がいるとしても、それは少ないと考えるべきである。したがって、男性の休日におけるテレビ視聴は、大きくはないが若干の依存効果的な影響をもたらしていると考えられる。

　これまでの議論をまとめると次のようになる。すなわち、新聞、イン

ターネットについては、依存効果的な意味でのマス・メディアの影響は認められないが、テレビについては、男性において、その種の影響の可能性がある。つまり、非常に限定されているが、若干の依存効果的な影響が考えられる。

③健康消費と一般メディアの利用

　次に本章の問題と直接関わる、健康消費と一般メディア利用との偏相関をみよう（→表7-20、7-21）。分析結果をみると、全年代を対象とした分析では、健康消費一般については、無関連とまではいえないが、はっきりした関連は認められない。つまり、健康消費一般に対して、一般メディアの利用はそれほど大きな影響を与えていないと考えられる。それに対して自然食品の消費では、新聞で正の相関が認められ、テレビとネットで負の相関が認められる。つづいて20、30歳代を対象にした分析の結果をみると、健康消費一般では、男性における新聞が5％水準で負の相関であることが目につくが、それ以外は、はっきりした関連は認められない。自然食品消費では、新聞では正の相関が、テレビとネットでは負の相関が認められ、全年代の分析と同様の傾向である。

　以上の結果は次のことを意味する。健康消費一般については、20、30歳代の分析における男性の新聞以外は、はっきりした関連が認められない。その唯一関連の認められる相関も符号はマイナスで、新聞をよく読む者は健康消費を行わない傾向にあることを示しており、メディアの利用が健康消費に影響を与えているということにはならない。自然食品消費については、メディア利用が影響している可能性があるのは、正の相関を示している新聞である。だがこの正の相関は、本章が問題にしている、依存効果的な意味における影響を示すものではないと考えた方がよさそうである。この問題に対する解釈のポイントは、大学生調査・豊島区調査の分析でも問題になった、メディア利用における選択性の強

第7章　マス・メディアの利用と健康の消費化

表7-20　健康消費・自然食品消費と一般メディア利用の偏相関係数（全年代）

			新聞	テレビ・平日	テレビ・休日	ネット・平日	ネット・休日
健康消費	全体	(df=1517)	−.018	−.019	−.033 †	.023	.026
	男性	(df= 688)	−.044	−.016	−.046	.006	.050 †
	女性	(df= 823)	−.007	−.019	−.019	.046 †	.019
自然食品消費	全体	(df=1517)	.075 **	−.068 **	−.087 ***	−.065 **	−.069 **
	男性	(df= 688)	.065 *	−.024	−.020	−.093 **	−.115 **
	女性	(df= 823)	.073 *	−.097 **	−.128 ***	−.018	−.004

† :p< 0.10, *:p<0.05, **:p<0.01, ***:p<0.001
統制変数：性別（全体のみ）、年齢、等価所得、教育年数、結婚、健康状態

表7-21　健康消費・自然食品消費と一般メディア利用の偏相関係数（20、30歳代）

			新聞	テレビ・平日	テレビ・休日	ネット・平日	ネット・休日
健康消費	全体	(df=515)	−.054	−.024	−.057 †	.002	−.014
	男性	(df=212)	−.115 *	−.058	−.083	−.023	.019
	女性	(df=297)	−.011	−.022	−.053	.017	−.029
自然食品消費	全体	(df=515)	.104 **	−.109 **	−.091 *	−.084 *	−.103 **
	男性	(df=212)	.057	−.033	−.013	−.105 †	−.198 **
	女性	(df=297)	.133 *	−.153 **	−.143 **	−.070	−.045

† :p< 0.10, *:p<0.05, **:p<0.01, ***:p<0.001
統制変数：性別（全体のみ）、年齢、等価所得、教育年数、結婚、健康状態

さである。ここで分析対象となっている3種類の一般メディアのうち、新聞を基準にして選択性の強さを比較すると、ネットについては明確なことが言えないが、テレビは選択性が弱いメディアだといえるだろう。つまり、新聞の閲覧者は相対的に能動性が高く、テレビの視聴者は能動性が低いと考えられる。本章で問題にしている依存効果的な意味でのメディアの影響は、煽ることによって本来存在していなかった欲望を他律的に生み出す作用のことをいうが、これは、選択性の強いメディアにおいてよりも、弱いメディアにおいて働きやすいと考えるのが自然であろ

う。だが、分析の結果明らかになったのは、選択性の弱いテレビでは負の相関が認められ、選択性の強い新聞では正の相関が認められるということである。このように、選択性の弱いテレビにおいて依存効果的な影響が存在していないのであれば、選択性の強い新聞においてそのような影響が存在するとは考えにくい。つまり、新聞における正の相関は、依存効果的なメディアの影響ではないと考えた方が自然である。新聞の場合に考えられるのは、遺伝子組み換え食品や食品添加物などのような、食の安全に関わる問題に対する意識の高さと、新聞閲覧時間が長いことから窺われる社会的な意識の高さとの結びつきである。

以上のように、健康に関する消費については、本章が問題にしている依存効果的な意味での一般メディアの影響は考えにくい。

7.4 考察

これまでの分析で明らかになった主要なことは次のとおりである。

【大学生調査、豊島区調査】
(1)健康状態と健康メディアの利用は関連が薄い (→表7-1)
(2)健康注意と健康メディアの利用は関連がある (→表7-2、表7-3)
(2-1) ただし"健康メディアの利用→健康注意"という因果は強くないと考えられる
(3)健康不安と健康メディアの利用は関連がない (→表7-4)
(4)健康行動と健康メディアの利用は関連がある (→表7-5、表7-6)
(4-1) ただし"健康メディアの利用→健康行動"という因果は、女性のサプリメント因子のみでみられ、他の因子ではみられない (→表7-7、表7-8)

第7章　マス・メディアの利用と健康の消費化

【首都圏調査】
(5)健康状態と一般メディアの利用は、新聞については若年層において正の相関が認められ、テレビとインターネットについては若干の負の相関が認められる（→表7-14、7-15）
(6)健康不安と一般メディアの利用は、男性のテレビ（休日）において依存効果的な意味での影響の可能性が考えられ、それ以外では認められない。（→表7-18、7-19）
(7)健康消費と一般メディアの利用は、依存効果的な意味での影響は認められない。（→表7-20、7-21）

表7-22　マス・メディアと意識・行動の依存効果的な関連

	不安意識	行動
健康メディア	×	△
一般メディア	△	×

　本章の問題は、健康に関するミクロ・レベルの消費行動が、依存効果的な意味でマス・メディアの影響を受けているかということであった。この問題に直接関係するのは(4)と(7)であるが、ここでは意識についての分析結果である(3)と(6)も含めて考察しよう。
　不安意識と行動に分けてメディアとの関連をみると、不安意識については健康メディアでは無関連、一般メディアでは一部で関連が認められた（男性のテレビ・休日）。行動については健康メディアでは一部で関連が認められ（女性のサプリメント因子）、一般メディアでは無関連だった。これらの結果は、まとめると表7-22のようになる。
　このように、マス・メディアと健康不安意識、健康行動との間には、依存効果的な影響と思われる関連が部分的には認められるが、それは限定されたものであり、全体からみると決して大きくない。つまり依存効果的なマス・メディアの影響は、部分的には存在しないわけではない

が、大きなものではないというのが結論的な解釈である[4]。

そしてこの解釈は、3〜5章の分析結果を総合することで解釈を補強することができる。これらの章では以下のことが明らかになっていた。

3章：70年代から90年代にかけて、健康に対する価値意識においても、健康注意においても、健康行動においても、目立った高まりは認められない

4章：家計調査のデータを分析した結果、おおよそ70年代半ばから80年代半ば頃を転換点として健康消費の高まりが存在する

5章：1960年代終わりから1970年代中頃にかけての時期と、1990年代中頃という2つの時期に健康雑誌ブームがあり、広告率の変化から健康雑誌が商業主義化する傾向が認められる

　これらを総合すると、一般的な健康意識や健康行動についての変化は存在しないが、おおよそ70、80年代頃から、マス・メディアにおいて健康が多く取り上げられるようになり、同時に健康の消費化が進んだということになる。これは、もともと存在していた、人々の健康に対する一般的な欲求に対応して、健康の言説化、消費化が進んだことを意味しており、企業やメディアが欲求を創造するという依存効果論的な見方によっては解釈できない。ただし、本章冒頭で述べたように、この見方は、マクロ・レベルの変化を問題にしているので、本章の問題と完全に一致するわけではない。

　以上の見方も加えると、先の結論的な解釈はそれなりに妥当性が高いと考えられるが、本章の分析に関しては、考えておくべき方法上の問題がまだ残っている。以下で3点取り上げる。

　1点目は調査方法の問題である。本章で扱った問題のように、変数間の因果関係がはっきりしない場合は、パネル調査や継続調査のように間

第7章　マス・メディアの利用と健康の消費化

隔をおいて複数回の調査を実施し、時系列の比較をすることが望ましい。だが本研究ではそのような方法をとることができず、次善の策として、メディアの違いを元に因果関係の解釈を行った。本章の結論が、メディアの影響は部分的に存在したとしても大きなものではないというように、曖昧さを含んでいるのはこのためである。だが先の3章から5章までの分析を総合した見方は、マクロデータで時系列の比較を行っており、本章の結論を補強するものになっている。

　2点目は、分析対象としたメディアに関する問題である。これまでの分析でみたように、大学生調査と豊島区調査では健康メディアを取り上げ、首都圏調査では一般メディアを取り上げたため、マス・メディアの種類については高い網羅性を持っている。しかし、健康消費行動に関する質問は必ずしも網羅的ではない。つまり、首都圏調査では、健康行動（健康消費）に関する質問が、大学生調査、豊島区調査のようには細分化されていない。具体的にいうと、前2調査に含まれていたサプリメント因子やスポーツ因子などに相当する質問項目が設定されていない。したがって、これらの細分化した健康消費行動と一般メディアとの関連は分析されておらず、関連の有無は不明である。とはいえ、意識変数である健康不安と一般メディアとの関連が非常に限定的であること（＝男性のテレビ・休日のみで有意〔→表7-18、表7-19〕）や、一般メディアと健康消費との間に正の相関関係がほとんど認められないこと（→表7-20、表7-21）を考慮すると、健康消費行動を細分化して一般メディアとの関連を分析したとしても、強い関連が認められる可能性は小さいと推測できる。さらにいえば、豊島区調査の分析における、選択性の強い健康雑誌においてよりも、選択性の弱いテレビにおいて、全般的に健康行動との関連が小さいという結果（→表7-6）も、健康消費行動に対するメディアの依存効果的な影響を否定的にみる材料となる[5]。

　3点目はサンプルの年齢に関する問題である。首都圏調査では、調査

第3部　健康ブームを支える要因とその意味

　対象者の年齢は幅広いが、大学生調査と豊島区調査では、調査対象者が若年層に限定されている。もし中高年層に対して健康メディアについての質問を行うならば、若年層とは異なる結果が得られるかもしれない。中高年層と若年層とでは健康に対する関心の持ち方が異なるため、メディアからの影響も異なる可能性があるからである。だが本論の目的は、若年層においてさえ起こっている健康の言説化、消費化を検討することで、健康ブームの本質を明らかにすることであったから、この問題は本論の外側にあるものだといえる。さらに付け加えると、首都圏調査の分析では、全年代と20・30歳代で基本的に同じ傾向を示していたので、大学生調査、豊島区調査で尋ねた質問を、中高年に尋ねたとしても極端に異なる結果が得られるとは考えにくい。

　以上のように、本章の分析方法は完全なものではないが、それによって本章の結論、すなわち、メディアの影響は部分的に認められないわけではないが全体としてあまり大きなものではないという解釈が損なわれるわけではないだろう。

　本章の結論は上記の通りであるが、この結論を本論全体との関連において簡単に述べておこう。ここで問題にするのは、消費者の自律性／他律性問題である。本章冒頭でも述べたように、この問題は、健康消費が依存効果的な意味でマス・メディアの影響を受けているかという本章の問いと直接関わっている。この問題に対して先に述べた本章の結論が意味するのは、消費者はメディアに対して自律しているとまではいえないが、基本的には自律性が高い存在であるということである。このように、消費者の自律性が前面に出る結果は、前章の脱物質主義についての議論で得られた結果と同種のものである。

　そして最後に、本論の問題からは少し離れてしまうのだが、本章の結論がマス・メディアの効果研究の文脈にどのように位置づけられるかということにも触れておきたい。本章冒頭で述べたように、健康とメディ

ア利用に関する先行研究には大きく分けて2つの見方があった。1つは弾丸理論ないしは強力効果説に近い見方で、もう1つは限定効果説に近い見方である。これまでみてきたように、本章の分析結果は限定効果説に近い見方を支持している[6]。

マス・メディアの効果研究の展開は、図式的には、弾丸理論→限定効果説→強力効果説、というように説明される(佐藤 1990, 田崎・児島編 1996)。主たる見方が限定効果説から強力効果説へと変わった背景には、テレビの登場に伴うメディア環境の変化や、中間集団の弱化などによる社会関係の変化などが挙げられるが、同時に分析における従属変数の性質が異なっていることも重要である。ラザースフェルドらは投票行動や、買い物行動、流行の取り入れ、映画観覧などに対するコミュニケーションの影響を分析し、マス・コミュニケーションの影響力が限定的であることを論じたが、その際の従属変数は行動である (Katz and Lazarsfeld 1955=1965, Lazarsfeld et al. [1944] 1968=1987)。だが限定効果説に対する批判的な立場として現れた、知識ギャップ仮説、議題設定理論、沈黙の螺旋理論、培養理論などが主たる分析対象としたのは、行動ではなく認知や態度といった意識である。強力効果説と総称されるこれらの議論は、限定効果説とは違った見方を提供する点で重要な意義を持つが、そもそも従属変数の性質が異なるのだから、すべての面において限定効果説に取って代わるものではないと考えるべきだろう[7]。

本章では、健康行動(健康消費)という行動変数と健康不安という意識変数の2つを従属変数として分析した。前者の行動変数に対してマス・メディアの影響が限定的であったことは、ラザースフェルドらの限定効果説と類似した結果を示している。つまり、健康行動(健康消費)についての分析結果は学説史的には順当だといえるのかもしれない。それに対して、意識変数である健康不安についての分析結果は、既存の議論とは必ずしも一致しない。本章で検討した健康不安に対するマス・メ

ディアの影響という問題は、テレビの視聴が、暴力や犯罪の認知、他者に対する信頼、同性愛、堕胎、人種問題などの社会的問題に対する認知や態度にもたらす影響を述べた、ガーブナーらによる培養分析と類似している (Gerbner and Gross 1976a, 1976b; Gerbner, Gross, Morgan and Signorielli 1981, 1982, 1986; Gerbner, Morgan and Signorielli 1982)。だが本章の分析では、培養分析が示すようなメディアの影響ははっきりとは表れなかった[8]。

注
(1)　ただし、上杉は、マス・メディアのみを健康不安増大の要因として挙げているわけではない。上杉は他の要因として、社会的な健康水準の上昇、医学・医療、医療産業、健康産業も挙げている（上杉 2000b: 77-128）。
(2)　他にメディアと視聴者との関係を論じたものに柄本三代子の議論がある（柄本 2002）。柄本の議論は、視聴者の解釈も考慮している点で、マス・メディアによる一方的な影響行使を想定していないが、議論全体としてはマス・メディアの影響を大きくみている。
(3)　ただし豊島区調査と大学生調査では若干の相違点がある。健康雑誌についての質問文において、豊島区調査で「『日経ヘルス』『壮快』『きょうの健康』」としている箇所は、大学生調査では「『日経ヘルス』『Tarzan』『壮快』」としている。しかしこの違いが大きな影響をもたらすとは思われない。また、大学生調査は新聞・雑誌記事についての質問項目は設けていない。
(4)　誤解を避けるために、この解釈は依存効果全般を否定するものではないということを付け加えておく。本章で分析している健康に関連する消費は顕示的要素が小さいと考えられ、このような性質が依存効果的な働きを弱くしているのかもしれない。
(5)　だが他方で、J. ショアは、アメリカの中流階級、中流階級上層を対象とした調査で、テレビの視聴時間が長い者ほど支出が多いという調査結果を述べている（Schor 1998=2000: 129）。つまり、テレビの依存効果

的な働きを示唆している。ショアの議論では、特定の消費財が分析されているわけではないので、本論の問題とぴったり一致するわけではないが、参照すべき議論ではある。

(6) 健康に関心がある者がメディアを多く利用していることは、P. ラザースフェルドらの議論における選択的接触という概念で説明できる。

(7) ただし、G. ガーブナーらは、健康行動に対するテレビのもつ培養効果の分析も行っており、強力効果説に分類される議論の中にも行動を分析対象としたものが部分的に存在する (Gerbner, Morgan and Signorielli 1982)。しかし基本的には、強力効果説に分類される諸議論は意識に対する影響を分析していると考えるべきだろう。ちなみに、上記のガーブナーらの分析では、テレビの視聴時間が長いほど、運動をせず、食事に気を遣わず、喫煙をするというように、テレビによる不健康な行動の培養が明らかにされている。だがこの分析結果に対しては、不健康な生活を送りがちである者（あるいは不健康である者）がテレビを長時間視聴する傾向があるという、逆の因果を想定する反論、しかもそれなりに蓋然性が高いと思われる反論がありうる。ガーブナーらの分析では、この逆の因果を考慮してもなお培養効果が存在するということまでは確認されておらず、議論に不十分さを残している。

(8) とはいえ、ガーブナーらが問題にしているのはテレビの影響力であるから、首都圏調査の分析で若干の影響が認められたメディアが、新聞、インターネットではなく、テレビであったことは培養理論を部分的に支持しているといえなくもない。日本では培養理論に関する実証研究の1つに三上俊治によるものがあり、この研究では培養効果を支持する結果は必ずしも得られていない (三上・水野・橋元 1989)。三上は、分析結果に対して「従来の培養分析研究の結果をそのまま日本の場合に適用することが妥当ではないことを示す」(三上・水野・橋元 1989: 109) と述べている。日本とアメリカではメディア環境、社会環境など様々な点において違いが存在するため、慎重な議論が必要であろう。

第8章　権威主義的伝統主義と健康の消費化

8.1　問題

　次に検討するのは、権威主義的性格が健康の消費化に対して与える影響である[1]。この権威主義的性格は複数の下位カテゴリーから構成される多元的な概念である。そのうち、本章では権威主義的伝統主義を取り上げ、次章では曖昧さ耐性を取り上げる。
　権威主義的性格は、第6章で検討した脱物質主義と対立的な関係にあるとしばしば考えられてきた。すなわち、脱物質主義的になるにしたがって非権威主義的になると考えられてきた。この対立関係は脱物質主義が自律性を含んだ概念であるのに対し、権威主義が他律性を含んだ概念であることと関わりがあると考えられる。このような対立的な関係を素直に受け入れるならば、第6章では脱物質主義化が健康の消費化に部分的に影響を与えていることが明らかになったのであるから、権威主義的性格は健康の消費化に影響を与えないと考えたくなる。しかし既存の議論には、権威主義的性格が健康に対する関心の高さに影響を与えているとするものもあり、問題は単純ではない。
　本章および次章では、権威主義的性格が健康の消費化と結びついているのか否か、もし結びついているのであればどのように結びついているのかということを検討していく。

8.1.1　先行研究
①権威主義と脱物質主義との対立的な関係

表 8-1　イングルハートによる社会の3分類

	伝統社会	近代社会	ポスト近代社会
中心的な社会目標	定常的経済における生存	経済成長の最大化	主観的な幸福の最大化
個人の価値基準	伝統宗教と共同体の規範	達成動機	脱物質主義者とポスト近代の価値基準
権威システム	伝統的権威	合法的権威	伝統的権威も合法的権威も重視しない

Inglehart(1997: 76) より

　権威主義と脱物質主義との対立的な関係については、イングルハートが多くを述べている。以下でそれをみていこう。

　イングルハートは社会のあり方を伝統社会、近代社会、ポスト近代社会の3つに分類し、それぞれの特徴を表8-1のようにまとめている(Inglehart 1997: 72-7)。

　イングルハートは各社会の特徴を、「中心的な社会目標」「個人の価値基準」「権威システム」という3つの側面からみているが、ここでは本章の問題と関係する権威システムに注目しよう。

　イングルハートは、各社会の権威システムの特徴を次のように述べている。すなわち、伝統社会では伝統的（宗教的）権威が強調され、近代社会では合法的権威が強調されるが、主観的な幸福の最大化が社会目標となるポスト近代社会では、いかなる権威も重視されない。これらのうち、伝統社会における伝統的権威の重視と、近代社会における合法的権威の重視という見方はM. ウェーバーの支配論を想起させ、ポスト近代社会ではいかなる権威も重視されないという見方は、「大きな物語の終焉」というポストモダン論でしばしば取り上げられる議論を想起させる。つまりイングルハートが述べる、社会の分類とそれに対する権威システムの関連づけの仕方は、独自性があるわけではなく、これまでの社会理論を一定程度、踏襲したものだといえる。

　しかしこれが既存の議論をなぞっただけの無意味な議論だとは必ずし

第8章　権威主義的伝統主義と健康の消費化

もいえない。権威システムと脱物質主義の関係を取り上げた議論は多くないからである。イングルハートによれば、ポスト近代社会とは、かつて重視されていた権威が重視されなくなる社会であると同時に、欲求の高度化に伴って脱物質主義的な価値観が広まる社会でもある。つまり脱物質主義化と脱権威主義化は同時に進み、脱物質主義と権威主義は対立的な関係にあると考えられている。イングルハートの議論の重要性は、この対立的な関係に明確に言及している点にある。

ところで表8-1に示されている関連の全体にも言えることだが、脱物質主義と権威主義の対立的な関係も、分析的に組み立てられた理論モデルである。イングルハートはあらかじめこの対立的な理論モデルを組み立てた上で、その妥当性を検証するために2種類のデータ分析を行っている。以下でそれらの結果をみておこう。

1つは、T.アドルノらが問題にした権威主義的性格と、脱物質主義的価値観との関連を相関分析によって明らかにしようとしたものである。分析から明らかになったのは、脱物質主義と権威主義の対立的な関係は必ずしも存在しないということである。イングルハートはこの分析で、権威主義的性格を測定するために複数の質問項目を使用し、それらを一元化した尺度として使用するつもりだったようである。ところが分析を行ってみると、各項目の関連は必ずしも強くなく、一元化された尺度にはならなかった。そのため、権威主義尺度ではなく、権威主義的性格に関するそれぞれの項目と、脱物質主義的価値観との相関を分析し、その結果、相関が認められる場合もあるし、そうでない場合もあるということを明らかにしている。イングルハートはこの結果に対して「失望させるものだ」と述べている。つまりこの分析では、理論モデルの正しさは必ずしも実証されなかったのである (Inglehart 1970; Inglehart 1977=1978: 65-6; Inglehart 1990=1993:81-2; Inglehart 1997: 47-8)。

しかしイングルハートのこのような分析方法には問題がある。なぜな

ら、後述するように、アドルノらが作り上げた権威主義的性格は、もともと複数の要素から成り立つ多元的な概念であるのに、イングルハートらは、それを一元化しようとしているからである[2]。

　このような方法上の問題を考慮すると、イングルハートが示す分析結果をもってして、権威主義的性格と脱物質主義的価値観の間に対立的な関係は存在しないということはできない。つまり、分析方法に問題があるので、この分析結果から何かはっきりしたことをいうことはできない。

　イングルハートが行ったもう1つの分析は、権威一般に対する見方が時間の経過にしたがってどのように変化したかをみたものである。この分析で使用された権威主義に関する質問項目は、「権威に対して、より多くの敬意を表すること」に対してどう思うかを尋ね、「よいことだと思う」「気にしない」「悪いことだと思う」という3つの選択肢を設けたものである。この質問項目では、権威主義的性格ではなく権威一般が問われているので、対象がやや漠然としているともいえるが、権威主義的であるか否かを知るという目的にとっては有効であろう。

　イングルハートは、この質問に対する回答が1981年から1990年にかけてどのように変化したかを分析し、21カ国のうち「よいことだと思う」という回答の割合が4カ国で上昇し、17カ国で減少しているということを明らかにしている (Inglehart 1997: 273-5)[3]。つまり大半の国で、権威を重視すべきだという回答が減少したのである。この結果は、多くの国で非権威主義的な傾向が高まっていることを示すと考えられ、権威主義と脱物質主義の対立的な関係という先の理論モデルと整合する。

　さて、以上がイングルハートが行った2つのデータ分析である。このうち、1つ目は、方法に問題があるためにはっきりしたことを示していないが、2つ目は、脱物質主義と権威主義の対立的な関係を示しているといえそうだ。つまりイングルハートの分析は、曖昧さを含んでいるも

第8章　権威主義的伝統主義と健康の消費化

のの、脱物質主義と権威主義の対立的な関係を示唆している。

②権威主義的伝統主義と健康、身体

次に、権威主義を表す尺度としてしばしば使用される権威主義的伝統主義を取り上げ、これと健康や身体との関係を分析した実証的な研究をみていこう。

権威主義研究はフランクフルト学派によるファシズム研究の中で生み出され、中でもアドルノらが行った、膨大な調査に基づく実証研究が果たした役割が大きい(Adorno et al. 1950=1980)。アドルノらの研究は、Authoritarian Personality というタイトルが示すとおり、権威主義的な性格を問題にしている。この権威主義的性格という概念は、簡潔に述べると、権威を持つ上位の者への服従的傾向と下位の者への支配的傾向を意味する。そしてこの概念は、因習主義、服従性、攻撃性などといった複数の下位カテゴリーから構成され、意味内容が多元的であるという点に特徴がある。実証的な研究では、この多元性に注意して分析を行うことが大事である。

権威主義的性格を測定する尺度としては、アドルノらによるファシズム尺度（F尺度）やM.コーンによる尺度がよく知られているが、いずれの尺度も項目数が多いために、そのままでは社会調査では使用しづらい。日本では、1985年のSSM調査に権威主義的性格についての質問項目が追加されて以降、この分野での実証研究が増加したが、SSM調査をはじめとしてコーン尺度の項目を絞り込んだ権威主義的伝統主義尺度が頻繁に使用されてきた。吉川徹は、この権威主義的伝統主義は「伝統的権威を中心とした権威のあるひと、ものへの服従と逸脱者への攻撃の態度」(吉川徹 1998: 65) を示すとしている。

1985年以降の権威主義的性格に関する実証研究には、保坂（2003a, 2003b）、吉川徹（1994, 1998）、村瀬（2001）、直井優（1987）、直井直子

329

(1986, 1988)、白倉（1993）、轟（1998, 2000, 2008）などがある。このうち村瀬の研究は、権威主義的伝統主義とは異なる項目を多く使用しており、やや例外的であるが、それ以外の研究では、基本的には権威主義的伝統主義尺度が使用されている[4][5]。

　上に挙げた先行研究のうち、本論のテーマと深い関係を持っているのは、健康意識と権威主義的伝統主義の関係を論じている吉川徹の議論である。吉川徹（1994, 1998）は権威主義的伝統主義、環境保護意識、健康意識という3つの変数の関係を分析し、権威主義的伝統主義が、環境保護意識と負の相関を示し、健康意識と正の相関を示すことを明らかにしている。このうち本論に直接関係する健康意識については、単相関係数が0.183、年齢、性別、教育年数、世帯収入をコントロールした偏相関係数が0.159であり、いずれも1%水準で有意である[6]。相関関係が認められた場合には因果関係が問題になるが、吉川徹は、「権威主義的態度は、より潜在的で基底的な諸個人の性格特性とみなされる」（吉川徹1998: 92）という理論的前提により、因果の向きは権威主義的伝統主義→健康意識と解釈できるとしている。つまりそれほど強くはないが、権威主義的伝統主義が健康意識にプラスの影響を与えているとしている。吉川徹はこの分析結果について次のように述べている。

　　外的で強大な権威の対象や、サディズム的な攻撃の対象が巧妙に隠蔽されている現代日本社会においても、権威主義的傾向は、人々に何らかの行為としての具体的な表出対象を希求させる動因となる。そして、社会的な価値として喧伝されるに至った健康の維持・増進がこの動因と適合し、人々を自らに禁欲的制約を課す、ヘルス・コンシャスへと向かわせていると考えられるのである。（吉川徹 1998: 99）

第8章　権威主義的伝統主義と健康の消費化

　つまり吉川徹は、健康が一種の服従すべき権威として機能し、人々の権威主義的傾向が向けられる対象になっているのだと述べている。

　このような権威主義的伝統主義と健康意識の関係を論じた議論は、筆者の知る限りでは他に存在しておらず、新たな問題を提示した吉川の議論は大きな意義を持っている[7]。

　吉川徹の議論に続いて、『権威主義的パーソナリティ』で取り上げられている、権威主義的性格と身体との関係についての議論を補足的にみておこう。この議論は、吉川徹の議論のように健康を直接扱っているわけではないが、身体を扱っているため、本論のテーマと関連がある。

　『権威主義的パーソナリティ』の共著者の1人であるE. フランケル＝ブランズウィックは、身体に関連する事柄とエスノセントリズム尺度との関連を分析している (Frenkel-Brunswik 1950=1980: 296-303, 319-22)。エスノセントリズム尺度とは、他人種、他民族に対する排外意識を測定することを目的として作成された尺度で、ファシズム尺度を作成する前段階に作成されている。そのため両尺度は意味するところが大きく重なっており、フランケル＝ブランズウィックによれば両尺度の相関係数は0.75と非常に大きい。このことから、エスノセントリズム尺度の得点によって、かなりの正確性をもってファシズム尺度の得点が予測できるとされている (Sanford et al. 1950=1980: 130)。つまり、以下にみるエスノセントリズム尺度と身体の関係は、権威主義的性格と身体の関係にほぼ置き換えて考えることができる[8]。

　フランケル＝ブランズウィックは身体に関して2つのことを取り上げている。1つは身体的徴候に対する関心で、もう1つは身体的外観に対する関心である。

　前者については、インタビュー調査の結果から、エスノセントリズム尺度の高得点者は身体的徴候や過去の病気をくよくよ考える傾向があることが明らかになっている。たとえばエスノセントリズム尺度の得点が

高かったある男性は次のように述べている。「いつも病気にかかって、医者に行きます。(どこかおかしいんですか？)そうですね、医者だって分からないんじゃないかと思います。」(Frenkel-Brunswik 1950=1980: 321) この回答者は、客観的には病気であるといえない状態であるにもかかわらず、自らの身体の状態を過度に気にしているように思える。

もう1つの身体的外観の問題については、エスノセントリズム尺度の得点が高い女性は、低得点の女性と比べて身体の外観を過度に強調する傾向があると指摘されている（Frenkel-Brunswik 1950=1980: 321-2)。

アドルノらによる権威主義研究は、フロイトの精神分析理論をベースにしている。したがって、因習主義、服従性、攻撃性などといった権威主義的性格を構成する要素は、本能的衝動を抑制することによってもたらされると考えられている。そしてまた、ここに取り上げた身体的徴候および身体の外観に対する関心の高さも、本能的衝動を抑制することが形を変えて現れたものだと考えられている。つまり、フランケル＝ブランズウィックの議論においては、権威主義的性格と身体に対する関心は、本能的衝動の抑制という同一の要因によってもたらされると想定されている。そのため両者の関連が想定され、その仮説が検証にかけられているのである。

ただし、これらの議論には分析上の大きな問題がある。それは、上記の2つの分析結果がいずれも統計的に有意ではないということである。つまり上に示した身体に関する2つの関連は、そのような傾向がある程度存在するというほどのものでしかない。分析結果が有意でないことに対してフランケル＝ブランズウィックは、身体に関する質問に対して「どちらでもない」という中間的な回答が多かったためであるからかもしれないし、このような身体に関する事柄が十分に一般的ではなかったからなのかもしれないと述べている (Frenkel-Brunswik 1950=1980: 319)。また、もしかしたら、分析されているサンプル数が80名で、必ずしも

第8章　権威主義的伝統主義と健康の消費化

多くないことも影響しているのかもしれない。

このように、エスノセントリズム尺度と身体に対する関心との関連ははっきりしたものではないので過大に評価すべきではないが、本論の問題を考える上での参考にはなるだろう。

さて、以上で、権威主義的伝統主義についての先行研究と、権威主義と健康、身体の関連についての先行研究をみてきた。ここで明らかになったのは、権威主義的伝統主義が、健康や身体についての関心に影響を与えている可能性があるということである。素朴に考えれば、人が自らの身体や健康に関心をもつのは、自らの身体の不調を改善したいとか、健康な状態を維持したいなどといった実質的な目的が存在するからであるが、吉川やフランケル＝ブランズウィックの議論はこれとは異なる見方を示している。すなわち、権威主義的伝統主義が健康に対する関心に影響を与えているのであれば、健康は権威や規範のようなものとして存在し、権威主義的伝統主義者はその権威、規範に従うことによって、あるいはそれに逸脱するものに対して排他的に振る舞うことによって、何らかの秩序を維持しようとしているのだと考えられる。

8.1.2　本章の問題

本章では、権威主義的性格の下位カテゴリーである権威主義的伝統主義が、健康の消費化に影響を与えているかどうかを検討するのであった。この問題の背景にあるのは、先に挙げたイングルハートの議論にみられるような、権威主義と脱物質主義との対立的な関係である。

本論の第6章では、脱物質主義と健康意識・行動との間に一定のプラスの関連が認められていたため、上記の対立的な関係が健康意識・行動についても当てはまるならば、権威主義的性格と健康意識・行動との間にはマイナスの関連が認められると考えたくなる。しかし先にみたように、吉川徹の議論では、権威主義的伝統主義が健康意識の強さに影響を

333

与えているという分析結果が示されていた。本章で行う分析でも、吉川徹の議論と同種の結果が見いだされるのであれば、健康の消費化は単純な現象ではないことになる。脱物質主義は自律的な要素を含み、権威主義は他律的な要素を含むのであるから、健康の消費化は対立的な要素の影響を同時に受けていることになるからである[9]。

8.2 分析

8.2.1 権威主義的伝統主義の尺度化

①権威主義的伝統主義の単純集計

権威主義的伝統主義の測定にあたっては、いずれの調査でもSSM調査で使用された項目を使用している。ただし大学生調査では6項目、豊島区調査では4項目、首都圏調査では2項目というように項目数は異なる。それぞれの項目は以下のとおりである[10]。

【大学生調査、豊島区調査で使用した項目】
- 権威ある人々にはつねに敬意を払わなければならない
- 以前からなされたやりかたを守ることが、最上の結果をうむ
- 伝統や慣習に従ったやり方に疑問を持つ人は、結局は問題を引き起こすことになる
- この複雑な世の中で何をなすべきかを知る唯一の方法は、指導者や専門家に頼ることである
- 子どものしつけで一番大切なことは、両親に対する絶対服従である（※）
- 目上の人には、たとえ正しくないと思っても従わなければならない（※）

（※印は大学生調査のみで使用）

第8章　権威主義的伝統主義と健康の消費化

【首都圏調査で使用した項目】
・権威のある人々には常に敬意を払わなければならない
・何をすべきかを決めるのがむずかしいときには、指導者や専門家の意見にしたがうのがよい

　大学生調査と豊島調査の集計結果のうち、共通した4項目は類似した傾向を示している（→表8-2、表8-3）。これら共通した項目を取り出して、相加平均を計算したのが表8-6である。両調査の違いをサンプル全体で比較すると、大学生調査の方がやや権威主義的傾向が強いが、それほど際立った違いではない。

　これに対し、首都圏調査の結果は、異なる回答傾向を示している（→表8-2～表8-5）。「権威のある人々には常に敬意を払わなければならない」という項目は、先の2つの調査よりも否定的な回答の割合が多くなっており、「何をすべきかを決めるのがむずかしいときには、指導者や専門家の意見にしたがうのがよい」という項目は肯定的な回答の割合が多くなっている。前者は2調査と言い回しがほとんど同じであるので、5年のタイムラグが非権威主義者の増加に影響を与えたと考えるべきだろうか。後者については、言い回しを変えたことが影響した可能性がある。前2調査の質問項目に含まれる「唯一の方法は～」という言い回しは、意味を限定する働きを持っているために、肯定的回答の割合が少なくなったのかもしれない。このように、首都圏調査の回答結果と前2調査の回答結果は異なる傾向を示しているので、以後この点に留意して分析結果を解釈する必要がある。

　表8-7は、他の調査を含めて相加平均を比較したものである。しかし調査対象者の属性が異なることと、筆者が関わった調査は4件法であるが他の調査は5件法であるという2つの理由から、単純な比較はできな

表 8-2　権威主義的伝統主義の単純集計（大学生）（%）

	そう思う	どちらかといえばそう思う	どちらかといえばそう思わない	そう思わない	無回答
権威ある人につねに敬意	14.6	43.8	29.2	11.5	0.8
以前からのやり方を守る	3.1	19.2	41.5	35.4	0.8
伝統や慣習に疑問は問題	2.3	26.2	50.8	19.2	1.5
指導者や専門家に頼る	0.8	16.9	45.4	36.2	0.8
両親に対する絶対服従	0.8	5.4	36.9	56.2	0.8
目上の人に従う	0.0	20.8	46.2	32.3	0.8

表 8-3　権威主義的伝統主義の単純集計（豊島区）（%）

	そう思う	どちらかといえばそう思う	どちらかといえばそう思わない	そう思わない
権威ある人につねに敬意	7.9	42.2	31.9	17.8
以前からのやり方を守る	1.0	16.8	45.0	37.2
伝統や慣習に疑問は問題	3.1	19.9	46.6	30.4
指導者や専門家に頼る	2.6	12.0	38.7	46.6

表 8-4　権威主義的伝統主義の単純集計（首都圏・全年代）（%）

	そう思う	ややそう思う	あまりそう思わない	そう思わない	無回答
権威のある人に常に敬意	3.1	14.1	50.3	32.1	0.3
指導者や専門家にしたがう	8.2	43.6	37.6	9.9	0.7

表 8-5　権威主義的伝統主義の単純集計（首都圏・20、30 歳代）（%）

	そう思う	ややそう思う	あまりそう思わない	そう思わない	無回答
権威のある人に常に敬意	3.0	16.7	49.6	30.6	0.2
指導者や専門家にしたがう	10.2	45.7	35.9	7.7	0.5

い。この比較から分かるのは、筆者が関わった調査の結果に著しい偏りが存在するか否かということにとどまる[11]。

　この表の中で、比較するポイントとして有効性が高いと考えられる

第 8 章　権威主義的伝統主義と健康の消費化

表 8-6　権威主義的伝統主義の相加平均の比較①（％）

		そう思う	どちらかといえばそう思う	どちらかといえばそう思わない	そう思わない
大学生	全体	5.2	26.5	41.7	25.6
	男性	7.3	27.8	39.5	25.0
	女性	3.3	25.4	43.8	26.1
豊島区	全体	3.7	22.7	40.6	33.0
	男性	4.9	25.3	34.5	35.4
	女性	2.8	21.1	44.7	31.5

表 8-7　権威主義的伝統主義の相加平均の比較②（％）

	【権威主義者】「そう思う」＋「どちらかといえばそう思う」	どちらでもない	【非権威主義者】「どちらかといえばそう思わない」＋「そう思わない」	計	非権威主義者を100とした場合の権威主義者割合
大学生調査	25.7 [3.6+22.1]	−	73.5 [41.7+31.8]	99.2	35.0
豊島区調査	26.4 [3.7+22.7]	−	73.6 [40.6+33.0]	100.0	35.9
保坂・大学生調査	11.6 [2.1+ 9.5]	17.9	70.6 [27.2+43.4]	100.1	16.4
保坂・東京調査	11.2 [3.0+ 8.2]	16.6	72.3 [21.5+50.8]	100.1	15.5
吉川調査	17.2 [4.6+12.6]	44.9	37.1 [19.5+17.6]	99.2	46.4
95 年 SSM 調査	19.7 [8.2+11.5]	26.5	49.6 [19.5+30.1]	95.8	39.7
05 年 SSM 調査	14.4 [3.2+11.2]	35.9	42.6 [20.8+21.8]	92.8	33.8

保坂（2003b: 111）、1995 年 SSM 調査研究会（1995）、2005 年 SSM 調査研究会（2005）より作成

のは次の 2 点である。1 つは、「どちらでもない」から離れた両極、すなわち、「そう思う」と「そう思わない」の回答割合である。というのも、5 件法の場合に「どちらでもない」を選択する回答者は、4 件法の場合には「どちらかといえばそう思う」または「どちらかといえばそう思わない」を選択すると考えられ、これらの回答に関しては 4 件法と 5 件法の間に大きなブレが生じるだろうが、「そう思う」と「そう思わない」は強い考えを表明している回答であり、ブレが生じにくいと考えられるから

である。もう1つのポイントは、表8-7の右端に示した権威主義者と非権威主義者の比率である[12]。

これらの2点に注目すると、調査によるばらつきはあるが、筆者の行った調査のデータに極端な偏りが認められるとはいえないだろう。

②権威主義的伝統主義の尺度化

権威主義的伝統主義を変数として使用するためには尺度化をしなければならない。大学生調査と豊島区調査は項目が3つ以上なので主成分分析を行い、首都圏調査は項目が2つなので、回答を得点化して足し合わせた値を加算尺度として使用する。

大学生調査では、6つの項目を対象に主成分分析を行った結果、固有値が1以上である主成分が2つ抽出された（→表8-8、8-9）。以後の分析では、寄与率が最も大きい第1主成分の主成分得点を権威主義的伝統主義を示す変数として使用する。

豊島区調査では、4つの項目を対象に主成分分析を行った結果、固有値が1以上である主成分が1つだけ抽出された（→表8-10、8-11）。以後の分析では、この第1主成分の主成分得点を権威主義的伝統主義を示す変数として使用する。

8.2.2 健康不安および健康注意との関係

本項以降では、権威主義的伝統主義が健康に関する意識や行動に与える影響を明らかにするために、健康に関する変数を従属変数として回帰分析を行う。ただし、本章が問題にしているのは権威主義的伝統主義と健康の消費化の関係であるから、本項で扱う健康不安と健康注意は、この問題と直接関係するわけではない。

まず健康不安を従属変数とした分析の結果をみよう（→表8-12〜8-15）。表をみると、大学生調査と豊島区調査では、いずれも権威主義

第8章　権威主義的伝統主義と健康の消費化

表 8-8　権威主義的伝統主義の主成分分析（大学生調査）

	第1主成分	第2主成分
目上の人に従う	.770	.106
以前からのやり方を守る	.719	-.252
権威ある人につねに敬意	.704	-.302
指導者や専門家に頼る	.701	.219
両親に対する絶対服従	.676	-.213
伝統や慣習に疑問は問題	.349	.866

表 8-9　権威主義的伝統主義の寄与率（大学生調査）

	固有値	寄与率	累積寄与率
第1主成分	2.677	44.6	44.6
第2主成分	1.010	16.8	61.5
第3主成分	0.663	11.0	72.5
…	…	…	…

表 8-10　権威主義的伝統主義の主成分分析（豊島区調査）

	第1主成分
以前からのやり方を守る	.772
指導者や専門家に頼る	.736
伝統や慣習に疑問は問題	.693
権威ある人につねに敬意	.627

表 8-11　権威主義的伝統主義の寄与率（豊島区調査）

	固有値	寄与率	累積寄与率
第1主成分	2.012	50.3	50.3
第2主成分	0.859	21.5	71.8
…	…	…	…

的伝統主義は有意でないのに対し、首都圏調査ではサンプル全体の分析と男性の分析で有意である。このように異なる結果になった理由を明確に説明することは難しいが、原因の1つとしては、権威主義的伝統主義尺度に使用している質問項目が異なることが考えられる。この点を重視するならば、項目数が多く、尺度としての精度が高い大学生調査と豊島区調査の分析結果を重視すべきだということになり、権威主義的伝統主

表8-12 健康不安を従属変数とした重回帰分析（大学生調査）

	健康不安		
	全体	男性	女性
	β	β	β
性別（男性ダミー）	.018		
健康状態	-.339 ***	-.292 *	-.377 **
大病経験	.061	.005	.104
アレルギー	.113	.201	.041
権威主義的伝統	-.022	.029	-.068
調整済み R^2	.117 **	.090 †	.132 *
N	127	61	66

† :p< 0.10, *:p<0.05, **:p<0.01, ***:p<0.001
β：標準化偏回帰係数

表8-13 健康不安を従属変数とした重回帰分析（豊島区調査）

	健康不安		
	全体	男性	女性
	β	β	β
性別（男性ダミー）	.012		
年齢	-.099	-.124	-.117
教育年数	-.004	-.018	.014
個人収入	.004	-.014	.049
既婚ダミー	.067	-.003	.149
健康状態	-.507 ***	-.564 ***	-.446 ***
大病経験	-.015	-.053	.020
アレルギー	.073	.059	.078
権威主義的伝統	.095	.140	.072
調整済み R^2	.238 ***	.252 ***	.183 ***
N	185	80	105

† :p< 0.10, *:p<0.05, **:p<0.01, ***:p<0.001
β：標準化偏回帰係数

義は健康不安の強さに影響を与えていないという解釈になる。ただしこの解釈は、より蓋然性が高いとは思われるものの、強く主張できるものではない。

表8-14 健康不安を従属変数とした重回帰分析（首都圏調査・全年代）

	健康不安		
	全体	男性	女性
	β	β	β
性別（男性ダミー）	-.094 ***		
年齢	.158 ***	.149 **	.174 ***
教育年数	-.006	-.025	.021
等価所得	-.048 †	-.056	-.044
既婚ダミー	.001	-.009	.012
健康状態	-.145 ***	-.125 ***	-.163 ***
権威主義的伝統	.077 **	.119 **	.034
調整済み R^2	.061 ***	.048 ***	.060 ***
N	1588	719	869

† :p< 0.10, *:p<0.05, **:p<0.01, ***:p<0.001
β：標準化偏回帰係数

表8-15 健康不安を従属変数とした重回帰分析（首都圏調査・20、30歳代）

	健康不安		
	全体	男性	女性
	β	β	β
性別（男性ダミー）	-.101 *		
年齢	.052	.011	.106
教育年数	-.097 *	-.116 †	-.062
等価所得	-.028	-.043	-.016
既婚ダミー	-.028	-.045	-.027
健康状態	-.118 **	-.038	-.188 **
権威主義的伝統	.133 **	.205 **	.079
調整済み R^2	.045 ***	.036 *	.042 **
N	526	219	307

† :p< 0.10, *:p<0.05, **:p<0.01, ***:p<0.001
β：標準化偏回帰係数

　権威主義的伝統主義以外の変数では、いずれの調査でも健康状態がマイナスの効果を持っている。これは、健康状態がよくない者は健康不安が高いという、ごく自然な結果である。
　次に健康注意を従属変数とした分析結果をみよう（→表8-16、8-17）。表をみると、いずれの調査でも権威主義的伝統主義は有意ではない。し

表 8-16　健康注意を従属変数とした重回帰分析（大学生調査）

	健康注意		
	全体	男性	女性
	β	β	β
性別（男性ダミー）	.013		
健康状態	.119	.375 **	-.145
大病経験	.068	.201	-.033
アレルギー	.065	.062	.068
権威主義的伝統	.083	.190	.017
調整済み R^2	-.014	.099 *	-.038
N	128	61	67

† :p< 0.10, *:p<0.05, **:p<0.01, ***:p<0.001
β：標準化偏回帰係数

表 8-17　健康注意を従属変数とした重回帰分析（豊島区調査）

	健康注意		
	全体	男性	女性
	β	β	β
性別（男性ダミー）	.019		
年齢	-.119	-.219	-.045
教育年数	.074	.032	.080
個人収入	.063	.019	.033
既婚ダミー	.082	.271 *	-.037
健康状態	.048	.098	-.009
大病経験	.132 †	.146	.033
アレルギー	.003	-.034	-.008
権威主義的伝統	-.024	.175	-.182
調整済み R^2	-.002	.044	-.022
N	182	78	104

† :p< 0.10, *:p<0.05, **:p<0.01, ***:p<0.001
β：標準化偏回帰係数

たがって、権威主義的伝統主義は健康注意の強さに影響を与えていないといえる[13]。

権威主義的伝統主義以外の変数では、豊島区調査の男性サンプルにお

いて、既婚者が有意であることが目を引く。これに対しては、男性の場合、結婚によって家庭に対する責任感が生じるためであるという解釈が考えられる。

8.2.3 健康行動因子を従属変数とした重回帰分析（大学生調査、豊島区調査）

次に健康の消費化という本章の問題と直接関係する、健康行動を従属変数とした分析の結果をみよう（→表 8-18 ～ 8-24）[14]。表 8-24 には、結果を分かりやすくするために、権威主義的伝統主義が有意である健康行動因子をまとめてある。

分析結果をみると、権威主義的伝統主義が有意である因子とそうでない因子があるが、有意である場合にはいずれも符号がプラスである。つまり権威主義的伝統主義的であることが、部分的に健康行動にプラスの影響を与えていることになる。これは吉川徹の議論と同種の結果である[15]。

表 8-18 健康行動を従属変数とした重回帰分析（大学生調査・全サンプル）

	食事バランス	サプリメント	自然食品	日常生活	マッサージ	スポーツ
	β	β	β	β	β	β
性別（男性ダミー）	-.202 *	-.110	-.119	.067	-.287 **	.046
健康状態	.130	-.145	.080	.447 ***	.011	.252 **
大病経験	-.078	.053	-.071	.106	.039	.205 *
アレルギー	-.045	-.022	.073	.053	-.085	-.113
脱物質主義	.023	.021	.099	.179 *	.042	-.008
権威主義的伝統	.132	.080	.034	.102	.372 ***	.297 **
曖昧さ耐性	-.115	-.002	-.104	-.015	.187 *	.256 **
調整済み R^2	.057 †	-.016	-.003	.201 ***	.121 **	.168 ***
N	124	124	124	124	124	124

† :p< 0.10, *:p<0.05, **:p<0.01, ***:p<0.001
β：標準化偏回帰係数

表 8-19 健康行動を従属変数とした重回帰分析（大学生調査・男性）

	食事バランス	サプリメント	自然食品	日常生活	マッサージ	スポーツ
	β	β	β	β	β	β
健康状態	.292 *	.065	.205	.593 ***	.146	.346 **
大病経験	-.042	.311 *	-.010	.149	.078	.128
アレルギー	-.097	-.040	-.042	.078	-.147	-.100
脱物質主義	-.156	.048	-.056	.164	-.021	.042
権威主義的伝統	.142	.207	.041	.187	.479 ***	.481 ***
曖昧さ耐性	-.063	.027	-.043	.052	.379 **	.377 **
調整済み R^2	.068	.017	-.053	.284 ***	.160 *	.225 **
N	60	60	60	60	60	60

† :p< 0.10, *:p<0.05, **:p<0.01, ***:p<0.001
β：標準化偏回帰係数

表 8-20 健康行動を従属変数とした重回帰分析（大学生調査・女性）

	食事バランス	サプリメント	自然食品	日常生活	マッサージ	スポーツ
	β	β	β	β	β	β
健康状態	-.007	-.324 *	-.026	.306 *	-.106	.179
大病経験	-.106	-.150	-.112	.080	.009	.309 *
アレルギー	.020	-.025	.198	.041	-.004	-.099
脱物質主義	.196	.011	.262 *	.185	.062	-.063
権威主義的伝統	.132	.037	.028	.055	.344 *	.141
曖昧さ耐性	-.146	.027	-.160	-.051	.007	.148
調整済み R^2	-.001	.011	.048	.048	.032	.080 †
N	64	64	64	64	64	64

† :p< 0.10, *:p<0.05, **:p<0.01, ***:p<0.001
β：標準化偏回帰係数

第8章 権威主義的伝統主義と健康の消費化

表 8-21 健康行動を従属変数とした重回帰分析（豊島区調査調査・全サンプル）

	自然食品	サプリメント	スポーツ	マッサージ	日常生活
	β	β	β	β	β
性別（男性ダミー）	-.145 †	-.121	-.025	-.230 **	-.149 †
年齢	.131	-.020	.030	-.046	.073
教育年数	.025	-.090	.030	.079	.053
個人年収	.049	.156 †	.098	.262 **	.044
既婚ダミー	.172 *	.039	.046	-.003	.140 †
健康状態	.001	-.041	.169 *	-.022	.153 *
大病経験	.088	-.032	.009	-.013	-.052
アレルギー	-.047	.059	.044	-.072	-.058
脱物質主義	.181 *	.096	.036	.113	.220 **
権威主義的伝統	.180 *	.129	.137 †	.064	.146 †
曖昧さ耐性	.171 *	.052	.085	-.013	.022
調整済み R^2	.129 ***	.000	.005	.037 †	.105 **
N	176	176	176	176	176

† :p< 0.10, *:p<0.05, **:p<0.01, ***:p<0.001
β：標準化偏回帰係数

表 8-22 健康行動を従属変数とした重回帰分析（豊島区調査調査・男性）

	自然食品	サプリメント	スポーツ	マッサージ	日常生活
	β	β	β	β	β
年齢	-.156	-.150	-.016	-.004	-.038
教育年数	-.180	-.174	.127	.075	.031
個人年収	.260 *	.313 *	.081	.342 *	.025
既婚ダミー	.200	-.033	.020	.036	.286 *
健康状態	-.008	.021	.090	-.133	.081
大病経験	-.041	.062	-.057	.095	-.100
アレルギー	-.062	.106	.055	.045	-.087
脱物質主義	.405 ***	.141	.099	.187	.385 ***
権威主義的伝統	.327 **	.139	.182	.035	.312 **
曖昧さ耐性	.165	.092	.116	.035	.105
調整済み R^2	.263 **	.008	-.060	.056	.190 **
N	74	74	74	74	74

† :p< 0.10, *:p<0.05, **:p<0.01, ***:p<0.001
β：標準化偏回帰係数

表 8-23　健康行動を従属変数とした重回帰分析（豊島区調査調査・女性）

	自然食品	サプリメント	スポーツ	マッサージ	日常生活
	β	β	β	β	β
年齢	.279 *	.140	.048	-.044	.136
教育年数	.194 †	-.043	-.031	.094	.077
個人年収	-.042	.091	.101	.161	.030
既婚ダミー	.155	.028	.077	-.066	.064
健康状態	-.051	-.166	.220 *	.037	.204 †
大病経験	.108	-.171	.044	-.081	-.080
アレルギー	-.168 †	-.056	.048	-.115	-.069
脱物質主義	.014	.010	.003	.057	.098
権威主義的伝統	.090	.078	.103	.042	.025
曖昧さ耐性	.110	.004	.034	-.084	-.088
調整済み R^2	.137 **	-.023	-.021	-.029	.025
N	102	102	102	102	102

† :p< 0.10, *:p<0.05, **:p<0.01, ***:p<0.001
β：標準化偏回帰係数

表 8-24　権威主義的伝統主義が有意である健康行動因子（大学生調査、豊島区調査）

	全サンプル	男性	女性
大学生調査	マッサージ (0.1%) スポーツ (1%)	マッサージ (0.1%) スポーツ (0.1%)	マッサージ (5%)
豊島区調査	自然食品 (5%)、スポーツ (10%)、日常生活 (10%)	自然食品 (1%) 日常生活 (1%)	

　先述のとおり、権威主義的伝統主義は、既存の伝統的な権威に対する服従的な態度と、その権威が示す規範に逸脱的である者に対する排外的な態度を表す概念である。したがって、権威主義的伝統主義が健康行動に影響を持つのであれば、健康行動を行う者には権威に対する服従的な態度、および健康行動をとらない者に対する攻撃的な態度が含まれる可能性があることになる。健康行動をとることの目的にこのような態度が関係しているのであれば、自らの身体の状態を慮り、自らの判断によって健康行動をとるという、より主体的な態度が相対的に小さくなると考

えられるため、健康行動をとる際の判断により多くの他律性が含まれることになる。

　分析結果の中でもっと細かい点に注目すると、性別に関してはいずれの調査でも男性の方が権威主義的伝統主義の影響が強く出ていることが分かる。つまり男性の方が健康行動をとる際に、健康を一種の権威としてみがちであり、判断が相対的に他律的であるということになる。

　また有意である健康行動因子の種類に注目すると、2調査の分析結果の間には共通性がほとんど認められない。調和的健康法か追加的健康法かというより大まかな分類からみても、はっきりした共通性は認められない。したがって上の結果から、権威主義的伝統主義がどのような種類の健康行動に影響を与える傾向があるかを述べることはできない[16]。

8.2.4　自然食品主成分、健康商品消費を従属変数とした回帰分析（首都圏調査）

　次に首都圏調査のデータを用いて行った、自然食品消費主成分と健康商品消費を従属変数とした分析をみよう。これらは、健康の消費化という問題を検討するという意味で、前項でみた大学生調査および豊島区調査の健康行動を従属変数とした分析と同種のものである[17]。

　まず自然食品消費主成分を従属変数とした重回帰分析の結果をみよう（→表8-25、8-26）。ただしこれらは第6章の表と同一である。

　全年代の分析でも20、30歳代の分析でも、必ずしも強くはないが、権威主義尺度と自然食品主成分の間に有意な関連が認められる。性別ごとにみると、男性は有意だが女性は非有意である。この結果は、豊島区調査の自然食品因子を従属変数とした重回帰分析で、全サンプルの分析と男性サンプルの分析で有意だったことと同様である。

　次に健康商品の消費を従属変数としたロジスティック回帰分析の結果をみよう（→表8-27～8-32）。これらもまた第6章で示した表と同一であ

表 8-25　自然食品消費主成分を従属変数とした重回帰分析（全年代）

	自然食品主成分		
	全体	男性	女性
	β	β	β
性別（男性ダミー）	-.211 ***		
年齢	.301 ***	.248 ***	.375 ***
教育年数	-.003	-.082 *	.094 **
等価所得	.062 **	.068 †	.050
既婚ダミー	.029	.042	.039
健康状態	.028	.054	.007
脱物質主義	.122 ***	.135 ***	.106 ***
権威主義尺度	.053 *	.061 †	.050
調整済み R^2	.166 ***	.096 †	.159 ***
N	1580	713	867

† :p< 0.10, *:p<0.05, **:p<0.01, ***:p<0.001
β：標準化偏回帰係数

表 8-26　自然食品消費主成分を従属変数とした重回帰分析（20、30 歳代）

	自然食品主成分		
	全体	男性	女性
	β	β	β
性別（男性ダミー）	-.169 ***		
年齢	.098 †	.111	.129 †
教育年数	.043	-.053	.133 *
等価所得	.065	.037	.073
既婚ダミー	.050	.057	.038
健康状態	.034	.112	-.028
脱物質主義	.107 *	.088	.096 †
権威主義尺度	.075 †	.115 †	.053
調整済み R^2	.052 ***	.030 †	.024 *
N	525	219	306

† :p< 0.10, *:p<0.05, **:p<0.01, ***:p<0.001
β：標準化偏回帰係数

　　　　　　　　　　　　　　　第8章　権威主義的伝統主義と健康の消費化

る。

　分析結果をみると、全年代の男女でプラスの効果が10%水準で確認できるだけで、その他はいずれも非有意である。このように、関連がはっきりとは表れなかったのは、脱物質主義の場合と同じく、健康商品消費が健康商品全般を含み、タイプ別に分類されていないためかもしれない。

表 8-27　健康消費を従属変数としたロジスティック回帰分析（全年代・男女）

	健康消費（全年代・男女）			
	Exp (B)	有意確率	下限 (95%)	上限 (95%)
性別（男性ダミー）	0.318	.000	0.236	0.427
年齢	1.022	.000	1.011	1.033
教育年数	1.069	.068	0.995	1.149
等価所得	1.001	.000	1.001	1.002
既婚ダミー	0.848	.327	0.609	1.179
健康状態	0.985	.861	0.831	1.167
脱物質主義	0.847	.093	0.697	1.028
権威主義尺度	1.097	.097	0.983	1.225
Nagelkerke R^2	.102			
N	1581			

表 8-28　健康消費を従属変数としたロジスティック回帰分析（全年代・男性）

	健康消費（全年代・男性）			
	Exp (B)	有意確率	下限 (95%)	上限 (95%)
年齢	1.022	.044	1.001	1.044
教育年数	1.068	.278	0.948	1.204
等価所得	1.001	.002	1.000	1.002
既婚ダミー	0.732	.371	0.369	1.452
健康状態	1.030	.857	0.750	1.414
脱物質主義	0.792	.186	0.560	1.119
権威主義尺度	1.135	.180	0.943	1.366
Nagelkerke R^2	.054			
N	713			

表 8-29　健康消費を従属変数としたロジスティック回帰分析（全年代・女性）

	健康消費（全年代・女性）			
	Exp(*B*)	有意確率	下限（95%）	上限（95%）
年齢	1.022	.001	1.009	1.035
教育年数	1.076	.118	0.982	1.179
等価所得	1.001	.001	1.000	1.002
既婚ダミー	0.899	.581	0.615	1.313
健康状態	0.971	.776	0.795	1.187
脱物質主義	0.873	.257	0.690	1.104
権威主義尺度	1.079	.275	0.941	1.236
Nagelkerke R^2	.050			
N	868			

表 8-30　健康消費を従属変数としたロジスティック回帰分析（20、30歳代・男女）

	健康消費（20、30代・男女）			
	Exp(*B*)	有意確率	下限（95%）	上限（95%）
性別（男性ダミー）	0.307	.000	0.177	0.533
年齢	1.055	.032	1.005	1.109
教育年数	1.079	.304	0.933	1.247
等価所得	1.001	.012	1.000	1.002
既婚ダミー	0.654	.125	0.380	1.125
健康状態	0.925	.626	0.676	1.266
脱物質主義	0.741	.104	0.516	1.063
権威主義尺度	1.016	.881	0.828	1.247
Nagelkerke R^2	.100			
N	526			

表8-31 健康消費を従属変数としたロジスティック回帰分析（20、30歳代・男性）

	健康消費（20、30代・男性）			
	Exp(B)	有意確率	下限（95%）	上限（95%）
年齢	1.079	.112	0.982	1.186
教育年数	1.163	.299	0.875	1.547
等価所得	1.002	.014	1.000	1.004
既婚ダミー	0.329	.055	0.106	1.024
健康状態	1.102	.748	0.608	1.998
脱物質主義	0.579	.128	0.287	1.170
権威主義尺度	1.016	.943	0.663	1.555
Nagelkerke R^2	.153			
N	219			

表8-32 健康消費を従属変数としたロジスティック回帰分析（20、30歳代・女性）

	健康消費（20、30代・女性）			
	Exp(B)	有意確率	下限（95%）	上限（95%）
年齢	1.042	.169	0.983	1.105
教育年数	1.061	.509	0.889	1.266
等価所得	1.001	.162	1.000	1.002
既婚ダミー	0.824	.546	0.439	1.546
健康状態	0.904	.597	0.623	1.313
脱物質主義	0.839	.422	0.546	1.288
権威主義尺度	1.018	.883	0.804	1.289
Nagelkerke R^2	.026			
N	307			

　以上でみてきたように、健康商品消費に関しては関連がほとんど認められなかったものの、自然食品消費主成分については部分的に関連が認められた。したがって、大学生調査や豊島区調査の場合と同じく、首都圏調査でも、権威主義的伝統主義は健康行動に対して部分的にプラスの効果をもっていることが明らかになった。

8.3 考察

本章の分析では以下のことが明らかになった。

(1) 健康不安は、権威主義的伝統主義に影響を受けていない（大学生、豊島区）（→表8-12〜8-15）
(2) 健康注意は、権威主義的伝統主義に影響を受けていない（大学生、豊島区）（→表8-16、8-17）
(3) 大学生調査、豊島区調査の重回帰分析で、権威主義的伝統主義が独立変数として有意である健康行動因子（→表8-18〜表8-23）
【大学生】
　<u>全サンプル</u>：マッサージ（0.1％）、スポーツ（1％）
　<u>男性</u>：マッサージ（0.1％）、スポーツ（0.1％）
　<u>女性</u>：マッサージ（5％）
【豊島区】
　<u>全サンプル</u>：自然食品（5%）、スポーツ（10%）、日常生活（10%）
　<u>男性</u>：自然食品（1％）、日常生活（1％）
　<u>女性</u>：なし
(4) 首都圏調査の重回帰分析で、権威主義的伝統主義は自然食品主成分に影響を与えている（→表8-25、8-26）
(5) 首都圏調査のロジスティック回帰分析で、権威主義的伝統主義は健康商品全般の消費にほとんど影響を与えていない（→表8-27〜8-32）

以上のうち本章の問題と直接関係するのは(3)〜(5)である。そのうち(3)と(4)は、権威主義的伝統主義が健康行動（＝健康消費）に部分的に影響を与えていることを示している[18]。これは、本章冒頭で取り上げた吉川

第8章　権威主義的伝統主義と健康の消費化

の議論と類似した結果である[19]。権威主義的伝統主義は、既存の権威に対して服従的で、かつ権威に従わない者に対する攻撃的な性格を表すのであったから、これが何らかの行動に影響を与えている場合、その行動はより多くの他律性を含んでいると考えられる。つまり(3)、(4)は、人々の健康行動、健康消費が、権威や規範に対する服従性という他律的な要素を部分的に含んでいることを示している。

　ところで第6章と第7章では、健康消費における消費者の自律的な側面が明らかになっていた。すなわち、第6章では、欲求の高度化という自律性を伴った脱物質主義化が、健康消費に影響を与えていることが明らかになり、第7章では、マス・メディアの依存効果的な影響は限定的で、健康に関心の高い消費者による健康情報へのアクセスが明らかになっていた。これらに対して、本章で明らかになったのは消費者の他律的な側面である。つまり、健康の消費に対しては、消費者の自律的な側面と他律的な側面が混在して影響しているのである。

　このような複雑さは、具体的な分析結果をみることでも分かる。すなわち、豊島区調査の自然食品因子と日常生活因子、および首都圏調査の自然食品主成分は、脱物質主義と権威主義的伝統主義が共に有意になっている（→表8-21、8-22、8-25、8-26）。これらは、健康消費に対して脱物質主義的な要素と権威主義的な要素の両方が同時に作用しており、どちらか一方の作用だけでは理解できないことを示している。健康消費に表れたこのような複雑さについては、第10章で、より踏み込んだ検討を行う。

注
(1)　日本では、権威主義的性格という言葉と権威主義的態度という言葉がはっきり区別されずに使用されてきた。これについて保坂稔は、性格は

態度より深層にあり態度を規定するものであるという見方、および態度よりも性格の方が意識の向かう対象の一般性が高いという見方を紹介している（保坂 2003: 20-3）。保坂自身はアドルノらの『権威主義的パーソナリティ』というタイトルの言葉を重視して権威主義的性格を採用している。本論では、保坂と同様に『権威主義的パーソナリティ』というオリジナルのタイトルを重んじると同時に、次章で検討する曖昧さ耐性が、態度というよりは性格を表す概念であることを踏まえて、権威主義的性格を使用することにする。以下では、参照する議論の中で権威主義的態度という言葉が用いられていても、権威主義的性格という言葉に言い換える。

(2) イングルハートの調査では、権威主義的性格を測定するために次の7項目を使用している。「失業の恐怖は、労働に対する必要なインセンティブである」「人間の本性上、戦争や対立は避けられない」「成功しない人は、ただ意志が弱いだけだ」「子供に対しては、ゆったりしすぎるよりは、厳しすぎる方がよい」「服従は、子供に教える美徳として大切」「上司や教師からの明瞭ではっきりした指示が必要だ」「ほとんどの人は信用できる」(Inglehart 1970: 134)。これらの項目には、攻撃性や服従性など、異なる要素が混在しており、一元化されないのは当然であろう。

(3) 21カ国のうち多くを占めるのは、西・北ヨーロッパ、北米の国である。これに当てはまらないのは、メキシコ、ハンガリー、日本、韓国、アルゼンチン、南アフリカである。このうち「よいことだと思う」という回答者の割合が上昇した4カ国は、アイルランド、韓国、アルゼンチン、南アフリカである。

(4) 直井直子（1986）は、権威主義的性格に関する50あまりの質問項目の因子分析を行っている。「権威主義的性格因子」と命名された因子に含まれる項目をみると、その多くは権威主義的伝統主義の範疇に含まれるものである。権威主義的伝統主義とは異なる項目も一部あるが、その数は少なく、因子負荷量も小さい。つまり直井直子（1986）で使用されている「権威主義的性格因子」は、実質的には権威主義的伝統主義尺度であるといえる。また保坂（2003a, 2003b）は権威主義的伝統主義尺度のほかに、F尺度に含まれる権威主義的破壊性の項目も使用している。

(5) ここに挙げた先行研究で明らかになっている主要な知見は以下のとお

第8章 権威主義的伝統主義と健康の消費化

りである。
(A) 権威主義的伝統主義者の分布とその時間的変化 (SSM調査)
・SSM調査の1985年調査と1995年調査を比較すると、反権威主義的態度の高まりが認められるが (轟 1998, 2000)、1995年調査と2005年調査を比較すると、逆に権威主義的態度の高まりが認められる (特に、若年層、高学歴層において) (轟 2008)。
(B) 権威主義的伝統主義を従属変数とする分析
・SSM調査において独立変数として有意な変数は、1985年調査では年齢、教育年数 (直井直子 1988; 轟 1998, 2000)、1995年調査では年齢、教育年数、職業威信、世帯収入 (轟 1998, 2000, 2008)、2005年調査では教育年数 (轟 2008) である。1985年調査の年齢効果は直井直子の分析では認められているが (直井直子 1988)、吉川と轟は同じデータを用いて再分析を行い、年齢の効果は主として戦前と戦後の教育制度の違いによってもたらされたものであると解釈している (吉川・轟 1996)。
・上記3回のSSM調査において教育年数のみが一貫して有意だが、2005年調査では教育年数の効果も弱まっており、権威主義的態度の階層性が低下している (轟 2008)。
・独立変数として、従業先の官僚制化の度合い、職業上の自己-指向性、仕事上の時間圧力、従業先における所有権の有無、組織のヒエラルヒーにおける位置が有意である (直井優 1987)。
・夫の親との同居が、主婦の権威主義的伝統主義の維持あるいは再生産に一定の機能を果たしている (直井直子 1986)
・独立変数として、職業威信、教育、地位の非一貫性が有意である (ただし地位の非一貫性は10％水準での有意) (白倉 1993)。
(C) 権威主義的伝統主義を独立変数とする分析
・権威主義的伝統主義は、環境保護意識に対してはマイナスの効果をもっているが、健康意識に対してはプラスの効果をもっている (吉川 1994, 1998)。
・権威主義的伝統主義は環境保護意識に対してマイナスの効果をもたらしているが、権威主義的破壊性は環境保護意識に対してプラスの効果をもたらしている (保坂 2003a, 2003b)。
・社会党支持者と比べて自民党支持者の方が権威主義的伝統主義的である

(直井直子 1988)。

(6) 吉川は健康意識（吉川の言葉ではヘルス・コンシャス〔健康の維持・増進についての関心〕である）を、以下の5つの質問項目の回答を元にした主成分得点によって測定している。①肥満を防止するためなら、お金や時間をかけてもかまわない。②現在の体力を維持するためなら、お金や時間をかけてもかまわない。③健康をたえず増進するためなら、お金や時間をかけてもかまわない。④成人病を防いだり克服したりするためなら、お金や時間をかけてもかまわない。⑤老化を防ぐためなら、お金や時間をかけてもかまわない。

(7) ここに示した議論の元になった調査は1992年に行われているが、その後、吉川は2010年に行った調査のデータを分析し、権威主義的伝統主義は健康意識に影響を与えなくなっているという結果を示している（吉川徹ほか2012）。

(8) エスノセントリズム尺度は、反ユダヤ主義尺度と並んで、ファシズム尺度への洗練化に先立って作成された。前2者は人種に関連する質問を含んでいるため、複数の少数民族を含んでいる集団では使用が難しいという難点をもっていた。ファシズム尺度は前2者を参考にし、特定の少数民族を意識させない尺度として作成された。(Sanford et al. 1950=1980: 45-6)

(9) 権威主義的伝統主義が他律的な要素を含むというのは、「伝統的権威を中心とした権威のあるひと、ものへの服従」という態度を示す概念であることから明らかである。

(10) 大学生調査の6項目は85年SSM調査で使用された項目と同一で、豊島区調査の4項目は95年SSM調査で使用された項目と同一である。首都圏調査の項目の1つは言い回しを変えている。

(11) 各調査の概要は次のとおり。【保坂・大学生調査】1999年12月、東京郊外の2大学の大学生321名、集合調査、平均年齢19.78歳、男性32.7%(105名)、女性67.3%(216名)【保坂・東京調査】2000年8月、東京都の30歳以上70歳未満の男女、郵送調査、層化2段無作為抽出法により2400名を抽出、有効回答数888名、有効回収率37.0%【吉川調査】1991～1992年、郵送調査、全国の成人男女、層化多段無作為抽出法により8762名を抽出、有効回答数1252名、有効回収率14.3%【95年SSM

調査】1995年10〜11月、全国の20〜69歳の男女、訪問面接調査、層化2段確率比例抽出法により4032名を抽出、有効回答数2704名、有効回収率67.1%【05年SSM調査】2005年11月、全国の20〜69歳の男女、訪問留置調査、層化2段等間隔抽出法により13031名を抽出、有効回答数5742、有効回収率44.06%

　質問項目は、保坂の2つの調査と吉川調査では、85年SSM調査の6項目を使用し（大学生調査と同じ）、95年SSM調査は4項目を使用している（豊島区調査と同じ）。また、95年SSM調査では、表にある選択肢の他に「わからない」がある。

⑿　ここでは、「そう思う」と「どちらかといえばそう思う」を足して権威主義者とし、「どちらかといえばそう思わない」と「そう思わない」を足して非権威主義者としている。

⒀　ただし少し目を引くのは、豊島区調査の女性サンプルの分析において、有意ではないものの符号がマイナスになっていることである。これは、反権威主義的伝統主義的であることが、健康に対する注意に影響を与えやすい傾向を示しており、本章冒頭で取り上げた吉川徹の議論とは逆向きの結果となっている。

⒁　表8-18〜8-23は、第6章で示した表と同一である。

⒂　ただし吉川徹が分析の対象にしているのは意識であるから、行動を対象にしているここでの分析とは厳密には同じではない。

⒃　どのような健康行動であっても多かれ少なかれ規範的な要素を含んでいると考えることはできるので、いずれの健康行動も権威主義的伝統主義の影響を受ける可能性は持っている。ただし分析結果の中には、サンプル特性が反映された可能性がある項目もある。大学生調査の男性サンプルで、スポーツ因子に対する影響が認められるのは、大学の体育会系サークル・部活に特有の上下関係を重んじる文化が、権威主義的伝統主義と関係しているのかもしれない。

⒄　自然食品消費主成分は、大学生調査および豊島区調査における自然食品因子とほぼ同じ内容である。

⒅　権威主義的伝統主義が健康消費に影響を与えているといっても、長期的な健康消費の増大をもたらしたとは考えられない。健康消費が増大していったと考えられる1970年代以降において、権威主義的伝統主義の高

まりがあったとは基本的には考えられないからである。つまり、本章の分析結果によって健康消費のマクロな変化を議論することはできない。

(19)　ただし、先にも触れたように、吉川は健康に関する意識を分析しているのであって、本章とは分析の対象が若干異なることには注意が必要である（本章の注6を参照）。

第9章　曖昧さ耐性と健康の消費化

9.1　問題

　本章では、権威主義的性格の下位カテゴリーの1つである曖昧さ耐性が健康の消費化にもたらす影響を分析する。曖昧さ耐性は権威主義的性格に含まれる概念であるので、本章の分析は、前章と同じように脱物質主義と対立する概念を用いた分析ということになる。

　本章で曖昧さ耐性を取り上げるのは、後述するように、この概念が第2章で取り上げた他者性と共通性を持っていると考えられるからである。つまり、この概念を用いることで、第2章でみた消費社会と他者性の消去についての問題を検討することが可能になると考えられる。

9.1.1　先行研究

　本章で取り上げる曖昧さ耐性 (tolerance of ambiguity) は、権威主義的性格を構成する下位カテゴリーの1つである。この概念が意味するのは、文字通り、曖昧な事柄に対する耐性の強さ、寛容さの大きさである。本章ではこの概念を使用することで、既存の消費社会研究で議論されてきた消費社会と他者性の関係を検討する。

　消費社会と他者性の関係については、第2章で吉見のディズニーランドに関する議論等を取り上げた。そこで吉見は、1970年代以降の日本の消費文化の中に、不快で不確実なものを消毒しようとする傾向が存在することを論じていた。つまり1970年代以降の消費文化が他者性の消

去と結びついているということを問題にしていた。本章では、この問題を健康消費という観点から検討することを試みる。

健康消費は、病気や疲労などを解消するために行われるが、それが実質性を超えて過剰に行われる場合は、不快なものや不確実なものといった否定的な事柄を意味する他者性を消去しようとする行為と考えることができる。本章が問題にするのは、このような健康消費と他者性を消去しようとする心的傾向の関連が存在するか否かということである。そして、もしこのような関連が確かめられるのであれば、健康消費は、自らの身体のうちに存在する他者性を抹消しようとする行為であることになり、第2章で立岩、金塚、上杉の議論を参照しながら述べたように、われわれが世界を享受することから遠ざけ、生きる意味を喪失させることへつながりうる行為だということになる。

本章では、この問題を量的データを用いて検討するわけだが、分析にあたって問題になるのは、他者性をどのように操作化し、測定するかということである。というのも、他者性は主として思想的な領域で論じられてきた概念で、実証的に検討されたことがほとんどないと考えられるからである。

そこで筆者が目をつけたのは、この概念に近似していると考えられる曖昧さ耐性である。この概念は心理学で長年にわたって議論され、実証的な研究も積み重ねられてきているため、意味内容に共通性があるならば、他者性を測定するために使用することができる。以下ではまず、この概念が意味するところをみていこう。

曖昧さ耐性は、文字通り、曖昧な事柄に対する耐性や寛容さを示す概念である。この概念は、それが高いほど望ましく、人間的に成熟しているという観点から、主として心理学で多くの議論がなされてきた[1]。この概念は、社会学ではあまり取り上げられてこなかったが、本来的にはまったく無関係というわけでもない。というのも、曖昧さ耐性は権威主

義的性格との関連において議論されるようになった概念だからである。

　この概念を最も早く取り上げたのは、『権威主義的パーソナリティ』の著者の1人として先にも名前を挙げたフランケル゠ブランズウィックである (Furnham and Ribchester 1995; 今川 1981; 増田 1998; Norton 1975; 吉川茂 1978, 1980)。フランケル゠ブランズウィックは、曖昧さ非耐性 (intolerance of ambiguity) を次のように定義している。

　　　白か黒かはっきりした解決法に訴え、価値判断に関してしばしば現実を無視した性急な結論に達し、他者に対して徹底的で曖昧さのない全面的な受容、あるいは全面的な拒否をしようとする傾向
　　　(Frenkel-Brunswik 1949: 115)

　このように、曖昧さ非耐性は、曖昧さを避けて白黒はっきりした価値判断をする傾向を意味する。しかしこれは、価値判断の仕方を問題にしているのであって、価値判断の内容については中立的である。つまりこの概念は、保守的であるとか排外的であるといった、権威主義的性格と親和性があると考えられるイデオロギーの水準よりも基層にある事柄を問題にしている。

　上記のフランケル゠ブランズウィックの論文では、概念についての説明および関連する研究が紹介されているのみだが、『権威主義的パーソナリティ』では、この概念を使用したデータ分析が行われている。同書では、曖昧さ耐性の低さは権威主義的性格を構成する要素の1つとされ、この概念と、前章で簡単に取り上げたエスノセントリズム尺度との関連が分析されている[2]。分析の結果明らかになったのは、エスノセントリズム尺度の得点が高い者は、曖昧さに対する耐性が低いということである (1％水準で有意)。この結果についてフランケル゠ブランズウィックは、エスノセントリズム尺度の高得点者は、硬直的な因襲的規則が

自身や他人の行動観を規定しているようにみえ、価値観や宗教において独断的であるとする一方、低得点者は葛藤や疑いをオープンにし、熟考して自らの思考により解決を見いだそうとする構えをもっているとしている (Frenkel-Brunswik 1950: 463)。

　心理学では、フランケル゠ブランズウィックの議論を出発点として、曖昧さ耐性についての実証的な研究が重ねられた。それらの研究成果を受けて、概念を再定義し、尺度を作成したのは S. バドナーである (Budner 1962)。バドナーは、曖昧さ非耐性を「曖昧な事態を脅威の源泉として知覚する傾向」、曖昧さ耐性を「曖昧な事態を望ましいものとして知覚する傾向」と再定義し (Budner 1962: 29-30)、この定義を元に 16 項目からなる The scale of tolerance-intolerance of ambiguity を作成した。友野隆成と橋本宰は、この尺度がその後の尺度作成の新しい流れをつくるきっかけになったとしている (友野・橋本 2002: 25)[3][4]。

　その後、バドナーの尺度を元に複数の尺度が作成されたが、そのうち現在でも頻繁に参照されるのは、R. ノートンが作成した 61 項目から成る The measurement of ambiguity tolerance (MAT-50) である (Norton 1975)。MAT-50 は、「これまでの質問紙法のなかでは最も信頼できる尺度とみなすことができよう」(今川 1981: 81) と指摘されるように、尺度としての信頼性が高く、その後の研究に大きな影響を与えている。本論で使用する質問項目の元となっているのも、この MAT-50 である。

　以上でみてきたように、フランケル゠ブランズウィックの権威主義研究を出発点とした曖昧さ耐性概念は、多くの心理学者による概念と尺度の精緻化の結果、尺度としての十分な信頼性を備えるようになり、様々な実証研究に応用されるようになった。本章の分析も、消費社会と他者性との関連を問題にする応用的研究の 1 つだといえる[5][6]。

　さて、本章の分析にとっては、曖昧さ耐性尺度が他者的なものに対する意識を測定するのに適切であるかどうかが重要である。適切であるた

めには、吉見や、立岩、金塚が他者性という言葉で指し示している意味内容と、曖昧さが指す意味内容に共通性がなければならない。以下ではこの問題をみていこう。

　第2章の引用箇所で、吉見は次のことを外部性、他者性としていた。すなわち、少女たちが収集するかわいいものに対する「不快で状況攪乱的な諸現実」、ぬいぐるみを着せられた、コントロールしやすい商品としての身体に対する「子どもたちの、べとべと、ばらばら、わくわくする流動的な身体」、ペット化に対する「不確実なもの」、「ネクラな部分」、である。これらに共通する意味内容を短くまとめるのは困難であるが、あえてまとめるなら、動的で不確実性を含み、それが不快な状態をもたらすと考えられているもの、とでもいえよう。また、立岩であれば、制御できないものや、制御しにくいものを他者と呼び、金塚であれば、排泄、眠り、病い、死といった、身体についての思い通りにならない部分を問題にしていた。つまりこれらを併せて考えると、他者性概念の中心部分にあるのは、不確実性や制御不可能性であるといえよう。

　それに対して曖昧さはどうであろうか。たとえばバドナーは、曖昧さを、新奇性（＝手がかりがない、新しい状況）、複雑性（＝手がかりが多すぎる複雑な状況）、解決不能性（＝複数の手がかりが、矛盾する状況）の3つに分類して概念を検討している (Budner 1962: 29-30)。たしかにこの分類は、曖昧さ概念を理解する上で参考になるが、それよりも、曖昧さ耐性尺度として実際に使用した質問項目を、直接みた方がはっきりしてよい。本研究では、曖昧さ耐性に関する主要な質問項目として以下のものを使用した。

・もしはっきりした答えにたどり着けない可能性があるなら、問題に取り組むのは嫌だ
・知らない人の多いパーティーやコンパはおもしろくないだろう

・私ははっきりしない状況にも耐えることができる
・自分でコントロールできるような確実なことをするのが好きだ
・思い通りにできないような状況だと、かなり不安になる

　これらの文言の中で、曖昧さを意味するのは、「はっきりしない答えにたどり着けない可能性」「知らない人」「はっきりしない状況」「思い通りにできないような状況」である。このうち、最初の3つは不確実な事柄を意味しており、4つ目の「思い通りにできないような状況」は制御不可能な事柄を意味している。また、「自分でコントロールできるような確実なことをするのが好きだ」という項目は、制御不可能であることと反対のことを意味している。

　このようにみると、本研究で曖昧さ耐性尺度として使用している項目が意味する曖昧さは、他者性概念の中心部分にある、不確実性、制御不可能性と強い関連をもっていることが分かる。つまり、他者性と曖昧さは、強い共通性を持っていると考えられる。したがって、本研究で使用する曖昧さ耐性尺度は、他者性についての意識と一致するとまではいえないが、近似的なもの、部分的に一致するものとして扱うことができるだろう。

9.1.2　本章の問題

　これまで述べてきたように、本章では、消費社会と他者性の消去という志向の関連を検討する。吉見はこの問題をディズニーランドを分析対象にして論じていたが、本論では健康志向を分析対象にする。吉見が論じるように、消費社会化の過程で、人々の間に他者的なものを忌避する傾向が生じているのであれば、健康に関する消費にも同様の傾向が関係している可能性がある。

　また本章では、他者性に対する意識を測定するために、権威主義的性

格の下位カテゴリーである曖昧さ耐性を使用するのであるから、本章で検証する仮説は、「曖昧さ耐性の低さは、健康意識、健康行動に影響を与えている」ということになる。

9.2 分析

9.2.1 曖昧さ耐性の尺度化

①曖昧さ耐性の単純集計

　曖昧さ耐性の測定にあたっては、増田真也による「心理的健康と関連する曖昧さ耐性尺度」(以下、増田尺度とする)を簡略化したものを使用する(増田 1998)。増田尺度は、ノートンのMAT-50を用いて質問紙調査を行い、そのうち関連の強い24項目を抽出したものである。したがって本論で使用する項目は、増田尺度を簡略化したものであると同時に、MAT-50を簡略化したものだともいえる。

　増田によれば、増田尺度については、分析から次のことが明らかになっている。すなわち、「同じように事件を体験しても、低曖昧耐性者の方がその事件をより脅威的なものとして捉え」、「低曖昧耐性者の抑うつ度の得点は高耐性者の得点より高」い。つまり、曖昧さ耐性は「心理的ストレスにおける脆弱性を示す概念の1つ」である(増田 1998: 160)。だが興味深いことに、これと同時に、曖昧さ耐性の低さは、曖昧さに対する対処行動と結びつくわけではないということも明らかになっている(増田 1998: 160)。つまり、低曖昧耐性者は脅威を大きく評価しがちだが、だからといってそれに対処するための何らかの行動をとることは少ない[7]。

　筆者の調査では、増田の尺度の24項目のうち、大学生調査では10項目、豊島区調査では5項目を使用し、4件法での回答とした。以下がそれらの項目である[8][9]。

・もしはっきりした答えにたどり着けない可能性があるなら、問題に取り組むのは嫌だ
・知らない人の多いパーティーやコンパはおもしろくないだろう
・私ははっきりしない状況にも耐えることができる
・自分でコントロールできるような確実なことをするのが好きだ
・思い通りにできないような状況だと、かなり不安になる
・答えがないような問題はつまらない（※）
・冗談の意味がよくわからないときには、それがわかるまですっきりしない（※）
・仲の良い友達と意見が衝突すると困る（※）
・今何時なのかをいつも気にしている（※）
・他の人が私を評価するときは、はっきりとした評価をしてほしいと思う（※）

※印は大学生調査のみの項目

　権威主義的伝統主義の場合と同じように、比較を行うために共通する5項目の相加平均をとった（→表9-3）[10]。それぞれのサンプル全体の分布をみると、大学生調査の方がばらつきがやや小さいという違いはあるものの、調査間の差異は小さい。性別に注目すると、いずれの調査でも女性の方がばらつきが小さいが、これもさほど大きな差異ではない。すなわち、権威主義的伝統主義の場合と同じように、曖昧さ耐性においても2調査間、性別間の際立った差異は存在しない。

②曖昧さ耐性の主成分分析
　次に曖昧さ耐性を尺度化するために行った主成分分析の結果をみよう。大学生調査では10項目を用いて主成分分析を行った結果、固有値

第9章　曖昧さ耐性と健康の消費化

表9-1　曖昧さ耐性の単純集計（大学生）（%）

	そうだ	どちらかといえばそうだ	どちらかといえばちがう	ちがう	無回答
はっきりした答えにたどり着けない問題は嫌だ	4.6	38.5	39.2	16.9	0.8
知らない人の多いパーティーはおもしろくない	21.5	37.7	27.7	11.5	1.5
はっきりしない状況に耐えられる（逆転項目）	10.0	49.2	31.5	7.7	1.5
コントロールできることが好き	21.5	53.1	20.8	3.8	0.8
思い通りにならない状況は不安	19.2	48.5	24.6	6.9	0.8
答えがない問題はつまらない	3.8	15.4	43.1	36.9	0.8
冗談の意味が分からない時すっきりしない	19.2	39.2	26.9	13.8	0.8
友達と意見が衝突すると困る	16.2	40.0	26.2	16.9	0.8
時間をいつも気にしている	5.4	36.2	35.4	22.3	0.8
はっきりと評価してほしい	16.9	47.7	29.2	5.4	0.8

表9-2　曖昧さ耐性の単純集計（豊島区）（%）

	そうだ	どちらかといえばそうだ	どちらかといえばちがう	ちがう	無回答
はっきりした答えにたどり着けない問題は嫌だ	9.4	37.2	34.0	19.4	0.0
知らない人の多いパーティーはおもしろくない	21.5	42.4	20.9	14.7	0.5
はっきりしない状況に耐えられる（逆転項目）	8.4	35.1	40.8	15.2	0.5
コントロールできることが好き	31.9	44.5	20.4	3.1	0.0
思い通りにならない状況は不安	16.2	46.6	31.4	5.8	0.0

表9-3　曖昧さ耐性の相加平均の比較（%）

		そうだ	どちらかといえばそうだ	どちらかといえばちがう	ちがう
大学生	全体	14.9	41.8	32.3	9.8
	男性	16.8	36.5	35.2	11.3
	女性	13.2	43.5	29.7	8.5
豊島区	全体	18.8	42.3	28.4	10.3
	男性	22.4	36.6	26.8	13.7
	女性	16.3	46.9	29.3	7.6

表 9-4 曖昧さ耐性の主成分分析（大学生調査）

	第1主成分	第2主成分	第3主成分	第4主成分
友達と意見が衝突すると困る	.681	−.375	.017	.025
コントロールできることが好き	.646	−.140	−.404	−.248
思い通りにならない状況は不安	.610	.117	−.509	−.342
はっきりした答えにたどり着けない問題は嫌だ	.581	.420	.469	.164
答えがない問題はつまらない	.577	.410	.193	−.099
知らない人の多いパーティーはおもしろくない	.484	−.376	.319	.409
はっきりしない状況に耐えられる	.297	.643	−.089	.271
時間をいつも気にしている	.455	−.488	.259	−.038
はっきりと評価してほしい	.242	.068	.394	−.597
冗談の意味がよくわからない時すっきりしない	.409	−.025	−.404	.481

表 9-5 曖昧さ耐性の寄与率（大学生調査）

	固有値	寄与率	累積寄与率
第1主成分	2.681	26.8	26.8
第2主成分	1.316	13.2	40.0
第3主成分	1.176	11.8	51.7
第4主成分	1.047	10.5	62.2
第5主成分	0.958	9.6	71.8
…	…	…	…

が1以上である主成分が4つ抽出された（→表9-4、9-5）。以後の分析では、寄与率が最も大きい第1主成分の主成分得点を曖昧さ耐性の変数として使用する。豊島区調査では、5項目を用いて主成分分析を行った結果、固有値が1以上である主成分が2つ抽出された（→表9-6、9-7）。以後の分析では、寄与率が最も大きい第1主成分の主成分得点を曖昧さ耐性の変数として使用する。

9.2.2 健康不安との関係

本項以後では、曖昧さ耐性と健康意識・健康行動の関係を明らかにす

表9-6　曖昧さ耐性の主成分分析（豊島区調査）

	第1主成分	第2主成分
思い通りにならない状況は不安	.747	.328
はっきりした答えにたどり着けない問題は嫌だ	.609	-.465
知らない人の多いパーティーはおもしろくない	.597	-.320
はっきりしない状況に耐えられる	.549	-.252
コントロールできることが好き	.487	.755

表9-7　曖昧さ耐性の寄与率（豊島区調査）

	固有値	寄与率	累積寄与率
第1主成分	1.825	36.5	36.5
第2主成分	1.059	21.2	57.7
第3主成分	0.911	18.2	75.9
…	…	…	…

るために、健康に関する変数を従属変数とした重回帰分析を行う。まずは健康不安からみよう（→表9-8、9-9）。

サンプル全体の分析結果をみると、豊島区調査は10％水準であるものの、いずれの調査でも曖昧さ耐性は有意である。標準化偏回帰係数の符号はマイナスであるから、曖昧さに対する耐性が低いほど健康不安が高いということになる。

性別ごとにみると、大学生調査では女性サンプルのみ有意だが、豊島区調査では男性サンプルのみ有意で、性別による差異ははっきりしない。ただし有意でない場合でも（＝大学生調査の男性サンプル、豊島区調査の女性サンプル）、標準化偏回帰係数の符号はマイナスであるから、有意である場合と同様の傾向を示している。

このように、調査や性別よって多少の違いはあるが、全体としては、曖昧さ耐性の低さが健康不安に一定の効果を持っていると考えられる。ではなぜこのような関係が成り立つのだろうか。

この問題には、健康状態の良し悪しの境界は明確ではないということや、健康が将来の不確実性と結びついていることが関係していると考え

表9-8 健康不安を従属変数とした重回帰分析（大学生調査）

	健康不安		
	全体	男性	女性
	β	β	β
性別（男性ダミー）	.072		
健康状態	-.350 ***	-.315 *	-.393 ***
大病経験	.051	-.011	.103
アレルギー	.110	.168	.093
曖昧さ耐性	-.255 **	-.190	-.342 **
調整済み R^2	.183 ***	.121 *	.252 ***
N	126	61	65

† :p< 0.10, *:p<0.05, **:p<0.01, ***:p<0.001
β：標準化偏回帰係数

表9-9 健康不安を従属変数とした重回帰分析（豊島区調査）

	健康不安		
	全体	男性	女性
	β	β	β
性別（男性ダミー）	.026		
年齢	-.105	-.135	-.118
教育年数	-.017	-.024	.002
個人収入	.010	.010	.049
既婚ダミー	.063	-.028	.149
健康状態	-.489 ***	-.564 ***	-.430 ***
大病経験	-.033	-.059	.007
アレルギー	.070	.084	.068
曖昧さ耐性	-.117 †	-.179 †	-.086
調整済み R^2	.234 ***	.247 ***	.186 ***
N	183	78	105

† :p< 0.10, *:p<0.05, **:p<0.01, ***:p<0.001
β：標準化偏回帰係数

られる。健康状態は、それが明らかによい場合や、明らかに悪い場合もあるが、なんとなく身体が重いといったように、どちらとも言えない曖昧な場合もある。また、現在は健康であっても、それが長く維持されるかどうかは不確実である。低曖昧さ耐性者は、高曖昧さ耐性者が気にしないような、このような曖昧な身体的状態や、将来の不確実性に反応しやすく、心理的ストレスや不安を感じやすいのかもしれない。

9.2.3 健康注意との関係

続いて健康注意を従属変数とした重回帰分析の結果をみよう（→表9-10、9-11）。健康注意については、いずれの調査でも曖昧さ耐性は非有意であり、関連が認められない。先に関連が認められた健康不安が意識変数であるのに対し、行為をも含む変数である健康注意との間に関連

表9-10　健康注意を従属変数とした重回帰分析（大学生調査）

	健康不安		
	全体	男性	女性
	β	β	β
性別（男性ダミー）	.027		
健康状態	.120	.357 **	-.144
大病経験	.070	.200	-.035
アレルギー	.061	.064	.069
権威主義的伝統	-.045	-.002	-.093
調整済み R^2	-.021	.061	-.031
N	127	61	66

† :p< 0.10, *:p<0.05, **:p<0.01, ***:p<0.001
β：標準化偏回帰係数

表9-11　健康注意を従属変数とした重回帰分析（豊島区調査）

	健康不安		
	全体	男性	女性
	β	β	β
性別（男性ダミー）	.021		
年齢	-.113	-.222	-.042
教育年数	.087	-.004	.139
個人収入	.060	.062	.034
既婚ダミー	.078	.246 †	-.034
健康状態	.045	.105	-.026
大病経験	.132 †	.144	.071
アレルギー	.010	-.034	.007
権威主義的伝統	-.023	-.085	.041
調整済み R^2	-.003	.011	-.050
N	181	77	104

† :p< 0.10, *:p<0.05, **:p<0.01, ***:p<0.001
β：標準化偏回帰係数

第3部　健康ブームを支える要因とその意味

が認められないことは興味深い。この問題は後述する。

9.2.4　健康行動との関係

次に健康行動を従属変数とした重回帰分析の結果をみよう。ただし、この分析結果は、第6章および第8章で示した重回帰分析の結果（表6-33～6-38および表8-18～8-23）と同じなので、有意である健康行動因子をまとめた表のみを示す（→表9-12）。

前章の権威主義的伝統主義の場合と同じように、曖昧さ耐性についても、2調査における有意な健康行動因子は共通していない。そのため、曖昧さ耐性がどのような種類の健康行動と結びつきやすいかということは分からない。また男女別に分析結果をみても、何らかの傾向を見出すことはできない。

しかしこれらのことよりもっと重要であるのは、有意となっている場合、その項目の符号がすべてプラスであるということである。これは、曖昧さ耐性が高く、曖昧さを許容したり曖昧さを好ましいと感じる者ほど、健康行動を多く行う傾向があるということを示し、反対に曖昧さを脅威と感じやすい者ほど、健康行動を行わない傾向があるということを示している。

この結果は、先にみた健康不安とは関係が逆である。すなわち、健康不安には曖昧さ耐性の低さが影響し、健康行動には曖昧さ耐性の高さが影響している。この違いはやや意外な印象を与えるが、先述したように増田（1998）は、曖昧さ耐性の低さは、対処行動に影響を与えないとい

表9-12　曖昧さ耐性が有意である健康行動

	全サンプル	男性	女性
大学生調査	スポーツ (1%) マッサージ (5%)	マッサージ (1%) スポーツ (1%)	
豊島区調査	自然食品 (5%)		

う分析結果を示しており、意識と行動の差異が影響している可能性がある（増田 1998: 160）。

では、なぜ曖昧さ耐性の高い者は健康行動を行う傾向があり、曖昧さ耐性が低い者はそれを回避する傾向があるのだろうか。この問いに対しては、以下のような解釈が考えられる。

ある健康行動をとるということは行動の選択を意味し、選択は自らに不安定な状態をもたらす。というのも、行動の選択が自らの身体に良い結果をもたらすかどうかは必ずしもはっきりせず、場合によっては好ましくない結果をもたらす可能性もあるからである。つまり行動の選択は、それまで存在していなかった新しい不確実で曖昧な状況を生み出してしまう。高曖昧さ耐性者は、曖昧さに寛容であったり、それを好みさえするため、このような行動の選択がもたらす曖昧な状況に抵抗感が少なく、場合によってはそれを積極的に受容している可能性がある。他方、低曖昧さ耐性者は、曖昧な状況に脅威を感じやすいので、そのような状況自体を回避しようとするのではないだろうか。

ただし、このような行動の選択がもたらす曖昧な状況は、前出の自らの健康状態が良いか否かという曖昧な状況とは異なる。時間的順序に従えば、まず現出するのは、この健康状態に関する曖昧状況である（曖昧状況1）。この状況に対して、低曖昧さ耐性者は、ちょっとした病気や疲労の徴候を過大に評価し、脅威を感じやすいが、高曖昧さ耐性者は冷静に判断する余裕を持ち、脅威を感じにくいと考えられる。つまり両者は、脅威を感じる閾値が異なっている。

しかし低曖昧さ耐性者にしても高曖昧さ耐性者にしても、それぞれの閾値を超え、身体のある状態を脅威と認識した場合には、上で問題にした行動の選択に伴う新たな曖昧状況に直面する可能性が出てくる（曖昧状況2）。このような状況に置かれた場合、上述のように、高曖昧さ耐性者は自らに曖昧な状況をもたらしうる健康行動の選択に積極的である

373

が、低曖昧さ耐性者はそれに消極的なのではないだろうか。

9.3 考察

本章の分析では次のことが明らかになった。

(1) 曖昧さ耐性の低さが、健康不安を高めている（→表9-8、9-9）
(2) 曖昧さ耐性と健康注意は関連が認められない（→表9-10、9-11）
(3) 曖昧さ耐性の高さが、部分的に健康行動を促している（→表8-18～8-23、表9-12）

これらは次のようにまとめられる。すなわち、曖昧さ耐性の低さは健康不安を大きくする働きを持つが、健康注意、健康行動に対してはそのような働きを持たない。反対に、健康行動は、曖昧さ耐性の高さによって促進される場合がある。

これらの結果から、本章の問題、すなわち消費社会化と他者性の消去の関連という問題は次のように考えられる。健康行動に対しては、曖昧さ耐性の高さ（＝他者性の受容）の部分的なプラスの影響は確認できるが、曖昧さ耐性の低さ（＝他者性の消去）の影響は確認できない。つまり、健康消費は他者性の受容によって促進されることはあっても、他者性の消去によって促進されることは考えられない。したがって、消費社会化と他者性の消去との結びつきは、健康消費については認められず、そればかりか、それとは反対の結びつきが考えられる。

むろん、本章の分析は対象を健康消費に限定しているから、この結果を消費全体、あるいは消費社会全体に一般化することはできない。つまり、吉見が論じている、消費社会化と他者性の消去の結びつきという現象の全体までをも否定するものではない。しかし、健康消費に限ってで

はあるが、消費が他者性の消去ではなく他者性の受容と結びつくことを示す上記の知見は、大きな意義をもっていると思われる。

これらのほかに、本章の分析結果からは、もう1つの興味深い知見を引き出すことができる。それは、健康行動と対照的な結果を示した、健康不安に関する知見である。

健康不安に対しては、曖昧さ耐性の低さがプラスの効果をもっているので、健康不安は他者性の消去と結びついていると解釈できる。つまり健康行動では他者性の消去の影響は認められなかったが、不安という意識の水準においては、その影響が認められるのである。本論のテーマからすると、ここで重要なことは、これが消費の問題とつながるかどうかである。つまり健康不安と曖昧さ耐性の低さの関連を、消費社会の問題として考えられるかどうかである。

結論から述べると、それは可能である。第3章で述べたように、本論では健康ブームを、健康消費の増大と健康言説の増大を合わせたものと定義している（健康ブーム＝健康消費＋健康言説）。そして、健康言説は、健康雑誌や健康に関する記事、番組、広告などを指す。第5章の健康雑誌についての分析でも確認されたことであるが、この健康言説は、消費と一定程度の結びつきを持っている。つまり健康ブームを構成する、健康消費の増大と健康言説の増大という2つの要素は結びつきを持っており、健康の消費化が進行する場合には、同時に健康言説も増大する関係にあると考えられる。

では、健康消費の増加に伴って健康言説が増加した場合、健康不安も増加するだろうか。この問題については、第7章の分析でメディア接触と健康不安は無関連であることが明らかになっていたので、健康言説の増加が健康不安を増大させるとは単純にはいえない。しかし次のような場合に限っては、健康不安の増大を考えることができる。すなわち、健康言説の増大が、曖昧さ耐性が低い者の健康不安を惹起、または強化す

る場合である。つまり、健康消費の増大→健康言説の増大→曖昧さ耐性の低い者の健康不安の惹起・強化、という関連が考えられる。このような関連によって健康不安を高める者の例としては、第2章で取り上げたハルキエの議論で、「テレビ番組で悪い情報ばかり見せられると本当にいらいらする」「すべての食べ物の品質に疑念を持ってしまう」と述べ、強い葛藤を示していた回答者が挙げられる。

以上のように、曖昧さ耐性が低い者に限っては、健康の消費化によって健康不安が高まる可能性があるということは、第2章で挙げたもう1つの問題であるリスクと不安の結びつきが限定的に認められるということを意味する。この限定性を持った結びつきは、人々の不安のあり方に分断線が存在することを意味しており、社会学的に興味深い。この問題は終章で改めて取り上げる。

注
(1) 曖昧さ耐性の高さについてのこのような前提に対して、問題提起をしている研究もある。吉川茂は、曖昧さに対する寛容さが強すぎることにも問題がありうるのではないかとして次のように述べている。「あいまいさへのトレランスが高い・高すぎるということは、あいまいな状況を一刻も早く処理して解消してしまおうとはせず、あいまいさを減少させようという動機が欠如しているのではないかということ、あるいは、あいまいさというものを知覚はするが、それに対して何も実際的な行動がとれないまま、あいまいさの中に漂白するのではないかということが考えられる」(吉川茂 1980: 35) 吉川は、このような問題意識の元に、大学生を対象とした調査の結果を分析をしたが、曖昧さ耐性の高さと否定的な事柄との結びつきは見いだされなかった。
(2) フランケル＝ブランズウィックは、同書全23章のうち6章の執筆に関わっており、そのうち5章を単独で執筆している。つまり彼女は主要な執筆者の一人だといえる。邦訳書では全23章中8章しか訳出されてい

第9章 曖昧さ耐性と健康の消費化

ないが、そのうちの4章は彼女が関わった章である。曖昧さ耐性概念を質問項目として使用したインタビュー調査の分析結果は、原書では第12章、訳書では第5章に記されている。

(3) バドナーは、曖昧さを、新奇性 (novelty)、複雑性 (complexity)、解決不可能性 (insolubility) の3つに分類し、次のように定義している。新奇性：手がかりがなく全く新しい状況。複雑性：手がかりがたくさんありすぎる複雑な状況。解決不可能性：手がかりが異なった事態を示唆するような矛盾した状況。(Budner 1962: 29-30)

(4) バドナーは、9つの大学生サンプル群（サンプル数は33～79）に対して行った調査のデータを使用して、この尺度とF尺度の相関分析を行い、6つのサンプル群で正の相関が認められたとしている（5％水準で有意。相関係数は0.17～0.55で、これら全体の平均は0.32）(Budner 1962: 41-2)。

(5) 曖昧さ耐性の概念、尺度を使用した研究には、概念の検討や尺度構成といった基礎的研究と、概念や尺度を用いて行われる応用的研究の2通りがある。日本での研究には、基礎的研究として今川（1981）、西村（2007）、友野・橋本（2005）、吉川茂（1980, 1986）などがあり、応用的研究としては、精神障害（躁鬱病、統合失調症、神経症）との関係を論じた衛藤（1991, 1992, 1994）、心理的ストレスとの関係を論じた増田（1998）、友野・橋本(2002)、不登校児童との関係を論じた西村（2006）、新入成員に対する寛容的反応との関係を論じた植村(2001)、教師のメンタルヘルスとの関係を論じた宇津木(1993)、創造性との関係を論じた吉川茂（1978）などがある。これらの研究ではMAT-50が頻繁に言及され、しばしば使用されている。また、海外における応用的研究には、同性愛に対する態度、身体障害者の雇用に対する態度、LSDの使用によってフラッシュ・バックを経験した者の多寡、セラピストやカウンセラーの資質などとの関係を扱った研究がある（吉川茂 1986）。

　上に示したのは心理学的な研究であるが、ほかに少ないながら社会学的な研究もある。吉川徹は、地方出身の若者の社会移動および意識の変化に関する研究で、曖昧さ耐性を使用している（吉川徹 2001）。この研究では質問紙による小規模なパネル調査が行われており（回収サンプル数は、1回目〔高校3年時〕が44名、2回目〔24歳時〕が35名である）、

曖昧さ耐性に関する質問項目が3つ設けられている。分析の結果はそれぞれの項目によって少し違うが、大まかには、高校卒業後に県外に出た都市定住型のサンプルとJターン型のサンプルでは曖昧さ耐性が高まる傾向があり、県内周流型のサンプルでは曖昧さ耐性が低下する傾向があった。この結果に対して吉川は、都市における複雑性の高い生活や地域移動の経験が、曖昧さ耐性を高める可能性を持っていると指摘している（吉川徹 2001: 183-8）。

　またR. ソコールは、マッカーシズムで知られるマッカーシーが死去した翌年の1958年に、アッパー・ミドル・クラスが多く居住するボストン郊外で453名の成人を対象にインタビュー調査を行い、マッカーシーに肯定的な者の特徴を分析している (Sokol 1968)。この調査では、曖昧さ耐性は、直接的に権威主義的な志向を測定できるわけではないが、その志向の指標になるとされ、曖昧さ耐性に関する次の4つの質問項目が設けられている。「決断できない者の話を聴くのはいらいらする。」「政府には2種類の人間がいる。誠実な人間と、誠実ではない人間である。」「学校の教師には2種類いる。生徒を統御できる者と、そうでない者である。」「意見が一致しないほとんどの場合に、1つだけ正しい立場がある。」分析からは、曖昧さ耐性が低い者ほどマッカーシーに肯定的であることが明らかになっている。ちなみに、曖昧さ耐性のほかにマッカーシーに肯定的であることとの関連が明らかになったのは、属性に関しては、カトリック信者、民主党支持者、職業階級が低い者、教育水準が低い者で、権力に関する志向については、国家の権力構造の変革を望む者、階級意識が強い者、政治的有効性感覚が弱い者である。

(6)　欲求階層理論を唱えるマズローも、フランケル＝ブランズウィックの議論を参照しながら曖昧さ耐性を取り上げている。マズローは、欲求階層理論において最上位に位置する自己実現的人間の曖昧さ耐性が高いことを次のように述べている。「彼らは未知のものを受け入れ、気楽にそれと接し、既知のものよりも未知のものに・・より引かれることもしばしばであった。彼らは、あいまいなものや形をなさないものにも耐えるだけでなく、それを好みさえする。」(Maslow 1970=1987: 230)「彼らは、未知のものを無視したり否定したり、それから逃げ出したり、またそれは本当は既知のものだというふりをすることもなく、さらに、早まってそ

れを組織化したり、二分したり、型づけたりもしない。……全体的客観的状況からして必要とあれば、彼らは、無秩序でずさんな、無政府主義的で混沌とした、あいまいで疑惑に満ちた、不確かで不明瞭、大ざっぱでいいかげんで誤りのある状態においても快適でいられる。」(Maslow 1970=1987: 231) これらは、高次の欲求を持つ人間が曖昧さ耐性が高いことを述べており、先述した、脱物質主義と権威主義との対立的な関係と同型である。さらに付け加えると、イングルハートもまた同様のことを述べている。イングルハートは、脱物質主義者は相対的に安全な環境にあり、より多くの曖昧さに耐えることができるとしている (Inglehart 1997: 40)。

(7) 増田尺度を別の角度から検討した研究もある。西村 (2007) は、調査データを分析して、曖昧さに対する態度には享受、不安、受容、統制、排除の5つがあることを明らかにしている。さらに西村が、これら5つの態度と増田尺度の相関分析を行うと、増田尺度と強い相関が認められることが明らかになったのは不安であり (相関係数は0.51)、さらに統制、排除とも相関が認められた (それぞれ0.27と0.25)。西村の5分類と、筆者が使用した増田尺度の項目を見比べると、筆者が使用した項目でも、不安と関係すると考えられるものが多い。

(8) 首都圏調査では曖昧さ耐性を質問項目として使用していない。

(9) 増田尺度から項目を選択する際には、具体性が高い等、曖昧さ耐性とは異なる要因が影響しそうな項目を避けるようにした。たとえば「セールスマンに会うと、何を売っているのか知りたがる」という項目などである。

(10) 逆転項目である「はっきりしない状況に耐えられる」は、他の項目に合わせるために、表9-3では値を反転させている。

第10章　社会の長期的変化と健康の消費化
――脱物質主義と権威主義――

10.1　問題

　第3部の第6章から第9章までは、脱物質主義、マス・メディア、権威主義的伝統主義、曖昧さ耐性という4つの変数が、健康意識、健康行動に与える影響を分析することで、健康の消費化が意味することをみてきた。特に、健康行動・意識が消費者の自律的な側面の表れであるか、他律的な側面の表れであるかということに注目してきた。

　これらは、健康の消費化についてのクロス・セクショナルな分析である。しかし、第4章の家計調査のデータを元にした健康消費の変化や、第5章の健康雑誌の変化が示すように、健康ブームは長期的に変化している。ということは、第6章から第9章において明らかになった健康ブームが持っている意味も、長期的に変化している可能性がある。そこで本章では、健康意識、健康行動に影響を与えている変数の長期的な変化をみることで、健康ブームが持つ意味の変化を考察していくことにする。ただし、消費者の変化という観点からこの問題をみるので、上記4変数のうち、価値志向やパーソナリティに関係する、脱物質主義、権威主義的伝統主義、曖昧さ耐性の3変数の長期的な変化を取り上げる。

10.2 分析

10.2.1 脱物質主義と権威主義の関連

　本章の問題は、健康ブームの意味の変化を長期的な視点からみることであるが、その前段階として、3つの変数の関係をみておこう。

　本章で分析の対象とする3変数は、脱物質主義と権威主義的性格の2つに分けることができる。この2つについては、第8章の冒頭でみたように、イングルハートの分析によって、対立的な関係の存在が示唆されていた。だが第6、8、9章の分析で明らかになったように、これらは、健康意識、健康行動に対して、対立的な関係を反映した効果ではなく、矛盾するようにみえる効果を持っていた。以下では、まず、これらの効果を再度確認しておこう。

(1)脱物質主義に関して
- 脱物質主義は、健康不安と関連がない
- 脱物質主義は、健康行動に部分的にプラスの効果をもたらしている

　(2)権威主義的伝統主義に関して
- 権威主義的伝統主義は、健康不安と関連がない
- 権威主義的伝統主義は、健康行動に部分的にプラスの効果をもたらしている。

(3)曖昧さ耐性に関して
- 高い曖昧さ耐性は、健康不安にマイナスの効果をもたらしている
- 高い曖昧さ耐性は、健康行動に部分的にプラスの効果をもたらしている

第10章　社会の長期的変化と健康の消費化―脱物質主義と権威主義

表 10-1　独立変数と従属変数の関連

		従属変数	
		健康不安	健康行動
独立変数	脱物質主義	なし	＋
	権威主義的伝統	なし	＋
	曖昧さ耐性	−	＋

　第6、8、9章の分析で明らかになった上記の結果が示していることは単純ではない。イングルハートの議論が示唆していたように、脱物質主義と権威主義は対立的な関係にあると考えられてきたが、上記の分析結果は、脱物質主義と権威主義的伝統主義のいずれもが健康行動に対してプラスの効果をもつことを示している。さらに、権威主義的性格の下位カテゴリーである曖昧さ耐性は、その高さが健康行動にプラスの効果をもっているので、権威主義という点からいうと権威主義的伝統主義とは反対の効果をもっている。このような矛盾するようにみえる関係は、本当に対立的で異なる変数が同時に作用していると考えてよいのだろうか。以下ではこの問題を明らかにするために、3つの変数の関係をみよう。

　表10-2、10-3、10-4は、3回の調査データを用いた3変数の偏相関係数である。調査によって分析結果に若干の違いがあるものの、全体としては類似した傾向を示している。

　まず、脱物質主義と権威主義的伝統主義の相関をみると、豊島区調査と首都圏調査（全年代）では有意だが、大学生調査、首都圏調査（20、30歳代）では非有意である。ただし、非有意である大学生調査、首都圏調査（20、30歳代）でも、偏相関係数の符号はマイナスであるから、同じ傾向を示してはいる（大学生調査の有意確率は .146、首都圏調査〔20、30歳代〕の有意確率は .386）。マイナスの符号は、脱物質主義的であるほど非権威主義的伝統主義的であることを意味するので、脱物質主義と権威

383

表 10-2　脱物質主義と権威主義的性格の偏相関係数（大学生調査）

		脱物質主義	権威主義的伝統	曖昧さ耐性
脱物質主義	偏相関係数	1.000	-.095	.210 **
	df	0	123	122
権威主義的伝統	偏相関係数		1.000	-.363 ***
	df		0	122
曖昧さ耐性	偏相関係数			1.000
	df			0

† :p< 0.10, *:p<0.05, **:p<0.01, ***:p<0.001
（統制変数：性別、年齢）

表 10-3　脱物質主義と権威主義的性格の偏相関係数（豊島区調査）

		脱物質主義	権威主義的伝統	曖昧さ耐性
脱物質主義	偏相関係数	1.000	-.147 *	.101 †
	df	0	179	179
権威主義的伝統	偏相関係数		1.000	-.198 **
	df		0	179
曖昧さ耐性	偏相関係数			1.000
	df			0

† :p< 0.10, *:p<0.05, **:p<0.01, ***:p<0.001
（統制変数：性別、年齢、教育年数、個人年収、結婚）

表 10-4　脱物質主義と権威主義的性格の偏相関係数（首都圏調査）

			権威主義的伝統
脱物質主義	全年代	(df=1583)	-.061 **
	20代＋30代	(df= 520)	-.039

† :p< 0.10, *:p<0.05, **:p<0.01, ***:p<0.001
（統制変数：性別、年齢、教育年数、等価所得、結婚）

主義との対立的な関係が、若干は存在していることになる。

次に、脱物質主義と曖昧さ耐性の偏相関係数をみると、2つの調査で正の相関が認められており（ただし豊島区調査は10％水準）、脱物質主義的であるほど曖昧さ耐性が高いことを示している。曖昧さ耐性が高いということは非権威主義的であることを意味するので、脱物質主義的であ

るほど非権威主義的であるともいえる。つまり曖昧さ耐性に関しても、権威主義的伝統主義の場合と同様に、脱物質主義と権威主義との対立的な関係が認められる。この結果は、第9章の注6で触れた、自己実現的人間は曖昧さ耐性が高いとするマズローの議論や、脱物質主義者はより多くの曖昧さに耐えることができるとするイングルハートの議論を支持している。

つづいて権威主義的伝統主義と曖昧さ耐性の偏相関係数をみると、いずれの調査でも負の相関が認められる。これは、別の言い方をすると、権威主義的伝統主義的であることと曖昧さ耐性の低さに正の相関があるということで、権威主義的であることが相互に関連を持っていることを示している。

以上の3種類の結果が示しているのは、権威主義的性格の2つの下位カテゴリーは、権威主義的であるという意味において正の相関が認められるということと、脱物質主義と権威主義の間には一定程度の対立的な関係が認められるということである。このうち後者の対立的な関係は、第8章の冒頭で紹介したイングルハートの分析が示唆していたのと同種の結果である。

以上のような、強くはないが存在する脱物質主義と権威主義の対立的な関係と、第6、8、9章で明らかになった各変数の影響を併せて考えると、健康意識・行動は対立的な要因の影響を同時に受けていることになる。つまり、健康意識・行動は、一方向的な要因によっては説明ができない複雑な現象だと考えられる。

10.2.2　脱物質主義の長期的変化と規定要因

本項以降では、3つの変数がそれぞれ長期的にどのように変化しているかということをみていく。その際には、まず各変数の分布の変化を検討し、さらに各変数を規定する要因を分析することで考察を進めてい

く。この分析は、本章冒頭で述べたように、第6章から第9章で明らかになった健康ブームの意味が、どのように変化しているかということを明らかにするために行うものである[1]。

まず脱物質主義からみよう。脱物質主義の長期的な変化については、第6章でみた国民生活に関する世論調査の結果が示すように、データを取り始めた1970年代初めから現在に至るまで、脱物質主義化の進展という一貫した流れが存在している（→図6-1、6-2）。以下では、この流れが今後も続くかどうかを考えるために、脱物質主義を規定する要因をみていこう。

脱物質主義を規定する要因が何かという問題に関しては、これまでに今田高俊、三重野卓による研究がある（今田 1998, 2000; 三重野 1998, 2000）[2]。両者の研究はいずれも1995年SSM調査のデータを用いているので、分析結果には共通性がある。

まず、より個別性の高い独立変数を用いて分析している三重野の議論からみよう。三重野は15の独立変数（生活満足度、生活向上感、公平感、収入重視、趣味の重視、財の重視、福祉重視、職業、学歴、財の所有、個人の収入、階層帰属意識、性別、年齢、政党支持）を用いて、脱物質主義を規定する要因を数量化Ⅱ類によって分析している（三重野 1998, 2000）。このうち規定力が強いものを順に5つ挙げると、趣味の重視を「重要である」とする回答、財の重視を「あまり重要ではない」とする回答、生活満足度について「満足している」とする回答、階級帰属意識について「上」とする回答、福祉重視に対して「そう思う」とする回答、となっている。この結果は、社会的地位や社会階層についての変数よりも、それらとは関連の薄い意識変数の方が、脱物質主義に対して相対的に強い効果を持っていることを示している。この結果について三重野は、脱物質主義は「意識に規定される部分が大きく、社会的地位、階層要因はそれほど効かない」（三重野 1998: 12）とし、「意識が意識を規定し、社会的地

──── 第10章　社会の長期的変化と健康の消費化―脱物質主義と権威主義

位、階層の規定力が失われているのは、一定の段階に達した豊かな社会の特色であるといえよう」と述べている（三重野 2000: 93）。

次に今田の議論をみよう。今田は、脱物質社会と社会階層の関係を問題にしており、脱物質主義に対して地位指向がどのように作用しているかということを分析している（今田 1998, 2000）。

地位指向に関しては、7つの項目を用いて因子分析を行い、達成的地位指向因子と関係的地位指向因子という2つの因子を抽出している。達成的地位指向因子は、序列的な地位を重視する因子で、「社会的評価の高い職業につくこと」「高い収入を得ること」「高い学歴を得ること」「多くの財産を所有すること」という項目の負荷量が大きい。関係的地位指向因子は、人間関係における評価を重視する因子で、「家族から信頼と尊敬を得ること」「社会参加活動で力を発揮すること」「余暇のサークルで中心的役割を担うこと」という項目の負荷量が大きい。

この2つの因子と脱物質主義の関連をみると、関係的地位指向因子は性別の違いに関わらずプラスの関連を示し、達成的地位指向因子は男性においてマイナスの関連を示した。つまり、脱物質主義に対しては関係的地位指向が効果を持っている。この結果について今田は、経済的豊かさの獲得などを重視する旧来的な達成的地位志向から、人間関係を重視する関係的地位志向への変化が起こっており、この関係的地位志向の重視が脱物質主義（＝心の豊かさやゆとりの重視）を規定するとしている。さらに今田は、このような変化について、近代社会では「持つこと」（所有）が「生き方」（存在）を規定していたが、後者が前者に対して恣意的な振る舞いを示すようになり、後者自体が重要な関心事になったとも述べている（今田 1998: 27）。つまり、「持つこと」（所有）の重要性が相対的に低下したというわけである。このような認識は、三重野が「意識が意識を規定し、社会的地位、階層の規定力が失われているのは、一定の段階に達した豊かな社会の特色であるといえよう」と述べていたことと同種

表10-5 脱物質主義を従属変数とした重回帰分析(豊島区調査)

	脱物質主義		
	モデル1	モデル2	モデル3
	β	β	β
性別(男性ダミー)	.084	.084	.086
年齢	.091	.091	.087
教育年数	-.056	-.056	-.056
個人年収	-.142 †	-.142 †	-.140 †
既婚ダミー		-.001	-.015
子供と同居			.023
生活満足	.270 ***	.270 ***	.270 ***
調整済み R^2	.056 **	.050 *	.045 *
N	185	185	185

† :p< 0.10, *:p<0.05, **:p<0.01, ***:p<0.001
β:標準化偏回帰係数

表10-6 脱物質主義を従属変数とした重回帰分析(首都圏調査・全年代)

	脱物質主義		
	モデル1	モデル2	モデル3
	β	β	β
性別(男性ダミー)	-.104 ***	-.104 ***	-.102 ***
年齢	.039	.057 †	.056 †
教育年数	.049 †	.051 †	.051 †
等価所得	.002	.003	.004
既婚ダミー		-.032	-.040
子持ちダミー			.010
調整済み R^2	.010 ***	.010 ***	.009 **
N	1600	1598	1594

† :p< 0.10, *:p<0.05, **:p<0.01, ***:p<0.001
β:標準化偏回帰係数

表10-7 脱物質主義を従属変数とした重回帰分析(首都圏調査・20、30歳代)

	脱物質主義		
	モデル1	モデル2	モデル3
	β	β	β
性別(男性ダミー)	-.018	-.021	-.021
年齢	-.038	-.020	-.008
教育年数	-.030	-.030	-.032
等価所得	-.047	-.047	-.060
既婚ダミー		-.036	-.006
子持ちダミー			-.048
調整済み R^2	-.002	-.003	-.004
N	529	529	527

† :p< 0.10, *:p<0.05, **:p<0.01, ***:p<0.001
β:標準化偏回帰係数

第10章　社会の長期的変化と健康の消費化——脱物質主義と権威主義

であろう。

　以上が、三重野の議論と今田の議論の主要な部分である。これらが示しているのは、脱物質主義に対しては、旧来的な豊かさの象徴であった社会的地位や社会階層ではなく、意識や人間関係などの「生き方」に関わる事柄が影響を及ぼしているということである[3]。

　では次に、これらの議論を踏まえて、脱物質主義を従属変数とした重回帰分析の結果をみていこう（→表10-5、10-6、10-7）。

　3つの表をみると、有意確率が5％未満である変数は、豊島区調査の生活満足と首都圏調査（全年代）の性別である。

　性別については、同じ首都圏調査の20、30歳代の分析では非有意であるから、性別の効果は年齢によって違うのかもしれない。つまり、年齢が高いほど脱物質主義者に占める女性の比率が高まり、若い年齢層ではそのような男女差がないのかもしれない。この解釈は、20、30歳代を対象とした豊島区調査でも性別が非有意であることと整合する。

　生活満足がプラスに有意であるという結果は、生活満足度が高い者ほど脱物質主義的であることを意味する[4]。これは、低次の欲求が満たされるにしたがって欲求の対象が高次化するという、脱物質主義論を支える欲求階層理論のメカニズムに合致していると思われる。またこの結果は、先ほどの三重野の分析結果と同様である。

　社会階層に関わる変数をみると、豊島区調査の個人年収、全年代の首都圏調査の教育年数が有意であるが、これらは有意水準が10％であり、明確な効果ではない。これと比較して、上にみた非社会階層的な変数である生活満足は、有意水準が0.1％で、効果がはっきりしている。つまり、三重野、今田の分析で明らかになった、非社会階層的な要因の効果が強く、社会階層的な要因の効果が弱いという傾向は、上記の分析結果にも表れている。

　さて以上の分析結果を踏まえて、脱物質主義の長期的変化について考

えよう。まずは、あまり効果が認められなかった社会階層に関する変数、すなわち教育年数、収入との関係から考えよう。

教育年数が示す結果は、さらなる大学進学率の上昇等によって平均教育年数の上昇が今後起こったとしても、それが社会全体の脱物質主義化に何らかの影響を及ぼすことは考えにくいということを示唆している。

つづいて収入については、一定の生活水準に達している社会では、収入の増加が脱物質主義化に影響を与えることがないために、効果があまり認められないのであろう。したがって、もし影響を与えるとすれば、それとは反対に、社会成員の一定割合がある水準を越えて経済的に困窮していく場合であろう。この場合は物質主義化への反転が起こる可能性がある。このような変化は、第6章でみた、20、30歳代の脱物質主義の時系列変化に部分的に表れているようにみえる(→図6-2)。同図をみると、2000年代以降に物質主義へ反転している年があるが、これは若年層の雇用環境の悪化に伴う収入の低下と不安定化によってもたらされた可能性がある。

また、三重野の分析では、階層帰属意識が「上」であることが脱物質主義にプラスの効果を持つことが明らかになっていたので、「上」意識を持つ層のボリュームが一定以上に拡大すれば脱物質主義化が進むと考えられる。しかし、現状、それが起こることは想定しにくいのではないだろうか。

次に非社会階層的要因、あるいは今田のいう関係的地位指向因子についてみていこう。これらに含まれるのは、生活満足度、趣味の重視、福祉の重視、および関係的地位指向因子に含まれる「家族から信頼と尊敬を得ること」「社会参加活動で力を発揮すること」「余暇のサークルで中心的役割を担うこと」といったものである。これらは、もし経済環境が悪化するなら重視されなくなることも考えられるが、そうでなければ趨勢としては重視される方向に向かっていくと思われる。少なくとも重視

———— 第10章 社会の長期的変化と健康の消費化—脱物質主義と権威主義

する人の割合が減少することは考えにくい。したがって、経済環境の悪化が起こらないのであれば、これらの要因を媒介にして脱物質主義化が進展すると考えられる。

上にみた社会階層的要因と非社会階層的要因のほかに、脱物質主義の長期的変化に影響を与える可能性を持っているものにコーホートがある。イングルハートは、人格形成期である未成年期における経済的安全、身体的安全の程度が、脱物質主義的価値観の形成に大きな影響を与え、それが後々まで残存するとしている (Inglehart 1977=1978: 82-5; Inglehart 1997: 132-3)。つまり未成年期の社会環境が大きく影響すると述べている。

本論で問題にしている、「モノの豊かさから心の豊かさへ」という価値志向も、これと同じ性質をもっているのだとすると、今後想定される、脱物質主義的な価値観が醸成されやすい社会環境で人格形成期を過ごしたコーホートの割合の増加は、脱物質主義化の進行にプラスの影響をもたらすと考えられる。

以上でみてきたように、一定の水準を超える経済環境の悪化が生じた場合には物質主義への反転が起こる可能性もあるが、そうでなければ基本的には脱物質主義化が進展すると考えるのが自然であろう。第6章でみたように、脱物質主義は調和的健康行動に影響を与えているので、今後脱物質主義化が進行するならば、調和的健康行動を行う者が増加する可能性がある。そして本論にとってさらに重要なことは、脱物質主義化は消費者の自律的な側面を反映しており、脱物質主義化は、自律性の高い動機に基づく健康行動をもたらすということである。

10.2.3 権威主義的伝統主義の長期的変化と規定要因

つづいて権威主義的伝統主義の長期的変化をみていこう。分布の変化については、轟が、SSM調査の1985年データと1995年データの比較

391

(轟 1998)、および 1995 年データと 2005 年データの比較(轟 2008)を行っている。前者の分析では、比較対象が男性サンプルのみで、さらに質問項目の選択肢数が異なるという分析上の制約があるものの、1985 年から 1995 年にかけて、反権威主義的性格の高まりが認められている。後者の分析では、前者のような分析上の制約はなく、1995 年から 2005 年にかけて、若年層において、中でも男性の高学歴層において権威主義的性格の高まりが認められている。したがって、1985 年から 1995 年の間と、1995 年から 2005 年の間では変化の方向が少し異なっている。

　日本における権威主義的性格に関する分析のうち、同様の条件の下に、長い時間幅をとって複数回行われた調査データを比較した分析は、上記の 2 つのみであると考えられるので、1985 年より前の変化については厳密な議論は困難である。とはいえ、戦後日本社会の変化を考えると、直感的には権威主義的伝統主義の分布が減少傾向にあることが推測でき、またこのような見方は、吉川と轟による権威主義的性格と教育制度の関連についての、次の分析からも間接的に証明できる。

　吉川と轟は、直井道子(1988)で示された、年齢が高いほど権威主義的伝統主義的であるという年齢効果を再検討し、この効果は単なる加齢によるものではなく、主として戦前と戦後における教育制度の違いに由来するものであると結論づけている(吉川・轟 1996)。すなわち、旧制教育制度よりも新制教育制度の方が、教育による権威主義的性格の剥奪効果(＝教育のもつ民主化機能)が強いために、戦前の旧制教育制度の中で学齢期を過ごした高齢層は相対的に権威主義的伝統主義的で、戦後の新制教育制度の中で学齢期を過ごした非高齢層は相対的に非権威主義的伝統主義的であるとしている。このような教育制度の転換、さらには戦後の高学歴化を併せて考えると、戦後すぐから 1985 年までの間についても、権威主義的性格の分布は低減傾向にあると考えるのが自然であろ

───── 第10章　社会の長期的変化と健康の消費化─脱物質主義と権威主義

う。

　次に、権威主義的伝統主義を規定する要因をみていこう。第8章の注5でも示したが、SSM調査のデータを用いた分析では、権威主義的伝統主義に対して以下の変数の効果が認められている。この中で効果が最もはっきりしているのは、3回の調査で一貫して有意である教育年数である。

　1985年調査：教育年数（−）
　1995年調査：年齢（＋）、教育年数（−）、職業威信（−）、世帯収入（−）
　2005年調査：教育年数（−）
　直井直子（1988）、轟（1998, 2000, 2008）より（カッコ内は効果の向き）

　では、豊島区調査、首都圏調査ではどうだろうか。これらのデータを用いて、上記の分析と同様に権威主義的伝統主義の規定要因を分析した結果が、表10-8、10-9、10-10である。

　3つの表をみると、有意であるのは、豊島区調査は教育年数のみ、首都圏調査（全年代）は年齢と教育年数、首都圏調査（20、30歳代）は年齢のみである。ただし、第8章で述べたように、首都圏調査の権威主義的伝統主義尺度は尺度の妥当性という点で問題を含んでいるので、豊島区調査の結果を重視することにすると、教育年数の効果が重要であるといえそうである[5]。

　以上のように、SSM調査と同様に、豊島区調査においても、教育年数は権威主義的伝統主義に対して効果をもっている。このことと、先ほど取り上げた教育の剥奪効果の存在や、戦後の高学歴化等を併せて考えると、やはり、戦後社会においては権威主義的伝統主義は低減傾向にあったと考えるのが自然であろう。また、教育のみに注目するのであれば、高学歴化が進行している現状にあっては、近い将来における権威主

表 10-8　権威主義的伝統主義を従属変数とした重回帰分析（豊島区調査）

	権威主義的伝統主義		
	モデル 1	モデル 2	モデル 3
	β	β	β
性別（男性ダミー）	.077	.085	.074
年齢	-.006	-.031	-.028
教育年数	-.288 ***	-.284 ***	-.267 ***
個人年収	.085	.099	.100
既婚ダミー	-.049	-.137	-.131
子供と同居		.146	.144
生活満足			-.051
調整済み R^2	.057 **	.063 **	.060 *
N	185	185	185

† :p< 0.10, *:p<0.05, **:p<0.01, ***:p<0.001
β：標準化偏回帰係数

表 10-9　権威主義的伝統主義を従属変数とした重回帰分析（首都圏調査・全年代）

	権威主義的伝統主義		
	モデル 1	モデル 2	モデル 3
	β	β	β
性別（男性ダミー）	-.002	-.002	.002
年齢	-.148 ***	-.148 ***	-.160 ***
教育年数	-.056 *	-.056 *	-.057 *
等価所得	.004	.004	.007
既婚ダミー		.001	-.022
子持ちダミー			.043
調整済み R^2	.020 ***	.019 ***	.019 ***
N	1599	1597	1593

† :p< 0.10, *:p<0.05, **:p<0.01, ***:p<0.001
β：標準化偏回帰係数

表 10-10　権威主義的伝統主義を従属変数とした重回帰分析（首都圏調査・20、30歳代）

	権威主義的伝統主義		
	モデル 1	モデル 2	モデル 3
	β	β	β
性別（男性ダミー）	.030	.031	.029
年齢	-.102 *	-.105 *	-.092 †
教育年数	-.022	-.022	-.024
等価所得	.039	.039	.025
既婚ダミー		.006	.039
子持ちダミー			-.055
調整済み R^2	.004	.002	.001
N	527	527	525

† :p< 0.10, *:p<0.05, **:p<0.01, ***:p<0.001
β：標準化偏回帰係数

――――第10章　社会の長期的変化と健康の消費化—脱物質主義と権威主義

義的傾向の全般的な拡大は考えにくい。

　しかし、SSM 調査における、1995年から2005年にかけての権威主義的伝統主義の部分的な拡大はどう考えればよいのだろうか。これについて轟は次のように述べている。

　　　成長下とは異なり、特に1997年の金融危機以後のゼロ成長あるいはマイナス成長下の保守化は、期待生活水準からの「下落リスク回避型」の保守化であると言える。そのようなリスクの高い若年層、期待生活水準の高い高学歴層で権威主義的態度が高まったことは、この議論を支持すると思う。(轟 2008: 245)

　轟の解釈は、経済環境が悪化した結果、その影響を相対的に強く受けた若年層、中でも年長世代と比較した場合に相対的剥奪感をより抱きやすい高学歴層において、権威主義的伝統主義の高まりが起こったとするものであろう。

　問題は、このような部分的な権威主義化が、一過的なものであるのか、それとも長期的な変化の始まりを示しているのかということである。上記の解釈のように、この変化が、期待生活水準からの下落リスク回避という、主観的であり、また相対的な理由によるのであれば、若年の高学歴層という限定された領域から社会成員全般に拡大することはないように思われる。

　轟は、この問題について、次のように述べている。

　　　もちろん、この権威主義的態度の変化は、今後も進む、伝統的権威主義の反転上昇とみなすのは適切ではないと思う。ある種の伝統は、もはや回帰する対象となり得ないのは明らかである。(轟 2008: 245)

ここで、轟は、対象としての伝統の喪失を問題にしている。この見方もさらに加えて考えると、やはり社会全体としてみた場合には、権威主義的伝統主義が高まる可能性は低いと思われる[6]。

本章冒頭でも確認したが、権威主義的伝統主義は健康行動に対して部分的に影響を与えているのであった。だが上述のように、権威主義的伝統主義の上昇が考えにくいのであれば、権威主義的伝統主義を動因とした健康行動も拡大することは考えにくい。権威主義的伝統主義を動因とした健康行動は、その行動をとることに対する当事者性の欠如をもたらすために、健康を維持・増進するという本来の意味を失わせかねないし、健康行動をとるという目的の中に、攻撃性や排外的感情を含んでいる可能性がある。したがって、権威主義的伝統主義を動因とする健康行動が拡大しないことは望ましいことであろう。

10.2.4　曖昧さ耐性の長期的変化と規定要因

つづいて曖昧さ耐性の長期的変化をみよう。曖昧さ耐性は、これまで主として心理学で議論されてきたので、社会的な分布の変化や社会的な規定要因については、あまり議論がなされていないと考えられる。少なくとも筆者が知る範囲では、第9章の注5で紹介したように、吉川徹(2001)が、都市での複雑性の高い生活や地域移動の経験が曖昧さ耐性を高める可能性を持っていると指摘しているのみである[7]。このような事情から、曖昧さ耐性の長期的な変化をはっきりと知ることは困難である。したがって以下では、豊島区調査のデータを用いて規定要因を分析した上で、それに基づいて長期的変化の問題に触れることにする。

表10-11は曖昧さ耐性を従属変数とした重回帰分析である。分析結果をみると、有意水準が5％未満である項目は、子供と同居、生活満足の2つである。生活満足に関しては、生活一般に対する満足度の高さが精

第10章　社会の長期的変化と健康の消費化―脱物質主義と権威主義

表10-11　曖昧さ耐性を従属変数とした重回帰分析①（豊島区調査）

	曖昧さ耐性		
	モデル1	モデル2	モデル3
	β	β	β
性別（男性ダミー）	.012	.025	.071
年齢	-.087	-.128	-.138
教育年数	.128	.135 †	.071
個人年収	-.038	-.015	-.020
既婚ダミー	.022	-.123	-.147
子供と同居		.240 *	.247 *
生活満足			.200 *
調整済み R^2	-.002	.023	.053 *
N	183	183	183

† :p< 0.10, *:p<0.05, **:p<0.01, ***:p<0.001
β：標準化偏回帰係数

表10-12　曖昧さ耐性を従属変数とした重回帰分析②（豊島区調査）

	曖昧さ耐性		
	モデル4	モデル5	モデル6
	β	β	β
性別（男性ダミー）	.057	.056	.068
年齢	-.152 †	-.150 †	-.136
教育年数	.090	.090	.079
個人年収	-.009	-.011	-.013
既婚ダミー	-.135	-.130	-.125
子供と同居	.254 *	.253 *	.248 *
親と同居	.124	.114	.075
兄弟姉妹と同居	-.068	-.067	
祖父母と同居	-.044		
生活満足	.179 *	.178 *	.185 *
調整済み R^2	.047 *	.050 *	.053 *
N	183	183	183

† :p< 0.10, *:p<0.05, **:p<0.01, ***:p<0.001
β：標準化偏回帰係数

神的余裕をもたらし、それが曖昧な事柄に対する許容的な構えをもたらすと解釈できるのではないだろうか。それに対して、子供との同居が、曖昧さ耐性の高さに寄与するのはなぜだろうか。

　まず考えられるのは、共に暮らす家族等の人数が多いこと、すなわち身近にいる親密な他者の多いことが、精神的余裕や心理的安全感をもた

表 10-13　曖昧さ耐性を従属変数とした重回帰分析③（豊島区調査）

	曖昧さ耐性	
	男性	女性
	β	β
年齢	-.241	-.063
教育年数	.016	.120
個人年収	-.047	.023
既婚ダミー	-.024	-.235 †
子供と同居	.142	.336 *
生活満足	.176	.222 *
調整済み R^2	.009	.071 *
N	78	105

† :p< 0.10, *:p<0.05, **:p<0.01, ***:p<0.001
β：標準化偏回帰係数

らし、それが曖昧な事柄に対する耐性を高めるという見方である。この見方を検証するために、同居する人間に関する変数を加えて分析を行った（→表10-12）。

　変数として、親と同居、兄弟姉妹と同居、祖父母と同居を加えたが、これらはすべて非有意である。つまり、共に暮らす親密な他者の数は曖昧さ耐性とは無関係であると考えられる。したがって、子供との同居が有意であるのは、一緒に暮らす人間が子供であることに意味があることになる。では、なぜ子供との同居が曖昧さ耐性を高めるのだろうか。

　子供と共に暮らすということは、親にとっては、育児をするということである。近年変化の兆しがみられるものの、育児に対しては、父親よりも母親の方がより多くの時間と労力を割いているのが一般的である。つまり育児の主たる担い手は母親である。したがって、子供との同居がもつ効果には父母の差、すなわち男女差の存在が推測される。これを検証するために、男女別に重回帰分析を行った（→表10-13）。

　表10-13の分析結果が示すように、子供との同居は女性においてのみ有意で、推測した通りの男女差が表れた。つまり、子供と多く接し、育

第10章 社会の長期的変化と健康の消費化―脱物質主義と権威主義

児をすることが曖昧さ耐性を高めていると考えられる。

では、なぜ育児をすることが曖昧さ耐性を高めるのだろうか。これには次のような解釈が考えられる。すなわち、日々の生活の中で曖昧な状況に多く晒され、それに対処する経験が、曖昧さに対する耐性を高める、というものである。子供、とりわけ乳幼児は、精神的、身体的に発達途上にあり未成熟であるから、親にとっては、さまざまな突発的な問題を起こしがちな存在である。つまり育児をしている親は、さまざまな突発的な問題に対処しなければならないという意味で、不確実で曖昧な状況に置かれている。また、相互行為という水準で考えると、子供はさまざまな言語や概念あるいは社会規範や社会的役割の習得過程にあるので、当然のことながら親と同等の水準でコミュニケーションを行うことができない。つまり親にとって子供は、思考や行為におけるコードの共有度が低い、曖昧さの高い存在なのである。したがって、親からみた場合の子供とは、予想外の行為をしがちで、必ずしもスムーズにコミュニケーションを行うことができない他者的な存在だということになる。育児とは、このような他者的な存在としての子供と日々接し、問題に対処する経験であり、これを一定期間継続することが曖昧さに対する耐性を高めるのではないだろうか。

この解釈が妥当性を備えているかどうかは、上の重回帰分析のみでは十分に確かめることができない。この解釈のより厳密な妥当性を確かめるためには、育児とは関係のない、曖昧な事柄に関する変数を加えて分析する必要がある。

とはいえ、先に触れた吉川徹の議論との共通性も考慮すると、上記は有力な解釈だと考えられる。したがって、まだ仮説的な段階にあるが、この解釈を踏まえて議論を少し先に進めよう。

これまでの分析で、曖昧さ耐性に影響を与える要因として明らかになったのは、生活満足度の高さと、育児のような曖昧な状況に多く対処す

第3部 健康ブームを支える要因とその意味

図 10-1　生活満足度の変化
国民生活に関する世論調査より作成 (内閣府 2012)

ることの2つである。戦後日本社会において、これらはどのように変化してきたであろうか。

　生活満足度に関しては、国民生活に関する世論調査のデータを参照すると、おおよそ次のように変化している (→図10-1)[8]。すなわち、60年代半ばから70年代半ばにかけては横ばいから低下という変化がみられ、70年代半ばから90年代半ばにかけては漸進的に上昇し、90年代半ば以降は持ち直しの気配がみられるものの低下傾向である。

　第2部の家計調査の分析や健康雑誌の分析から明らかになったように、70年代半ば以前は、健康は消費化と強い関連を持っていない。したがってこの時期を分析の対象から外して考えると、生活満足度の変化は、70年代半ばから90年代半ばまでは曖昧さ耐性を高めた可能性があり、それ以降は弱めた可能性がある。

　つづいて、曖昧さ耐性に影響を与えるもう1つの要因である"曖昧な状況に対処すること"についてだが、これに関しては確固としたデータ

―――― 第10章　社会の長期的変化と健康の消費化―脱物質主義と権威主義

がなく、はっきりしたことがいえない。だが、第2章で取り上げた吉見のディズニーランド化の議論のような、管理社会論に通じる議論では、社会から曖昧な事物や他者的な事物が排除され、減少していることがしばしば指摘される。この種の議論を受け入れるならば、おおよそ1970、80年代以降の日本社会では、曖昧な事物が減少することで曖昧さ耐性を高める機会が減少し、人々の曖昧さ耐性が弱くなったと考えることもできる。

　以上の、生活満足度、曖昧な状況に対処することという2つの要因のみで考えると、90年代半ば以前についてははっきりしたことがいえないが、それ以降は曖昧さ耐性を弱める方向に社会的変化が起こっているように思える。第9章でみたように、曖昧さ耐性の低い者は、健康言説に接触することで健康不安が惹起、強化される可能性があるのだから、上記の90年代半ば以降の変化は、社会全体でみた場合の健康不安を増大させている可能性がある。ただし、曖昧さ耐性を規定する有力な要因が、上記の2つのみに限定されるとはまだ言いきることができない。つまり、この問題はさらなる探求の余地を残している。

10.3　考察

　本章の問題は、第6章から第9章で明らかになった健康ブームの意味が、長期的にみてどのように変化しているかということであった。これを明らかにするために行ったのが、脱物質主義、権威主義的伝統主義、曖昧さ耐性という3つの変数のそれぞれの分布の長期的な変化を明らかにすることである。そして、さらにその前段階として、脱物質主義と権威主義的性格の関係も検討した。

　まず、脱物質主義と権威主義的性格の関係についての問題から振り返っておこう。権威主義的性格については、権威主義的伝統主義と曖昧さ

第3部　健康ブームを支える要因とその意味

耐性を取り上げ、脱物質主義との間に、前者はマイナスの相関が認められ、後者はプラスの相関が認められた。これらはいずれも、脱物質主義と権威主義的性格の対立的な関連を示しており、イングルハートが問題にしていた関連が確かめられたことになる。また、権威主義的伝統主義と曖昧さ耐性の間にはマイナスの相関が認められており、これは、権威主義的であるという意味において両者がプラスの相関を持っていることを示している。

　ところで、3変数はいずれも健康行動に対して何らかの効果をもっていた。このうち、脱物質主義と権威主義的伝統主義はいずれもプラスの効果をもっているので、対立的な要因が同時に効果を持っていることになる。つまり、健康行動はパーソナリティに関する一方向的な要因のみによって促進されるのではなく、対立的な要因の影響を同時に受けている。

　これら2変数の関係は、自律性／他律性という対立関係からも理解できる。というのも、第1章（1.3.3）および第6章（6.1.2など）で述べたように、脱物質主義は、消費者の欲求が一定の自律性をもって変化したことの表れであると考えられる一方、権威主義的伝統主義は、第8章（8.1.2、8.2.3）で述べたように、伝統的な権威に対する服従的な態度という他律的な要素を含んでいるからである。つまり、健康行動は、自律的な要因による影響と同時に、他律的な要因による影響も受けている。

　だが、権威主義的性格という観点からみると、健康行動に対する効果はさらに複雑になる。第9章でみたように、曖昧さ耐性は、その高さが健康行動にプラスの効果をもっているのであるから、非権威主義的であることがプラスの効果を持っていることになる。つまり、権威主義的伝統主義と曖昧さ耐性は、本章はじめの権威主義的伝統主義と高曖昧さ耐性のマイナスの相関が示すように（→表10-2、10-3）、権威主義的であるという意味でのプラスの関連をもっているのだが、健康行動に対して

402

―――― 第10章　社会の長期的変化と健康の消費化―脱物質主義と権威主義

は、権威主義的という観点からみて反対の効果を持っているのである。曖昧さ耐性がこのような効果を持つ理由は、第9章で述べたように、高曖昧さ耐性者は、健康行動という選択がもたらす新たな曖昧な状況に抵抗感が少ないが、低曖昧さ耐性者は、そのような状況に脅威を感じやすく、それを回避しようとするためだと考えられる。曖昧さ耐性のこのような効果は、権威主義的な要因のすべてが健康行動にプラスの効果をもたらすわけではないことを意味している。

　次に、各変数の長期的な変化に関して明らかになったことをみよう。

脱物質主義：70年代初め以降の増加傾向が確認される
権威主義的伝統主義：戦後における減少傾向が推測される
曖昧さ耐性：90年代半ば以降における低下傾向の可能性がある

　これらは、過去の変化を示しているが、本章では各変数を規定する要因をみることで、今後の見通しについても以下のような議論を行った。

　脱物質主義に関しては、一定の水準を超える経済環境の悪化が生じた場合には物質主義への反転が起こる可能性があるが、そうでなければ基本的には脱物質主義化が持続すると考えるのが自然である。第6章でみたように、脱物質主義は調和的健康行動に影響を与えているので、今後、脱物質主義化が進行するならば、調和的健康行動を行う者が増加することが考えられる。そして重要なことは、これが、より自律性の高い動機に基づいた健康行動であると考えられることである。つまり脱物質主義化の進展は、自律性の高い健康行動を後押しすると考えられる。

　つづいて権威主義的伝統主義についてであるが、これに対して影響を及ぼしているのは教育であった。これを踏まえて、旧制度下で教育を受けた者の減少、および高学歴化の進行という2つの要因を考慮すると、社会全般での権威主義的伝統主義の高まりは考えにくい。もし社会全般

第3部　健康ブームを支える要因とその意味

という水準で、権威主義的伝統主義が高まらないのであれば、これを動因とした健康行動もまた拡大しないだろう。これは、排外的な要素を含んだ他律的な健康行動が拡大しないことを意味し、望ましいことであろう。ただし、1995年から2005年の間に、若年の高学歴層において高まりがみられたように、経済環境の悪化等によって、社会内のある層において剥奪感情が昂じた場合には、権威主義的伝統主義が部分的に高まる可能性がある。つまり、部分的には、権威主義的伝統主義を動因とした健康行動が高まる可能性もないわけではない。

　3つ目に曖昧さ耐性についてであるが、これに対して影響を与えているのは、生活満足度、および育児にみられるような曖昧な状況に対処することの2つであった。これら2つの事柄は、90年代半ば以降は、いずれも曖昧さ耐性を弱める方向に変化しているようにみえる。分析のためのデータが十分ではないので確たることはいえないが、曖昧さ耐性の弱化する傾向が続く可能性があり、健康不安の高まる可能性がある。

　以上の3変数に関する見通しからは、はっきりしたことは必ずしも言えないが、他律的な健康行動から自律的な健康行動へという方向性が考えられる。もちろんこれは、他律的な側面を含んだ健康行動が皆無になることを意味しない。ここで述べようとしているのは、漸次的な変化の方向性である。

　このような自律化へという変化は、第5章（5.4.7）で問題にした、健康雑誌の多様化という現象にも表れていると思われる。すなわち、西洋医学の知見を中心に構成された健康雑誌のほかに、東洋医学、民間療法といった代替的な医療に関する知見を多く取り上げた健康雑誌が増加していることは、健康情報の選択の幅を広げることを意味し、人々が健康情報に能動的に接する機会を増大させると同時に、能動的に情報に接したいとする欲求の広がりがこのような変化を生み出していると考えられる。また、西洋医学的な健康雑誌の範囲内でこのような働きを示すと

———— 第10章　社会の長期的変化と健康の消費化—脱物質主義と権威主義

考えられるのは、『ホスピタウン』である。同誌は、優れた医療機関、医師についての情報を掲載することで、西洋医学的な権威の吟味を可能にし、人々の自律性を高める可能性を持つ一方、このような雑誌の存在は、人々の自律的な意識の高まりの結果であると考えられる。さらに付け加えると、第7章で明らかになった、健康行動に対する依存効果的な意味でのマス・メディアの影響が限定的であるという結果も、上記の見方を支持するのではないだろうか[9]。このような。他律性から自律性へという健康行動の変化の方向は、個人の意志がより多く反映されるという意味で、基本的には望ましいと考えられる[10]。

　本章では上記のような健康行動の長期的変化だけでなく、健康不安に関する議論も行った。健康不安は、曖昧さ耐性の低下傾向が存在する場合に、高まる可能性があるということを述べたが、健康不安を高める要因はそれだけではない。曖昧さ耐性の低さは、曖昧な事柄に脅威を感じる心的傾向を意味するのであったから、曖昧な事柄が増大することによっても不安は増大すると考えられる。つまり、仮に社会成員の曖昧さ耐性が一定であったとしても、社会内に流通する健康言説が増大することでも、健康不安は増大すると考えられる。

　曖昧さ耐性の低下が起こっているかどうかは、あまりはっきりせず、またそれが消費社会化によってもたらされるとは必ずしもいえない。しかし、消費社会化は、健康言説を増大させることで、曖昧さ耐性が低い者の健康不安を増大させる働きを持っている。このような因果関係は、第2章（2.2.1）で取り上げた、ハルキエの食品の安全性に関する聞き取り調査の結果にも表れているように思われる。同調査の回答の中には、リスクに対する葛藤も示されており、ある回答者は「テレビ番組で悪い情報ばかり見せられると本当にいらいらする」、「すべての食べ物の品質に疑念を持ってしまう」と述べていた。

　以上のように、3変数のうち、脱物質主義、権威主義的伝統主義の長

期的な変化を考えると、基本的には、健康行動における消費者の自律性の高まりという、望ましいと考えられる方向が存在していると思われる。だが他方で、曖昧さ耐性の長期的変化については、はっきりしない部分があるものの、それが低下していくことを示す要素はあっても、高まっていくことを示す要素はなく、仮に同じ水準が持続すると考えたとしても、健康言説が増大すれば健康不安は高まっていくと考えられる。つまり、一方では自律的な健康行動を行う者が増加すると考えられるのに対し、他方では健康不安を高める者が存在すると考えられる。すなわち、異なる層の存在と、その乖離が考えられるのである。

注
(1) なお大学生調査のデータは、基本的な属性についての質問項目が少ないので分析に使用しない。
(2) 今田はポスト物質指向という言葉を使い、三重野は脱物質志向という言葉を使っているが、本論では混乱を避けるために、いずれも脱物質主義という言葉に言い換える。また今田はポスト物質社会という言葉も使っているが、これも脱物質社会に言い換える。
(3) 同種の議論はギデンズやイングルハートも行っている。ギデンズは、近代化が進行するにしたがって、社会的な問題の争点が、搾取、不平等、抑圧が問題となる解放のポリティクスから、ライフスタイルが問題となるライフ・ポリティクスへ変化していることを論じ(Giddens 1991=2005: 237-61)、イングルハートは、豊かではない社会では経済成長が幸福感の増大に強く働くが、豊かな社会では、生活の質やライフスタイルに関する事柄が幸福感の増大に影響することを論じている(Inglehart 1997: 64-6)。
(4) 生活満足は、「あなたは生活全般に満足していますか、それとも不満ですか」という質問文と、「満足している」〜「不満である」の4つの選択肢からなる質問項目である。この項目は、首都圏調査では採用していないので、分析は豊島区調査のみである。

(5) 轟は、教育が権威主義的伝統主義に対してマイナスの効果を持っている理由を次のように述べている。「高い教育達成は、知的能力の伸長、知識の増加や知的柔軟性の向上によって、権威主義的態度を低下させ、自律的・主体的判断の可能性を高めている」(轟 2000: 213)。

(6) とはいえ、他方では、若年層が下落リスクや相対的剥奪感を抱きやすい状況に置かれ続けるのであれば、若年層という限られた領域においては、権威主義化が持続する可能性がある。

(7) 海外での研究のすべてにあたったわけではないが、1995年までの研究をレビューしている Furnham and Ribchester (1995) では、この種の問題を扱った研究は紹介されていない。

(8) この質問項目の選択肢は、1991年以前と1992年以降で若干異なっている。1991年以前は、「十分満足している」「十分とはいえないが一応満足している」「まだまだ不満だ」「きわめて不満だ」の4つであったが(これに若干の変更が加えられている年もあるが)、1992年以降は、「満足している」「まあ満足している」「やや不満だ」「不満だ」「どちらともいえない」の5つである。これらのワーディングの違いは、回答に大きな影響を与えるとは思われないし、92年以降の「どちらともいえない」は回答者の数が少ないので、実際にも大きな影響を与えてはいないだろう。また、1958年から1963年の間にも同種の生活満足度に関する質問項目があるが、こちらは選択肢のワーディングが大きく異なるので除外した。

(9) ただし、先にも述べたように、他律的な動機によってもたらされる健康行動も存在し続けるだろう。そのような健康行動をとる者にとっては、健康言説の増大は、「健康であるべし」とする健康規範の強化として作用し、他律性を高める可能性がある。

(10) だが、健康行動における個人の意志のより多くの反映が、他律的な健康行動とは違う種類の問題を孕みうることも考えに入れておくべきである。たとえば、社会的な水準では、消費者(患者)の過剰な権利主張によってもたらされる医療をめぐる混乱や医療現場の萎縮等が考えられ、個人的な水準では、医療や健康に関する自己責任の高まりに伴う医療における個人化の進行が考えられる。

第3部のまとめ

　第3部では、第2章で取り上げた不安とリスクの問題、および他者性の消去の問題を検討するために、健康の消費化を支えている要因と、それが意味することを量的データを用いて検討した。その際に主要な独立変数として使用したのは、脱物質主義、マス・メディアの利用、権威主義的伝統主義、曖昧さ耐性の4つである。各章で明らかになった主要なことを確認しておこう。
　第6章では脱物質主義の影響を検討し、主要なこととして次の2つが明らかになった。1つは、脱物質主義が、健康行動に部分的に影響を与えているということで、特に日常生活因子や自然食品因子のような調和的健康法に影響を与えていることが明らかになった。もう1つは、脱物質主義と健康不安の結びつきはほとんど認められないということである。
　第7章ではマス・メディアの影響を検討した。特に依存効果、培養効果としての影響を問題にした。分析の結果、健康行動に対する依存効果も、健康不安に対する培養効果も、部分的には存在しているが、限定されたものであり、大きなものではないということが明らかになった。これらは、もともと健康に関心の高い消費者が健康情報に接触する傾向があることを示している。
　第8章では権威主義的伝統主義の影響を検討した。分析の結果、権威主義的伝統主義は、健康行動に部分的に影響を与えていることが明らかになった。権威主義的伝統主義は他律的な心的側面を表す尺度であるから、この結果は、人々の他律性が部分的に健康行動と結びついているこ

とを示している。

　第9章では曖昧さ耐性の影響を検討した。分析の結果、曖昧さ耐性は、健康不安にはマイナスの影響を与え、健康行動には部分的にプラスの影響を与え、健康注意には影響を与えていないということが明らかになった。これらが示しているのは、健康行動と健康注意には他者性の消去との結びつきが認められないが、健康不安にはその結びつきが認められるということである。

　以上の第6〜9章の分析結果は、第2章で挙げた2つの問題に対して、次のような意味を持っている。

　2つの問題のうち、リスクと不安に関する問題は、マス・メディア等によって人々の不安が煽られ、健康消費が行われているかどうかという問題であった。これに直接関係するのは、第7章で得られた知見である。すなわち、マス・メディアの培養効果によって健康不安が増大することも、依存効果によって健康消費が影響を受けることも限定された部分的な現象であるという知見である（影響がみられたのは、健康不安については男性の休日におけるテレビ視聴のみ〔首都圏調査〕、健康消費については女性の健康に関するテレビ番組とサプリメント因子の結びつきのみ〔豊島区調査〕である）。これらは、培養効果や依存効果が皆無であることを意味するものではないが、それらの効果が非常に限定されていることを示している。つまり、マス・メディアが不安を煽り、消費行動に影響をもたらすという見方の妥当性は、全体としてみた場合には決して高くない。

　2つ目の他者性の消去についての問題は、健康に関する意識・行動と他者性の消去の結びつきについての問題であった。この問題に直接関係するのは、第9章で得られた知見である。すなわち、曖昧さ耐性の高さは、健康不安にはマイナスの影響を与え、健康行動にはプラスの影響を与えているという知見である。これが示しているのは、健康の消費化に

伴う健康言説の増大によって、低曖昧さ耐性者の健康不安が惹起・強化される可能性があるという意味では、他者性の消去は消費社会化との結びつきを持っているが、健康に関する消費行動と他者性の消去には結びつきがないということである。

　上の分析に加えて、第10章では、4つの独立変数のうち価値志向やパーソナリティに関する変数である、脱物質主義、権威主義的伝統主義、曖昧さ耐性を取り上げ、これらの相互の関係、および長期的な変化を分析した。脱物質主義と権威主義の関係については、その対立性が明らかになったことで、健康行動に対して対立的な要因が同時に影響していることが明らかになった。また、各変数の長期的な変化として、脱物質主義化の進展、権威主義的伝統主義の低減傾向ないしは横ばい傾向、曖昧さ耐性の弱化傾向の可能性が明らかになり、自律性に基づく健康行動の増大傾向と健康不安の増大傾向という、相反するようにみえる現象が同時に存在する可能性が示された。

終章　全体の考察

11.1　問題と明らかになったこと

　本論のそもそもの問題意識は、消費社会化は人々に多くの満足をもたらしたと考えられるにもかかわらず、幸福をもたらしていると単純には言いきれないように思われるのはなぜか、というものであった。この問題意識は、消費社会化の進展によって欲求が高度化し、脱物質主義化が進行する過程で起こっている否定的側面は何かという問題に言い換えられ、その一端を健康志向という身体に関わる社会現象を通して明らかにすることを試みた。

　この問題枠組自体は第１章で検討し、第２章では、次の２つの問題を設定した。１つは、健康に関する意識や行動が不安と結びついているかという、リスクと不安についての問題で、もう１つは、健康に関する意識や行動が他者性の消去という心的傾向と結びついているかという、他者性の消去についての問題である。本節では、この２つの問題と、その前段階として第２部で検討した、健康志向は存在するかという問題について明らかになったことを振り返っておこう。

11.1.1　健康志向は存在するのかという問題

　第２部では、そもそも健康志向といわれる現象が存在するのかという問題を検討した。これまでの健康志向に関する社会学的な議論には、健康志向が存在するという立場と、存在しないとする立場があり、それぞ

れを検討すると、健康志向を構成する2つの下位カテゴリーのうち、健康至上主義についてはその高まりが存在したとはいえず、健康ブームについては高まりが存在したかどうかがはっきりしないということが明らかになった。つまり、本論で検討すべき問題は、健康ブームの変化、すなわち健康消費の変化と健康言説の変化が起こっているかどうかであることが明らかになった。

これを受けて、第4章では、主に家計調査、消費者物価指数のデータを用いて、健康に関わる消費行動の変化を分析した。その結果、おおよそ1970年代半ばから80年代半ば頃を転換点として、健康の消費化が進行したということが明らかになった。

つづく第5章では、出版年鑑のデータ、健康雑誌の内容、新聞記事の見出し等を用いて、健康に関するメディア上の言説を分析し、1960年代終わりから90年代中頃までにかけての、健康に関する言説の増加が明らかになった。

以上の分析から導き出された第2部の結論は、おおよそ1970、80年代を中心に健康ブームの高まりが存在したというものである

11.1.2　リスクと不安の問題

第3部では、第2章で提示した2つの問題を検討するために、健康ブームの下位カテゴリーである健康の消費化に影響を与える要因の分析を行った。この分析では、主要な独立変数として、脱物質主義、マス・メディアの利用、権威主義的伝統主義、曖昧さ耐性の4つを使用した。以下では、2つの問題に即して分析結果を振り返っていこう。

リスクと不安の問題に直接関係するのは、第7章で行った、マス・メディアの利用がもたらす影響についての分析である。分析から明らかになったのは、マス・メディアの培養効果による健康不安の増大も、依存効果的な健康消費への影響も、限定された部分的な現象だということ

である。つまり、マス・メディアが不安を煽り、その結果、消費行動が促進されるという見方の妥当性は、全体としてみると小さい。この結果は、第2章で取り上げた、リスクの存在が一様に不安をもたらすわけではないとして、ベックの議論を批判するタラックとラプトンの議論に通じる。

さらに、この問題に関連する重要な知見には、第6章で明らかになった、脱物質主義は一部の健康行動（＝調和的健康法）に対してプラスの影響を与えている一方で、健康不安とはほとんど関連がないというものがある。これは、欲求の高度化にもとづく脱物質主義化は、健康行動を促進する面があるが、必ずしも健康不安とは結びつかないということを意味している。つまり、脱物質主義化が健康不安をもたらすというような、単純な因果関係ははっきりとは認められないということになる。

11.1.3 他者性の消去についての問題

2つ目の他者性の消去についての問題に直接関係するのは、第9章で行った、曖昧さ耐性尺度を用いた分析である。この分析では、曖昧さ耐性の高さは、健康行動にはプラスの影響を与え、健康不安にはマイナスの影響を与えているという結果が明らかになった。これが意味するのは、他者的なものに許容的な者は、健康不安が小さく、かつ健康行動に積極的であるが、反対に非許容的な者は、健康不安は高いが、健康行動に消極的であるということである。これらは、曖昧さ耐性との結びつき方が、健康行動と健康不安で反対であることを示しており興味深い。

以上の結果は、消費社会と他者性の消去の結びつきという観点から考えると、次のことを意味する。健康消費行動については、他者性の消去ではなく他者性の享受と結びついているのであるから、吉見が問題にしていたような消費社会と他者性の消去との結びつきは認められない。したがって、健康消費行動は、第2章で取り上げた、他者性の消去がわれ

われを世界を享受することから遠ざけるという立岩の議論や、生きる意味を喪失させるという上杉の議論とは関連しないことになる。むしろ上の結果は、世界を享受し、生きる意味を持っている者の方が健康消費を行う傾向があることを示している。

　健康消費行動に関するこのような結論とは異なって、健康不安については次のように考えることができる。他者的なものに対して非許容的な者は、健康不安が高い傾向にあるが、健康消費行動を行わない傾向があるので、健康消費そのものとの直接的な結びつきは小さい。しかし、健康の消費化に伴って起こるメディア上の健康言説の増大は、人々がリスク言説に接触する機会を増大させ、低曖昧さ耐性者の健康不安を惹起・強化する可能性がある。つまり健康の消費化は、他者的なものに対して非許容的であり、世界を享受することから遠ざかっている者の健康不安を増大させる可能性を持っている。

11.2　分析結果が意味すること

　以上の分析結果は何を意味しているのだろうか。上で確認したように、第2章で設定した2つの問題のうち、リスクと不安の問題については、培養効果も依存効果も作用が限定的であることが明らかになり、他者性の消去の問題については、健康消費行動との結びつきは認められず、健康不安との結びつきが認められたのみである。つまり、脱物質主義化が持っている否定的側面を明らかにするために設定した2つの問題のうち、1つ目の問題については、それがほとんど認められず、2つ目の問題については、部分的な健康不安の増大という形で間接的に認められるのみである。要するに、当初の問題設定からすると、期待される結果が見出されたとはいいにくい。しかし興味深いことに、2つ目の問題で検討した曖昧さ耐性の効果は、第10章の最後で触れたように、自律

的な健康行動を行う者と健康不安を高める者の分化という、第2章で設定した問題とは異なる、新たな問題の存在を示している。以下では、この新たに発見された問題を、少し掘り下げて考えていこう。

11.2.1　ギャップの顕在化と問題の争点化

　この、自律的な健康行動を行う者と健康不安を高める者の分化は、次のことを意味する。一方では、曖昧さ耐性の高い者がおり、彼らは不確実なものや他者的なものに対する耐性が高いために、健康不安は小さく、新たな状況を現出させうる健康行動をとることに対して、相対的に積極的である。つまり彼らは、他者性に関する立岩や上杉の議論に照らし合わせると、世界をより多く享受し、生きる意味をより多く持っている者だといえるのかもしれない。ところが他方で、曖昧さ耐性の低い者は、健康の消費化に伴って健康言説に接触する機会が増加することで、健康不安が惹起、強化されてしまう可能性がある。かといって、彼らは、健康行動をとることで適切に健康不安を解消することに必ずしも積極的ではない。彼らは、相対的に世界を享受しておらず、生きる意味を多くは持っていないのだとすると、健康不安が惹起、強化されることで、生きにくさを増大させてしまうかもしれない。

　これらのより具体的なイメージとしては、前者には、第2章で紹介したタラックとラプトンの議論における、自らの科学知識に基づいて、遺伝子組み換え食品の摂取の仕方を決めている者が当てはまるだろう。反対に後者には、ハルキエの議論において、「テレビ番組で、悪い情報ばかり見せられると本当にいらいらする」と述べていた回答者のような者が当てはまるだろう。

　このような、両者の間に存在する、リスクに対する感じ方や対処の仕方のギャップは、物質主義的な社会においても存在していたであろうが、脱物質主義化が進行して健康ブームが拡大することで大きくなって

いくと考えられる。というのも、曖昧さ耐性が高い者は、健康言説が増大し、健康の消費化が進行していく中にあって、健康言説を単に不安の源泉と受けとるのではなく、自らの判断に基づいて解釈すると同時に、積極的に健康行動をとることで健康上の利益を増大させていく可能性が相対的に高いのに対し、曖昧さ耐性が低い者は、健康消費の拡大に伴う健康言説の増大によって、健康不安を惹起・強化させてしまうばかりだからである。つまり、両者のそれぞれのあり方には、いずれも脱物質主義化が進行することで強化されていく面があり、脱物質主義化が進むならば、両者の間にあるギャップはますます顕在化していく可能性がある。

この両者のギャップが顕在化していくと、健康リスクに関する事柄が社会的に大きな問題として争点化されやすくなるかもしれない。一方に存在する、健康ブームの進行を肯定的に捉えることで関心を持つ層と、他方に存在する、健康ブームを不安の源泉として捉えることで否定的に関心を持つ層は、関心の持ち方は反対であるが、いずれも関心を持っているからである。2000年代に入ってからの我々の社会を振り返ると、鳥インフルエンザ、BSE、毒入り餃子、放射性物質の影響などをめぐって社会的な動揺が起こったが、これは上の問題と無関係ではないのではないだろうか（もちろん上の要因だけでは説明できない）。

11.2.2　問題の争点化のされ方

上のように、健康リスクに関する事柄がますます社会的に大きな問題として争点化されやすくなるのだとしても、そのされ方は、実際にはもっと複雑であろう。人々は、ギャップを顕在化させる2つの層のいずれかに、きれいに当てはまるわけではないからである。この問題は、図11-1のように、健康消費行動に肯定的か否定的かという軸と、健康不安を煽られやすいか否かという軸の2つからみることでよりよく理解で

終章　全体の考察

図11-1　健康消費と健康不安の関係

きる[1]。

　前項では、曖昧さ耐性が高く不安を感じにくい者は、健康消費行動に肯定的で、曖昧さ耐性が低く不安を感じやすい者は、健康消費行動に否定的であるという見方を示した。これらはそれぞれ、図11-1における、第2象限と第4象限にあてはまる。しかし、すべての人々がこれら2つのカテゴリーのいずれかに分類されるわけではないだろう。つまり、第1象限にあてはまる、健康不安を煽られやすいために健康消費行動に積極的である人々や、第3象限にあてはまる、健康不安を煽られにくく、かつ健康消費行動に消極的である人々もまた存在するはずである。本論では、曖昧さ耐性という観点から、健康消費と健康不安との関係を検討したために、これら2つのカテゴリーは問題化されなかったが、経験的にはその存在を容易に想像できる。たとえば、健康不安が強いために健

419

康グッズや健康食品を積極的に試す者や、反対に健康不安は感じておらず、そのようなグッズ、食品等にも無関心である者はすぐに思いつく。ちなみに、第2章で取り上げた、不安が消費を拡大させることを問題にするベックの議論は、第1象限に当てはまる。

このように、健康リスクに関する問題の争点化のされ方は、実際には単純ではないだろう。しかし、分析結果が示すように、脱物質主義化が進行する中にあっては、不安を感じにくく健康行動に積極的である高曖昧さ耐性者（第2象限）と、不安を感じやすいが健康行動に消極的である低曖昧さ耐性者（第4象限）の対立的な関係が、より明瞭化し、リスクに関する問題が焦点化しやすくなる可能性がある。

以上は、曖昧さ耐性に注目することで見出される対立関係であるが、権威主義的伝統主義の分析結果に注目することによっても、対立関係を見出すことができる。それは、権威主義的伝統主義が促進する健康行動と、脱物質主義および高曖昧さ耐性が促進する健康行動の対立関係である。上でみたように、曖昧さ耐性の高さは健康行動を促進する面があり、これと同様に脱物質主義も健康行動を促進する面があった。これらは先に述べたように、自律的な要素をもった健康行動であると考えられる。だが、第8章でみたように、権威主義的伝統主義にも健康行動を促進する面があり、これは他律的な要素をもった健康行動である。つまり、健康に関する行動は、自律的な要素によっても、他律的な要素によっても促進されている。

権威主義的伝統主義と健康行動の関係について考えると、権威主義的伝統主義は伝統的な権威に対して服従的であるという他律的な要素を含むために、健康行動を行うとしても、それを自らの問題として考えようとする当時者性に欠く面を持つことが考えられ、さらに他者への排外的な要素を含む可能性も考えられる[2]。つまり、このような関係の存在は、健康行動に積極的であれば、自律性が高く柔軟な判断をしている者だと

は必ずしもいえないことを示し、場合によっては、単に権威に従うこと自体に重きを置いた硬直的な判断をする者も存在することを示している。

　以上のような、権威主義的伝統主義を要因とした健康行動がもたらす問題は、健康の消費化に伴って健康言説が多く流通することで大きくなることも考えられる。しかし、第10章でみたように、権威主義的伝統主義は、教育水準の上昇等によって長期的には低減傾向にあったと考えられるし、今後も上昇することは考えにくい。したがって、この問題の重要性が目にみえて高まることは考えにくく、曖昧さ耐性の強弱がもたらすギャップの顕在化という問題と比べると、目立っていくことはないのではないだろうか。

　これまでみてきたことから分かるように、実際には、健康リスクの争点化は、単純になされるものではない。だが、本論の問題である、消費社会化の進展によって欲求が高度化し、脱物質主義化が進行する過程で起こっている、健康や身体をめぐる否定的側面は何かという問いに対しては、次の結論が導き出せる。すなわち、曖昧さ耐性が高く、健康不安は高くないが積極的に健康消費を行う人々と、曖昧さ耐性が低く、健康不安は高いが健康消費をあまり行わない人々との間にあるギャップの顕在化、およびそれがもたらす社会的動揺の可能性の増大、である。この結論は、健康に関するリスクの存在が、社会的な不安を煽るのか否かという単純な問いから一歩進んだもので、不安を感じる者とそうでない者との間に存在するギャップがどれぐらいの大きさか、そのギャップを規定する要因が何か、またギャップがもたらす社会的影響がどのようなものであるかといった問題を問うことの重要性を示している[3]。

11.2.3　ギャップの顕在化をもたらす要因の性質

　健康リスクに関するギャップの顕在化という現象が示しているのは、

脱物質主義化の進行が、人々の意識や行動における分化や対立的な関係と関連しているということである。これが意味することについての理解を深めるために、以下で、分化をもたらす要因の性質についても触れておこう。

　人々がどのように分化しているかということは、社会階層研究における重要な問題であり、この領域では、人々の意識のあり方に対して社会階層的要因が効きにくくなってきていることが指摘されている。たとえば、第10章 (10.2.2) で取り上げたように、三重野は、脱物質主義を規定する要因として意識の効果が大きいという結果に対して、「意識が意識を規定し、社会的地位、階層の規定力が失われているのは、一定の段階に達した豊かな社会の特色であるといえよう」と述べていた（三重野 2000: 93）。また今田は、「持つこと」（所有）の重要性が相対的に低下し、「生き方」（存在）自体が重要な関心事になっているという認識を示していた（今田 1998: 27）。これらは、社会が一定の豊かさに達した結果、社会階層的な要因の重要度が低下したという認識を示している。

　本論で明らかになったギャップの顕在化は、曖昧さ耐性を媒介にして起こっており、その規定要因として明らかになったのは、生活満足度と、育児のような曖昧さの高い状況に多く対処することの2つであった（→10.2.4）[4]。つまり、本論で明らかになった、健康リスクに対する感じ方や対処の仕方のギャップの顕在化という、人々の分化や対立的な関係に大きな影響を与えているのもまた、社会階層的要因ではなく、非社会階層的な要因である。これは、健康リスクに関するギャップの顕在化が、物質主義的な社会においてではなく、脱物質主義的な社会において現れる問題であることを示していると思われる。先の三重野や今田の議論が示唆するように、物質主義的社会においては、持つ者と持たざる者の対立という問題の重要度が高いが、脱物質主義的社会においては、その種の問題の重要度は低下していき、それとは異なる種類の対立の重要

度が上がっていくのだと考えられる。

第10章の注3で取り上げたように、ギデンズは、近代化が進行するにつれて、社会的な問題の争点が、搾取、不平等、抑圧が問題となる解放のポリティクスから、ライフスタイルが問題となるライフ・ポリティクスへ変化していることを論じている (Giddens 1991=2005: 237-61)。これは、生活機会に関わる前者の問題が解決され、個人の自由が確保されるにしたがって、社会的関心の重心が、個人の実存的問題や自己実現の問題に移行していくことを論じた議論である。ギデンズのこの議論は、上に述べた問題の変化を、別の表現で示したものだといえよう。

11.2.4　本研究の位置づけと残された問題

最後に、消費社会研究における本研究の位置づけと、残された問題を述べて、本論を閉じることにしたい。

本論では、第1章で、ガルブレイスやボードリヤールの消費社会研究が持つ問題として、消費者を、生産者や資本主義システムによって操られる存在として捉え、消費者の他律性を強調しすぎている点を挙げた。この問題に対しては、カトーナの、「消費者のほとんどは理想的な『合理的人間』ではないにしても、慎重であり、分別のあるものである」という見方等を参照して、消費者を単に他律的な存在として捉えるのではなく、自律的な部分も併せ持った、弱い自律的消費者とでもいえる存在として捉えるべきだということを述べた。

他方、本論で大きく取り上げた欲求の高度化論は、欲求が内在的に変化するメカニズムを問題にしており、自律的な側面を問題にしうる見方であった。本論は、このような消費者の自律性という観点も組み込んで、健康志向についての議論を行うことで、健康リスクに関するギャップの顕在化という新しい問題を発見するに至った。もし、消費者の他律性を強調する議論のみを前提にして、健康志向の持つ否定的側面を問題

にしていたならば、このような問題に辿り着くことは困難だったのではないだろうか。

　以上のように、ボードリヤールなどの議論と欲求の高度化論は、消費者や消費社会の捉え方において大きく異なっている。しかし、大枠においては、この2つのタイプの議論を両立しないものと考えるべきではない。ギデンズの構造化理論が示すように、個人と社会構造を、互いに構造化しあう循環的な関係としてみるならば、ボードリヤールなどの議論は、社会構造が個人を構造づける側面を強調した議論であり、欲求の高度化論は、構造づけられた個人が社会構造に働きかける側面を問題化しうる議論だと考えられるからである。つまり、欲求の高度化論は、ボードリヤールなどの議論がほとんど扱っていない反対の側面を扱うことのできる議論だと考えられるのである。これが意味するのは、ガルブレイスやボードリヤールなどの議論に意義がないということではなく、そのような見方のみによって消費社会を理解しようとするならば、消費社会の限定された部分しか捉えることができないということである。本論では、ボードリヤールなどの議論が扱うのとは反対の側面の議論を組み込んだために、より広い視野から消費社会を問題化できたのではないだろうか。

　だが本論には、今後検討すべき問題も残されている。大きなものとしては、調査データに関する問題と、曖昧さ耐性尺度に関する問題がある。

　調査データに関しては、サンプルの問題がある。本論で重要な役割を果たしている大学生調査と豊島区調査のデータは、加齢効果の影響を除くために、対象を若年層に限定していた。したがって、本論で明らかになった曖昧さ耐性をめぐるギャップという問題が、中高年層においても同様に存在するかは定かではない。今後の検証が必要であろう。また、本論の調査データに特有の問題ではないが、若年層を対象とした場合の

低い回収率がもたらす偏りにも留意が必要であろう。

　曖昧さ耐性尺度に関しては、それによって他者性の消去をどの程度説明できるかという問題がある。第9章で述べたように、曖昧さ耐性が低いことと他者性の消去は近似的な関係にあると考えられるものの、他者性概念は、曖昧さ耐性によって説明できない部分を持っている可能性がある。両者がどの程度の重なりを持ち、曖昧さ耐性という観点から他者性の問題を理解することがどの程度の有効性を持っているかということについて、より詳細に検討する必要がある。だが他方で、心理学で研究が蓄積されているこの尺度は、社会学的な分析にも大きく寄与する可能性を秘めている。この尺度を用いて、リスクや不安などに関する問題を社会学的に分析するならば、新しい発見がえられるかもしれない。

　今後は、以上に挙げた、本論では十分には明らかになっていないことを踏まえて検討を重ね、曖昧さ耐性をめぐるギャップという問題を、より一般性の高い水準で明らかにしていくことが必要である。

注
(1)　図中の、健康不安を煽られやすい／煽られにくいという軸は、単に健康不安が高いか低いかということを示すのではなく、何らかの健康リスクが存在した時に、手持ちの知識を用いるなどして冷静に判断できるか否かということと関わっている。健康不安を煽られにくい者であっても、大きな健康リスクに直面すれば当然不安を感じるだろう。
(2)　喫煙に対する過剰ともとれる社会的バッシングには、このような要素が部分的に影響している可能性がある。
(3)　もちろん、脱物質主義化という現象は、健康のようなリスクに関係する事柄に限定されるわけではない。したがって、この結論は、脱物質主義化という消費社会の変化全般に当てはまるものではない。
(4)　ただし、第10章の分析では、曖昧さ耐性に対する教育年数のプラスの効果が10％水準で認められているモデルもある（→表10-11）。また、第

2章でみたように、タラックとラプトンの研究では、豊富な科学知識を持っている者は、遺伝子組み換え食品の持つリスクに対して不安を感じずに対処していることが明らかになっている。これらは、教育や知識が不安を抑制することを示唆している。教育の効果については、さらなる検討が必要であろう。

文献リスト

Adorno, T., Else Frenkel-Brunswik, Daniel J. Levinson and R. Nevitt Sanford, 1950, *The Authoritarian Personality,* Harper and Brothers.（＝1980，田中義久・矢沢修次郎・小林修一訳『権威主義的パーソナリティ』青木書店．）
飽戸弘，1999,『売れ筋の法則――ライフスタイル戦略の再構築』筑摩書房．
天野義智，1992,『繭の中のユートピア――情報資本主義の精神環境論』弘文堂．
Ang, Ien, 1990, "Culture and Communication: Towards an Ethnographic Critique of Media Consumption in the Transnational Media System" *Europia Journal of Communication,* 5(2) : 239-60.
荒川清秀，2000,「『健康』の語源をめぐって」『文学・語学』全国大学国語国文学会, 166: 72-82.
有田正光・石村多門，2001,『ウンコに学べ！』筑摩書房．
朝日新聞社，2000,『朝日新聞戦後見出しデータベース1945～1999』(CD-ROM)．
浅見克彦，2002,『消費・戯れ・権力』社会評論社．
浅野智彦，1998,「消費社会と『私』言説の変容史――ananの記事を素材に」『大人と子供の関係史　第三論集』大人と子供の関係史研究会: 37-53.
Baudrillard, Jean, 1968, *Le systéme des objets,* Paris: Gallimard.（＝1980，宇波彰訳『物の体系』法政大学出版局．）
―――, 1970, *La société de consommation: Ses mythes, ses structure,* Paris: Gallimard.（＝1979，今村仁司・塚原史訳『消費社会の神話と構造』紀伊国屋書店．）
―――, 1972, *Pour une critique de l'économie politique du signe,* Paris: Gallimard.（＝1982，今村仁司，宇波彰，桜井哲夫訳『記号の経済学批判』法政大学出版局．）
―――, 1976, *L'échange symbolique et la mort,* Paris: Gallimard.（＝[1982] 1992，今村仁司・塚原史訳『象徴交換と死』筑摩書房．）
―――, 1981, *Simuracres et simulation,* Paris: Galilée.（＝1984，竹原あき子訳

『シミュラークルとシミュレーション』法政大学出版局.）

―――, 1990, *La transparence du mal: Essai sur les phénoménos extrémes,* Paris: Galilée.（= 1991, 塚原史訳『透きとおった悪』紀伊国屋書店.）

Baudrillard, Jean and Marc Guillaume, 1994, *Figures de l'altérité,* Paris: L'Association Descartes.（= 1995, 塚原史・石田和男訳『世紀末の他者たち』紀伊国屋書店.）

Barthes, Roland, 1957, *Mythologies,* Paris: Seuil.（= 1967, 篠沢秀夫訳『神話作用』現代思潮社.）

Beck, Ulrich, 1986, *Risikogesellschaft:Auf dem Weg in eine andere Moderne,* Frankfurt: Suhrkamp.（= 1998, 東廉・伊藤美登里訳『危険社会――新しい近代への道』, 法政大学出版会.）

―――, 1997, *Weltrisikogesellschaft, Weltöffentlichkeit und globale Subpolitik,* Wien: Picus Verlag.（= 2003, 島村賢一訳『世界リスク社会論――テロ、戦争、自然破壊』平凡社.）

―――, 2002, *Das Schweigen der Wörter: Über Terror und Krieg,* Frankfurt: Suhrkamp.（= 2003, 島村賢一訳『世界リスク社会論――テロ、戦争、自然破壊』平凡社.）

Beck, Ulrich, Anthony Giddens, and Scott Lash, 1994, *Reflexive Modernization: Politics, Tradition and Aesthetics in the Modern Social Order,* Cambridge: Polity Press.（= 1997, 松尾精文・小幡正敏・叶堂隆三訳『再帰的近代化――近現代における政治、伝統、美的原理』而立書房.）

Bell, Daniel, 1973, *The Coming of Post-Industrial Society,* New York: Basic Books.（= 1975, 内田忠夫・嘉治元郎・城塚登・馬場修一・村上泰亮・矢嶋喬四郎訳『脱工業社会の到来（上，下）』ダイヤモンド社.）

―――, 1976, *The Cultural Contradictions of Capitalism,* New York: Basic Books.（= 1977, 林雄二郎訳『資本主義の文化的矛盾（上，中，下）』講談社.）

Berger, Peter L. and Thomas Luckmann, 1966, *The Social Construction of Reality: A Treatise in the Sociology of Knowledge,* New York: Anchor Books.（= 1977, 山口節郎訳『日常世界の構成――アイデンティティと社会

の弁証法』新曜社.)

Bersheid, B., E. Walster, , and G. Bohrnstedt, 1973, "The Happy American Body: A Survey Report," *Psychology Today,* December: 119-31.

Bourdieu, Pierre, 1977, *Algérie60: Structures économiques et structures temporelles,* Paris: Éditions de Minuit.(= 1993, 原山哲訳『資本主義のハビトゥス』藤原書店.)

―――, 1979, *La distinction: Critique sociale du jugement,* Paris: Éditions du Minuit.(= 1990, 石井洋二郎訳『ディスタンクシオン――社会的判断力批判(Ⅰ, Ⅱ)』藤原書店.)

―――, 1980, *Le sens pratique,* Paris: Éditions du Minuit.(= 2001, 今村仁司・港道隆訳『実践感覚Ⅰ』みすず書房.)

―――, 1987, *Choses Dites,* Paris: Editions de Minuit.(= 1991, 石原晴己訳『構造と実践』藤原書店.)

―――, 2000, *Les strucutures de l'économie,* Paris: Éditions du Seuil.(= 2006, 山田鋭夫・渡辺純子訳『住宅市場の社会経済学』藤原書店.)

Bourdieu, Pierre and Loic J. D. Wacquant, *Réponses: Pour une anthropologie réflexive,* Paris: Éditions du Seuil.(= 2007, 水島和則訳『リフレクシヴ・ソシオロジーへの招待』藤原書店.)

Budner, S., 1962, "Intolerance of ambiguity as a personality variable," *Journal of Personality,* 30: 29-50.

Campbell, Colin, 1983, "Romanticism and the Consumer Ethic: Intimations of a Weber-style Thesis," *Sociological Analysis,* 44(4) : 279-95.

Connoly, Johon and Andrea Prothero, 2008, "Green Consumption: Life-politics, Risk and Contradiction," *Journal of Consumer Culture,* 8(1) : 117-45.

出口顯, 2001,「商品としての身体――臓器移植・アイデンティティ・想像の共同体」『思想』922: 83-107.

DiMaggio, Paul, 1990, "Cultural Aspects of Economic Action and Organization," *Beyond the Marketplace,* R. Friedland and A. F. Robertsoneds., Aldine de Gruyter, 113-36.

―――, 1994, "Culture and Economy," *Handbook of Economic Sociology,* N. J. Smelser and R. Swedberg eds., Russel Sage Foundation and Princeton

University Press, 27-57.

Douglas, Mary, [1970]1996, *Natural Symbols :Explorations in Cosmology,* Routledge.

―――, 1969, *Purity and Danger: An Analysis of Concepts of Pollution and Taboo,* Routledge & Kegan Paul Limited.（＝1995，塚本利明訳『汚穢と禁忌』思潮社．）

―――, 1970, *Natural Symbols :explorations in cosmology,* London: Barrie & Rockliff.（＝1983，江河徹・塚本利明・木下卓訳『象徴としての身体』紀伊國屋書店．）

Douglas, Mary and Baron Isherwood, 1979, *The World of Goods,* New York: Basic Books.（＝1984，浅田彰・佐和隆光訳『儀礼としての消費』新曜社．）

Duden, Barbara, 1985, 玉野井麻利子訳「身体を歴史的に読み解く──〈健康（ヘルス）〉という名のイデオロギー批判」『思想』736: 127-35.

Durkheim, Émile, 1893, *De la division du travail social: Etude sur l'organisation des sosietes superieures,* Paris: P.U.F..（＝1971，田原音和訳『社会分業論』青木書店．）

―――, 1960, *Le Suicide: Étude de sociologie,* 3ed, Presses universitaires.（＝1985，宮島喬訳『自殺論』中央公論社．）

―――, 1895, *Les regles de la méthode sociologique,* Presses Universitaires de France.（＝1978，宮島喬訳『社会学的方法の規準』岩波書店．）

遠藤徹，1998,『ポストヒューマンボディーズ』青弓社．

柄本三代子，2002,『健康の語られ方』青弓社．

衛藤順子，1991,「AMBIGUITY-TOLERANCE 概念の有用性について」『東北福祉大学紀要』16：305-19.

―――, 1992,「内因性精神障害における Intolerance of Ambiguity 概念の有用性について」『東北福祉大学紀要』17: 255-64.

―――, 1994,「強迫神経症における Intolerance of Ambiguity（曖昧さに対する非耐性）」『東北福祉大学研究紀要』19: 155-64.

Foucault, Michel, 1975, *Surveiller et punir: Naissance de la prison,* Gallimard.（＝1977，田村叔訳『監獄の誕生』新潮社．）

―――, 1976, *La volonté de savoir: Volume 1 de histoire de la sexualité,*

Gallimard.（＝1986，渡辺守章訳『性の歴史Ⅰ　知への意志』新潮社.）
Featherstone, Mike, 1991, *Consumer Culture & Postmodernism,* Sage Publication.（＝1999，川崎賢一・小川葉子編著訳，池田緑訳『消費文化とポストモダニズム』恒星社厚生閣；2003，川崎賢一・小川葉子編著訳『消費文化とポストモダニズム　下巻』恒星社厚生閣.）
Fiske, John, 1991, *Reading the Popular,* Routledge.（＝1998，山本雄二訳『抵抗の快楽――ポピュラーカルチャーの記号論』世界思想社.）
Frenkel-Brunswik, Else, 1948, "Tolerance toward Ambiguity as a Personality Variable," *The American Psychologist,* 3: 268.
――――, 1949, "Intolerance of Ambiguity as an Emotional and Perceptual Personality Variable," *Journal of Personality,* 18: 108-43.
――――, 1950, "Dynamic and Cognitive Personality Organization as Seen through the Interviews," Adorno, T., Else Frenkel-Brunswik, Daniel J. Levinson and R. Nevitt Sanford, *The Authoritarian Personality,* Harper and Brothers: 442-67.
――――, 1950, "Dynamic and Cognitive Personality Organization as Seen through the Interviews," Adorno, T., Else Frenkel-Brunswik, Daniel J. Levinson and R. Nevitt Sanford, *The Authoritarian Personality,* Harper and Brothers: 442-67.（＝1980，「面接を通してみられる力動的、認知的パーソナリティ類型」田中義久・矢沢修次郎・小林修一訳『権威主義的パーソナリティ』青木書店：296-330.）
Frey, Bruno S. and Alois Stutzer, 2002, *Happiness and Economics,* Princeton University Press.（＝2005，佐和隆光監訳『幸福の政治経済学』ダイヤモンド社.）
Fromm, Erich, 1941, *Escape from Freedom,* New York: Holt, Rinehart and Winston.（＝1951，日高六郎訳『自由からの逃走』東京創元社.）
藤岡真之，2001a,「身体の社会学に関する一試論――概念と対象をめぐって」『立教大学大学院社会学研究科年報』8: 67-77.
――――, 2001b,「消費対象としての身体――健康ブームを事例に」『経済社会学会年報』23: 91-7.

―――, 2002,「消費社会化と身体観の変容――『Tarzan』の分析から」『応用社会学研究』立教大学, 44: 127-36.

―――, 2003,「消費社会化と"健康"の社会的定義の変化」『経済社会学会年報』25: 77-85.

―――, 2004,「消費社会研究と欲求の高度化論の接合について」『立教大学大学院社会学研究科年報』11: 65-77.

―――, 2006,「脱物質志向と健康意識・健康行動――都市部20、30代を対象とした計量分析」『弘前学院大学社会福祉学部研究紀要』6: 42-50.

―――, 2007,「健康情報に関するメディア利用と健康意識、健康行動」『弘前学院大学社会福祉学部研究紀要』7: 30-41.

―――, 2009,「消費社会における欲求の高度化とその逆機能的側面――リスクに関する消費の場合」『経済社会学会年報』31: 208-15.

藤岡和賀夫, 1984,『さよなら、大衆。――感性時代をどう読むか』ＰＨＰ研究所.

藤田紘一郎, 1997,『原始人健康学――家畜化した日本人への提言』新潮社.

藤田真文, 1986,「カルチュラル・スタディ派におけるメディア論とネオ・マルクス主義的社会構成体論との関連性」『新聞学評論』35: 1-11, 298-99.

―――, 1988,「『読み手』の発見――批判学派における理論展開」『新聞学評論』37: 67-82, 320-21.

福田充, 2010,『リスク・コミュニケーションとメディア――社会調査論的アプローチ』北樹出版.

福井康太, 1996,「リスクの社会理論と法――ニクラス・ルーマンの"Soziologie des Risikos"を手がかりとして」『九大法学』72: 1-45.

Furnham, A. and T. Ribchester, 1995, "Tolerance of Ambiguity: A review of the concept, its measurement and applications," *Current Psychology,* 14(3): 179-99.

Galbraith, John Kenneth, [1958]1998, *The Affluent Society, New Edition,* Boston: Houghton Mifflin Company.（＝2006, 鈴木哲太郎訳『ゆたかな社会 決定版』岩波書店.）

Gerbner, George and Larry Gross, 1976a, "The Scary World of TV's Heavy Viewer," *Psychology Today,* April: 41-5, 89.

―――, 1976b, "Living with Television: The Violence Profile," *Journal of Communication,* 26(2): 173-99.

Gerbner, George, Larry Gross, Michael Morgan and Nancy Signorielli, 1981, "Health and Medicine on Television," *The New England Journal of Medicine,* 305(15): 901-4.

―――, 1982, "Charting the Mainstream: Television's Contributions to Political Orientations," Journal of Communication, 32(2): 100-27.

―――, 1986, "Living with Television: The Dynamics of the Cultivation Process," *Jennings Bryant and Dolf Zillmann eds., Perspectives on Media Effects,* New Jersey: Lawrence Erlbaum Associates, 17-40.

Gerbner, George, Michael Morgan and Nancy Signorielli, 1982, "Programming Health Portrayals: What Viewers See, Say, and Do," D. Pearl, L. Bouthilet and J. Lazar eds., *Television and Behavior: Ten Years of Scientific Progress and Implications for the 80's Vol.2,* Washington DC: Goverment Printing Office, 291-307.

Giddens, Anthony, 1976, *New Rules of Sociological Method: A Positive Critique of Interpretative Sociologies,* Hutchinson of London.(= 1987, 松尾精文・藤井達也・小幡正敏訳『社会学の新しい方法規準――理解社会学の共感的批判』而立書房.)

―――, 1979, *Central Problems in Social Theory: Action, Structure, and Contradiction in Social Analysis,* Berkley: University of California Press.(= 1989, 友枝敏雄・今田高俊・森重雄訳『社会理論の最前線』ハーベスト社.)

―――, 1990, *The Consequences of Modernity,* Polity Press.(= 1993, 松尾精文・小幡正敏訳『近代はいかなる時代か？――モダニティの帰結』而立書房.)

―――, 1991, *Modernity and Self-Identity: Self and Society in the Late Modern Age,* Polity Press.(= 2005, 秋吉美都・安藤太郎・筒井淳也訳『モダニティと自己アイデンティティ――後期近代における自己と社

会』ハーベスト社.)
―――, 1999, *Runaway World: How Globalizations Reshaping Our Lives,* London: Profile Books. (= 2001, 佐和隆光訳『暴走する世界――グローバリゼーションは何をどう変えるのか』ダイヤモンド社.)
Glassner, Barry, 1988, *Bodies,* Elaine Markson Literary Agency. (= 1992, 小松直行訳『ボディーズ』マガジンハウス.)
―――, 1999, The Culture of Fear, Basic Books. (= 2004, 松本薫訳『アメリカは恐怖に踊る』草思社.)
Graham, J., J.B.Wiener, 1995, Risk vs.Risk, Harvard UP. (= 1998, 菅原努監訳『リスク対リスク』昭和堂.)
博報堂生活総合研究所編, 1985,『「分衆」の誕生』日本経済新聞社.
Halkier, Bente, 2001, "Consuming Ambivalences: Consumer Handling of Environmentaly Related Risks in Food," *Journal of Consumer culture,* 1(2): 205-24.
Hall, Stuart, 1980, "Encoding/Decoding," Stuart Hall et al. eds., *Culture, Media, Language: Working Papers in Cultural Studies,* Routledge, 1972-9.
橋爪大三郎, 1993,『橋爪大三郎コレクションⅠ 身体論』勁草書房.
橋本努, 2006,「経済社会学」宇都宮京子編『よくわかる社会学』ミネルヴァ書房, 174-7.
林田幸広, 2002,「安全、要注意――リスク社会における生―権力の在処を探るために」『情況』10: 188-208.
土方透・アルミン ナセヒ編, 2002,『リスク――制御のパラドックス』新泉社.
保坂稔, 2003a,「権威主義的性格と環境保護意識――破壊性の観点を中心に」『社会学評論』53(1): 70-84.
―――, 2003b,『現代社会と権威主義――フランクフルト学派権威論の再構成』東信堂.
星野克美, 1985,『消費の記号論』講談社.
細見和之, 1999,『アイデンティティ/他者性』岩波書店.
市川浩, 1992,『精神としての身体』講談社.
―――, 1984,『〈身〉の構造』青土社.
市野川容孝, 2000,『身体/生命』岩波書店.

市野川容孝・松原洋子,2000,「病と健康のテクノロジー」『現代思想』28(10):76-96.

井尻千男,1993,『消費文化の幻想——オーソドックスとは何か?』PHP研究所.

池田寛二,1999,「環境危機とモダニティのゆくえ」『情況』10月号:6-23.

池田光穂,1990,「日本人にみられる『禁忌の健康観』」『教育と医学』38(10):13-19.

―――,1990,「ヘルス・プロモーションとヘルス・イデオロギー——中央アメリカ村落の事例による検証」『日本保健医療行動科学会年報』5:185-201.

池田光穂・佐藤純一,1995,「健康ブーム」黒田浩一郎編『現代医療の社会学』世界思想社,263-78.

池田光穂・野村一夫・佐藤純一,1998,「病気と健康の日常的概念の構築主義的理解」『(財)明治生命厚生事業団第4回健康文化研究助成論文集』,21-30.

今田高俊,1986,『自己組織性』創文社.

―――,1998,「社会階層の新次元——ポスト物質社会における地位変数」今田高俊編『社会階層の新次元を求めて』(1995年SSM調査シリーズ20)1995年SSM調査研究会,25-43.

―――,2000,「ポストモダン時代の社会階層」今田高俊編『日本の階層システム5——社会階層のポストモダン』東京大学出版会,3-53.

―――,2001,『意味の文明学序説——その先の近代』東京大学出版会.

今川民雄,1981,「Ambiguity Tolerance Scaleの構成(1)——項目分析と信頼性について」『北海道教育大学紀要第一部C教育科学編』32(1):79-93.

今村仁司,1992,『現代思想の基礎理論』講談社.

Inglehart, Ronald, 1970, "The New Europeans: Inward or Outward Looking?," International Organization, 24(1): 129-39.

―――, 1977, *The Silent Revolution: Changing Values and Political Styles Among Western Publics,* New Jersey: Princeton University Press.(=1978,三宅一郎・金丸輝男・富沢克訳『静かなる革命——政治意識と行動

様式の変化』東洋経済新報社.）

――――, 1990, *Culture Shift in Advanced Industrial Society,* New Jersey: Princeton University Press.（= 1993, 村山皓・富沢克・武重雅文訳『カルチャーシフトと政治変動』東洋経済新報社.）

――――, 1993, "Modernization and Postmodernization: The Changing Relationship between Economic Development, Cultural Change and Political Change".（= 1997, 真鍋一史訳「近代化とポスト近代化――経済発展と文化変化と政治変動の相互の関係の変化」『社会学部紀要』関西学院大学, 77: 123-49.）

――――, 1994, "Economic Security and Value Change," *American Political Science Review,* 88: 336-54.

――――, 1997, *Modernization and Postmodernization: Cultural, Economic, and Political Change in 43 Societies,* New Jersey: Princeton University Press.

井上輝子・女性雑誌研究会, 1989,『女性雑誌を解読する――COMPAREPOLITAN――日・米・メキシコ比較研究』垣内出版株式会社.

犬田充, 1977,『大衆消費社会の終焉』中央公論社.

――――, 1986,『欲望社会――人にやさしい消費社会の到来』中央経済社.

――――, 1987,『迷宮としての消費社会』中央経済社.

――――, 1996,『超消費社会』中央経済社.

石田佐恵子, 1998,『有名性という文化装置』勁草書房.

石井政之, 2001,『迷いの体――ボディイメージの揺らぎと生きる』三輪書店.

――――, 2003,『肉体不平等――ひとはなぜ美しくなりたいのか？』平凡社.

伊藤公夫, 1986,「日本人とクスリ」宝月誠編『薬害の社会学』世界思想社, 12-57.

伊藤眞, 1997,「消費と欲望の形成」青木保・内堀基光・梶原景昭・小松和彦・清水昭俊・中林伸浩・福井勝義・船曳建夫・山下晋司編『「もの」の人間世界』岩波書店, 111-36.

伊東光晴編, 2004,『岩波　現代経済学事典』岩波書店.

鍵本優, 2009,「コミュニケーションの２段の流れ――E. カッツ／P.F. ラザースフェルド『パーソナル・インフルエンス』」井上俊・伊藤公雄編

『メディア・情報・消費社会』世界思想社, 107-16.
貝原益軒, 1713, 『養生訓』. (= 1982, 伊藤友信訳『養生訓』講談社.)
柿本昭人, 1991, 『健康と病のエピステーメー』ミネルヴァ書房.
神島次郎, 1961, 『近代日本の精神構造』岩波書店.
金塚貞文, 1990, 『人工身体論』青弓社.
金子勇・長谷川公一, 1993, 『マクロ社会学』新曜社.
鹿島茂, 1991, 『デパートを発明した夫婦』講談社.
柏木博, 1987, 『デザイン戦略』講談社.
片瀬一男, 2008, 「学歴階層と健康リスク関連行動」菅野剛編『階層と生活格差』(2005年SSM調査シリーズ10) 2005年SSM調査研究会, 29-41.
Katona, George, 1964, *The Mass Consumption Society,* New York: McGraw-Hill Book Co.. (= 1966, 社会行動研究所訳『大衆消費社会』ダイヤモンド社.)
―――, 1960, *The Powerful Consumer: Psychological Studies of the American Economy,* McGraw-Hill Book Co.. (= 1964, 社会行動研究所訳『消費者行動――その経済心理学的研究』ダイヤモンド社.)
加藤秀一, 2001, 「身体を所有しない奴隷――身体への自己決定権の擁護」『思想』922: 108-35.
―――, 2001, 「構築主義と身体の臨界」『構築主義とは何か』勁草書房.
Katz, Elihu and Paul F. Lazarsfeld, 1955, *Personal Influence: The Part Played by People in the Flow of Mass Communication,* The Free Press. (= 1965, 竹内郁郎訳『パーソナル・インフルエンス』培風館.)
河原和枝, 1995, 「『フィットネス』現象への視点」『スポーツ社会学研究』3: 37-45.
川本三郎, 1988, 『都市の感受性』筑摩書房.
川野英二, 1997, 「リスク社会とエコロジー問題」『年報人間科学』18: 65-79.
―――, 1998, 「『保険社会』と『リスク社会』の間に――社会学におけるリスク研究」『年報人間科学』19: 147-63.
川村奎子, 1986, 「健康食品の流行の成因について」『紀要／三島学園／女子短期大学』21: 27-40.
健康・体力づくり事業財団, 2012a, 「紙巻きたばこの販売本数」(2012年2月

13日取得, http://www.health-net.or.jp/tobacco/product/pd070000.html).

―――, 2012b,「成人の喫煙率」(2012年2月13日取得, http://www.health-net.or.jp/tobacco/product/pd090000.html).

城戸秀之, 1990,「現代社会における知識の存在拘束性に関する試論――消費社会論、情報社会論への知識社会学的アプローチ」『経済学論集』鹿児島大学経済学会, 33: 81-95.

―――, 1993a,「消費記号論とは何だったのか」小谷敏編『若者論を読む』世界思想社, 88-109.

―――, 1993b,「消費からの展望」鈴木廣ほか編『社会学と現代社会』恒星社厚生閣, 179-90.

―――, 1994,「多元的消費分析の可能性について」『社会分析――社会学研究年報』, 社会分析学会, 21: 33-42.

―――, 1995,「『生活者』イメージにみる90年代的人間観――消費社会論再考のための覚え書」『経済学論集』鹿児島大学経済学会, 43: 77-88.

―――, 1996,「消費の中の〈私〉探し」守弘仁志・岩佐淳一・大野哲夫・小谷敏・城戸秀之・早川洋行・新井克弥『情報化の中の〈私〉』福村出版.

城戸浩太郎, 1970,『社会意識の構造』新曜社.

城戸浩太郎・杉政孝, 1954,「社会意識の構造――東京都における社会的成層と社会意識の調査研究(3)」『社会学評論』4(1・2): 74-100.

吉川徹, 1992,「社会階層と『自己 - 指令的』態度の形成」『ソシオロジ』37(1): 45-60.

―――, 1994,「現代社会における権威主義的態度尺度の有用性――環境保護意識、ヘルス・コンシャスの分析視角として」『ソシオロジ』39(2): 125-37.

―――, 1996,「学校教育の諸条件と青少年の社会的態度形成」『社会学評論』46(4): 428-42.

―――, 1998,『階層・教育と社会意識の形成』ミネルヴァ書房.

―――, 2001,『学歴社会のローカルトラック――地方からの大学進学』世界思想社.

吉川徹・狭間諒多朗・橋爪裕人，2012，「環境保護意識・健康維持意識の変容」第85回日本社会学会大会報告原稿．

吉川徹・轟亮，1996，「学校教育と戦後日本の社会意識の民主化」『教育社会学研究』58: 87-101．

木下富雄，2000，「食生活と健康」木下富雄編『これでいいのか日本の食事』学会センター関西／学会出版センター，1-13．

木岡伸夫，1994，「習慣としての身体」新田義弘ほか編『生命とシステムの思想』岩波書店，195-225．

北田暁大，2002，『広告都市・東京——その誕生と死』廣済堂出版．

北澤一利，2000，『「健康」の日本史』平凡社．

小堀哲郎，1999，「健康ブーム」庄司洋子・木下康仁・武川正吾・藤村正之編『福祉社会事典』弘文堂，252．

Kohn, Melvin L. and Carmi Scooler, 1982, *Work and Personality: An Inquiry into the Impact of Social Staratification*, Ablex.

児島和人，1993，「『限定効果論』の内在的批判——『パーソナル・インフルエンス』再考」児島和人『マス・コミュニケーション受容理論の展開』東京大学出版会，33-48．

小松丈晃，1998，「〈リスク〉の社会理論——ルーマンの社会学的リスク論の射程」『社会学年報』東北社会学会，27: 87-106．

―――，2000，「リスクとシステム信頼——批判的リスク論の可能性」，『社会学年報』東北社会学会，29: 67-92．

―――，2003，『リスク論のルーマン』勁草書房．

近藤義忠，1997，「日本人の健康意識と行動」『宮城教育大学紀要』32: 175-88．

甲賀忠一・制作部委員会編，2008，『明治・大正・昭和・平成　物価の文化史事典』森永卓郎監修，展望社．

栗岡幹英，1999，「ウェルネスと社会——健康ブームに潜む不安」満田久義・青木康容編『社会学への誘い』エムアンドエヌインターナショナル，236-48．

黒田浩一郎，1992，「情報の観点からみた現代医療」『思想』817: 95-107．

―――，[1993]1998，「文化としての現代医療」井上俊編『新版　現代文化を学ぶ人のために』世界思想社，280-302．

―――, 1994,「医療」金屋平三編『変貌する世界と社会学』法律文化社, 150-75.

―――, 1998,「大衆薬広告は何を語るか――医療の言説の政治学」内田隆三編『情報社会の文化2　イメージのなかの社会』東京大学出版会, 109-45.

―――, 2003,「我々の社会は『健康至上主義』の社会か (1)――序説」『龍谷大学社会学部紀要』23: 1-17.

―――, 2004a,「我々の社会は『健康至上主義』の社会か (2)――既存研究のレビュー」『龍谷大学社会学部紀要』24: 11-35.

―――, 2004b,「厚生省『保健衛生基礎調査』、『国民生活基礎調査』にみる、日本人の健康維持・増進行動の変化――戦後日本の『健康至上主義』」『国際社会文化研究所紀要』6: 307-24.

―――, 2007,「健康食品の社会学――序説」『龍谷大学国際社会文化研究所紀要』9: 289-311.

黒田浩一郎編, 1995,『現代医療の社会学――日本の現状と課題』世界思想社.

久木元真吾, 1996,「レトリックとしての身体感覚」『年報筑波社会学』8: 179-98.

熊野純彦, 1998,「世界と他者を享受することへ――立岩真也『私的所有論』によせて（書評：『私的所有論』）」『思想』885: 130-7.

―――, 2001a,「所有と非所有の〈あわい〉で（上）――生命と身体の自己所有をめぐる断章」『思想』922: 4-29.

―――, 2001b,「所有と非所有の〈あわい〉で（下）――生命と身体の自己所有をめぐる断章」『思想』923: 89-104.

桑子敏雄, 1994,「所有と身体――地球環境問題の哲学的・倫理学的課題」飯田亘之編『プラクティカルエシックス研究』千葉大学教養部倫理学教室, 222-48.

共同出版社編, 1947,『日本出版年鑑　昭和19、20、21年』共同出版社.

共同出版社編, 1948,『日本出版年鑑　昭和22、23年』共同出版社.

Lazarsfeld, Paul F., Bernard Berelson, and Hazel Gaudet, [1944]1968, *The People's Choice: How the Voter Makes Up His Mind in a Presidential Campaign*, 3rd ed., New York: Columbia University Press.（＝1987, 有吉広介監

訳『ピープルズ・チョイス――アメリカ人と大統領選挙』芦書房.)

Luhmann, Niklas, 1973, *Vertrauen: Ein Mechanismus der Reduktion sozialer Komplexität (2.Erweiterte Ayflage)*: Ferdinand Enke Verlag. (= 1990, 大庭健・正村俊之訳『信頼――社会的な複雑性の縮減メカニズム』勁草書房.)

―――, 1991, *Soziologie des Risikos,* Berlin: Walter de Gruyter. (=1993, Rhodes Barrett, trans., Risk: A Sociological Theory, New York: Aldine de Gruyter.)

牧厚志, 1998,『日本人の消費行動――官僚主導から消費者主権へ』筑摩書房.

真木悠介・鳥山敏子, 1993,『創られながら創ること――身体のドラマトゥルギー』太郎次郎社.

間々田孝夫, 1987,「経済システムと社会システム」中山慶子・間々田孝夫・渡辺秀樹・松本三和夫・三重野卓『社会システムと人間』福村出版, 106-37.

―――, 1989,「消費社会の変容と発展――脱大衆社会論の検討」『経済社会学会年報』11: 119-37.

―――, 1991,『行動理論の再構成――心理主義と客観主義を超えて』福村出版.

―――, 1993,「豊かな社会の生活意識――生活満足度を中心として」直井優・盛山和夫・間々田孝夫編『日本社会の新潮流』東京大学出版会, 73-100.

―――, 1996,「消費者批判論の視点」『応用社会学研究』立教大学社会学部, 38: 23-39.

―――, 2000,『消費社会論』有斐閣.

―――, 2003,「消費社会と文化」今田高俊編『講座・社会変動 第2巻 産業化と環境共生』ミネルヴァ書房, 97-129.

―――, 2005,『消費社会のゆくえ――記号消費と脱物質主義』有斐閣.

―――, 2007,『第三の消費文化論――モダンでもポストモダンでもなく』ミネルヴァ書房.

―――, 2011,「『第三の消費文化』の概念とその意義」『応用社会学研究』立教大学社会学部, 53: 21-33.

真鍋一史，1996,「近代化とポスト近代化」『日本世論調査協会報』日本世論調査協会，77: 28-37.
Maslow, Abraham H., 1970, Motivation and Personality, 2nd ed., Harper & Row. (＝1987, 小口忠彦訳『人間性の心理学――モチベーションとパーソナリティ』産業能率大学出版部.)
増田真也，1998,「曖昧さに対する耐性が心理的ストレスの評価過程に及ぼす影響」『茨城大学教育学部紀要（人文・社会科学・芸術）』47: 151-63.
丸山正次，2001,「リスク社会における不安と信頼――U. ベック、A. ギデンズの視点を中心にして」『山梨学院大学 法学論集』47: 47-78.
松原隆一郎，2000,『消費資本主義のゆくえ――コンビニから見た日本経済』筑摩書房.
―――，2001,『「消費不況」の謎を解く』ダイヤモンド社.
松井剛，2000,「消費と『自己実現』――消費社会の進歩主義的理解の歴史的再検討」一橋大学大学院商学研究科1999年度博士論文.
―――，2001,「マズローの欲求階層理論とマーケティング・コンセプト」『一橋論叢』126(5)：495-510.
Mauss, Marcel, 1968, *Sociologie et anthropologie,* Paris: Presses universitaires de France.(＝1976, 有地亨・山口俊夫訳『社会学と人類学 II』弘文堂.)
メディア・リサーチ・センター,『雑誌新聞総かたろぐ』(1986-2001年各号).
Merleau-ponty, Maurice, 1945, *La phénoménologie de la perception,* Paris: Gallimard.(＝1967, 竹内芳郎・小木貞孝訳『知覚の現象学 1』みすず書房.)
Merton, Robert King, 1957, *Social Theory and Social Structure: Toward the Codification of Theory and Research.*(＝1961, 森東吾・森好夫・金沢実・中島竜太郎訳『社会理論と社会構造』みすず書房.)
三重野卓，1990,『「生活の質」の意味』白桃書房.
―――，1998,「脱物質志向と『豊かさ』問題」鹿又伸夫編『豊かさと格差』(1995年SSM調査シリーズ16) 1995年SSM調査研究会, 1-26.
―――，2000,「『こころの豊かさ』への志向構造」今田高俊編『日本の階層

システム 5——社会階層のポストモダン』東京大学出版会，83-109．
———，2004，『「生活の質」と共生（増補版）』白桃書房．
———，2007，「共生をめぐる意識と『生活の質』志向」『応用社会学研究』立教大学社会学部，49: 147-61．
三上俊治，1987，「現実構成過程におけるマス・メディアの影響力——疑似環境論から培養分析へ」『東洋大学社会学部紀要』24(2)：237-79．
三上俊治・水野博介・橋元良明，1989，「テレビによる社会的現実の認知に関する研究」『東京大学新聞研究所紀要』38: 73-123．
Miller, Daniel and Don Slater, 2007, "Moments and Movements in the Study of Consumer Culture," *Journal of Consumer Culture,* 7(1)：5-23．
三島由紀夫，[1965]1975,「〈美容整形〉この神を怖れぬもの」『三島由紀夫全集31』，新潮社．
見田宗介，1984,『新版 現代日本の精神構造』弘文堂．
———，1995,『現代日本の感覚と思想』講談社．
———，1996,『現代社会の理論』岩波書店．
———，2006,『社会学入門——人間と社会の未来』岩波書店．
三浦雅士，1988,『主体の変容』中央公論社．
———，1994,『身体の零度——何が近代を成立させたか』講談社．
三浦正行，1995,「ヘルスビジネスの隆盛と『健康ブーム』の意義について」『立命館大学人文科学研究所紀要』63: 1-64．
宮台真司，1989,「コードによる消費の動機形成」『社会科学紀要』東京大学教養学部社会科学科，38: 329-64．
———，1989,「消費・階層・システム」『現代思想』17(6)：114-25．
宮台真司・江原由美子・山崎敬一・吉沢夏子，1986,「テレビコマーシャルの機能的形成分析」『ソシオロゴス』10: 230-49．
宮台真司・石原英樹・大塚明子，1993,『サブカルチャー神話解体——少女・音楽・マンガ・性の30年とコミュニケーションの現在』パルコ出版．
宮島喬，1977,『デュルケム社会理論の研究』東京大学出版会．
———，1982,「アノミー論から消費社会論へ——ひとつの覚え書」『現代思

文献リスト

想』10(7): 66-71.
────, 1987,『デュルケム理論と現代』東京大学出版会.
宮本孝二, 1998,『ギデンズの社会理論──その全体像と可能性』八千代出版.
水野博介, 1991,「文化指標研究と涵養効果分析──そのアイデア・発展・現状と評価」『新聞学評論』40: 274-90, 371-72.
森麻弥, 2005,「1920年代30年代における『健康観』に関する一考察──『キング』『主婦之友』『家の光』における健康関連記事の内容分析を中心に」『マス・コミュニケーション研究』67: 174-191.
村上泰亮, 1975,『産業社会の病理』中央公論社.
村瀬洋一, 2001,「権威主義的態度の規定メカニズム──上下けじめ態度と伝統重視態度の違いについて」片瀬一男編『教育と社会に関する高校生の意識──第4次調査報告書』東北大学教育文化研究会, 193-207.
内閣府, 2012,「国民生活に関する世論調査」(2012年1月15日取得, http://www8.cao.go.jp/survey/index-ko.html).
中島梓, 1995,『コミュニケーション不全症候群』筑摩書房.
中川輝彦・黒田浩一郎, 2006a,「論説のなかの『健康ブーム』──健康至上主義と社会の医療化の『神話』」森田洋司・進藤雄三編『医療化のポリティクス──近代医療の地平を問う』学文社, 223-42.
────, 2006b,「大衆誌のなかの『健康ブーム』」『京都精華大学紀要』30: 109-28.
中泉真樹, 1999,「保健医療費」小谷正守・伊藤セツ編『消費経済と生活環境』ミネルヴァ書房, 172-82.
中村うさぎ・石井政之, 2004,『自分の顔が許せない!』平凡社.
直井優, 1987,「仕事と人間の相互作用」三隅二不二編『働くことの意味』有斐閣, 101-44.
直井道子, 1986,「直系家族における主婦の権威主義的価値意識」『社会学評論』37: 191-203.
────, 1988,「職業階層と権威主義的価値意識」原純輔編『1985年社会階層と社会移動全国調査報告書2(階層意識の動態)』1985年社会階層と社会移動全国調査委員会, 225-42.

成田康昭, 1986,『高感度人間を解読する』講談社.
─────, 1997,『メディア空間文化論』有信堂高文社.
Neher, Andrew, 1991, "Maslow's Theory of Motivation: A Critique," *Journal of Humanisitic Psychology*, 31(3): 89-112.
Nettleton, Sarah, 1995, *The Sociology of Health and Illness,* Cambridge: Polity Press.
NHK 放送世論調査所編, 1975,『図説　戦後世論史』日本放送出版協会.
─────, 1981,『日本人の健康観』日本放送出版協会.
─────, 1982,『図説　戦後世論史　第2版』日本放送出版協会.
日本たばこ協会, 2012,「紙巻きたばこの総販売本数」(2012年2月13日取得, http://www.tioj.or.jp/data/pdf/110422_03.pdf).
日本たばこ産業株式会社, 2012a,「2005年全国たばこ喫煙者率調査の要領」(2012年2月13日取得, http://www.jti.co.jp/investors/press_releases/News/05/NR20051018/appendix.html).
─────, 2012b,「2006年全国たばこ喫煙者率調査の要領」(2012年2月13日取得, http://www.jti.co.jp/investors/press_releases/News/2006/11/appendix20061122_01_01.html).
─────, 2012c,「2007年全国たばこ喫煙者率調査の要領」(2012年2月13日取得, http://www.jti.co.jp/investors/press_releases/News/2007/10/appendix20071017_01_01.html).
─────, 2012d,「2008年全国たばこ喫煙者率調査の要領」(2012年2月13日取得, http://www.jti.co.jp/investors/press_releases/News/2008/10/appendix20081023_01_01.html).
─────, 2012e,「2009年全国たばこ喫煙者率調査の要領」(2012年2月13日取得, http://www.jti.co.jp/investors/press_releases/2009/0814_01/appendix_01/index.html).
─────, 2012f,「2010年全国たばこ喫煙者率調査の要領」(2012年2月13日取得, http://www.jti.co.jp/investors/press_releases/2010/0811_01/appendix_01/index.html,).
─────, 2012g,「2011年全国たばこ喫煙者率調査の要領」(2012年2月13日取得, http://www.jti.co.jp/investors/press_releases/2011/1125_01/

appendix_01/index.html).

西部邁, 1975,『ソシオ・エコノミックス』中央公論社.

西村佐彩子, 2006,「曖昧さ耐性からみたクライエントの理解とその関わり方」『心理臨床学研究』24(2): 221-31.

―――, 2007,「曖昧さへの態度の多次元構造の検討――曖昧性耐性との比較を通して」『パーソナリティ研究』15(2): 183-94.

野村佳絵子・黒田浩一郎, 2005,「戦後日本の健康至上主義」『社会学評論』55(4): 449-67.

野村一夫・北澤一利・田中聡・高岡裕之・柄本三代子, 2003,『健康ブームを読み解く』青弓社.

野村雅一, 1997,「『身体技法論』へのノート」青木保・内堀基光・梶原景昭・小松和彦・清水昭俊・中林伸浩・福井勝義・船曳建夫・山下晋司編『「もの」の人間世界』岩波書店, 25-42.

Norton, R.W., 1975, "Measurement of ambiguity tolerance," *Journal of Personality Assessment*, 39(6): 607-619.

荻野美穂, 1996,「美と健康という病――ジェンダーと身体管理のオブセッション」井上俊・上野千鶴子・大澤真幸・見田宗介・吉見俊哉編『病と医療の社会学』(岩波講座現代社会学14) 岩波書店, 169-85.

岡本浩一, 2005,『権威主義の正体』PHP研究所.

恩田守雄, 1997,『発展の経済社会学』文眞堂.

大庭健, 1989,『他者とは誰のことか――自己組織システムの倫理学』勁草書房.

―――, 2000,「所有という問い――私のものは私の勝手……?」大庭健・鷲田清一編『所有のエチカ』ナカニシヤ出版, 42-80.

大平健, 1990,『豊かさの精神病理』岩波書店.

―――, 1995,『やさしさの精神病理』岩波書店.

―――, 1996,『拒食の喜び、媚態の憂うつ』岩波書店.

奥出直人, 1991,『トランスナショナル・アメリカ』岩波書店.

O'Neill, John, 1985, *Five Bodies: The Human Shape of Modern Society*, Cornell University Press. (= 1992, 須田朗訳『語りあう身体』紀伊國屋書店.)

小野芳朗，1997,『「清潔」の近代——「衛生唱歌」から「抗菌グッズ」へ』講談社.
大澤真幸，1990,『身体の比較社会学Ⅰ』勁草書房.
———，1994,『意味と他者性』勁草書房.
———，1998,『戦後の思想空間』筑摩書房.
———，2000,『〈不気味なもの〉の政治学』新書館.
太田省一，1989,「『健康』の近代的位相——衛生・家族・臨床」『ソシオロゴス』13: 1-17.
———，1990,「『衛生』の近代的展開——生物学的身体の歴史的意味について」『ソシオロゴス』14: 164-77.
———，1997,「レトリックとしての『血』——『吸血鬼ドラキュラ』をめぐって」太田省一編『分析・現代社会——制度／身体／物語』八千代出版，215-44.
大塚英志，1989,『物語消費論——「ビックリマン」の神話学』新曜社.
小沢雅子，1985,『新「階層消費」の時代——消費市場をとらえるニューコンセプト』日本経済新聞社.
Parsons, Talcott, 1951, *The Social System,* The Free Press.（＝1974, 佐藤勉訳『社会体系論』青木書店.）
Proctor, Robert N., 1999, *The Nazi War on Cancer,* New Jersey: Princeton University Press.（＝2003, 宮崎尊訳『健康帝国ナチス』草思社.）
Reid, Roddey, 1998, "UnSafe at Any Distance: Todd Haynes' Visual Culture of Health and Risk," Film Quarterly, 51(3): 32-44.（＝1999, 河村一郎訳「どこにいても安全ではない——トッド・ヘインズによる健康とリスクの視覚文化」『現代思想』27(10): 161-177.）
Riesman, David, 1961, *The Lonely Crowd: A Study of the Changing American Character,* New Heaven: Yale University Press.（＝1964, 加藤秀俊訳『孤独な群集』みすず書房.）
———, 1964, Abundance for What?: And Other Essays, New York: Doubleday & Company.（＝1968, 加藤秀俊訳『何のための豊かさ』みすず書房.）
Ritzer, George, 1996, *The McDonaldization of Society, Revised Edition,* United

States, London, New Delhi: Pine Forge Press.（＝1999，正岡寛司監訳『マクドナルド化する社会』早稲田大学出版部.）

――――, 1998, *The Mcdonaldization Thesis: Explorations and Extentions,* Sage Publications.（＝2001，正岡寛治訳『マクドナルド化の世界――そのテーマは何か？』早稲田大学出版会.）

Rostow, Walt W., 1960, *The Stages of Economic Growth: A Non-Communist Manifesto,* Cambridge University Press.（＝1961，木村健康訳『経済成長の諸段階』ダイヤモンド社.）

労働省, 1995,『労働白書（平成7年版）』日本労働研究機構.

佐伯啓思, 1993,『「欲望」と資本主義』講談社.

――――, 1995,『現代社会論』講談社.

斉藤慎一, 2002,「テレビと現実認識――培養理論の新たな展開を目指して」『マス・コミュニケーション研究』60: 19-43.

斎藤孝, 2000,『身体感覚を取り戻す――腰・ハラ文化の再生』日本放送出版協会.

坂井素思, 1998,『経済社会の現代――消費社会と趣味の貨幣文化』放送大学教育振興会.

――――, 2003,『産業社会と消費社会の現代――貨幣経済と不確実な社会変動』放送大学教育振興会.

佐古井貞行, 1994,『消費生活の社会学』筑摩書房.

――――, 2003,『生活社会形成の論理と消費者――消費社会から生活社会へ』御茶の水書房.

作道信介・遠山宜哉, 1991,「現代の健康観とセルフ・ケアについての覚え書き」『弘前大学保健管理概要』13: 39-49.

作田啓一, 1981,『個人主義の運命――近代小説と社会学』岩波書店.

Sanford, R. Nevitt, T. W. Adorno, Else Frenkel-Brunswik, and Daniel J. Levinson, 1950, "The Mesurement of Implicit Antidemocratic Trends," Adorno, T., Else Frenkel-Brunswik, Daniel J. Levinson and R. Nevitt Sanford, *The Authoritarian Personality,* Harper and Brother, 222-279.（＝1980, 田中義久・矢沢修次郎・小林修一訳「潜在的な反民主主義的諸傾向の測定」『権威主義的パーソナリティ』青木書店, 45-131.）

佐藤純一・池田光穂・野村一夫・寺岡伸吾・佐藤哲彦，2000,『健康論の誘惑』文化書房博文社．
佐藤製薬，2007,「ユンケルの歩み　ユンケルの誕生」(2009年7月15日取得，http://www.yunker.jp/history/h01.html)．
佐藤毅，1990,『マスコミの受容理論——言説の異化媒介的変換』法政大学出版局．
佐藤俊樹，1993,『近代・組織・資本主義——日本と西欧における近代の地平』ミネルヴァ書房．
―――,1998,「近代を語る視線と文体」高坂健次・厚東洋輔編『講座社会学1　理論と方法』東京大学出版会，65-98．
Schor, Juliet B., 1998, *The Overspent American: Upscaling,* Downshifting, and the New Consumer, New York: Basic Books. (＝2000, 森岡孝二監訳『浪費するアメリカ人——なぜ要らないものまで欲しがるか』岩波書店．)
Schudson, Michael, 1999, "Delectable Materialism: Second Thoughts on Consumer Culture," Lawrence B. Glickman eds., *Consumeer Society in American History: A Reader,* New York: Cornell University Press, 341-58.
Scitovsky, Tibor, 1976, *The Joyless Economy: An Inquiry into Human Satisfaction and Consumer Dissatisfaction,* New York: Oxford University Press. (＝1979, 斎藤精一郎訳『人間の喜びと経済的価値——経済学と心理学の接点を求めて』日本経済新聞社．)
盛山和夫，1972,「高度経済成長と生活の質」飽戸弘・富永健一・祖父江孝男編『変動期の日本社会』日本放送出版協会，131-57．
Shaw, Robert and Karen Colimore, 1988, "Humanistic Psychology as Ideology: An Analysis of Maslow's Contradictions," *Journal of Humanisitic Psycology,* 28(3): 51-74.
Shevchenko, Olga, 2002, "In Case of Fire Emergency: Consumption, Security and the Meaning of Durables in a Transforming Society," *Journal of Consumer Culture,* 2(2)：147-70.
椎名達人，2006,「『エンコーディング／デコーディング』論の理論的背景及び批判的潜在力の所在」『マス・コミュニケーション研究』68: 115-

30.
白倉幸男，1993，「社会階層と自立および知的柔軟性――現代日本の階層構造における地位の非一貫性とパーソナリティ」直井優・盛山和夫・間々田孝夫編『日本社会の新潮流』東京大学出版会，121-53.
――――，2000，「ライフスタイルと生活満足」今田高俊編『日本の階層システム5――社会階層のポストモダン』東京大学出版会，151-80.
Shrum, L.J., James E. Burroughs, and Aric Rindfleish, 2005, "Television's Cultivation of Material Values," *Journal of Consumer Research,* 32(3)：473-9.
出版年鑑編集部編，『出版年鑑』(1951年版-2009年版) 出版ニュース社.
Simmel, Georg, 1917, *Grundfragen der Soziologie: Individuum und Gesellschaft,* Berlin und Leipzig: Walter de Gruyter.（= 1979，清水幾太郎訳『社会学の根本問題』岩波書店.）
――――，1919(1904)，"Die Mode," Philo*sophische Kultur (Zweite um Einige Zusatze Vermerte Auflage)*, Alfred Kroner,（= 1976，円子修平・大久保健治訳「流行」『文化の哲学（ジンメル著作集7）』白水社，31-61.）
Sokol, Robert, 1968, "Power Orientation and McCarthyism," *American Journal of Sociology,* 73(4)：443-52.
曽良中清司，1983，『権威主義的人間』有斐閣.
総務省，『家計調査年報』(昭和28年版-平成20年版).
総務省，『消費者物価指数年報』(昭和42年版-平成20年版).
総務省，2009a，「家計調査」(2009年7月14日取得, http://www.stat.go.jp/data/kakei/index.htm).
――――，2009b，「家計調査の結果を見る際のポイント No.7」(2009年7月14日取得, http://www.stat.go.jp/data/kakei/point/pdf/point07.pdf).
――――，2009c，「家計調査（家計収支編）時系列データ（二人以上の世帯）長期時系列データ（年）農林漁家世帯を除く結果（昭和21年～37年）（全都市）」(2009年7月14日取得, http://www.stat.go.jp/data/kakei/longtime/zuhyou/18-01-a.xls)
――――，2009d，「家計調査（家計収支編）時系列データ（二人以上の世帯）

長期時系列データ（年）農林漁家世帯を除く結果（昭和38年〜平成20年）（全国）」(2009年7月14日取得, http://www.stat.go.jp/data/kakei/longtime/zuhyou/a18-1.xls)

———, 2009e,「家計調査（家計収支編）時系列データ（二人以上の世帯）長期時系列データ（年）農林漁家世帯を除く結果（昭和38年〜60年）（全国・人口5万以上の市）」(2009年7月14日取得, http://www.stat.go.jp/data/kakei/longtime/zuhyou/18-01-a.xls)

———, 2009f,「家計調査（家計収支編）時系列データ（二人以上の世帯）消費水準指数（月・四半期・年）」(2009年7月14日取得, http://www.stat.go.jp/data/kakei/longtime/index.htm#level).

———, 2009g,「家計調査（家計収支編）時系列データ（二人以上の世帯）消費水準指数（月・四半期・年）　農林漁家世帯を除く結果　消費水準指数（世帯人員調整済）二人以上の世帯」(2009年7月14日取得, http://www.stat.go.jp/data/kakei/longtime/zuhyou/lev-j.xls)

———, 2009h,「日本の長期統計系列　第20章　家計」(2009年7月14日取得, http://www.stat.go.jp/data/chouki/20.htm)

———, 2009i,「日本の長期統計系列　第20章　家計　家計収支　1世帯当たり年平均1か月間の支出（全世帯）- 全都市（昭和21年〜37年）」(2009年7月14日取得, http://www.stat.go.jp/data/chouki/zuhyou/20-01-a.xls,)

———, 2009j,「日本の長期統計系列　第20章　家計　家計収支　1世帯当たり年平均1か月間の消費支出（全世帯）- 全国，人口5万以上の市（昭和38年〜平成16年）」(2009年7月14日取得, http://www.stat.go.jp/data/chouki/zuhyou/20-01-b.xls)

———, 2009k,「日本の長期統計系列　第20章　家計　家計収支　1世帯当たり年間の品目別支出金額及び購入数量（全世帯）- 全国（昭和38年〜平成16年）」(2009年7月14日取得, http://www.stat.go.jp/data/chouki/zuhyou/20-03.xls)

———, 2009l,「平成17年基準消費者物価指数 長期時系列データ 品目別価格指数 全国 年平均」(2009年7月14日取得, http://www.e-stat.go.jp/SG1/estat/List.do?bid=000001015975&cycode=0)

文献リスト

数土直紀, 2001,『理解できない他者と理解されない自己』勁草書房.

周藤真也, 1996a,「時間の生成・社会の生成——〈身体〉という根元へ」『年報筑波社会学』7: 26-54.

―――, 1996b,「身体がいま-ここに在るということ——身体の社会性の基底をめぐる一考察」『年報筑波社会学』8: 25-44.

Synnott, Anthony, 1993, *The Body Social: Symbolism, Self and Society,* London, New York: Routledge.（＝ 1997, 高橋勇夫訳『ボディ・ソシアル——身体と感覚の社会学』筑摩書房.）

出版ニュース社, 2008,「出版ニュース社　社史——WWW版　出版ニュース社の50年＋α」（2009年9月12日取得, http://www.snews.net/database/shashi/）

多田敦士, 2007,「マスメディアのなかの『健康食品』——新聞記事の分析」『龍谷大学大学院研究紀要　社会学・社会福祉学』14: 31-59.

多田敦士・黒田浩一郎, 2008,「マスメディアのなかの『健康食品』——一般雑誌の分析」『龍谷大学社会学部紀要』33: 23-34.

多田敦士・玉本拓郎・黒田浩一郎, 2005,「いちばん大切なものとしての、および注意しているものとしての健康——戦後日本の健康至上主義」『保健医療社会学論集』15(2)：115-26.

大正製薬, 2008,「リポビタンD博物館　歴史館」（2009年7月15日取得, http://www.taisho.co.jp/lipovitan/museum/history/index.html）

高木学, 2000,「健康法——21世紀の願掛け」鵜飼正樹ほか編『戦後日本の大衆文化』昭和堂, 175-99.

高岡利行, 1990,「健康産業」日本長期信用銀行調査部『調査月報』262: 110-15.

竹内郁郎, 1982,「受容過程の研究」竹内郁郎・児島和人編『現代マス・コミュニケーション論』有斐閣, 44-79.

多木浩一, 1995,『スポーツを考える——身体・資本・ナショナリズム』筑摩書房.

瀧澤利行, 1996,「戦後日本における大衆健康雑誌の展開と構造——現代日本における健康文化の一側面」『日本保健医療行動科学会年報』11: 128-43.

―――, 1998, 『健康文化論』大修館書店.
玉本拓郎・黒田浩一郎, 2005, 「総理府調査にみる戦後日本人の健康維持・増進行動の変化――戦後日本の健康至上主義」『龍谷大学社会学部紀要』27: 1-14.
田中聡, 1996, 『健康法と癒しの社会史』青弓社.
谷口浩司, 1991, 「現代の快楽主義と成長の限界」井上純一・谷口浩司・林弥富編『転換期と社会学の理論』法律文化社, 193-216.
立岩真也, 1993, 「身体の私的所有について」『現代思想』21(12): 263-71.
―――, 1997, 『私的所有論』勁草書房.
田崎篤郎・児島和人編, 1996, 『マス・コミュニケーション効果研究の展開〔新版〕』北樹出版.
等々力賢治, 1988, 「『健康ブーム』とスポーツ」中村敏雄ほか『現代スポーツ論』大修館書店, 113-43.
轟亮, 1998, 「権威主義的態度と現代の社会階層」間々田孝夫編『現代日本の階層意識』(1995年SSM調査シリーズ6) 1995年SSM調査研究会, 65-87.
―――, 2000, 「反権威主義的態度の高まりは何をもたらすか」海野道郎編『公平感と政治意識』東京大学出版会, 195-216.
―――, 2008, 「権威主義的態度と社会階層――分布と線形関係の時点比較」轟亮編『階層意識の現在』(2005年SSM調査シリーズ8) 2005年SSM調査研究会, 227-47.
富永健一, 1965, 『社会変動の理論』岩波書店.
―――, 1972, 「豊かな社会と新しい社会問題」飽戸弘・富永健一・祖父江孝男編『変動期の日本社会』日本放送出版協会, 109-31.
―――, 1973, 『産業社会の動態』東洋経済新報社.
―――, 1986, 『社会学原理』岩波書店.
―――, 1990, 『日本の近代化と社会変動――テュービンゲン講義』講談社.
―――, 1996, 『近代化の理論』講談社.
富永茂樹, 1973a, 『健康論序説――世界の大病院化の過程を知るために』エッソ・スタンダード石油株式会社広報部.
―――, 1973b, 『健康論序説』河出書房新社.

友野隆成・橋本宰,2002,「あいまいさへの非寛容がストレス事象の認知的評価及びコーピングに与える影響」『性格心理学研究』11(1):24-34.
――――,2005,「改訂版対人場面におけるあいまいさへの非寛容尺度作成の試み」『パーソナリティ研究』13(2):220-30.
津田真人,1997a,「『健康ブーム』の社会心理史――戦前篇」『一橋論叢』117(3):445-63.
――――,1997b,「『健康ブーム』の社会心理史――戦後篇」『一橋論叢』118(3):503-21.
津村喬,1994,「健康」見田宗介・栗原彬・田中義久編『縮刷版 社会学事典』弘文堂,262-3.
常松洋,1997,『大衆消費社会の登場』山川出版社.
堤清二,1996,『消費社会批判』岩波書店.
Tulloch, John and Deborah Lupton, 2002, "Consuming Risk, Consuming Science: The Case of GM foods," *Journal of Consumer Culture,* 2(3):363-83.
Turner, Bryan S., 1984, *The Body and Society: Explanation in Social Theory,* Basil Blackwell Publisher.(=1999,小口信吉・藤田弘人・泉田渡・小口孝司訳『身体と文化――身体社会学試論』文化書房博文社.)
――――, 2005, "The Past and Future of the Sociology of the Body: Building a Research Agenda".(=2005,後藤吉彦訳「身体の社会学の過去そして未来――研究アジェンダの確立」油井清光・大野道邦・竹中克久編『身体の社会学』世界思想社.)
Tzanelli, Rodanthi, 2003, "'casting' the Neohellenic 'Other'," *Journal of Consumer Culture,* 3(2):217-44.
内田隆三,1980,「〈構造主義〉以後の社会学的課題」『思想』676:48-70.
――――,1987,『消費社会と権力』岩波書店.
――――,1996,『さまざまな貧と富』岩波書店.
――――,1997,『テレビCMを読み解く』講談社.
――――,1999,『生きられる社会』新書館.
――――,1996a,「消費社会の問題構成」井上俊・上野千鶴子・大澤真幸・見田宗介・吉見俊哉編『デザイン・モード・ファッション』(岩波講座現代社会学21)岩波書店,7-40.

―――――, 1998,「資本の地層――身体・空間像の変容」『10＋1』INAX 出版, 14: 2-8.
植村善太郎, 2001,「あいまいさへの耐性と集団同一性が新入成員への寛容的反応に及ぼす効果」『性格心理学研究』10(1): 27-34.
上野千鶴子, 1992[1987],『〈私〉探しゲーム――欲望私民社会論』筑摩書房.
―――――, 1996,「戦後日本の欲望と消費」上野千鶴子編『現代の世相1 色と欲』小学館, 5-26.
上杉正幸, 1990,「不安としての健康」亀山佳明編『スポーツの社会学』世界思想社, 142-64.
―――――, 2000a,「現代の健康観II」『TASC REPORT』財団法人たばこ総合研究センター, 5: 1-26.
―――――, 2000b,『健康不安の社会学――健康社会のパラドックス』世界思想社.
―――――, 2002,『健康病――健康社会はわれわれを不幸にする』洋泉社.
―――――, 2008,『健康不安の社会学――健康社会のパラドックス〔改訂版〕』世界思想社.
上杉正幸・稗田忠治・藤村洋一郎・西川芳生・鵜澤悦子・松浦いね, 1998,「現代の健康観」『TASC REPORT』財団法人たばこ総合研究センター, 3: 81-95.
宇津木誠, 1993,「曖昧耐性と教師のメンタルヘルス――教師のメンタルヘルスに関する予備的研究〜曖昧耐性との関連」『日本心理学会第57回大会発表論文集』, 607.
Warde, Alan, 2005, "Consumption and Theories of Practice," *Journal of Consumer Culture,* 5(2): 131-53.
鷲田清一, 1993a,「身体の人称／人称の身体――制度としての《私の身体》」『現代思想』21(12): 240-9.
―――――, 1993b,「所有と固有（上）――ジョン・ロックの《所有》論をめぐって」『季刊　iichiko』29: 81-5.
―――――, 1994,「所有と固有（下）――ジョン・ロックの《所有》論をめぐって」『季刊　iichiko』30: 91-106.
―――――, 1998,『悲鳴をあげる身体』PHP 研究所.

――――,2000,「所有と固有」大庭健・鷲田清一編『所有のエチカ』ナカニシヤ出版,4-41.

鷲田清一・養老孟司,1999,「悲鳴をあげる身体」養老孟司ほか『脳が語る身体――養老孟司対談集』青土社,7-37.

渡辺深,2002,『経済社会学のすすめ』八千代出版.

渡辺伸一,1993,「脱物質主義的価値再考――イングルハート理論に関する批判的一考察」『年報社会学論集』6: 13-24.

――――,1991,「脱物質主義的価値観と新しい社会運動」『年報社会学論集』4: 69-80.

亘明志,1991,「身体とメディア――身体のパラドックスをめぐって」『ソシオロジ』36(1): 41-51.

Whiston, Edward R. and Paul V. Olczak, 1991, "Criticism and Polemics Surrounding the Self-actualization construct: An Evaluation," *Handbook of Self-actualization. [Special Issue.] Journal of Social Behavior and Personality,* 6(5): 75-95.

Williamson, Judith, 1986, *Consuming Passions: The Dynamics of Popular Culture,* London: Marion Boyars.(= 1993,半田結・松村美土・山本啓訳『消費の欲望――大衆文化のダイナミズム』大村書店.)

Xenos, Nicholas, 1989, *Scarcity and Modernity,* London and New York: Routledge.(= 1995,北村和夫・北村三子訳『稀少性と欲望の近代――豊かさのパラドックス』新曜社.)

山田真,1989,『健康神話に挑む』筑摩書房.

山田忠彰,2001,「自己と所有――自由な自己のスタイルへ」『思想』923: 50-68.

山口節郎,2002,『現代社会のゆらぎとリスク』新曜社.

山本眞理子編,2001,「心理的健康と関連する曖昧さ耐性尺度」『心理測定尺度集Ⅰ――人間の内面を探る〈自己・個人内過程〉』堀洋道監修,サイエンス社,199-202.

山崎正和,1984,『柔らかい個人主義の誕生』中央公論社.

吉田集而,1989,「からだにいいこと,何かしてますか――健康神話をめぐって」中牧弘允編『現代日本の"神話"』ドメス出版,128-49.

吉川茂, 1978,「Ambiguity Tolerance と創造性に関する一研究」『教育学科研究年報』関西学院大学, 4: 47-58.
―――, 1980,「Ambiguity Tolerance の程度と適応性」『教育学科研究年報』関西学院大学, 6: 35-9.
―――, 1986,「曖昧さへのトレランス–イントレランスの基本的相違点に関する研究」『人文論究』関西学院大学, 35(4): 94-121.
吉見俊哉, 1987,『都市のドラマトゥルギー――東京・盛り場の社会史』弘文堂.
―――, 1992,「シミュラークルの楽園」多木浩二・内田隆三編『零の修辞学』リブロポート, 79-136.
―――, 1994,『メディア時代の文化社会学』新曜社.
―――, 1996a,「消費社会論の系譜と現在」井上俊・上野千鶴子・大澤真幸・見田宗介・吉見俊哉編『デザイン・モード・ファッション』(岩波講座現代社会学21) 岩波書店, 193-234.
―――, 1996b,『リアリティ・トランジット――情報消費社会の現在』紀伊國屋書店.
吉本隆明, 1992,『大情況論――世界はどこへいくのか』弓立社.
―――, 1994,『ハイイメージ論Ⅲ』福武書店.
Zola, Irving Kenneth, 1978, "Healthism and disabling profession," Illich, Ivan, et al., *Disabling Profession,* Boston, Marion Boyars. (＝1984, 尾崎浩訳「健康主義と人の能力を奪う医療化」『専門家時代の幻想』新評論, 53-92.)
1995年SSM調査研究会 (代表：盛山和夫), 1995,「『社会階層と社会移動』全国調査 (SSM95・B票)」SRDQ事務局編『SRDQ――質問紙法にもとづく社会調査データベース』(2010年9月22日取得, http://srdq.hus.osaka-u.ac.jp).
2005年SSM調査研究会 (代表：佐藤嘉倫), 2005,「『社会階層と社会移動』全国調査 (SSM2005-J)」SRDQ事務局編『SRDQ――質問紙法にもとづく社会調査データベース』(2013年1月2日取得, http://srdq.hus.osaka-u.ac.jp)

あとがき

　本書は 2013 年 9 月に立教大学に提出した博士学位請求論文「消費社会の変容と健康志向——脱物質主義と権威主義に着目して」を加筆修正したものである。

　本書の冒頭で触れたように、私が消費社会についての研究を始めることになったきっかけの 1 つは、学部生の時に長期休暇を利用してタイ、香港、インドといったアジアの国々をバックパックを背負って歩き回った経験がもたらした、ちょっとしたショックである。当時、旅先がこれらの国でなければならなかった明確な理由はなく、航空チケットと滞在費が安価であったことや、欧米の先進国と比べて日本社会との違いが大きく、異質な体験ができるのではないかと思ったことが大きかった。

　熱気の立ちこめるそれらの土地で、いくつかの困惑させられる出来事も含め、たくさんの刺激を身に浴びていた頃、私たちの社会は、阪神淡路大震災、地下鉄サリン事件に揺れていた。たしかに、これらの事件は、日本社会がバブル期とは異なる状態に移行したことを象徴する大きな出来事だったといえる。しかし、私がその移行を理解するには、ある程度の時間が必要だった。当時の私は、それらの大事件にもかかわらず、バブル的な雰囲気の延長線上で自らの社会を捉えており、タイやインドで目にする光景のある部分は、それに対比されるものとしてみえていたと思う。そして、そのことが消費社会に対する関心を強めた。

　私が、きらびやかな消費社会としての日本という漠然とした認識をもちながら研究をスタートさせた 1990 年代の後半以降、バブルの延長上にある空気は社会から後退していった。不況が語られ、格差の拡大や、雇用問題、デフレなどが問題になった。これらは、バブル期にはほとん

ど話題にならなかった事柄である。また、このような社会の変化に呼応して、80年代以降それなりに活発だった消費社会についての言論は、沈静化していった。

　だが、消費社会がなくなるわけではない。80、90年代的なイメージを前提に消費社会の研究を始めた私は、そのイメージが変質していく中にあって、消費社会のありようを理解するための言葉や思考枠組を探さなければならなかった。その試行錯誤が形になったのが、博士論文であり、本書である。明らかにすべき問題はまだ残っているが、とりあえずひとつの形になったことにほっとしている。

　これまでの研究活動では、多くの方々のお世話になった。なかでも、大学院に進学して以来、長い間ご指導をいただいた間々田孝夫先生と成田康昭先生には大きな学恩がある。間々田先生には、先入観を排し、現実に起こっていることや実際のデータを大事にして物事を考える姿勢、論理をぎりぎりまで詰めて考える姿勢から、多くのことを学ばせていただいた。また、寛容な雰囲気の中で行われる研究指導は、私を含めた当時の院生に自由な思考を促したと思う。

　成田先生の大学院ゼミでの文献との格闘は、研究に必要な基礎体力を養う大事な機会であった。また、ゼミ、研究会、論文指導の際には、思いもよらない視点からの先生のコメントにしばしば唸らされた。

　博士論文の審査の際には、上の両先生と、是永論先生、三重野卓先生、三浦雅弘先生に大変お世話になった。長い論文に対して有益なコメントを頂いたことに、感謝申し上げる。また、ゼミ、研究会、学会等での諸先生方のコメント、同じ研究室や研究科に所属していた人々との多くの議論が研究の糧になった。感謝したい。

　そして、本書の成立にあたって労を執ってくださったハーベスト社の小林達也さんに感謝申し上げると同時に、学問の機会を与えてくれた両親、現在の研究生活を支えてくれている家族にも感謝をしたい。

なお、本書は、独立行政法人日本学術振興会の平成26年度科学研究費補助金（研究成果公開促進費）（課題番号：265173）を受けて刊行するものである。また調査データの一部は、平成22-24年度科学研究費補助金基盤研究（B）に採択された「ポスト・グローバル消費社会の動態分析――脱物質主義化を中心として」（課題番号：22330160、代表：間々田孝夫）の成果である。

2014年10月　弘前にて

著　者

索引（人名・事項）
50音順

英数字
1次的欲求と2次的欲求　58, 60, 61, 72
LOHAS　4
MAT-50　362, 365, 377
SSM 調査　20-22, 252, 254-257, 283, 284, 329, 334, 337, 355-357, 386, 391, 393, 395

ア行
浅見克彦　42-44
アドルノ，T.　327-329, 332, 354
池田光穂　109, 110, 113, 117, 141, 242, 266-269, 287
伊藤公雄　108-110, 113, 138
今田高俊　386, 387, 389, 390, 406, 422
イングルハート，R.　4, 13, 23-26, 50, 51, 53-56, 58, 63, 65, 68, 69, 71, 98, 99, 241, 243-245, 251, 261, 284, 326-328, 333, 354, 379, 382, 383, 385, 391, 402, 406
ウェーバー，M.　66, 326
上杉正幸　97, 100, 107, 111-114, 120, 121, 141, 242, 281, 286, 300, 322, 360, 416, 417
内田隆三　27, 68, 69
大澤真幸　78, 79, 81

アノミー（論）　1, 17, 19, 26, 66
アノミー的自殺　17
アンビバレンス　86
曖昧さ耐性（の定義）　360-362
曖昧さ耐性尺度　362-365, 415, 424, 425

依存効果　3, 29, 30, 32, 33, 39, 64, 288, 289, 305, 306, 312-320, 322, 353, 405, 409, 410, 414, 416
遺伝子組み換え食品　86, 87, 98, 248-251, 263-265, 269, 270, 310, 311, 316, 417, 426
医療化　207, 225, 229
医療社会学　105, 114, 116, 122, 124, 126, 128, 131, 132, 141, 224, 237, 238
エスノセントリズム尺度　331-333, 356, 361
エンコーディング／ディコーディングモデル　43, 287

カ行
ガーブナー，G.　322, 323
貝原益軒　266
カトーナ，G.　48-50, 69, 423
金塚貞文　88, 92, 97, 360, 363
ガルブレイス，J. K.　3, 9, 13, 16, 29-33, 39, 42, 44, 47, 48, 50, 54, 55, 56, 64, 65, 68, 69, 245, 423, 424
吉川徹　12, 329-331, 333, 334, 343, 352, 355-358, 377, 378, 392, 396, 399
ギデンズ，A.　48-50, 54, 56-58, 65, 71, 85, 102, 406, 423, 424
黒田浩一郎　110, 111, 113-122, 124, 126-140, 142, 143, 179, 189, 227, 228, 230, 237, 242
コーン，M.　329

外部性　95, 96, 102, 363
獲得の健康観　266, 268

463

索引

家計調査　8, 10, 105, 145, 146, 151, 170, 171, 174, 177, 237, 318, 381, 400, 414
カルチュラル・スタディーズ（CS）　39, 40, 42, 44, 47, 50
かわいい文化（「かわいい」文化）　93-96
環境問題　1, 16

記号（の）消費　33, 35, 37, 38, 39
基本的信頼　87, 102
強力効果説　286, 321, 323
禁忌の健康観　266-269

経済社会学　29, 46, 65
経済成長の否定的側面・経済発展の否定的側面　22, 26
経済的豊かさ　1, 13, 15, 16, 22, 23, 27-29, 64, 99, 244, 387
経済的豊かさと幸福　13, 15, 16, 64, 99
欠乏欲求　53, 69
権威主義的性格　325, 327-329, 331-333, 353, 354, 359, 361, 382-385, 392, 401, 402
権威主義的伝統主義　11, 239, 272, 325, 329-331, 333, 334-339, 341-343, 346, 347, 351-357, 366, 372, 381-383, 385, 391-396, 401-405, 407, 409, 411, 414, 420, 421
健康言説の増大　138, 140, 177, 181, 375, 376, 407, 411, 416, 418
健康雑誌（の定義）　183-185
健康雑誌ブーム　179, 181, 189, 224, 227, 232, 238, 318
健康志向（の定義）　141
健康至上主義（ヘルシズム）　109-111, 114-117, 121-124, 126-132, 135-137, 140, 141, 227, 237, 238, 242, 287, 414
健康の社会学　105, 115, 237, 238, 241-243, 282, 285
健康ブーム　11, 107-110, 112-117, 120, 122-126, 131-135, 137-143, 145, 170, 171, 177, 180, 181, 237-239, 241, 243, 281, 282, 287, 320, 375, 381, 382, 386, 401, 414, 417, 418
健康リスク　418, 420-423, 425
限定効果説　287, 321

公害　16, 26-28, 65, 69, 133
構造化理論　424
構造の二重性　48-50, 56
高度経済成長（期）　5, 15, 27, 28, 55, 68, 151, 163, 210, 232
国民生活選好度調査　20-22, 67
国民生活に関する世論調査　3, 20-22, 252, 253, 255, 283, 386, 400

サ行
斎藤孝　80, 81
佐藤純一　107, 109, 110, 113, 141, 242, 287

産業化　1, 15-19, 53, 65-67, 98, 241, 244
自己実現（の）欲求　51, 52, 53, 63, 70
資本主義システム　3-5, 33, 34, 39, 64, 423
社会的バランス　29, 68, 69
主観的幸福指標　23-25, 67
商業主義（的）　196-199, 203, 204, 210, 211, 214, 227, 228, 233, 234, 238, 318
消費社会化　13, 15, 16, 26, 27, 65, 78, 88, 95-97, 99, 100, 108, 114, 181, 189, 194-196, 210, 227, 228, 238, 364, 374, 405, 411, 413, 421
消費社会研究　1, 3, 4, 8-10, 12, 13, 15-19, 28, 29, 38, 39, 50, 51, 63-66, 99, 241, 245, 281, 282, 285, 359, 423
消費文化　88, 93, 95-97, 109, 113, 359
身体技法（論）　73, 75, 81, 102
身体の他者性　7, 13, 88, 97

464

スタンダード・パッケージ　60
スローライフ　4

生活の質　24, 26, 65, 406
生活満足度　20-22, 65, 67, 386, 389, 390, 399-401, 404, 407, 422
制御不可能性　363, 364
清潔志向　7, 8
世界価値観調査　24, 25, 243
石油ショック　20-22, 68

タ行
ターナー, B.　76-78, 102
瀧澤利行　107, 139-141, 177-180, 189, 194, 227-229, 231, 232
立岩真也　89-92, 97, 100, 360, 363, 416, 417
タラック, J.　86, 87, 98, 100, 415, 417, 426
ディマジオ, P.　46, 47, 54
デュルケム, E.　16-19, 26, 28, 65-67
富永健一　26-28

他者性の受容　374, 375
他者性の消去　10, 93, 97-100, 239, 359, 364, 374, 375, 409-411, 413, 415, 416, 425
脱医療化　224, 225, 229
脱公害　205
脱物質主義化　3-5, 7, 8, 65, 71, 81, 83, 98-100, 241, 242, 244, 245, 253, 280, 281, 325, 327, 353, 386, 390, 391, 403, 411, 413, 415-418, 420-422, 425
脱物質主義的欲求　6, 54, 55
弾丸理論　286, 321
調和的健康法　269, 271, 273, 274, 280, 347, 409, 415

追加的健康法　269, 271, 347
ディズニーランド化　93, 96, 401

ナ行
西部邁　44, 46-50, 54, 65
ノートン, R.　362, 365
野村佳絵子　115, 126, 139, 189
野村一夫　107, 141, 287

ハ行
パーソンズ, T.　214
橋爪大三郎　13, 74, 75
バドナー, S.　362, 363, 377
ハルキエ, B.　85, 86, 100, 376, 405, 417
フィスク, J.　13, 29, 40-42, 44, 50, 65
フランケル＝ブランズウィック, E.　331-333, 361, 362, 376, 378
ブルデュー, P.　12, 48, 71, 73, 75, 76, 78, 101, 102
ベック, U.　82, 83, 85, 87, 415, 419, 420
ボードリヤール, J.　3, 8, 9, 11, 13, 16, 29, 33-35, 36-39, 42, 44, 47, 50, 54-56, 58, 59, 61-66, 68, 69, 102, 103, 245, 423, 424
ホール, S.　42, 43, 287
保坂稔　353, 354, 357

培養効果　323, 409, 410, 414, 416

ファシズム尺度（F尺度）　329, 331, 354, 356, 377
不安感　5, 6, 85, 86, 285
不確実感　85, 86
不確実性　84, 363, 364, 369, 370
負性としての身体　88, 92
物質主義的欲求　54, 55
フランクフルト学派　329

465

マ行

マクルーハン，M. 79-81
増田真也 365, 372
マズロー，A. 13, 50-56, 61-63, 65, 69-71, 98, 99, 242, 378, 385
松井剛 51-53
間々田孝夫 20, 22, 68, 71, 244, 245, 247
三重野卓 284, 386, 387, 389, 390, 406, 422
メルロ＝ポンティ，M. 73, 76, 78, 79, 81
モース，M. 73, 75, 76, 78, 102

増田尺度 365, 379

モノの豊かさから心の豊かさへ 51, 64, 391

ヤ行

吉見俊哉 93-97, 100, 102, 103, 359, 363, 364, 374, 401, 415

『養生訓』 266-268

欲求階層理論 50, 51, 53, 54, 242, 245, 378, 389
欲求の高度化（論） 7, 10, 13, 15, 50, 51, 53, 54, 56, 58, 60, 61, 63-65, 72, 99, 327, 353, 415, 423, 424
欲求の内在性と外在性 61
弱い自律的消費者 48, 423
弱い本能 52, 63

ラ行

ラザースフェルド，P. 321, 323
ラプトン，D. 86, 98, 100, 415, 417, 426
リースマン，D. 16, 66, 68
ルーマン，N. 83-85

ライフスタイル 1, 3, 26, 65, 72, 200, 212, 213, 307, 406, 423

リスク（の定義） 83-84
リスクと不安 10, 13, 82, 85, 376, 410, 413, 414, 416

ワ行

渡辺深 46, 47, 54

【著者略歴】
藤岡真之　（ふじおか　まさゆき）
　1973年　神奈川県横浜市生まれ
　1997年　北海道大学文学部哲学科倫理学専攻課程卒業
　1999年　立教大学大学院社会学研究科博士課程前期課程修了
　2005年　立教大学大学院社会学研究科博士課程後期課程退学
　現　在　弘前学院大学社会福祉学部講師、博士（社会学）、専門社会調査士

消費社会の変容と健康志向
――脱物質主義と曖昧さ耐性（だつぶっしつしゅぎとあいまいさたいせい）――

発　　行 ──── 2015年2月28日　第1刷発行
　　　　　 ──── 定価はカバーに表示
著　　者 ──── 藤岡真之
発 行 者 ──── 小林達也
発 行 所 ──── ハーベスト社
　　　〒188-0013　東京都西東京市向台町2-11-5
　　　電話　042-467-6441
　　　振替　00170-6-68127
　　　http://www.harvest-sha.co.jp
印　　刷 ──── ㈱平河工業社
製　　本 ──── ㈱新里製本所

落丁・乱丁本はお取りかえいたします。
Printed in Japan
ISBN978-4-86339-061-4　C3036
© FUJIOKA Masayuki, 2015

本書の内容を無断で複写・複製・転訳載することは、著作者および出版者の権利を侵害することがございます。その場合には、あらかじめ小社に許諾を求めてください。
視覚障害などで活字のまま本書を活用できない人のために、非営利の場合にのみ「録音図書」「点字図書」「拡大複写」などの製作を認めます。その場合には、小社までご連絡ください。

消費社会の変容と健康志向　脱物質主義と曖昧さ耐性
藤岡真之　著　A5判●本体 5400 円

「進学」の比較社会学
三つのタイ農村における「地域文化」との係わりで
尾中文哉　著　A5判●本体 3500 円

路の上の仲間たち　野宿者支援・運動の社会誌
山北輝裕　著　A5判●本体 2300 円　　質的社会研究シリーズ7

若者はなぜヤクザになったのか　暴力団加入要因の研究
廣末登　著　A5判●本体 2800 円

環境政策と環境運動の社会学
自然保護問題における解決過程および政策課題設定メカニズムの中範囲理論
茅野恒秀　著　A5判●本体 3500 円

移民、宗教、故国　近現代ハワイにおける日系宗教の経験
高橋典史　著　A5判●本体 3800 円

ヘッドハンターズ　フォモッサ首狩り民のはざまにて
J.B.M.マクガバン著　中村勝訳　A5判●本体 3200 円

アカデミック・ハラスメントの社会学
学生の問題経験と「領域交差」の実践
湯川やよい　著　A5判●本体 4900 円

2014年度社会学史学会奨励賞受賞作品
社会的世界の時間構成
社会学的現象学としての社会システム理論
多田光宏　著　A5判●本体 4800 円

学生文化・生徒文化の社会学
武内清　著　A5判●本体 2400 円

「知のアート」シリーズ好評発売中
ソーシャル・メディアでつながる大学教育
ネットワーク時代の授業支援
橋爪大三郎・籠谷和弘・小林盾・秋吉美都・金井雅之・七條達弘・
友知政樹・藤山英樹　著　A5判●本体 1000 円

フィールドワークと映像実践　研究のためのビデオ撮影入門
南出和余・秋谷直矩著　A5判●本体 1000 円

ハーベスト社